LA MORALE DES FABLES

DE

LA FONTAINE

ET

LE TEMPS PRÉSENT

On ne suit pas toujours ses aïeux ni son père :
Le peu de soin, le temps, tout fait qu'on dégénère.
Faute de cultiver la nature et ses dons,
Oh! combien de Césars deviendront Laridons.

　　　　　　　　　　LA FONTAINE.

(Liv. VIII. — Fable XXIV. *L'Éducation.*)

Édition publiée au profit de la souscription ouverte pour l'érection d'un monument à La Fontaine dans le XVIe arrondissement (Passy).

LA MORALE DES FABLES

DE

LA FONTAINE

ET

LE TEMPS PRÉSENT

Souvenirs, Impressions et Réflexions
D'un vieux fonctionnaire

PAR

MARIUS GUINAT

ANCIEN ADMINISTRATEUR AU MINISTÈRE DES FINANCES

PARIS

ALPHONSE LEMERRE, ÉDITEUR

27-31, PASSAGE CHOISEUL, 27-31

MDCCCLXXXVI

DÉDICACE

A mon petit-fils Maurice Gillet

Mon cher enfant,

Lorsque ta mère te portait encore dans son sein, ton grand-père était malade, triste et découragé. Ta naissance lui apporta une joie douce qui lui réchauffa le cœur, comme le rayon bienfaisant d'un soleil printanier réchauffe les arbres et les plantes, et y fait monter la sève qui se tenait dans les racines.

A partir de ce moment, ton grand-père se reprit à vivre, à espérer; il se remit au travail, et écrivit ce livre qu'il te dédie aujourd'hui.

Tu le liras un jour, mon cher enfant, quand la raison te sera venue, ce livre, fruit de ma vieillesse, et s'il t'inspire le goût de l'étude et des belles-lettres, l'amour du bon et du beau, la volonté de bien vivre afin de bien mourir, il te vaudra le meilleur des héritages.

M. GUINAT.

Troyes, le 1ᵉʳ Janvier 1886.

AU LECTEUR

Permets-moi, cher lecteur, suivant l'antique usage,
Qu'on a tort, selon moi, d'avoir abandonné,
De te dire bonjour à la première page
De ce livre où j'ai mis ce que Dieu m'a donné.

C'est bien peu, je le sais, mais sur ton indulgence
Un vieillard n'a-t-il pas quelque droit de compter ?
Lis-moi donc, et, crois-en ma longue expérience,
Tu n'auras pas sujet de trop le regretter.

Lis-moi donc, je t'en prie, au nom de La Fontaine,
Que j'ai mis tous mes soins à te représenter
Tel qu'il est, tel qu'il fut, et non pas tel que Taine,
Lamartine et Rousseau te l'ont voulu montrer.

Taine exalte ses vers et flétrit sa morale,
Qu'il trouve trop gauloise et digne d'un flatteur;
Lamartine se voile en criant au scandale;
Rousseau ne voit en lui qu'un dangereux conteur.

Je soutiens qu'on lui fait une injuste querelle,
Que La Fontaine fut aussi sage[1] que bon ;
Que si ses vers sont beaux, la morale en est belle :
C'est à toi de juger si j'ai tort ou raison.

Lis-moi donc, je t'en prie, et plutôt deux fois qu'une,
Car mon livre, après tout, est plus gai qu'un sermon.
J'entendrai, s'il le faut, ton arrêt sans rancune ;
Mais pense, en le rendant, au grand roi Salomon.

Taine sépare en deux la morale et la fable ;
La Fontaine s'indigne et dit : « C'est mon enfant !
» Me le couper en deux, ce serait lamentable. »
Prononce sur ce point, lecteur, ton jugement.

Rends-le, je t'en supplie, avec ta conscience,
Sans te trop arrêter à ce qu'a dit l'auteur :
C'est un pauvre avocat, il n'a pour éloquence
Qu'un grain de gros bon sens, qui lui vient de son cœur[2].

---

[1] Le lecteur me comprendra : J'ai voulu dire *sage* dans la morale de ses fables.

[2] Je sais que mes rimes ne sont pas toutes de bonne qualité, comme le veut la poétique moderne, mais je pense à cet égard comme La Fontaine, Voltaire et Musset.

> Gloire aux auteurs nouveaux qui veulent à la rime
> Une lettre de plus qu'il n'en fallait jadis !
> Bravo ! C'est un bon clou de plus à la pensée.
> La vieille liberté par Voltaire laissée
> Etait bonne autrefois pour les petits esprits.
>
> ALFRED DE MUSSET. Dédicace du *Spectacle dans un fauteuil*.

PRÉFACE

La loi veut aujourd'hui que la morale soit enseignée aux enfants dans nos écoles primaires : cet enseignement a déjà rencontré plus d'un obstacle, et il embarrasse souvent nos instituteurs. Les Manuels de morale qu'on leur a proposés ont soulevé des débats irritants jusque dans le sein du Sénat. Le Gouvernement a sagement fait en ne prenant parti pour aucun de ces Manuels, et en laissant à l'instituteur toute liberté de donner l'enseignement moral suivant les inspirations de sa conscience. Mais cette liberté peut avoir ses dangers : si la conscience de l'instituteur n'est pas suffisamment éclairée, son enseignement peut ne pas être bon. N'y aurait-il pas moyen d'éclairer sa conscience, de lui tracer en quelque sorte la morale qu'il doit professer ?

Nous possédons, depuis deux cents ans, un livre de morale sur lequel tout le monde est à peu près d'accord, c'est le livre des *Fables* de La Fontaine. La morale que ces fables renferment a d'abord été enseignée aux Athéniens par un pauvre esclave, Ésope : elle a donc une origine bien démocratique. Dès qu'elle parut, elle ravit d'admiration Platon et Socrate, qui étaient de bons juges. Après avoir été enseignée à Athènes, elle le fut à

Rome, où elle reçut, par la plume de Phèdre, qui était aussi un esclave, les ornements d'une poésie élégante et sobre, qui la rendirent plus douce et plus insinuante. De la langue grecque, de la langue latine, cette morale a passé dans la langue française, et La Fontaine lui a donné des ornements si élégants et si beaux qu'il est est arrivé qu'on n'a plus voulu voir que les ornements, sans, pour ainsi dire, s'arrêter à la morale.

Il y avait, du reste, une raison pour qu'on ne s'y arrêtât point : les instituteurs devaient apprendre à leurs élèves le catéchisme, c'est-à-dire la morale chrétienne. Mais aujourd'hui que le catéchisme n'est plus en usage dans nos écoles, le livre des Fables devrait être le Manuel d'enseignement moral ; nos instituteurs devraient enseigner les Fables et y prendre les textes de leurs leçons : ils inspireraient ainsi à leurs élèves le goût du beau, du vrai et du bien. C'est le but que s'était proposé La Fontaine en les écrivant.

Le peuple étant devenu *le souverain*, la question de l'enseignement moral dans nos écoles primaires doit préoccuper tous les bons esprits. J'ai pensé qu'un vieillard, un père de famille, un ancien fonctionnaire de l'État, qui a fait des fables de La Fontaine une étude constante, pouvait utilement dire son mot sur cette question. Voilà pourquoi j'ai voulu, malgré mon inexpérience littéraire, écrire ce livre.

La Fontaine a touché à tous les sujets : à la littérature, à la religion, à la politique, aux beaux-arts. J'ai voulu, comme lui, toucher à ces sujets avec discrétion et à un point de vue purement moral.

Ayant passé quarante-six ans de ma vie dans une grande administration publique, je me suis proposé aussi, en m'aidant des Fables, de rappeler à mes anciens amis, à mes nombreux camarades, qui voudront bien lire mon livre, à quelles conditions les administrations sont fortes, honorables et honorées.

Ce livre étant dédié à mon petit-fils, que je ne verrai peut-être pas grandir, j'ai voulu qu'il pût me connaître et connaître aussi mes idées. C'est dans ce but que j'ai mêlé à mes récits quelques souvenirs de ma jeunesse et de ma vie de fonctionnaire, et que j'ai combattu, avec des armes légères, les doctrines matérialistes et naturalistes qui, à mon sens, énervent et rapetissent les âmes.

La Fontaine a rendu sa morale amusante. J'ai fait tous mes efforts pour que mon livre ne fût pas ennuyeux, et j'ai eu trop de plaisir à l'écrire pour ne point croire que le lecteur en éprouvera un peu à le lire.

Enfin, et par-dessus tout, en démontrant l'excellence de la morale contenue dans les Fables qui, après avoir charmé ma jeunesse, consolent et réjouissent ma vieillesse, j'ai voulu, comme tant d'autres, honorer le génie de notre grand poète et payer mon tribut de reconnaissance au bon, à l'aimable La Fontaine, qui est devenu pour moi un véritable ami du Monomotapa.

> Les amis de ce pays-là
> Valent bien, dit-on, ceux du nôtre.

PREMIÈRE PARTIE

Comment l'auteur, qui n'est point un écrivain, a fait ce livre.

CHAPITRE PREMIER

LES FABLES A L'ÉCOLE PRIMAIRE

Le roman des amours de Psyché et de Cupidon débute d'une façon charmante. La Fontaine présente au lecteur quatre amis dont la connaissance avait commencé par le Parnasse. « Ces quatre amis, dit-il, adoroient les
» ouvrages des anciens, ne refusoient point à ceux des
» modernes les louanges qui leur sont dues, parloient
» des leurs avec modestie, et se donnoient des avis
» sincères lorsque quelqu'un d'eux tomboit dans la
» maladie du siècle, et faisoit un livre, ce qui arrivoit
» rarement. »
Les ouvrages de ces quatre amis désignés sous les noms de Polyphile, Acanthe, Ariste et Gélas, et qui se nommaient en réalité La Fontaine, Boileau, Racine

et Molière, sont, pour la plupart, des chefs-d'œuvre, et ils vivront encore lorsque la langue française ne sera plus qu'une langue morte. Mais le plus populaire de ces ouvrages, celui qui a eu dans le passé, et qui aura dans l'avenir le plus grand nombre de lecteurs, est sans contredit le livre des Fables.

« Je ne connois guère de livre, a dit Voltaire[1], plus
» rempli de ces traits qui sont faits pour le peuple, et
» de ceux qui conviennent aux esprits délicats. Je crois
» que de tous les auteurs La Fontaine est celui dont
» la lecture est d'un usage plus universel..... Il est pour
» tous les esprits et pour tous les âges. »

Dans la préface de la première édition de ses Contes, La Fontaine nous dit : « En cela comme en d'autres
» choses, Térence m'a servi de modèle. Ce poète n'é-
» crivoit pas pour se satisfaire seulement, ou pour
» satisfaire un petit nombre de gens choisis; il avait
» pour but : *populo ut placerent quas fecisset fabulas.* »
La Fontaine s'est trompé de place; cette maxime de Térence aurait dû servir d'épigraphe à ses fables.

C'est en me mettant à ce point de vue de l'éducation populaire que j'ai eu l'idée, bien vague d'abord, de faire, après tant d'autres plus compétents que moi, une étude sur La Fontaine et ses fables. Cette idée m'est, du reste, venue de la façon la plus inattendue et la plus naturelle.

J'assistais un jour à une distribution de prix dans une école de village. M. le Maire, avec son écharpe, sur l'estrade, et entouré des conseillers municipaux, offrait

---

[1] Mélanges littéraires, au mot *Fable*.

aux regards l'emblème de la loi ; derrière lui, assis sur une chaise, le képi sur la tête, son sabre ramené sur ses genoux, le garde champêtre symbolisait la force ; l'orphéon de la petite ville voisine, venu tout exprès avec sa bannière et ses cuivres pour donner plus d'éclat à la cérémonie, représentait les beaux-arts ; l'instituteur et l'institutrice, images vivantes des sciences et des lettres, allaient et venaient, en souriant, autour de leurs élèves. C'était aussi solennel et officiel que possible. Le programme de la fête s'exécutait lentement. M. le Maire avait prononcé une courte allocution remplie de bons conseils ; l'instituteur avait lu un petit poème didactique de sa composition : *De l'influence de la propreté sur la santé, la beauté et la longévité*, nouveaux conseils excellents, hygiéniques, fortifiants, et qui méritaient d'être donnés dans la langue des Dieux. Plusieurs élèves avaient récité des morceaux tirés de nos bons auteurs ; l'orphéon avait joué ses meilleurs airs. Malgré sa variété, l'exécution du programme semblait un peu longue. Il faisait chaud ; on était mal assis ; l'auditoire, composé en majeure partie des parents des enfants, pères et mères, frères et sœurs, revêtus de leurs plus beaux habits, commençait à se lasser, lorsqu'une jeune fille d'une douzaine d'années, aux yeux vifs et intelligents, monta lestement sur l'estrade, se mit bien en face des auditeurs, et, avec beaucoup de naturel, d'une voix claire et argentine, récita la fable de *l'Hirondelle et les petits Oiseaux*, qui fut suivie de la fable de *l'Alouette et ses Petits avec le Maître d'un champ*. L'attention s'était réveillée aussitôt : toutes les têtes s'étaient dressées, toutes les oreilles s'étaient tendues pour écouter ces vers gais, babillards et légers dont le rythme est si bien approprié au sujet, qu'en les écoutant on croirait entendre des battements d'ailes et des gazouillements d'oiseaux. Le succès fut complet, les bravos éclatèrent ; de tous côtés on se mit à crier *bis*, *bis*, et, à la demande générale, la jeune fille, sur un signe aimable de M. le Maire, et toute rouge de plaisir, répéta ses deux fables. Elle y mit plus d'entrain, plus de vivacité que la première fois ; les applaudissements redoublèrent, et l'artiste improvisée eut ses trois salves comme une étoile de première grandeur. Voltaire avait bien raison : les fables de La Fontaine plaisent au peuple.

L'émotion de tous ces braves gens m'avait gagné : j'avais applaudi aussi fort et même plus fort qu'eux, et quand tout le tumulte fut apaisé, j'essuyai furtivement du bout du doigt une petite larme qui était venue se résoudre en perle au coin de mon œil gauche, côté du cœur. Douce petite larme, perle précieuse, d'où me venais-tu ?

Dans les salons et au théâtre, j'avais souvent entendu des acteurs et des actrices de grand talent dire des fables de La Fontaine avec une rare perfection qui en faisait valoir les moindres beautés ; j'avais été charmé, mais je n'avais pas été ému comme je venais de l'être. Pourquoi ? Parce que la perfection de ces artistes ne valait pas l'ingénuité et le naturel de cette petite fille du peuple récitant ces admirables pastorales à des auditeurs naïfs, mais ayant entendu mille fois le chant de l'alouette, le cri de l'hirondelle, connaissant les mœurs des oiseaux et ayant vu maints nids cachés dans leurs blés et leurs luzernes ou suspendus sous leurs toits. L'actrice, l'auditoire, la pièce, tout était ici à l'unisson :

voilà pourquoi l'émotion avait été si spontanée et si vive ; voilà pourquoi je l'avais partagée. Mais au milieu de cette émotion personne n'avait songé à la moralité des deux fables, personne ne s'en était préoccupé.

Rentré chez moi, je me mis encore à réfléchir sur l'entraînement auquel je m'étais abandonné. La Fontaine, il est vrai, m'avait toujours charmé, et je puis dire comme Ducis :

De ma rêveuse enfance il a fait les délices.

Dans ma jeunesse, je l'avais appris presque entièrement par cœur, et je n'avais jamais cessé de le pratiquer. Mais quoi ! « Je suis devenu vieux, me disais-je, j'ai laissé » sur ma route bien des illusions sur les hommes, sur » les choses et aussi sur les livres ; les ennuis, les soucis » de toutes sortes sont venus fondre sur moi ; j'ai eu » affaire à des loups et à des renards ; comment ces » amusettes d'enfant ont-elles pu m'émouvoir à ce » point ? »

Pour en avoir le cœur net, je pris le livre des Fables. Suivant le conseil de La Harpe, je l'ai lu, relu, puis relu encore. J'en ai fait, comme autrefois, mon livre de chevet ; j'ai réappris beaucoup de fables, tout surpris que ma mémoire, qui a été bonne, mais qui est devenue rebelle depuis quelque temps, pût se plier, sans trop d'effort, à cet exercice de la jeunesse. Peu à peu, cette

..... ample comédie à cent actes divers
Et dont la scène est l'univers [1]

s'est emparée comme autrefois de mon imagination ; j'ai

[1] Liv. V. — Fable 1. *Le Bûcheron et Mercure.*

suivi dans leur odyssée le lion, le loup, le renard, le chien, le cheval, la belette, le lapin, etc., tous

<blockquote>Hôtes de l'univers sous le nom d'animaux.[1]</blockquote>

J'ai écouté parler les dieux et les hommes, les arbres et les plantes, et, après avoir assisté en esprit à ce spectacle grandiose, à cette ravissante féerie, j'ai éprouvé cette douce émotion que Chamfort a si bien décrite : «L'âme, après la lecture des Fables, calme, reposée et pour ainsi dire rafraîchie comme au retour d'une promenade solitaire et champêtre, trouve en soi-même une compassion douce pour l'humanité, une résignation tranquille à la Providence, à la nécessité aux lois de l'ordre établi, enfin l'heureuse disposition de supporter patiemment les défauts d'autrui et même les siens. »

Décidément Voltaire n'avait pas tort. Les fables de La Fontaine conviennent aux esprits délicats et à tous les âges.

L'émotion que je ressentais n'était pas évidemment de même nature que celle que j'avais éprouvée en écoutant la petite fille réciter les deux fables dont j'ai parlé plus haut ; elle était plus complexe : en l'analysant, je reconnus qu'elle était produite non seulement par la perfection du conte, par l'art du conteur, mais aussi par le charme d'une morale douce, aimable, pure, bien appropriée à la nature de l'homme, à sa faiblesse même, à ses besoins de chaque jour et, pour ainsi dire, de chaque heure. Il me parut que le livre des Fables était, pour la vie morale, ce que sont, pour l'existence maté-

---

[1] Liv. X. *Les deux Rats, le Renard et l'Œuf.*

rielle, certains almanachs fort répandus dans nos campagnes, qui donnent pour les travaux des champs, pour l'élevage du bétail, etc., un conseil pour chaque jour de l'année.

C'est alors que me vint l'idée de faire une étude sur l'enseignement populaire des Fables, car on ne saurait trop recommander la lecture d'un livre qui donne tant de plaisir à l'esprit et produit sur l'âme une si douce impression ; mais auparavant, je voulus, par prudence, m'éclairer complètement sur la philosophie, sur la moralité qui se dégagent de ces charmants récits, et faire à ce sujet une sorte d'enquête. J'interrogeai d'abord l'auteur.

CHAPITRE II

UNE ENQUÊTE SUR LA MORALE DES FABLES

La Fontaine nous dit dans la préface de ses fables :
« L'apologue est composé de deux parties, dont on
» peut appeler l'une le corps, l'autre l'âme. Le corps
» est la fable, l'âme la moralité. » Il nous dit encore :
« Ces badineries ne sont telles qu'en apparence, car
» dans le fond elles portent un sens très solide. Et
» comme, par la définition du point, de la ligne, de la
» surface, et par d'autres principes très familiers, nous
» parvenons à des connoissances qui mesurent enfin
» le ciel et la terre, de même aussi, par les raisonnements
» et conséquences que l'on peut tirer de ces fables, on
» se forme le jugement et les mœurs, on se rend capable
» des grandes choses. » Il nous dit enfin que, suivant
le conseil de Quintilien, il s'est efforcé d'égayer les narrations, et il ajoute : « Je n'appelle pas gaieté ce qui
» excite le rire, mais *un certain charme, un air agréable*
» qu'on peut donner à toutes sortes de sujets, même les
» plus sérieux. »

On ne saurait mieux dire et se proposer un meilleur
but. La Fontaine a entendu faire à la fois œuvre de
poète, de moraliste et d'éducateur de la jeunesse. Il est
donc bon et utile de chercher à propager son livre.
J'allais prendre la plume sur cette première impression,

lorsqu'une réflexion vint m'arrêter. La Fontaine, l'auteur des Contes, ne se serait-il pas trompé sur la qualité de sa morale ? ou même, ce qui serait plus grave, n'aurait-il pas voulu tromper la jeunesse en lui servant une morale frelatée revêtue d'une étiquette menteuse ? Jean-Jacques ne l'avait-il pas prétendu ? Mais Jean-Jacques était un esprit chagrin, atrabilaire, et ses traits contre La Fontaine et Molière s'étaient émoussés. Lamartine aussi avait prétendu que les Fables, au lieu de lait, contenaient du fiel, et qu'il fallait détourner de la jeunesse le livre des Fables. Mais Lamartine n'a jamais fait autorité en matière de morale philosophique et de critique littéraire. Il me fallait un contradicteur plus sérieux. Je me souvins alors que Taine avait écrit une étude très brillante, très approfondie et très personnelle sur La Fontaine et ses fables. J'avais lu cette étude lorsqu'elle parut ; sur le moment elle m'avait ébloui et troublé, puis je n'y avais plus songé. Je repris son livre. Après l'avoir relu avec une grande attention, j'éprouvai, malgré tout le plaisir que m'avait causé cette lecture, une sorte d'agacement. Il me sembla que l'éminent écrivain (je lui en demande pardon, il ne m'en voudra pas de lui dire ce que je pense) avait mis dans son étude trop de virtuosité, trop d'esprit, trop de brillant, trop de science, trop de paradoxes, trop de systèmes, et pas assez de vérité et de naturel ; qu'il avait prêté à La Fontaine des intentions que le fabuliste n'a jamais pu avoir, et que, tout en exaltant le poète, il avait rabaissé l'homme. Involontairement, cette lecture me fit songer à *l'Ours* de la fable. Avais-je tort ? Qu'en en juge. J'ai ramassé le pavé ; le voici :

« Il est difficile, nous dit Taine, à un homme si gai
» d'être un vrai précepteur de mœurs. La sévérité n'est
» pas sa disposition ordinaire, il ne fera pas de l'indigna-
» tion son accent habituel. Tâchez de n'être point sot, de
» connaître la vie, de n'être point dupe d'autrui ni de
» vous-même, voilà, je crois, l'abrégé de ses conseils.
» Il ne nous propose point de règle bien stricte, ni de
» but bien haut. Il nous donne le spectacle du monde
» réel, sans souhaiter ni louer un monde meilleur......
» Telle qu'elle est, la vie est « passable. » « Mieux vaut
» souffrir que mourir, c'est la devise des hommes. »
» Cette morale-là est bien gauloise.»

. . . .

« Notre Champenois souffre très bien que les mou-
» tons soient mangés par les loups et que les sots soient
» dupés par les fripons ; son renard a le beau rôle.......
» Il conseille assez crûment la flatterie et la flatterie
» basse..... Enfin, chose admirable ! il loue la trahison
« politique : « Le sage dit, selon les gens : Vive le roi !
« vive la ligue ! »

. . . .

« Amusons-nous, » c'est là, ce me semble, son grand
» précepte, et aussi le nôtre. Il ne faut pas entasser,
» trop prévoir, ni pourvoir, mais jouir. « Hâte-toi, mon
» ami, tu n'as pas tant à vivre. Jouis, » et dès aujour-
» d'hui même. N'attends pas à demain, la mort peut
» te prendre en route....... Il prêche le plaisir avec
» autant de zèle que d'autres la vertu. Il veut qu'on
» suive « ses leçons, » qu'on mette à profit cette vie
» éphémère. Il loue Épicure, il parle de la mort en
« païen, il voudrait, comme Lucrèce, « qu'on sortît de

» la vie ainsi que d'un banquet, remerciant son hôte. »

. . . .

« Etranges sentiments dans un siècle chrétien ! J'ose
» dire que ce sont ceux de sa race..... Nous ne tirons
» pas de nous-mêmes la règle de nos mœurs, comme
» font les peuples germaniques. Nous n'avons pas leur
» réflexion, leur tristesse ; nous ne savons pas comme
» eux nous imposer une consigne ;...... nous n'avons,
» au lieu de conscience, que l'honneur et la bonté ;
» nous ne prenons point la vie comme un emploi
» sérieux, mais comme un divertissement dont il faut
» jouir sans arrière-pensée et en compagnie. C'est en
» touchant ces instincts populaires que La Fontaine est
» devenu populaire. C'est un Gaulois qui parle à des
» Gaulois. »

Ailleurs, à propos de l'homme, Taine nous dit :
« C'est un curieux caractère que celui de La Fontaine,
» surtout si l'on compare ses façons aux mœurs régu-
» lières, réfléchies et sérieuses des gens d'alors. Ce
» naturel est gaulois, trop gaulois, dira-t-on, c'est-à-
» dire peu moral, médiocrement digne, exempt de
» grandes passions et enclin au plaisir....... Tout cela
» ne compose pas un caractère bien digne. Il n'y a pas
» dans ces mœurs de quoi soutenir un cœur....... Il
» quête de l'argent humblement au monarque et à
» d'autres. »

Voilà un réquisitoire en règle, non seulement contre
La Fontaine et la morale des fables, mais encore contre
la race gauloise qui, paraît-il, est bien inférieure en
moralité à la race germanique.

Mais si Taine n'a aucun goût pour le moraliste, et s'il

fait un médiocre cas de l'homme, il est plein d'enthousiasme pour le poète, et il brûle pour lui tout son encens.

« Nous avons eu un poète (ce n'est guère), nous dit-
» il en parlant de La Fontaine, un seul, et qui, par un
» hasard admirable s'étant trouvé Gaulois d'instinct,
» mais développé par la culture latine et le commerce
» de la société la plus polie, nous a donné notre œuvre
» poétique la plus nationale, la plus achevée et la plus
» originale. »

« C'est La Fontaine qui est notre Homère. Car
» d'abord il est universel comme Homère : hommes,
» dieux, animaux, paysages, la nature éternelle et la
» société du temps, tout est dans son petit livre. »

« Il s'est promené à travers tous les sentiments hu-
» mains, quelquefois parmi les plus nobles, d'ordinaire
» parmi les plus doux, et il s'est donné sans cesse le
» concert que ses vers nous offrent encore. »

« Quand on pense à ces vers si gracieux, si aisés, qui
» lui viennent à propos de tout, qu'il aime tant, à ce
» doux et léger bruit dont il s'enchante et qui lui fait
» oublier affaires, famille, conversation, ambition, on
» le trouve semblable aux cigales de Phèdre, qui « *ont
» reçu ce don des Muses, de n'avoir plus besoin de nour-
» riture sitôt qu'elles sont nées, mais de chanter dès ce
» moment, sans manger ni boire, jusqu'à ce qu'elles meu-
» rent. Ensuite elles vont annoncer aux Muses quels
» hommes ici les honorent.* »

« Il faut tâcher de croire que c'est là aujourd'hui le
» sort de La Fontaine. »

Je suis loin de vouloir contredire à cet enthousiasme lyrique ; je dirai même que je le partage. Pourtant, la comparaison avec les cigales me choque. La cigale ne fait entendre qu'un cri strident, monotone et désagréable. Ce n'est pas ainsi que La Fontaine a chanté, et il me serait pénible de croire qu'il est condamné à passer l'éternité avec ce vilain petit animal.

Lorsqu'ils ont beaucoup d'esprit d'imagination et d'érudition, les commentateurs ne résistent pas au plaisir d'en faire montre. C'est ce qui est arrivé à Taine. C'est aussi ce qui est arrivé, dans un sens opposé, au bon, à l'aimable Nodier, qui a prétendu que tous les préceptes de la morale évangélique se retrouvent dans la morale naturelle des Fables.

Non, La Fontaine n'a pas entendu enseigner la morale évangélique qui est une morale de renoncement. Comme le Christ, il s'est servi de la parabole, c'est-à-dire de l'image, afin de mieux graver son enseignement dans les esprits ; comme lui, il a aimé les faibles et les petits ; comme lui, il a détesté les Pharisiens et les Sadducéens qui étaient les « mangeurs de gens » de ce temps-là ; mais la ressemblance de son livre de fables avec l'évangile ne va pas plus loin.

Un écrivain moderne, M. Louis Nicolardot, a publié récemment sous ce titre : *La Fontaine et la vie humaine* un commentaire de trois cents pages dans lequel il s'efforce de démontrer que les Fables ne sont autre chose que des reflets bibliques ; que La Fontaine, en les composant, a fait *acte de foi*; que c'est pour cela qu'elles

sont populaires, mais qu'on ne peut les comprendre si on ne se reporte pas sans cesse aux scènes de l'Ancien et du Nouveau Testament. Exemples : l'âne revêtu de la peau du lion rappelle Saül usurpant les fonctions du pontificat et confondu par Samuel ; l'hirondelle enlevant une araignée, c'est Achab immolant Naboth. Les animaux malades de la peste résument, d'après M. Nicolardot, le fond même de la religion. « Tous les animaux
» confessent leurs fautes, et c'est le moins coupable
» qui excite le plus de scandale. Pilate a beau proclaà
» mer l'innocence de Jésus, le peuple demande sa mort
» et lui préfère Barrabas. »

De tels commentaires ne pourraient que nuire à l'enseignement populaire des Fables, si l'on s'y arrêtait plus que de raison. En effet, s'il était prouvé que la morale des Fables est trop *gauloise*, il faudrait bannir La Fontaine de nos écoles comme Platon bannit Homère de sa république, et s'il était reconnu, au contraire, que les Fables cachent un enseignement religieux, ne se trouverait-il pas des conseillers municipaux pour les accuser de violer la liberté de conscience ?

En fin de compte, mon enquête terminée, il me parut que La Fontaine nous avait donné lui-même le meilleur commentaire de ses fables et qu'il avait atteint pleinement le double but qu'il s'était proposé : *instruire et plaire* (Liv. VI — Fable I), mais qu'il était bon de le démontrer au public, puisque notre poète, notre Homère, pour l'appeler comme Taine, rencontrait des contradicteurs. Je pris donc la plume pour écrire une étude sur la moralité et l'enseignement populaire des Fables, en la faisant précéder d'une biographie de La Fontaine afin qu'on puisse juger complètement l'homme et son œuvre. Mais avant d'entrer en matière, permets-moi, ami lecteur, de te conter comment je suis devenu, dès mes plus jeunes ans, un disciple fervent de La Fontaine.

CHAPITRE III

COMMENT L'AUTEUR EST DEVENU, DÈS SON ENFANCE, UN DISCIPLE FERVENT DE LA FONTAINE

Je me souviens d'avoir contemplé, tous les matins, dans ma première enfance, un bien modeste rideau de toile peinte qui entourait ma couchette. Ce rideau, de couleur lilas tendre, était orné de quatre sujets entourés de rinceaux, et qui se répétaient alternativement. Trois de ces sujets étaient tirés des Fables; un seul, des Contes. Ce dernier représentait une belle jeune fille aux pieds de deux beaux seigneurs richement vêtus et coiffés de toques avec des plumes. Les mains jointes, la jeune fille suppliait les seigneurs qui souriaient. Ce tableau me fait encore plaisir à voir aujourd'hui, car je le vois toujours, quand je veux, en fermant les yeux. Au-dessus du tableau était écrit le mot *Joconde* : c'est le premier mot que j'ai épelé. Je n'ai su que bien plus tard ce que la jeune fille disait aux seigneurs pour les faire rire.

Un autre tableau représentait un paysan brandissant une hache contre un serpent qui se dressait devant lui en le menaçant de sa langue, — une longue langue armée d'un dard. Ce tableau, qui avait pour titre *Le villageois et le serpent* m'effrayait beaucoup. Je crois même qu'il m'effraie encore aujourd'hui, car j'en ai conservé une impression d'horreur contre tout ce qui rampe et contre toutes les langues venimeuses.

Il y avait aussi le *Chêne et le Roseau*. L'ouragan se déchaînait avec fureur ; le chêne était à moitié déraciné, l'humble roseau inclinait sa tête jusqu'à terre. Pour rendre son tableau plus saisissant, l'artiste avait peint sur le devant un homme et une femme : l'homme, qui était aussi chevelu qu'Absalon, avait sa crinière bouleversée par le vent ; la femme, à demi-morte de frayeur, se réfugiait dans les bras de l'homme. Sa chevelure, aussi longue que celle d'une comète, était soulevée comme une vague au souffle de la tempête qui faisait rage. C'était terrifiant ; j'en frémis encore.

Le quatrième tableau, la *Fortune et l'Enfant*, était aussi beau que celui de Baudry qui est au Luxembourg ; seulement il était lilas tendre.

Qu'est-il devenu mon modeste rideau ? Je l'ignore, mais je regrette bien de ne plus le posséder, car je ferais détacher les quatre sujets, je les ferais encadrer, je les placerais dans l'alcôve de ma chambre à coucher, et après avoir réjoui les yeux de l'enfant ils réjouiraient ceux du vieillard.

Je me souviens encore du premier livre de *Fables choisies* qu'on me mit entre les mains ; il avait été expurgé avec soin, et il contenait tout au plus une centaine de fables. J'avais dix ans. J'habitais alors, tout près de la Grande-Chartreuse, un simple chef-lieu de canton dépourvu de collège. Mon père, modeste fonctionnaire, ne pouvait pas payer ma pension au lycée de la ville voisine ; il voulait pourtant que je fisse mes classes. Ma mère s'arrangea avec le vicaire de la paroisse, qui, moyennant six francs par mois, consentit à m'enseigner les premiers rudiments du latin. C'était un bien bon prêtre ; il m'aimait, et je l'aimais tendrement. Il s'appelait Joseph, et je trouvais qu'il ressemblait au saint Joseph dont je voyais tous les jours l'image à l'église dans un beau tableau représentant la *Fuite en Égypte*. Je servais régulièrement sa messe tous les matins, et il m'emmenait souvent dans ses promenades. Il était très timide, et n'osait pas se confier aux hasards de l'improvisation. Aussi, lorsqu'il devait prêcher, il me récitait, la veille, son sermon écrit par lui sur un cahier que j'avais sous les yeux, et je veillais attentivement à ce qu'il ne fît pas de fautes. Je n'ai pas besoin de dire qu'il était mon confesseur, et que j'étais heureux quand il m'avait débarrassé de mes légers péchés au moyen d'une bonne petite absolution.

Un jour, je consultai le calendrier, et je vis que la fête de mon bon Joseph approchait. Je me faisais une joie de la lui souhaiter, et j'appris secrètement à cette intention la fable du *Chêne et du Roseau*, qui m'avait causé une impression ineffaçable. Le jour venu, mon père cueillit un bouquet dans son jardinet, ma mère me mit entre les bras une bouteille de la liqueur de la Grande-Chartreuse, et je partis, tout joyeux d'aller souhaiter la fête à mon bon maître. Il habitait chez son curé, au deuxième étage. Je grimpai quatre à quatre les escaliers. J'entrai tout palpitant dans sa chambrette. Je le trouvai debout près de la fenêtre, lisant son bréviaire. Il m'embrassa tendrement, me déchargea de ma bouteille qui commençait à devenir lourde pour mes petits bras, prit mon bouquet, le mit dans un verre, qu'il remplit d'eau. Puis il me regarda en souriant, comme pour me dire : « Eh bien ! et mon compliment ? » Je me plaçai bravement devant lui, et je lui récitai tout d'une haleine, sans faire une seule faute, la fable du *Chêne et du Roseau*. Mon émotion fut très grande. C'est à partir de ce jour que je suis devenu un disciple fervent de La Fontaine. Je sus bientôt toutes les fables que contenait mon petit volume. Je l'ai perdu, hélas ! ce cher petit volume, que j'avais orné de beaux dessins à la plume et au crayon, et je l'ai perdu d'une façon qui faillit devenir tragique pour moi. Le récit de cette perte mérite de passer à la postérité, car il montre que les conseils de La Fontaine sont bons pour tout le monde, même pour les Jansénistes.

Je poursuivais mes études avec mon bon maître Joseph, et je mordais assez bien au latin et au grec, lorsque mon père reçut de l'avancement ; on augmentait son traitement de 200 francs par an, mais on l'envoyait à deux cents lieues de sa résidence. Je me rappelle que ce changement causa à mon père et à ma mère une joie mélangée de tristesse. Quant à moi, je pleurai beaucoup en quittant mon bon Joseph, mais comme le rat de la fable, *rat de peu de cervelle*, j'étais heureux à la pensée de voir du pays.

> Sitôt qu'il fut hors de la case :
> « Que le monde, dit-il, est grand et spacieux !
> Voici les Apennins, et voici le Caucase. »
> La moindre taupinée étoit mont à ses yeux [1].

Nous transportâmes, non sans peine, nos lares et nos pénates dans un chef-lieu d'arrondissement. Là, j'entrai comme externe dans un collège dirigé par un vénérable

---

[1] Liv. VIII. — Fable IX. *Le Rat et l'Huître*.

prêtre qui était Janséniste et nous parlait souvent du grand Arnauld, de Pascal et de Port-Royal. En sa qualité de Janséniste, il se montrait très rigide sur la discipline, mais au fond il était bon et juste. Je le pris pour confesseur, ou plutôt il me prit pour pénitent, car il était de règle de se confesser à lui. Il confessait très bien. Par-dessus toutes choses, il défendait la lecture des mauvais livres. Il surveillait attentivement les externes et les obligeait d'assister le dimanche aux offices dans la chapelle du collège. J'avais grandi; j'avais lu Descartes; l'esprit de libre examen commençait à germer en moi; je trouvais la discipline un peu dure, les vêpres un peu longues et les psaumes un peu tristes, quoique fort beaux. D'autres élèves, c'étaient les grands, le trouvaient comme moi; aussi avions-nous obtenu, par transaction, de notre rigide principal, qu'au lieu de chanter les offices, nous pourrions lire quelques livres de piété : *les Confessions* de saint Augustin, *les Vies des Révérends Pères du Désert*, du grand Arnauld, *les Sermons* de Bossuet, ceux de Bourdaloue, et, ce qui prouve que notre principal était tolérant malgré son jansénisme, *la Recherche de la Vérité*, de Malebranche[1].

Un beau dimanche, j'emportai les *Sermons* de Bourdaloue, mais, par mégarde, ou par enchantement, mon La Fontaine se glissa dans ma poche. Nous assistions aux offices, assis sur des bancs. Mon condisciple de droite, qui n'avait rien emporté, me demanda un livre. Je lui passai *les Sermons*, et machinalement, sans penser à mal, je sortis de ma poche mon livre de *Fables*.

---

[1] On sait que Malebranche eut de vives disputes avec Port-Royal au sujet de ce livre.

Pour s'assurer que nous lisions des ouvrages de piété et non des œuvres profanes, le principal faisait de temps à autre l'inspection de nos livres. Il la fit ce dimanche-là. Je ne pus dérober à son regard sévère et investigateur mon cher petit volume, et je le lui présentai en tremblant un peu. Il le prit, regarda le titre, et entra aussitôt dans une sainte colère. « Sortez ! me dit-il, vous
» commettez un sacrilège, vous profanez le lieu saint,
» vous n'y reviendrez plus, car je vous chasse du col-
» lège ! » Je fus obligé de sortir de la chapelle, à ma grande confusion. Mentalement je me comparai à Adam chassé du Paradis terrestre.

Au fond, je ne me sentais pourtant pas aussi sacrilège que le principal me l'avait dit. Le lendemain, je me disposai à aller à la classe, non sans être agité d'une vive crainte. Le portier était debout devant la porte de sa loge. Je crus qu'il allait me barrer l'entrée du collège et m'expulser honteusement. Mon cœur battait à me rompre la poitrine. Je baissai la tête, je me fis aussi petit que possible, je saluai humblement le portier, qui était un vieux brave homme. A ma grande joie, il me laissa passer. Je franchis la porte d'un seul bond, j'entrai en classe, je récitai mes leçons sans faute, comme d'habitude, car j'étais un bon élève. Il ne fut pas question de mon expulsion, ni ce jour-là ni un autre.

J'aime à croire que le bon principal avait examiné le volume de Fables qu'il m'avait confisqué, qu'il s'était assuré que ce volume avait été expurgé avec autant de soin que Jansenius lui-même aurait pu en mettre, et qu'ayant lu, par un hasard providentiel, la fable xx du livre VIII, il avait fait son profit de la moralité de cette fable, que je recommande à l'attention des principaux, des proviseurs, des censeurs, des professeurs, des maîtres d'études et des instituteurs :

> Jupiter ne tarda guère
> A modérer son transport;
> O vous, *tous*, qu'il voulut faire
> Arbitres de notre sort,
> Laissez, entre la colère
> Et l'orage qui la suit,
> L'intervalle d'une nuit [1].

Je n'osai pas cependant aller réclamer mon cher volume au principal, mais j'employai mes pauvres petites économies à en acheter un autre, qui n'était point expurgé. Je le lus avec avidité. Je l'ornai de nombreux dessins, et je devins plus que jamais un disciple fervent de La Fontaine. Plus que jamais j'encensai son autel.

Il ne m'a pas trompé, mon cher Maître, et je lui dois les plus douces jouissances qu'on puisse éprouver en ce monde. Il m'a conseillé le travail et l'étude ; il m'a donné le goût des belles-lettres et de la poésie ; il m'a montré qu'on peut être heureux dans la médiocrité. Depuis que je me suis remis à en faire ma lecture quotidienne, il m'a consolé de bien des peines, il m'a raffermi l'âme, et, pour tout dire, il est devenu mon confesseur. C'est à lui que je demande l'absolution de mes fautes, et il ne me la refuse jamais ; c'est le tort qu'il a, je le reconnais, aussi serai-je forcé d'en prendre un autre.

---

[1] *Jupiter et les Tonnerres.*

DEUXIÈME PARTIE

Biographie de La Fontaine par lui-même.

CHAPITRE PREMIER

CONTRASTES DANS LA VIE ET LES ÉCRITS DE LA FONTAINE

La vie et les œuvres de La Fontaine sont pleines de contrastes. Comment l'auteur de contes charmants, mais licencieux, a-t-il pu songer à écrire alternativement, et de la même plume, des fables morales pour l'éducation de la jeunesse, et même des poésies chrétiennes pour l'édification des âmes ? Comment l'épicurien, le voluptueux, faisait-il ses délices de la lecture de Platon et de Plutarque ? Comment, au temps même où il écrivait des contes, eut-il pour amis Huet, le savant et vertueux évêque d'Avranches, les Pères Bouhours et Commire, et l'abbé Camus ? Comment cet esprit si vif, si alerte, ouvert à toutes les impressions sur le beau, dans les arts et dans les lettres ; comment ce critique si fin et si profond ; comment ce railleur spirituel, ce satirique enjoué, a-t-il passé et passe-t-il encore pour un bonhomme ? Comment ce poète aimable, délicat et tendre, qui vécut pendant vingt ans dans l'intimité journalière de madame de la Sablière, qui fut goûté des femmes les plus belles et les plus spirituelles de son temps, qui fut distingué par les plus grands seigneurs, recherché par tous les gens d'esprit, par tous les hommes de lettres, par les plus célèbres artistes, a-t-il pu être dépeint par La Bruyère comme un homme « grossier, » lourd, stupide, qui ne sait pas parler, ni raconter ce » qu'il vient de voir ? » Comment cet esprit libre, indépendant, qui ne croyait qu'au Dieu des bonnes gens, est-il devenu, à la fin de sa vie, un chrétien convaincu, fervent et austère ?

Walckenaer a écrit une excellente *Histoire de la vie et des ouvrages de La Fontaine*, dans laquelle on peut trouver des réponses à toutes ces questions ; mais cette histoire en deux volumes, écrits à la manière des érudits, est faite pour les lecteurs patients et peu pressés, et c'est le petit nombre. Je voudrais donc tâcher de suppléer à cette longue étude par une courte biographie dont La Fontaine lui-même, personne ne s'en plaindra, ferait tous les frais ; car notre poète, il faut qu'on le sache, a pris plaisir, c'est lui qui le dit, à « rendre son âme visible, » à se peindre en ses écrits avec ingénuité et franchise, et à peindre aussi les personnes qu'il aimait. Seulement, quand il s'agit des personnes qu'il aime, il faut se défier, car avant tout il est poète, et il nous a avertis de nous tenir en garde contre les faiseurs

de vers : « Savez-vous pas bien que pour peu que j'aime,
» je ne vois dans les défauts des personnes non plus
» qu'une Taupe qui auroit cent pieds de terre sur elle ?..
» Dès que j'ai un grain d'amour, je ne manque pas d'y
» mêler tout ce qu'il y a d'encens dans mon magasin ;
» cela fait le meilleur effet du monde, je dis des sottises
» en vers et en prose....., enfin, je loue de toutes mes
» forces : *homo sum qui ex stultis insanos reddam.* Ce
» qu'il y a, c'est que l'inconstance remet les choses en
» leur ordre..... Et puis fiez-vous à nous autres fai-
» seurs de vers. »

Ainsi, nous voilà bien avertis, il ne faut pas prendre au pied de la lettre les louanges que prodigue notre poëte aux grands et aux belles ; il brûle par enthousiasme son encens, qu'il avait, dit-il, « le secret de rendre exquis et doux, » mais il n'entend pas pour cela tomber dans la flatterie et la servilité ; il entend, au contraire, traiter sur le pied de l'égalité avec ceux qu'il loue, et il le leur fait savoir :

> Les grands se font honneur dès lors qu'ils nous font grâce :
>   Jadis l'Olympe et le Parnasse
>   Etoient frères et bons amis[1].

Il pense que les poëtes ne doivent pas faire antichambre ; aussi n'allait-il jamais à la Cour. Un jour, Fouquet l'ayant fait attendre, il s'en plaint en badinant, mais enfin il s'en plaint.

>   Renvoyez donc en certains temps
>   Tous les traités, tous les traitants,
>   Les requêtes, les ordonnances,
>   Le Parlement et les finances,
>   Le vain murmure des frondeurs,
>   Mais, plus que tout, les demandeurs.
>   . . . .

---

[1] Liv. I. — Fable xiv.

> Renvoyez, dis-je, cette troupe
> Qu'on ne vit jamais sur la croupe
> Du Mont où les savantes Sœurs
> Tiennent boutique de douceurs.
> Mais que pour les amans des Muses
> Votre Suisse n'ait point d'excuses,
> Et moins pour moi que pour pas un [1].

Les Vendômes et les princes de Conti avaient admis La Fontaine dans leur société, et il était de ces dîners du Temple où la licence était poussée très loin. La Fontaine perdait quelquefois la raison dans ces dîners; mais il n'y perdait jamais la liberté de discuter de tout avec les princes et de discuter sur le pied de l'égalité. En septembre 1689, il écrit au maréchal duc de Vendôme, qui était alors en campagne sur le Rhin, une lettre en vers fort curieuse dans laquelle la politique se mêle au récit d'un dîner où tous les convives se grisèrent.

> Nous faisons au Temple merveilles.
> L'autre jour on but vingt bouteilles,
> Regnier [2] en fut l'Architriclin.
> La nuit étant sur son déclin,
> Lorsque j'eus vidé mainte coupe,
> Langeamet [3], aussi de la Troupe,

---

[1] Epitre à M. le Surintendant.

[2] Regnier-Desmarais, secrétaire de l'Académie française.

[3] Il est fait mention de Langeamet dans un noël satyrique qui fut composé vers ce temps contre les personnages de la Cour.

> Dans la divine étable
> Apparut Langeamet,
> Ayant un air capable
> Et nez de perroquet;
> Et d'un ton de fausset
> Commençant son ramage
> Fatigua le poupon
> Don, don,
> Si bien qu'il ordonna
> La, la
> Qu'on le remit en cage.

> Me remena dans mon manoir.
> Je lui donnai, non le bonsoir,
> Mais le bonjour ; la blonde Aurore,
> En quittant le rivage Maure,
> Nous avoit à table trouvés,
> Nos verres nets, et bien lavés,
> Mais nos yeux étant un peu troubles,
> Sans pourtant voir les objets doubles.
> Jusqu'au point du jour on chanta,
> On but, on rit, on disputa.
> On raisonna sur les nouvelles,
> Chacun en dit, et des plus belles.
> Le Grand Prieur eut plus d'esprit
> Qu'aucun de nous sans contredit.
> J'admirai son sens, il fit rage,
> Mais malgré tout son beau langage,
> Qu'on étoit ravi d'écouter,
> Nul ne s'abstint de contester.
> Je dois tout respect aux VANDOSMES ;
> Mais j'irois en d'autres Royaumes,
> S'il leur falloit en ce moment
> Céder un ciron seulement.

Nous venons de voir La Fontaine dans un joyeux dîner en compagnie de gens de lettres et d'hommes d'esprit. Voyons-le dans un dîner qu'un gros et sot financier s'avisa un jour de lui donner.

« Un certain Le Verrier qui, nous dit Walckenaer, avait le triple travers de vouloir passer pour homme à bonnes fortunes, pour ami des seigneurs et pour protecteur des lettres, avait invité La Fontaine à dîner, dans l'espérance qu'il amuserait les convives. Notre poète mangea et but, et ne parla point. Comme le dîner se prolongeait, il s'ennuya et se leva de table sous prétexte de se rendre à l'Académie. On lui fit observer qu'il n'était pas encore temps. « Ah bien ! dit-il, je prendrai par le plus long, » et il sortit. »

Walckenaer ne voit dans cette réponse qu'une des distractions habituelles de notre poète; j'y vois, au contraire, une leçon donnée à ce sot financier, qui probablement ne renouvela pas son invitation.

La Fontaine était distrait surtout quand il avait envie de l'être, et la plupart des anecdotes citées à ce sujet le prouvent. Ainsi, quand Boileau, abusant de sa bonhomie et de sa douceur, poussait les plaisanteries un peu trop loin, notre poète feignait d'être distrait et de ne pas les entendre, afin de n'avoir pas à s'en fâcher.

Taine a dit que La Fontaine « quêtait humblement de
» l'argent, mais que le poète au dedans restait libre, et
» que, derrière ce retranchement impénétrable, nulle
» servitude n'eut pu l'envahir. » La distinction est subtile. Quoi qu'il en soit, l'homme était aussi libre que le poète : la lettre au duc de Vendôme et l'anecdote que nous venons de rapporter le démontrent, et La Fontaine, qui recevait du duc une pension, plaisante avec lui sur l'emploi qu'il en fera.

> Je ne vous réponds pas qu'encor
> Je n'emploie un peu de votre or
> A payer la Brune et la Blonde,
> Car tout peut aimer en ce monde.
> Non que j'assemble tous les jours
> Barbefleurie, et les Amours.
> Même dans peu votre finance
> Au Sacrement de Pénitence
> A mon égard échappera[1].

La Fontaine était bien convaincu que ceux auxquels il adressait ses vers devenaient ses débiteurs, et il l'a dit

---

[1] Lettre à S. A. le duc de Vendôme (Septembre 1689).

très finement dans son *Remerciment à l'Académie française* :

> « On diroit que la Providence a réservé pour le règne
> de Louis le Grand des hommes capables de célébrer
> les actions de ce Prince : car bien que tant de victoires
> l'assurent de l'immortalité, ne craignons point de le
> dire, les Muses ne sont point inutiles à la réputation
> des Héros : quelle obligation Trajan n'a-t-il pas à
> Pline le jeune ? Les oraisons pour Ligarius et Marcel-
> lus ne font-elles pas encore à présent honneur à la
> clémence de Jules César ? »

Walckenaer a fait remarquer avec raison que dans aucune des épîtres dédicatoires de La Fontaine on ne trouve ce ton de basse humilité qu'on a tant reproché au grand Corneille et à Molière, qui se conformaient en cela aux protocoles en usage alors dans ces sortes d'écrits.

S'il ne faut pas prendre au pied de la lettre l'encens que La Fontaine prodigue aux grands et aux belles, on ne doit pas non plus prendre au pied de la lettre ce qu'il nous a dit de son inconstance : il nous fournira lui-même des preuves du contraire. Ces réserves faites, nous pourrons continuer à l'interroger ; nous le trouverons toujours prêt à répondre avec franchise, car si le poète est enthousiaste, l'homme est honnête et sincère.

CHAPITRE II

LA FONTAINE PEINT PAR LUI-MÊME

Si La Fontaine brûlait son encens avec profusion en l'honneur de ceux qu'il aimait, il en était très économe quand il s'agissait de lui et de ses écrits. Il se mettait au-dessous d'Ésope et de Phèdre.

> Toute puissance est foible à moins que d'être unie :
> Ecoutez là-dessus l'esclave de Phrygie.
> Si j'ajoute du mien à son invention,
> C'est pour peindre nos mœurs, et non point par envie :
> Je suis trop au-dessous de cette ambition.
> Phèdre enchérit souvent par un motif de gloire ;
> Pour moi, de tels pensers me seroient malséants[1].

Fontenelle traitait de *bêtise* la modestie de notre poète ; il se trompait. La Fontaine était naturellement modeste, mais il était aussi homme d'esprit et de goût ; il savait que, dans la république des lettres comme dans le monde, la modestie sans affectation provoque les éloges et que l'outrecuidance attire les critiques. Au fond il savait ce qu'il valait, et il dit à la Champmeslé :

> La nuit des temps : nous la saurons dompter,
> Moi par écrire, et vous par réciter[2].

---

[1] Liv. IV. — Fable XVIII. *Le Vieillard et ses Enfants*.

[2] Liv. V. — Conte VII. *Prologue de Belphégor*.

Il se mêlait donc à sa modestie un certain calcul.

Tout le monde connaît l'épitaphe d'un paresseux qui a été tant de fois réimprimée sous le titre d'*Épitaphe de La Fontaine* dans toutes les éditions de ses fables et de ses contes.

> Jean s'en alla comme il étoit venu,
> Mangea le fonds avec le revenu,
> Tint les trésors chose peu nécessaire.
> Quant à son temps, bien sut le dispenser :
> Deux parts en fit dont il soûloit passer
> L'une à dormir et l'autre à ne rien faire.

Cette épitaphe a singulièrement contribué à faire croire que, toute sa vie, notre poète avait été un dormeur et un paresseux, et que s'il avait produit des contes et des fables, c'était en quelque sorte *végétativement*, comme le pommier produit des pommes. Ce mot *mon fablier*, dont se servait familièrement madame de la Sablière pour désigner La Fontaine, avait encore accrédité cette opinion, et je crois que de nos jours une certaine école ne serait pas éloignée de la partager. Taine n'a-t-il pas écrit dans la préface de la dixième édition de son livre : « On peut considérer l'homme comme un animal
» d'espèce supérieure, qui produit des philosophies et
» des poèmes comme les vers à soie font leurs cocons, et
» comme les abeilles font leurs ruches. Imaginez qu'en
» présence des fables de La Fontaine vous êtes devant
» une de ces ruches. »

Il faut beaucoup rabattre de cette opinion et de l'épitaphe. C'est en 1659 qu'elle a été écrite. La Fontaine, qui était né en 1621, avait donc alors 38 ans. Il était « bien buvant, bien mangeant, » et ne songeait nullement à mourir. Dans une lettre d'affaires, écrite le 1er

février 1659 à l'oncle de sa femme, Jannart, on remarque le passage suivant : « La commission dont je vous ai
» écrit est une excellente affaire pour le profit, et je ne
» suis pas assez ambitieux pour ne courir qu'après les
» honneurs; quand l'un et l'autre se rencontreront en-
» semble je ne les rejetterai pas. » Il n'était donc pas alors en disposition de « manger le fonds avec le revenu, » comme il le fit plus tard. Il n'était pas non plus en disposition de ne rien faire. Il n'avait encore, il est vrai, publié que sa traduction ou plutôt son imitation de l'*Eunuque*, de Térence, mais il travaillait à son poème d'*Adonis*, au *Songe de Vaux*, et cherchait péniblement sa voie, poussant ses lectures dans tous les sens.

Bien loin de dormir toujours, il veillait souvent sur le Permesse, s'il faut en croire les vers de la même époque insérés dans le cinquième fragment du *Songe de Vaux*.

> Voyez l'autre plafond où la Nuit est tracée :
> Cette Divinité digne de vos autels,
> Et qui même en dormant fait du bien aux mortels,
> Par de calmes vapeurs mollement soutenue,
> La tête sur son bras, et son bras sur la nue,
> Laisse tomber des fleurs, et ne les répand pas.

Après cette peinture gracieuse, digne de l'Albane ou du Corrège, et qui dénote les progrès du peintre, il ajoute :

> Avec tous ses appas l'aimable enchanteresse
> Laisse souvent veiller les peuples du Permesse,
> Cent doctes nourrissons surmontent son effort :
> Hélas, dis-je, pour moi je n'ai rien fait encor ;
> Je ne suis qu'écoutant parmi tant de merveilles ;
> Me sera-t-il permis d'y joindre aussi mes veilles ?
> Quand aurai-je ma part d'un si doux entretien ?

Dès 1658 La Fontaine avait présenté à Fouquet une copie manuscrite de son poème d'*Adonis*, différente de celle qui a été imprimée en 1669, et où on lisait après l'invocation :

> Vois de bon œil cet œuvre, et consens pour ma gloire
> Qu'avec toi l'on le place au Temple de Mémoire ;
> Par toi je me promets un éternel renom :
> Mes vers ne mourront point, assistés de ton nom.

La Fontaine se faisait illusion sur son poème d'*Adonis*. Il avait fait fausse route : il le reconnaît dans son avertissement. « Quand j'en conçus le dessein, j'avois » plus d'imagination que je n'en ai aujourd'hui. Je » m'étois toute ma vie exercé en ce genre de Poësie que » nous nommons Héroïque... Le fonds que j'en avois » fait, soit par la lecture des Anciens, soit par celle de » quelques-uns de nos modernes, s'est presque entière- » ment consumé dans l'embellissement de ce Poëme. » Peines perdues ! La Fontaine a le bon sens de ne point s'obstiner ; il connait son Horace et abandonne les choses dont il voit bien qu'il ne saurait rien faire de bon[1]. Ces tâtonnements prouvent que, loin de dormir et de paresser, il songeait à la gloire, « aux honneurs, » comme il le dit à Jannart, lorsqu'il a écrit sa singulière épitaphe. Il ne faut donc y voir qu'une boutade d'esprit ou plutôt le regret d'une âme inquiète qui a des aspirations, et qui désespère, par moments, de les voir se réaliser.

La Fontaine avait, en effet, des inquiétudes d'esprit,

---

[1] . . . . *Et quæ*
Desperat tractata nitescere posse, relinquit.
HORACE, *Art poétique*, V. 149-150.

(Et les choses qu'il désespère de traiter avec éclat, il les laisse.)

des bizarreries de caractère, des inégalités d'humeur, qu'il conserva toute sa vie, mais qui furent tempérées par une grande bonté. Il a peint ces contrastes quand, dans sa comédie de *Climène*, il fait dire par Thalie à Apollon :

> Sire, Acante est un homme inégal à tel point,
> Que d'un moment à l'autre on ne le connoît point ;
> Inégal en amour, en plaisir, en affaire ;
> Tantôt gai, tantôt triste ; un jour il désespère ;
> Un autre jour il croit que la chose ira bien.
> Pour vous en parler franc, nous n'y connoissons rien [1].

Il éprouvait des besoins de plaisirs et de distraction, suivis d'accès de mélancolie, de tristesse.

> Volupté ! Volupté ! qui fut jadis maîtresse
>   Du plus bel esprit de la Grèce,
> Ne me dédaigne pas, viens-t'en loger chez moi ;
>   Tu n'y seras pas sans emploi.
> J'aime le jeu, l'amour, les livres, la musique,
> La ville et la campagne, enfin tout ; il n'est rien
>   Qui ne me soit souverain bien,
> Jusqu'au sombre plaisir d'un cœur mélancolique [2].

Il éprouvait aussi des désirs de solitude et de repos.

> Solitude, où je trouve une douceur secrète,
> Lieux que j'aimai toujours, ne pourrai-je jamais,
> Loin du monde et du bruit, goûter l'ombre et le frais ?
> Oh ! qui m'arrêtera sous vos sombres asiles ?
> Quand pourront les neuf Sœurs, loin des cours et des villes,

---

[1] Lamartine a caractérisé par un beau vers cet état d'âme du poète :
> C'est le vague tourment d'une âme qui s'ennuie.

[2] *Les Amours de Psyché et de Cupidon*, Liv. II.

Dans son sonnet à Victor Hugo, Alfred de Musset a dit à peu près la même chose.

> Il faut, dans ce bas monde, aimer beaucoup de choses,
> Pour savoir, après tout, ce qu'on aime le mieux :
> Les bonbons, l'Océan, le jeu, l'azur des cieux,
> Les femmes, les chevaux, les lauriers et les roses.
>   26 Avril 1843.

> M'occuper tout entier?. . . . .
> . . . .
> Que je peigne en mes vers quelque rive fleurie!
> La Parque à filets d'or n'ourdira point ma vie,
> Je ne dormirai point sous de riches lambris:
> Mais voit-on que le somme en perde de son prix?
> En est-il moins profond, et moins plein de délices?
> Je lui voue au désert de nouveaux sacrifices[1].

Il avait surtout le besoin d'aimer, et il l'a exprimé d'une manière touchante et délicate dans sa *deuxième élégie* à Climène.

> Me voici rembarqué sur la mer amoureuse,
> Moi pour qui tant de fois elle fut malheureuse,
> Qui ne suis pas encor du naufrage essuyé,
> Quitte à peine d'un vœu nouvellement payé.
> Que faire? Mon destin est tel qu'il faut que j'aime.
> On m'a pourvu d'un cœur peu content de lui-même,
> Inquiet, et fécond en nouvelles amours:
> Il aime à s'engager, mais non pas pour toujours.
> . . . .
> Si l'on ne suit l'Amour, il n'est douceur aucune:
> Ce n'est point près des Rois que l'on fait sa fortune:
> Quelque ingrate beauté qui nous donne des lois,
> Encore en tire-t-on un souris quelquefois,
> Et pour me rendre heureux un souris peut suffire.

La Fontaine conserva jusque dans sa vieillesse ce besoin d'aimer et de rêver, qui lui donnait souvent dans le monde une si étrange attitude. On en trouve la preuve dans deux lettres de l'abbé Verger, de 1688, adressées l'une à madame d'Hervart, l'autre à notre poëte. Voici la première :

« J'ai reçu une lettre du bonhomme La Fontaine. Il
» me marque qu'il va passer six semaines avec vous à
» Bois le Vicomte. Voilà un bonheur que je lui envie

---
[1] Liv. XI. — Fable IV. *Le Songe d'un Habitant du Mogol.*

» fort, bien qu'il ne le ressente guère, car vous m'a-
» vouerez bien, à votre honte, qu'il sera moins aise
» d'être avec vous, que vous ne serez de l'avoir.

> Je voudrois bien le voir aussi
> Dans les charmants détours que votre parc enserre,
> Parler de paix, parler de guerre,
> Parler de vers, de vin et d'amoureux souci,
> Former d'un vain projet le plan imaginaire,
> Changer en cent façons l'ordre de l'Univers,
> Sans douter, proposer mille doutes divers ;
> Puis, tout seul s'écarter, comme il fait d'ordinaire,
> Non pour rêver à vous, qui rêvez tant à lui,
> Non pour rêver à quelque affaire,
> Mais pour varier son ennui.

» Car vous savez, Madame, qu'il s'ennuie partout, et
» même, ne vous en déplaise, quand il est auprès de
» vous, surtout quand vous voulez vous aviser de régler
» ses mœurs ou sa dépense. »

Il y avait de la malice, mêlée d'un peu de méchanceté, dans cette lettre ; il y en avait aussi dans celle que l'abbé Verger écrivit à La Fontaine.

Le bonhomme (notre poète avait alors 67 ans) lui avait conté plaisamment qu'en quittant Bois le Vicomte, il s'était égaré en chemin, tout préoccupé qu'il était des beaux yeux de mademoiselle de Beaulieu, une jeune fille de quinze ans, qui était venue en visite au château.

« Qu'avoit affaire monsieur d'Hervart de s'attirer la
» visite qu'il eut dimanche ? Que ne m'avertissoit-t-il ?
» Je lui aurois représenté la foiblesse du personnage,
» et lui aurois dit que son très humble serviteur étoit
» incapable de résister à une fille de quinze ans, qui a
» les yeux beaux, la peau délicate et blanche, les traits
» de visage d'un agrément infini, une bouche et des

» regards, je vous en fais juge....... Je serois parti
» avant le dîner; je ne me serois pas détourné de trois
» lieues comme je fis, ni n'aurois été comme un idiot
» me jeter dans Louvres...... Vous conterez, s'il vous
» plaît, à la Compagnie l'Iliade de mes malheurs; non
» que je veuille vous attrister......

>Ma Lettre vous fera rire.
>Je vous entends déjà dire,
>Cet homme n'est-il pas fou
>Dans l'entreprise qu'il tente?
>Il est plus près du Pérou
>Qu'il n'est du cœur d'Amarante.

Suivent quatre-vingt-onze petits vers coquets et légers, et même un peu risqués, sur la beauté d'Amarante. En voici un échantillon :

>Amarante et le Printemps
>Ont un air qui se ressemble.
>Voici comme je prétends
>Que l'on les compare ensemble.
>Par les Lis premièrement
>J'entame ce parallèle,
>Soupçonnant aucunement
>Ceux qu'Amarante recelle.
>Je suis trompé si son Sein
>N'en est un plein magasin.
>Le mal est que ce sont choses
>Pour vous et moi lettres closes.
>. . . . .
>. . . . .
>Pour revenir à nos Lis,
>Ils sont relevés de Roses,
>Ceux-là tout nouveau fleuris,
>Celles-ci fraîches écloses.
>. . . . .
>. . . . .
>Comment pourrois-je décrire
>Des regards si gracieux?
>Il semble à voir son sourire
>Que l'Aurore ouvre les Cieux,

N'est-ce pas merveilleux que, malgré ses 67 ans, notre bonhomme ait conservé tant de fraîcheur, de jeunesse et de gaîté !

Verger lui répond :

> Qu'en quittant cet objet dont vous êtes épris,
> Sur le choix des chemins vous vous soyez mépris,
>   L'accident est encor moins rare.
>   Eh ! qui pourroit être surpris
>   Lorsque La Fontaine s'égare ?
> Tout le cours de ses ans n'est qu'un tissu d'erreurs,
>   Mais d'erreurs pleines de sagesse.
>   Les plaisirs l'y guident sans cesse
>   Par des chemins semés de fleurs.
> Les soins de sa famille ou ceux de sa fortune
>   Ne causent jamais son réveil.
>   Il laisse à son gré le Soleil
>   Quitter l'empire de Neptune,
>   Et dort tant qu'il plaît au Sommeil.
> Il se lève au matin sans savoir pourquoi faire.
> Il se promène, il va, sans dessein, sans sujet,
> Et se couche le soir sans savoir d'ordinaire
>   Ce que dans le jour il a fait.

Et l'abbé ajoute :

« Vous êtes le premier homme du monde pour les châteaux en Espagne ; et puisque vos rêveries sont si agréables, je ne m'étonne plus que vous vous y plaisiez tant. »

Tout cela est plein d'esprit. Il faut remarquer, dans la lettre de Verger à madame d'Hervart, le ton et le tour que La Fontaine, quand il était de belle humeur, savait donner à la conversation, dans laquelle il excellait. Mais Verger n'a fait que répéter, en moins beaux vers, ce que La Fontaine lui-même avait dit à madame de la Sablière.

Le nectar que l'on sert au maître du tonnerre,
Et dont nous enivrons tous les dieux de la terre,
C'est la louange, Iris. Vous ne la goûtez point ;
D'autres propos chez vous récompensent ce point :
  Propos, agréables commerces,
Où le hasard fournit cent matières diverses,
  Jusque-là qu'en votre entretien
La bagatelle a part : le monde n'en croit rien.
  Laissons le monde et sa croyance.
  La bagatelle, la science,
Les chimères, le rien, tout est bon ; je soutiens
  Qu'il faut de tout aux entretiens :
  C'est un parterre où Flore épand ses biens ;
Sur différentes fleurs l'abeille s'y repose,
  Et fait du miel de toute chose [1].

Que nous sommes loin du portrait de La Bruyère ! de cet homme « grossier, lourd, stupide, qui ne sait pas » parler, ni raconter ce qu'il vient de voir. » Comment expliquer ce contraste ? La Bruyère avait-t-il vu La Fontaine dans un de ses jours de mélancolie, au milieu de gens qui lui semblaient déplaisants, gardant le silence et rêvant à l'écart ? Ou bien, l'auteur des *Caractères*, qui peignait ses portraits plutôt au point de vue de l'art qu'au point de vue de la ressemblance, a-t-il voulu, pour produire plus d'effet, opposer la lourdeur, la grossièreté de l'homme à la grâce, à la légèreté, à l'élégance du poète ? Cette dernière hypothèse me paraît la plus probable.

Madame Ulrich, dont nous ferons connaître les relations avec La Fontaine, et qui a publié ses œuvres posthumes, a protesté contre le portrait tracé par La Bruyère.

« Si l'auteur qui l'a peint sous des traits si contraires
« à la vérité l'avoit bien connu, dit-elle, il auroit avoué

---

[1] Fables. — Livre IX. *Discours à madame de la Sablière.*

» que le commerce de cet aimable homme faisoit autant
» de plaisir que la lecture de ses livres, Aussi, tous
» ceux qui aiment ses ouvrages (et qui est-ce qui ne les
» aime pas?) aimcient aussi sa personne. »

A la bonne heure! Voilà un langage qui part du cœur et qui y va. J'ai eu plaisir à terminer par là ce chapitre; aussi bien, la suite de cette biographie permettra-t-elle d'accentuer les traits de ce portrait, qui n'est qu'esquissé.

CHAPITRE III

LA FONTAINE A CHATEAU-THIERRY
(1621-1656)

La Fontaine ne fut point un enfant sublime. Il fit des études médiocres, mais il paraît avoir eu de bonne heure le goût des vers. C'est du moins ce qu'il dit dans une épître adressée en 1662 au duc de Bouillon.

> Que me sert-il de vivre innocemment ?
> D'être sans faste, et cultiver les Muses ?
> Hélas, qu'un jour elles seront confuses,
> Quand on viendra leur dire en soupirant :
> Ce nourrisson que vous chérissiez tant,
> Moins pour ses vers que pour ses mœurs faciles,
> Qui préféroit à la pompe des villes
> Vos antres cois, vos chants simples et doux,
> Qui *dès l'enfance* a vécu parmi vous,
> Est succombé sous une injuste peine !
> Et d'affecter une qualité vaine
> Repris à faux, condamné sans raison,
> Couvert de honte est mort dans la prison [1].

Afin de pouvoir satisfaire ses goûts pour les vers et devenir, comme tant d'autres, un abbé de ruelles, il entra à l'Oratoire. On l'envoya au séminaire de Saint-

---

[1] La Fontaine adressa cette épître au duc de Bouillon en vue d'obtenir la remise d'une forte amende à laquelle il avait été condamné pour usurpation de titres de noblesse dans un acte public. L'épître est charmante d'un bout à l'autre. On en trouvera plus loin d'autres fragments.

Magloire étudier la théologie; il nous a dit lui-même : « Ce n'est pas mon fait que de raisonner sur des matières « spirituelles, j'y ai eu mauvaise grâce toute ma vie[1]. » Aussi, quitta-t-il le séminaire pour rentrer dans le monde. Il avait vingt-six ans lorsque son père lui transmit sa charge de maître des Eaux et Forêts, et le maria à une jeune fille de quinze ans, Marie Héricart, dont le père était lieutenant au bailliage de La Ferté-Milon. La Fontaine ne prit guère au sérieux ni les fonctions de sa charge, qu'il conserva pourtant pendant vingt ans, ni ses devoirs d'époux et de père (il eut un fils après sept années de mariage). Il s'amusa comme on s'amusait alors en province, où la vie était très gaie quand on avait quelques rentes, pignon sur rue, et qu'on était bien apparenté. Cependant, le démon des vers le possédait; il en faisait à tout propos. Il joua avec quelques amis un ballet de sa composition intitulé *Les Rieurs du beau Richard*, et qui plus tard a fait le sujet d'un de ses contes. Le théâtre représentait un carrefour de la ville, lequel portait le nom de *Carrefour du beau Richard*. Dans le prologue, un rieur se présente au public et lui dit :

> Le beau Richard tient ses grands Jours
> Et va rétablir son empire;
> L'année est fertile en bons tours,
> Jeunes gens, apprenez à rire :
> Tout devient risible ici-bas,
> Ce n'est que farce et comédie,
> On ne peut quasi faire un pas
> Ni tourner le pied qu'on ne rie.

Le satirique commence à se montrer, mais les vers de

---

[1] Lettre à Madame de La Fontaine. — 12 septembre 1663.

ce ballet, que La Fontaine avait condamné à l'oubli, sont bien faibles.

Sur les conseils d'un de ses parents, Pintrel, homme de goût et de savoir, et sur ceux d'un de ses amis, de Maucroix, qui était plus sérieux que lui, et qui, après être entré dans les ordres, devint chanoine à Reims, notre poète résolut de refaire ses études. Il lut et relut Homère, Platon, Plutarque, Horace, Virgile, Quintilien, Sénèque, Térence, et il entreprit une traduction de *l'Eunuque*, ce qui semble indiquer qu'il avait l'intention de se pousser vers le théâtre. Puis il se jeta avec avidité sur les conteurs italiens, Boccace, l'Arioste, Machiavel; sur les conteurs français, Rabelais, la Reine de Navarre, Marot, Voiture; sur les romans de tous genres, qui le faisaient vivre dans le monde de la fantaisie, qu'il a toujours aimé. Il nous a rendu compte de ses lectures de romans dans une ballade curieuse dont voici un fragment :

> Cloris eut quelque tort de parler si crûment,
> Non que monsieur d'Urfé n'ait fait une œuvre exquise.
> Étant petit garçon je lisois son roman,
> Et je le lis encor ayant la barbe grise.
> . . . .
> Clitophon a le pas par droit d'antiquité :
> Héliodore peut par son prix le prétendre :
> Le roman d'Ariane est très bien inventé :
> J'ai lu vingt et vingt fois celui du Polexandre :
> En fait d'événements, Cléopâtre et Cassandre,
> Entre les beaux premiers doivent être rangés :
> Chacun prise Cyrus, et la Carte du Tendre;
> Et le frère et la sœur ont les cœurs partagés.
> Même dans les plus vieux je tiens qu'on peut apprendre.
> Perceval le Galois vient encore à son tour :
> Cervantes me ravit; et pour tout y comprendre
> Je me plais aux Livres d'amour.

Il n'y a rien d'étonnant que la lecture de tous ces romans causât à La Fontaine les distractions dans lesquelles il tombait, et dont on s'est plu à faire tant d'anecdotes.

Dans une de ses *élégies*, il nous a conté lui-même ses premières aventures amoureuses avec une naïveté pleine de charme.

Voici d'abord une Cloris.

> Amour, que t'ai-je fait? dis-moi quel est mon crime:
> D'où vient que je te sers tous les jours de victime?
> Qui t'oblige à m'offrir encor de nouveaux fers?
> N'es-tu point satisfait des maux que j'ai soufferts?
> . . . .
> J'aimai; je fus heureux; tu me fus favorable
> En un âge où j'étois de tes dons incapable.
> Cloris vint une nuit; je crus qu'elle avoit peur;
> Innocent! ah pourquoi hâtoit-on mon bonheur?
> Cloris se pressa trop . . . .

Puis vient une Amarille.

> Ni joueur, ni filou, ni chien ne me troubla.
> J'approchai du logis, on vint, on me parla,
> Ma fortune ce coup me parut assurée.
> Venez demain, dit-on, la clef s'est égarée.
> Le lendemain l'époux se trouva de retour.

Enfin, une certaine Philis.

> On la nomme Philis; elle est un peu légère:
> Son cœur est soupçonné d'avoir plus d'un vainqueur;
> Mais son visage fait qu'on pardonne à son cœur.
> Nous nous trouvâmes seuls; la pudeur et la crainte
> De roses et de lis à l'envi l'avoient peinte.
> Je triomphai des lis et du cœur dès l'abord;
> Le reste ne tenoit qu'à quelque rose encor.

On voit que notre poète n'était pas précisément un don Juan.

Cette vie de province, plantureuse et agréable, ce mélange de repas joyeux, d'aventures galantes, de promenades dans les bois et les champs, de lectures nombreuses et variées, d'exercices littéraires, a été pour La Fontaine une excellente préparation qui lui a donné le sentiment du réel et de l'idéal, cette bonne humeur, cette gaieté, « ce certain charme, cet air agréable, » qu'il a répandus dans ses écrits.

Mais si La Fontaine était resté à Château-Thierry, son génie s'y serait éteint ; aussi avait-il les yeux toujours tournés vers Paris.

En 1656, un oncle de madame de La Fontaine, Jacques Jannart, substitut du procureur général au Parlement de Paris, qui avait pour notre poète une tendre et paternelle affection, que celui-ci lui rendait en témoignages d'attachement et de gracieuse déférence, le présenta à Fouquet, dont il était l'ami. La Fontaine plut au surintendant ; celui-ci le prit pour son poète, et lui fit une pension de mille francs, à la condition qu'il en acquitterait chaque quartier par une pièce de vers.

CHAPITRE IV

LA FONTAINE ET FOUQUET
(1657-1661)

Qu'on se figure la joie de La Fontaine lorsqu'il se vit tout d'un coup transporté, comme par enchantement, de sa petite ville à la cour du fastueux surintendant, qui éclipsait alors celle du Roi ! Il dut se croire un héros de ces romans qu'il lisait chaque jour. Ce fut un véritable ravissement. Fouquet devint à ses yeux un demi-dieu. La Fontaine se lia d'amitié avec Pellisson, son secrétaire, et prit entre ses mains l'engagement d'acquitter régulièrement les termes de sa pension.

> Je vous l'avoue, et c'est la vérité
> Que Monseigneur n'a que trop mérité
> La pension qu'il veut que je lui donne ;
> En bonne foi je ne sache personne
> A qui Phœbus s'engageât aujourd'hui
> De la donner plus volontiers qu'à lui.
> Son souvenir qui me comble de joie
> Sera payé tout en belle monnoie,
> De Madrigaux, d'ouvrages ayant cours ;
> (Cela s'entend sans manquer de deux jours
> Aux termes pris, ainsi que je l'espère) ;
> Cette monnoie est sans doute légère,
> Et maintenant peu la savent priser ;
> Mais c'est un fonds qu'on ne peut épuiser.

Ici, le petit coup de patte du satirique.

> Plut aux Destins, amis de cet Empire,
> Que de l'Épargne on en put autant dire !
> J'offre ce fonds avec affection ;
> Car, après tout, quelle autre pension
> Aux Demi-dieux pourroit être assinée ?

Il ne veut plus écrire que pour Fouquet.

> A mon égard je juge nécessaire
> De n'avoir plus sur les bras qu'une affaire ;
> C'est celle-ci : j'ai donc intention
> De retrancher toute autre pension :
> Celle d'Iris même, c'est tout vous dire ;
> Elle aura beau me conjurer d'écrire,
> En lui payant pour ses menus plaisirs
> Par an trois cent soixante et cinq soupirs ;
> (C'est un par jour, la somme est assez grande)
> Je n'entends point après qu'elle demande
> Lettre ni vers, protestant de bon cœur
> Que tout sera gardé pour Monseigneur.

La Fontaine tint parole : les sonnets, les ballades, les madrigaux se succédèrent. On était tout à la joie à la cour de Fouquet, et on se promettait une longue vie.

En 1659, pour le premier terme, notre poète adressa une ballade à madame Fouquet ; il comparait ses yeux à deux soleils et terminait ainsi sa ballade :

> Reine des cœurs, objet délicieux,
> Que suit l'Enfant qu'on adore en des lieux
> Nommés Paphos, Amatonte et Cythère,
> Vous qui charmez les hommes et les dieux ;
> En puissiez-vous dans cent ans autant faire !

Pellisson donna à son tour, pour madame Fouquet, quittance de la ballade.

> De mes deux yeux ou de mes deux Soleils
> J'ai lu vos vers qu'on trouve sans pareils,

> Et qui n'ont rien qui ne me doive plaire ;
> Je vous tiens quitte et promets vous fournir
> De quoi partout vous le faire tenir,
> Pour le passé mais non pour l'avenir.
> En puissiez-vous dans cent ans autant faire !

En avril 1660, il adresse ce joli couplet à madame Fouquet, pour laquelle il s'était épris d'une tendresse que nous lui verrons témoigner à bien d'autres jolies femmes, et qu'il adorait dans son Parnasse sous le nom de Silvie[1].

> Dedans mes vers on n'entend plus parler
> De vos beautés, et Clio s'en est plainte.
> J'ai répondu qu'il n'appartient d'aller
> A toutes gens, comme on dit, à Corinthe.
> Par toutes mains qu'aussi vous soyez peinte
> C'est un abus, Phœbus sans contredit
> Seul y prétend ; j'y perdrois mon crédit.
> Vous me direz quelle est donc votre affaire ?
> Quelle elle est donc ? je l'aurai bientôt dit :
> C'est d'admirer. Quoi, rien de plus ? et me taire.

Pour le deuxième terme de la même année, La Fontaine composa un sixain pour le Roi, dont le cœur commençait à parler, et dont les regards s'étaient tournés d'abord vers Olympe de Mancini, à laquelle il préféra bientôt sa sœur Marie.

> Dès que l'heure est venue, Amour parle en vainqueur,
> Soit de gré, soit de force, il entre dans un cœur,
> Et veut de nos soupirs le tribut ou l'offrande ;
> Alcandre de ce droit s'est longtemps excusé ;
> Mais par les yeux d'Olympe Amour le lui demande,
> Et jamais à ces yeux on n'a rien refusé.

Au commencement de l'année 1661, il fit une ode sur le mariage de *Monsieur*, frère unique du Roi, avec Hen-

---

[1] Plus tard, il donna le même nom à madame d'Hervart.

riette-Anne d'Angleterre. Nous en détachons les trois strophes suivantes :

> Pendant le cours des malheurs
> Qu'enfante une longue guerre,
> L'Olympe ému de nos pleurs
> Voulut consoler la Terre :
> Il fit naître la beauté
> Qui tient Philippe arrêté,
> Beauté sur toutes insigne.
> D'un présent si précieux
> Si la Terre était indigne,
> C'est un don digne des Cieux.
>
> Elle reçut la beauté
> De la Reine de Cythère,
> De Junon la majesté,
> Des Graces le don de plaire ;
> L'éclat fut pris du Soleil,
> Et l'Aurore au teint vermeil
> Donna les lèvres de roses :
> Lorsque d'un mélange heureux
> Le Ciel eut uni ces choses
> Il en devint amoureux.
>
> Ils sont joints ces jeunes cœurs
> Qui du Ciel tirent leur race,
> Puissent-ils être vainqueurs
> Des ans par qui tout s'efface :
> Que de leurs désirs constants
> Dure à jamais le printemps,
> Rempli de jours agréables :
> O couple aussi beau qu'heureux,
> Vous serez toujours aimables,
> Soyez toujours amoureux.

Notre poète remit cette ode à Fouquet, en l'accompagnant d'une lettre où il célèbre la grossesse de la Reine.

> Quant à moi, sans être devin,
> J'ose gager que d'un Dauphin

Nous verrons dans peu la naissance.
Thérèse accomplissant le repos de la France
Y fera, je m'assure, encor cette façon.
Ce qui confirme mon soupçon,
C'est la faveur des Dieux qui sert notre monarque
Comme il mérite, et qui ne put jamais
Lui refuser aucune marque.
Du respect que le sort a pour tous ses souhaits.
. . . .
Thérèse le portant avec un soin si tendre
L'ornera de vertus et de dons inouïs :
Jugez quel il doit être, et ce qu'on peut attendre
D'un chef-d'œuvre formé par elle et par Louis.
De sa Mère il tiendra la douceur et les charmes,
Et de son Père l'art de dompter par les armes
Ceux qui résisteront à toutes ses bontés :
Il sera conquérant en diverses manières ;
Et son Empire un jour n'aura plus de frontières,
Non pas même les cœurs des plus fières beautés.

Pour le deuxième terme de 1661, La Fontaine célébra la naissance du troisième fils de Fouquet[1] par une épître adressée à sa mère et commençant ainsi :

Vous avez fait des Poupons le Héros,
Et l'avez fait sur un très bon modèle.
Il tient déjà mille menus propos ;
Sans se méprendre, il rit à la plus belle.
C'est, ce dit-on, la meilleure cervelle
De nourrisson qui soit sous le soleil.
Pour bien tetter il n'a pas son pareil ;
Il fait en tout son jugement paroître :
Quelqu'un m'a dit qu'il sera du Conseil
(Sans y manquer) du Dauphin qui va naître.

Il est impossible de badiner avec plus de grâce et de naturel ; mais ce badinage, cette vie de fêtes et de plaisirs ne devaient pas être de longue durée.

---

[1] Ce fils fut Louis, marquis et maréchal de Belle-Ile.

Le 22 août 1661, La Fontaine adressa à son ami de Maucroix, chanoine à Reims, la relation de la fête célèbre donnée à Vaux au Roi et à la Reine. Il commence son récit par un éloge du surintendant, pour lequel il brûle tout son encens : « On diroit que la Renommée
» n'est faite que pour lui seul, tant il lui donne d'affaires
» tout à la fois. Bien en prend à cette Déesse de ce
» qu'elle est née avec cent bouches, encore n'en a-t-elle
» pas la moitié de ce qu'il faudroit pour célébrer digne-
» ment un si grand Héros, et je crois que quand elle
» en auroit mille, il trouveroit de quoi les occuper
» toutes. »

Quinze jours après cette lettre, notre pauvre poète, au comble de la désolation, écrit à la hâte au bon chanoine ce petit billet :

Ce Samedi matin.

« Je ne puis te rien dire de ce que tu m'as écrit sur
» mes affaires, mon cher ami ; elles me touchent pas
» tant que le malheur qui vient d'arriver au surinten-
» dant. Il est arrêté, et le roi est violent contre lui, au
» point qu'il dit avoir entre les mains des pièces qui le
» feront pendre... Ah ! s'il le fait, il sera autrement
» cruel que ses ennemis, d'autant qu'il n'a pas, comme
» eux, intérêt d'être injuste. Madame de B.[1] a reçu un
» billet où on lui mande qu'on a de l'inquiétude pour
» M. Pellisson : si ça est, c'est encore un grand sur-
» croît de malheur. Adieu, mon cher ami : t'en dirois
» beaucoup davantage, si j'avois l'esprit tranquille pré-

---

[1] Madame de Bellière (Duplessis), l'amie et la confidente de Fouquet.

» sentement; mais, la prochaine fois, je me dédomma-
» gerai pour aujourd'hui.

» *Feriunt summos fulmina montes*[1]. »

Quel coup de foudre, en effet! La douleur de La Fontaine fut profonde; elle s'exhala par l'admirable et touchante élégie aux Nymphes de Vaux.

. . . .
    Les destins sont contents, Oronte est malheureux.
    Vous l'avez vu naguère au bord de vos fontaines,
    Qui sans craindre du sort les faveurs incertaines,
    Plein d'éclat, plein de gloire, adoré des mortels,
    Recevoit des honneurs qu'on ne doit qu'aux autels.
    Hélas, qu'il est déchu de ce bonheur suprême!
. . . .
    Voilà le précipice où l'ont enfin jeté
    Les attraits enchanteurs de la prospérité!
    Dans les palais des Rois cette plainte est commune;
    On n'y connoît que trop les jeux de la fortune,
    Ses trompeuses faveurs, ses appas inconstants;
    Mais on ne les connoît que quand il n'est plus temps.
    Lorsque sur cette mer on vogue à pleines voiles,
    Qu'on croit avoir pour soi les vents et les étoiles,
    Il est bien malaisé de rég'er ses désirs;
    Le plus sage s'endort sur la foi des zéphirs.
. . . .
    Nymphes, qui lui devez vos plus charmants appas,
    Si le long de vos bords Louis porte ses pas,
    Tâchez de l'adoucir, fléchissez son courage;
    Il aime ses sujets, il est juste, il est sage;
    Du titre de clément rendez-le ambitieux:
    C'est par là que les Rois sont semblables aux Dieux.
    Du magnanime Henry qu'il contemple la vie;
    Dès qu'il put se venger, il en perdit l'envie:
    Inspirez à Louis cette même douceur;
    La plus belle victoire est de vaincre son cœur.

---

[1] « Les montagnes les plus élevées sont les plus exposées aux coups de la foudre. »

Quel contraste entre les petits vers badins, gais et légers adressés au surintendant, à madame Fouquet, à Pellisson et à *Madame*, et cette poésie éloquente, grave et mélancolique! Quelle délicatesse exquise, quel tact parfait dans les paroles et les conseils adressés au Roi par la bouche des Nymphes! A ce moment-là il y avait du courage à prendre publiquement, même en beaux vers, la défense du malheureux surintendant; mais en France le courage a toujours raison. L'élégie eut un grand retentissement, et La Fontaine put dire avec fierté :

> Il déplut à son roi, ses amis disparurent :
> Mille vœux contre lui dans l'abord concoururent.
> Malgré tout ce torrent je lui donnai des pleurs.
> J'accoutumai chacun à plaindre ses malheurs [1].

Au commencement de l'année 1663, La Fontaine adressa au Roi, pour implorer de nouveau la grâce de Fouquet, une ode qui est bien inférieure à l'élégie. Avant de la publier, il put la communiquer au malheureux prisonnier. Celui-ci mit en marge des réflexions assez fières, auxquelles notre poète fit cette réponse (30 janvier 1663) :

. . . .

> » Je viens enfin à cette Apostille où vous dites que je
> » demande trop bassement une chose qu'on doit mé-
> » priser. Ce sentiment est digne de vous, Monseigneur,
> » et en vérité celui qui regarde la vie avec une telle
> » indifférence ne mérite aucunement de mourir; mais
> » peut-être n'avez-vous pas considéré que c'est moi qui

---

[1] Fragment du *Songe de Vaux*.

» parle, moi qui demande une grâce qui nous est plus
» chère qu'à vous. Il n'y a point de termes si humbles,
» si pathétiques et si pressants, que je ne m'en doive
» servir en cette rencontre. Quand je vous introduirai
» sur la scène, je vous prêterai des paroles convenables
» à la grandeur de votre âme. »

Cependant le procès de Fouquet se poursuivait avec rigueur. Sa femme avait été reléguée à Limoges, et Jannart, son ami, son substitut au Parlement, fut aussi exilé dans la même ville. Un valet de pied du Roi, nommé Châteauneuf, eut ordre de l'accompagner. La Fontaine, afin de bien marquer publiquement sa constance envers Fouquet, voulut suivre son oncle, et en obtint la permission. En passant à Amboise, notre poète visita le château et demanda à voir la chambre dans laquelle Fouquet avait été enfermé pendant quelque temps.

« Triste plaisir, je vous le confesse, écrit-il à sa femme,
» mais enfin je le demandai : le soldat qui nous con-
» duisoit n'avoit pas la clef : au défaut je fus longtemps
» à considérer la porte, et me fis conter la manière dont
» le prisonnier étoit gardé. Je vous en ferois volontiers
» la description, mais ce souvenir est trop affligeant.

> Qu'est-il besoin que je retrace
> Une garde au soin non pareil,
> Chambre murée, étroite place,
> Quelque peu d'air pour toute grâce,
>   Jours sans soleil,
>   Nuits sans sommeil,
> Trois portes en six pieds d'espace?
> Vous peindre un tel appartement
> Ce seroit attirer vos larmes;
> Je l'ai fait insensiblement,
> Cette plainte a pour moi des charmes.

» Sans la nuit, on n'eût jamais pu m'arracher de cet
» endroit[1]. »

On le voit, Fouquet malheureux, Fouquet prisonnier d'État et accusé d'avoir trahi son roi et son pays, n'avait pas cessé d'être l'objet des éloges, des respects et de la tendresse de notre poète. N'y avait-il pas dans de tels sentiments, j'ose le demander à Taine, « de quoi soutenir un cœur ? »

En mettant fin à la vie de plaisirs qu'il menait à Vaux, en lui rendant son indépendance, la disgrâce de Fouquet devait avoir une influence salutaire sur La Fontaine ; elle lui révéla peut-être son génie. En tous cas, elle montra au public que notre poète avait un grand cœur et le sentiment profond de la reconnaissance. Ce sont deux traits de caractère qui, malgré sa légèreté, ne se démentiront jamais chez lui. Il venait d'ailleurs d'atteindre la quarantaine ; la fougue de la jeunesse était passée, la réflexion commençait à venir, et, en y regardant de près, on trouve qu'à partir de cette époque une certaine impression de mélancolie se mêle souvent dans ses écrits à sa gaieté naturelle, et en augmente encore le charme en l'adoucissant.

[1] Lettre du 5 septembre 1663.

CHAPITRE V

LA FONTAINE, SA FEMME ET SON FILS

Sous forme de lettres en prose, mêlées de vers, La Fontaine a fait à sa femme une relation très complète du voyage de Paris à Limoges dont il a été question au chapitre précédent. Pour la bonne humeur, pour l'esprit, pour l'agrément, ces lettres, au nombre de six, ne le cèdent en rien aux meilleures lettres de notre poète; elles contiennent des récits piquants, des réflexions originales, des descriptions pittoresques. C'est un vrai régal de les lire. On voit que, par coquetterie de lettré, La Fontaine a voulu se mettre en frais pour sa femme, mais ce n'est pas en frais d'encens, car il débute par des reproches.

A Clamart, ce 25 août 1663.

« Vous n'avez jamais voulu lire d'autres voyages que
» ceux des chevaliers de la Table Ronde; mais le nôtre
» mérite bien que vous le lisiez. Il s'y rencontrera
» pourtant des matières peu convenables à votre goût;
» c'est à moi de les assaisonner, si je puis, en telle sorte
» qu'elles vous plaisent; et c'est à vous de louer en
» cela mon intention, quand elle ne seroit pas suivie du

» succès. Il pourra même arriver, si vous goûtez ce
» récit, que vous en goûterez après de plus sérieux.
» Vous ne jouez, ni ne travaillez, ni ne vous souciez du
» ménage; et hors le temps que vos bonnes amies vous
» donnent par charité, il n'y a que les Romans qui vous
» divertissent. C'est un fonds bientôt épuisé ; vous avez
» lu tant de fois les vieux que vous les savez; il s'en
» fait peu de nouveaux; et parmi ce peu, tous ne sont
» pas bons : ainsi vous demeurez souvent à sec. Consi-
» dérez, je vous prie, l'utilité que ce vous seroit, si en
» badinant, je vous avois accoutumée à l'Histoire, soit
» des lieux, soit des personnes : vous auriez de quoi
» vous désennuyer toute votre vie, pourvu que ce soit
» sans intention de rien retenir, moins encore de rien
» citer : ce n'est pas une bonne qualité pour une femme
» d'être savante, et c'en est une très mauvaise d'affecter
» de paroître telle. »

La Fontaine s'était marié le 10 novembre 1647, à l'âge de 26 ans, et sa lettre est datée du 25 août 1663; il avait donc 42 ans d'âge et 16 années de mariage lorsqu'il écrivait ces *aménités* à sa femme.

Mme de La Fontaine méritait-elle de semblables reproches où se mêle une amertume si étrangère au cœur et à la plume de notre poète? Les avis sont partagés sur ce point. Walckenaer, après les avoir examinés et discutés, nous dit : « La Fontaine et sa femme ont subi les
» inconvénients qui accompagnent souvent les unions
» prématurées. Marie Héricart n'avait pas encore seize
» ans[1] lorsqu'elle épousa notre poète, et lui, quoique

---

[1] Marie Héricart n'avait pas quinze ans au moment de son mariage. Son acte de baptême est daté du 26 avril 1633.

» alors âgé de vingt-six ans, était loin d'avoir une raiso
» assez formée, et surtout des penchants assez bien
» réglés, pour supporter patiemment les entraves dans
» lesquelles l'hymen retient ceux qui veulent vivre heu-
» reux sous ses lois. »

Ailleurs, Walckenaer entonne un petit dithyrambe en l'honneur de La Fontaine à propos d'une interjection qu'il a laissée échapper à la fin de son poème de *Philémon et Baucis*.

« Oui, La Fontaine, nous le répétons après toi, *Ah si*
» le Ciel t'avait donné une compagne qui t'eût fait
» connaître les tranquilles jouissances de la vie domes-
» tique, ton imagination n'eût été ni moins gaie, ni
» moins vive, ni moins spirituelle ; mais elle eût été
» mieux réglée et plus pure : tes fables seraient toujours
» l'objet de notre admiration et de nos louanges ; mais,
» dans tes autres écrits, la peinture des plus doux senti-
» ments du cœur, dont tu connais si bien le langage,...
» aurait remplacé ces tableaux licencieux où tu as
» outragé les mœurs et quelquefois le dieu du goût.
» Alors, ô La Fontaine ! les Satyres n'eussent point
» mêlé des fleurs pernicieuses parmi les fleurs suaves et
» brillantes dont les Muses et les Grâces ont tressé ta
» couronne ; et ces vierges du Parnasse ne te reproche-
» raient point, en rougissant, de les avoir si souvent
» forcées à se séparer de la Pudeur, qui doit toujours
» être leur inséparable compagne ! »

Voilà de bons et de beaux sentiments, et je me reproche de ne pas pouvoir les partager ; mais franchement je ne crois pas que La Fontaine ait jamais sincèrement regretté le bonheur de la vie domestique. Sa femme, qui paraît n'avoir eu pour lui ni affection, ni admiration, car on n'en trouve nulle part le moindre témoignage, l'ennuyait profondément. Ce ne serait pas une raison suffisante pour l'avoir délaissée comme il l'a fait. Mais lui a-t-elle toujours été fidèle? C'est une question bien délicate à poser.

Walckenaer a rapporté, d'après Louis Racine, l'anecdote suivante.

La Fontaine « était fort lié avec un ancien capitaine de dragons, retiré à Château-Thierry, nommé Poignant, homme franc, loyal, mais fort peu galant. Tout le temps que Poignant n'était pas au cabaret, il le passait chez La Fontaine, et, par conséquent, auprès de sa femme, lorsqu'il n'était pas chez lui. Quelqu'un s'avise de demander à La Fontaine pourquoi il souffre que Poignant aille le voir tous les jours : « Et pourquoi, dit La Fon-
» taine, n'y viendrait-il pas? c'est mon meilleur ami. —
» Ce n'est pas ce que dit le public; on prétend qu'il ne
» va chez toi que pour madame de La Fontaine. — Le
» public a tort; mais que faut-il que je fasse à cela? —
» Il faut demander satisfaction, l'épée à la main, à celui
» qui nous déshonore. — Eh bien, dit La Fontaine, je
» la demanderai. » Il va le lendemain, à quatre heures du matin, chez Poignant, et le trouve au lit. « Lève-toi,
» lui dit-il, et sortons ensemble. » Son ami lui demande en quoi il a besoin de lui, et quelle affaire pressée l'a rendu si matinal. « Je t'en instruirai, répond La Fon-
» taine, quand nous serons sortis. » Poignant, étonné, se lève, sort avec lui, le suit, et lui demande où il le mène : « Tu vas le savoir, » répondit La Fontaine, qui lui dit enfin, lorsqu'il fut arrivé dans un lieu écarté : « Mon

» ami, il faut nous battre. » Poignant, encore plus surpris, l'interroge pour savoir en quoi il l'a offensé, et lui représente que la partie n'est pas égale : « Je suis un
» homme de guerre, lui dit-il, et toi, tu n'as jamais tiré
» l'épée. — N'importe, dit La Fontaine, le public veut
» que je me batte avec toi. » Poignant, après avoir résisté inutilement, tire son épée par complaisance, se rend aisément maître de celle de La Fontaine, et lui demande de quoi il s'agit. « Le public prétend, lui dit La Fon-
» taine, que ce n'est pas pour moi que tu viens tous les
» jours chez moi, mais pour ma femme. — Eh! mon
» ami, je ne t'aurais jamais soupçonné d'une pareille
» inquiétude, et je te proteste que je ne mettrai plus les
» pieds chez toi. — Au contraire, reprend La Fontaine
» en lui serrant la main, j'ai fait ce que le public vou-
» lait ; maintenant, je veux que tu viennes chez moi tous
» les jours, sans quoi je me battrai encore avec toi. » Les deux antagonistes s'en retournèrent, et déjeûnèrent gaiement ensemble. »

Ce singulier récit donne à réfléchir : il semblerait, si on devait y ajouter foi, que La Fontaine a joué le rôle de mari *bâté, sanglé, battu et content*, dont il s'est moqué dans ses contes. Tallemant des Réaux, dans une de ses historiettes, lui a même prêté un propos étrange qu'il aurait tenu en entendant nommer quelqu'un qui en voulait à son honneur et cajolait sa femme : « Ma foi !
» qu'il fasse ce qu'il pourra, je ne m'en soucie point ; il
» s'en lassera comme je l'ai fait. »

Croire à ce propos, ce serait rabaisser beaucoup La Fontaine. Dans le conte des *Aveux indiscrets*, il nous a dit son véritable sentiment au sujet des devoirs du mariage.

> Le nœud d'hymen doit être respecté,
> Veut de la foi, veut de l'honnêteté :
> Si par malheur quelque atteinte un peu forte
> Le fait clocher d'un ou d'autre côté,
> Comportez-vous de manière et de sorte
> Que ce secret ne soit point éventé.
> Gardez de faire aux égards banqueroute ;
> Mentir alors est digne de pardon.
> Je donne ici de beaux conseils sans doute :
> Les ai-je pris pour moi-même ? hélas ! non [1].

Hélas ! non, La Fontaine ne donna pas à sa femme l'exemple du respect envers le *nœud d'hymen*, et il nous en a fait lui-même l'aveu.

> Il m'en souvient ainsi qu'au premier jour.
> Cloris et moi nous nous aimions d'amour ;
> Au bout d'un an la Belle se dispose
> A me donner quelque soulagement,
> Foible et léger, à parler franchement.
> C'étoit son but : mais quoi qu'on se propose,
> L'occasion et le discret Amant
> Sont à la fin les maîtres de la chose.
> Je vais un soir chez cet objet charmant,
> L'Époux étoit aux champs heureusement,
> Mais il revint la nuit à peine close.
> Point de Cloris : le dédommagement
> Fut que le sort en sa place suppose
> Une Soubrette à mon commandement,
> Elle paya cette fois pour la Dame [2].

Dans *Joconde*, La Fontaine nous a montré de quel côté inclinaient ses préférences.

Joconde propose au roi de faire en commun la conquête d'une grande dame.

---

[1] Liv. V. — Conte v.
[2] Liv. V. — Conte viii.

> Elle a beaucoup d'esprit, elle est belle, elle est femme
>   D'un des premiers de la Cité.
> Rien moins, reprit le Roi, laissons la qualité :
>   Sous les cotillons des grisettes
>   Peut loger autant de beauté
>   Que sous les jupes des Coquettes.
> D'ailleurs, il n'y faut point faire tant de façon,
>   Être en continuel soupçon,
> Dépendre d'une humeur fière, brusque, ou volage :
>   Chez les Dames de haut parage
> Ces choses sont à craindre, et bien d'autres encor.
>   Une grisette est un trésor ;
>   Car sans se donner de la peine,
>   Et sans qu'aux bals on la promeine,
>   On en vient aisément à bout ;
> On lui dit ce qu'on veut, bien souvent rien du tout [1].

On le voit, notre poète aimait les amours faciles, mais en passant seulement, ce qui ne l'empêcha point d'avoir des adorations pour les grandes dames. Si sa femme eût été une femme d'esprit supérieur, elle eut pardonné ces faiblesses et ramené à elle son époux ; mais Mme de La Fontaine était à peu près telle que nous l'a dépeinte son mari dans sa lettre du 25 août 1663 : c'était une femme qui s'ennuyait et qui était ennuyeuse. L'aventure avec Poignant prouve qu'elle n'avait pas su se mettre à l'abri des soupçons du public. La Fontaine partagea-t-il ces soupçons ? C'est probable. Peu à peu, en effet, sans articuler aucune plainte, sans faire aucun éclat, *sans éventer son secret*, il s'éloigna de sa femme, et toutes les remontrances de Boileau et de Racine ne purent l'amener à reprendre la vie en commun. Il ne paraît pas, du reste, que Mme de La Fontaine ait désiré une réconciliation. En 1658 elle fit prononcer sa séparation de biens, et

---

[1] Liv. I. — Conte I.

elle continua à résider à Château-Thierry; elle y mourut en 1709. Ce qui prouve qu'elle avait une grande sécheresse de cœur, c'est qu'elle consentit à se séparer de son fils, qui fut élevé à Reims, sous la direction du chanoine Charles de Maucroix, son parrain. En 1668, à la demande de Mme de la Sablière, le procureur général du Parlement de Paris, Achille III du Harlay, se chargea de ce fils; celui-ci avait alors quinze ans; il devint plus tard greffier des maréchaux, se maria et eut deux enfants. Après cette adoption, La Fontaine considéra qu'il avait rempli tous les devoirs d'un galant homme envers sa femme et le fils qui portait son nom, et peu à peu il oublia ou feignit d'oublier qu'il était marié.

> J'ai vu beaucoup d'hymens; aucuns d'eux ne me tentent:
> Cependant des humains presque les quatre parts
> S'exposent hardiment au plus grand des hasards;
> Les quatre parts aussi des humains se repentent [1].

La Fontaine avait un besoin d'affection qu'il ne trouva pas dans le mariage, car on peut douter que sa femme l'ait jamais aimé et qu'il l'ait aimée. Il semble le dire dans le conte de *Belphégor*.

> Solennités et lois n'empêchent pas
> Qu'avec l'Hymen Amour n'ait des débats.
> C'est le cœur seul qui peut rendre tranquille.
> Le cœur fait tout, le reste est inutile.
> Qu'ainsi ne soit, voyons d'autres états.
> Chez les Amis tout s'excuse, tout passe;
> Chez les Amants tout plaît, tout est parfait;
> Chez les Époux tout ennuie et tout lasse.
> Le devoir nuit, chacun est ainsi fait [2].

---

[1] Liv. VII. — Fable II.

[2] Liv. V. — Conte VII.

Tout en maugréant contre le mariage, La Fontaine reconnaît pourtant qu'il y a parfois des ménages heureux et d'heureuses vieillesses, et il en cite à sa femme un exemple pris dans sa propre famille :

« Je trouvai à Châtellerault un Pidoux dont notre hôte
» avoit épousé la belle-sœur. Tous les Pidoux ont du
» nez et abondamment[1]. On nous assura de plus qu'ils
» vivoient longtemps, et que la mort, qui est un accident
» si commun chez les autres hommes, passoit pour pro-
» dige parmi ceux de cette lignée. Je serois merveilleuse-
» ment curieux que la chose fut véritable. Quoi que
» c'en soit, mon parent de Châtellerault demeure onze
» heures à cheval sans s'incommoder, bien qu'il passe
» quatre vingt ans. Ce qu'il y a de particulier et que
» ses parens de Château-Thierry n'ont pas, il aime la
» chasse et la paume, sçait l'écriture, et compose des
» livres de controverse : au reste l'homme le plus gai
» que vous ayez vu, et qui songe le moins aux affaires,
» excepté celles de son plaisir. Je crois qu'il s'est marié
» plus d'une fois ; la femme qu'il a maintenant est bien
» faite, et a certainement du mérite : je lui sçais bon
» gré d'une chose, c'est qu'elle cajole son mari, et vit
» avec lui comme si c'étoit son galant...... Il y a ainsi
» d'heureuses vieillesses, à qui les plaisirs, l'amour, et
» les grâces tiennent compagnie jusqu'au bout : il n'y
» en a guère, mais il y en a, et celle-ci en est une[2]. »

Ne dirait-on pas que La Fontaine a voulu se peindre

---

[1] On sait que, par sa mère, La Fontaine était de la famille des Pidoux, et qu'il avait un nez fort et long.

[2] Lettre du 19 Septembre 1663.

dans le Pidoux au nez abondant, dans ce vieillard vigoureux, toujours gai, qui ne songe pas à d'autres affaires que celles de son plaisir ? Ne dirait-on pas qu'il a voulu donner une leçon à sa femme en lui montrant Mme Pidoux cajolant son mari et vivant avec lui comme si c'était son galant ? Quel contraste avec Mme Honnesta, du conte de *Belphégor*, qui, d'après d'Olivet, le père Niceron et Montenault, serait le portrait de Mme de La Fontaine.

> Belle et bien faite, et peu d'autres trésors ;
> Noble d'ailleurs, mais d'un orgueil extrême ;
> . . . .
> Je voudrois voir quelques gens y durer.
> Elle eût à Job fait tourner la cervelle.
> De tout ceci que prétends-je inférer ?
> Premièrement je ne sçai pire chose
> Que de changer son logis en prison :
> En second lieu, si par quelque raison
> Votre ascendant à l'Hymen vous expose,
> N'épousez point d'Honnesta s'il se peut ;
> N'a pas pourtant une Honnesta qui veut [1].

La postérité doit-elle faire un reproche à La Fontaine de n'avoir pas vécu en bon père de famille ? Oui, au point de vue de la morale, non, au point de vue de l'art. Il est certain, en effet, qu'en vivant au milieu des plaisirs les plus délicats, au milieu de la société la plus polie, la plus élégante, la plus spirituelle, la plus lettrée qui ait jamais existé, qu'en se livrant à tous les épanchements d'un cœur enthousiaste et tendre, qui conserva longtemps sa jeunesse et sa gaieté, le poète a trouvé des accents que n'auraient pu lui inspirer les paisibles jouissances d'un bonheur domestique.

[1] Liv. V. — Conte VII.

CHAPITRE VI

LA FONTAINE, LA DUCHESSE DE BOUILLON ET LES CONTES

(1662-1663)

Après son voyage dans le Limousin, en 1663, La Fontaine dut retourner à Château-Thierry. C'était une terrible chute et une perspective peu gaie. Heureusement il y trouva la duchesse de Bouillon qui avait reçu du Roi l'ordre de s'y retirer pendant que son mari guerroyait contre les Turcs dans l'armée de Montécuculli. La duchesse qui était jeune, jolie, spirituelle, et qui s'ennuyait à périr, accueillit avec empressement notre poète, qui s'efforça de la distraire par les charmes de son esprit et de son talent. Il y réussit complètement, à ce point que la belle duchesse, quand elle quitta Château-Thierry l'année suivante, l'emmena à Paris et l'admit dans son intimité. « Elle le fit connaître particulièrement, nous
» dit Walckenaer, de la duchesse Mazarin, sa sœur, du
» duc de Bouillon, son mari, de l'abbé de Bouillon, son
» beau-frère, qui tous chérirent en lui la bonhomie de
» son caractère, surent apprécier les grâces inimitables
» de ses légères productions, » et les faire apprécier de leur société qui se composait de ce que Paris offrait de plus aimable et de plus illustre.

Voilà notre poète de nouveau dans le ravissement! C'est à cette époque qu'il commença la publication de ses *Contes*, et il n'est pas douteux que la duchesse de Bouillon et la duchesse de Mazarin, toutes deux nièces du Cardinal, et fort éprises de Boccace et de l'Arioste, n'aient poussé La Fontaine vers ce genre de littérature de préférence à tout autre.

La duchesse de Bouillon, dont il devint amoureux, et qu'il adora dans son Parnasse sous le nom d'*Olympe*, exerça sur lui une grande influence pendant de longues années.

En 1669 il lui dédia son poème des *Amours de Psyché et de Cupidon*, et, après avoir fait, en fort bons termes, l'éloge du duc et de sa valeur militaire, il ajoute :

« J'ai cru que Votre Altesse seroit bien aise que je la
» fisse entrer en société de louanges avec un Époux qui
» lui est si cher. L'union vous rend vos avantages com-
» muns, et en multiplie la gloire, pour ainsi dire. Pen-
» dant que Vous écoutez avecque transport le récit de
» ses belles actions, il n'a pas moins de ravissement
» d'entendre ce que toute la France publie de la beauté
» de votre âme, de la vivacité de votre esprit, de
» votre humeur bienfaisante, de l'amitié que vous
» avez contractée avecque les Graces ; elle est telle
» qu'on ne croit pas que vous puissiez jamais vous sépa-
» rer. »

En 1687, la duchesse de Bouillon alla passer quelque temps à Londres auprès de sa sœur la duchesse de Mazarin, qui avait autour d'elle une véritable cour, où présidait Saint-Evremond, dont la réputation comme poète était alors considérable : il était l'arbitre du goût, et tous les libraires demandaient du Saint-Evremond. La duchesse de Bouillon aurait voulu emmener La Fontaine avec elle, mais il résista. Cependant, il écrivait à Bonrepaux, un ami de Mme de la Sablière, qui était intendant de marine et qu'on avait envoyé à Londres en mission :

« Au reste, Monsieur, n'admirez-vous point Madame
» de Bouillon qui porte la joie partout ?....... C'est un
» plaisir que de la voir, disputant, grondant, jouant et
» parlant de tout avec tant d'esprit que l'on ne sauroit
» s'en imaginer davantage. Si elle avoit été du temps
» des Payens on auroit déifié une quatrième Grace pour
» l'amour d'elle. Je veux lui écrire..... »

Et, en effet, il écrit à la *quatrième Grace* :

« Madame,

« Nous commençons ici de murmurer contre les
» Anglois, de ce qu'ils vous retiennent si longtemps.
» Je suis d'avis qu'ils vous rendent à la France avant la
» fin de l'Automne, et qu'en échange, nous leur donnions
» deux ou trois îles dans l'Océan. S'il ne s'agissoit
» que de ma satisfaction, je leur cèderois tout l'Océan
» même.....

Vous excellez en mille choses.
Vous portez en tous lieux la joie et les plaisirs.
Allez en des climats inconnus aux Zéphirs,
Les champs se vêtiront de roses.
. . . .

» Ceux qui ne seront pas suffisamment informés de
» ce que sait votre Altesse, et de ce qu'elle voudroit
» savoir sans se donner d'autres peines que d'en enten-
» dre parler à table, me croiront peu judicieux de vous

» entretenir ainsi de Philosophie, mais je leur apprends
» que toutes sortes de sujets vous conviennent, aussi
» bien que toutes sortes de Livres, pourvu qu'ils soient
» bons.

> Nul auteur de renom n'est ignoré de vous,
>   L'accès leur est permis à tous.
> Pendant qu'on lit leurs vers vos chiens ont beau se battre,
> Vous mettez les holas en écoutant l'auteur.
>   Vous égalez ce Dictateur
>   Qui dictoit tout d'un temps à quatre.

» C'étoit, ce me semble, Jules César. Il faisoit à la
» fois quatre dépêches sur quatre matières différentes.
» Vous ne lui devez rien de ce côté-là, et il me souvient
» qu'un matin, vous lisant des vers, je vous trouvai en
» même temps attentive à ma lecture et à trois querelles
» d'animaux. Il est vrai qu'ils étoient sur le point de
» s'étrangler. Jupiter le Conciliateur n'y auroit fait
» œuvre. Qu'on juge par là, Madame, jusqu'où votre
» imagination peut aller, quand il n'y a rien qui la
» détourne. Vous jugez de mille sortes d'ouvrages et en
» jugez bien.

> Vous savez dispenser à propos votre estime,
>   Le pathétique, le sublime,
>   Le sérieux, et le plaisant,
>   Tour à tour vous vont amusant.
>   Tout vous duit, l'Histoire et la Fable,
>   Prose et Vers, Latin et François.
>   Par Jupiter je ne connois
>   Rien pour nous de si souhaitable.
>   Parmi ceux qu'admet à sa Cour,
> Celle qui des Anglois embellit le séjour,
> Partageant avec vous tout l'Empire d'Amour,
>   Anacréon et les gens de sa sorte,
>   Comme Waler, Saint-Evremont, et moi,
>   Ne se feront jamais fermer la porte..
>   Qui n'admettroit Anacréon chez soi ?

> Qui banniroit Waler et La Fontaine ?
> Tous deux sont vieux, Saint-Evremont aussi,
> Mais verrez-vous aux bords de l'Hippocrène
> Gens moins ridés dans leurs vers que ceux-ci ?
>
> . . . .

« A propos d'Anacréon, j'ai presque envie d'évoquer son ombre; mais je pense qu'il vaudroit mieux le ressusciter tout à fait. Je m'en irai pour cela trouver un Gymnosophiste de ceux qu'alla voir Apollonius Thianéus. Il apprit tant de choses d'eux qu'il ressuscita une jeune fille. Je ressusciterai un vieux Poëte. Vous et Madame Mazarin nous rassemblerez. Nous vous rencontrerons en Angleterre, M. Waler et M. de Saint-Evremont, le vieux Grec, et moi. Croyez-vous, Madame, qu'on pût trouver quatre Poëtes mieux assortis ?

> Il nous feroit beau voir parmi de jeunes gens
> Inspirer le plaisir, la tristesse combattre,
> Et de fleurs couronnés ainsi que le Printems,
>   Faire trois cents ans à nous quatre.

La Fontaine, qu'on ne l'oublie pas, avait soixante-six ans lorsqu'il écrivait à la belle duchesse ces drôleries mêlées d'une aimable malice.

Cette lettre, très curieuse, se termine par un éloge de Charles II et de Louis XIV, qui sert de prétexte à un rapprochement entre les deux sœurs et à une moralité dans le genre de celle des Fables. Notre poète dit, en parlant de Louis XIV :

> On trouvera ses leçons
> Chez ceux qui feront l'Histoire :
> J'en laisse à d'autres la gloire,
> Et reviens à mes moutons,

» Ces moutons, Madame, c'est Votre Altesse et Madame
» Mazarin. Ce seroit ici le lieu de faire aussi son éloge,
» afin de le joindre au vôtre ; comme ces sortes d'éloges
» sont une matière un peu délicate, je crois qu'il vaut
» mieux que je m'en abstienne. Vous vivez en Sœurs,
» cependant il faut éviter la comparaison.

> L'or se peut partager, mais non pas la louange,
> Le plus grand Orateur, quand ce seroit un Ange,
> Ne contenteroit pas, en semblables desseins,
> Deux Belles, deux Héros, deux Auteurs, ni deux Saints.

Quelle profonde réflexion !

Dans une lettre qu'il avait écrite à la duchesse de Bouillon seize ans auparavant, et qui est datée de Château-Thierry, La Fontaine lui dit : « Il m'a paru
» qu'il vous falloit donner un nom du Parnasse. Je
» crois vous avoir déjà donné celui d'Olympe en des
» occasions de pareille nature. Ne pourroit-on point
» mettre en chant ces paroles ?

> Qu'Olympe a de beautés, de graces et de charmes !
> Elle sait enchanter les esprits et les yeux.
> Mortels, aimez-la tous ; mais ce n'est qu'à des Dieux
> Qu'est réservé l'honneur de lui rendre les armes.

» Ce que je vais ajouter n'est pas moins vrai, et m'a
» été confirmé par des Correspondans que j'ai toujours
» eus à Paphos, à Cythère et à Amatonte.....

> La Mère des Amours, et la Reine des Graces,
> C'est Bouillon, et Vénus lui cède ses emplois ;
> Tout ce peuple à l'envi s'empresse sur vos traces,
> Plus nombreux qu'il n'étoit, et tout fier de vos lois.

» Vous fites dire l'année passée à M. de La Haye[1]

---

[1] M. de La Haye était prévôt du duc de Bouillon, à Château-Thierry.

» qu'il eut soin que je ne m'ennuyasse point à Château-
» Thierry. Il est fort aisé à M. de La Haye de satisfaire
» à cet ordre; car outre qu'il a beaucoup d'esprit,

>   Peut-on s'ennuyer en des lieux
> Honorés par les pas, éclairés par les yeux
>   D'une aimable et vive Princesse,
> A pied blanc et mignon, à brune et longue tresse?
> Nez troussé, c'est un charme encor selon mon sens,
>   C'en est même un des plus puissans.
> Pour moi le tems d'aimer est passé, je l'avoue,
>   Et je mérite qu'on me loue
>   De ce libre et sincère aveu,
> Dont pourtant le Public se souciera très peu.
> Que j'aime, ou n'aime pas, c'est pour lui même chose.
>   Mais s'il arrive que mon cœur
> Retourne à l'avenir dans sa première erreur,
> Nez aquilins et longs n'en seront pas la cause.

La fable des *deux Pigeons* a dû être écrite à peu près à la même époque que cette lettre qui est datée de juin 1671, car on y remarque ce vers :

> Honorés par les pas, éclairés par les yeux

qui se trouve dans la lettre, et il est probable qu'en terminant sa fable notre poëte a fait allusion à l'amour qu'il avait éprouvé pour le *nez troussé* de la duchesse.

Il fallait que l'ascendant qu'elle exerçait sur La Fontaine fut bien grand pour l'obliger à célébrer dans un poëme en deux chants la découverte et les vertus du *quinquina*. Il résista tant qu'il put, mais enfin il céda. On ne doit retenir de ce poëme, qui est de 1682, que les vers du commencement et la fable des *deux tonneaux* qui le termine.

> Je ne voulois chanter que les Héros d'Ésope.
> Pour eux seuls en mes Vers j'invoquois Calliope.

> Même j'allois cesser, et regardois le port.
> La raison me disoit que mes mains étoient lasses ;
> Mais un ordre est venu plus puissant et plus fort
> Que la raison : cet ordre, accompagné de graces,
> Ne laissant rien de libre au cœur ni dans l'esprit,
> M'a fait passer le but que je m'étais prescrit.
> Vous vous reconnoissez à ces traits, Uranie.

Notre poète oublie qu'il a donné dans son Parnasse le nom d'Olympe à la duchesse de Bouillon et celui d'Uranie à Mme de la Fayette, mais il n'en est pas à cela près.

La Fontaine avait fait imprimer quelques-uns de ses *Contes* séparément. C'est ainsi que *Joconde* parut en 1664. Mais, après avoir tâté le public, il donna en 1665 un premier recueil, puis un second, qui eut trois ou quatre éditions successivement. Il nous a dit dans sa préface :

« ..... Quelques personnes m'ont conseillé de donner
» dès à présent ce qui me reste de ces bagatelles, afin
» de ne pas laisser refroidir la curiosité de les voir qui
» est encore en son premier feu. Je me suis rendu à cet
» avis sans beaucoup de peine, et j'ai cru pouvoir pro-
» fiter de l'occasion..... On ne peut pas dire que toutes
» saisons soient favorables pour toutes sortes de Livres.
» Nous avons vu les Rondeaux, les Métamorphoses,
» les Bouts-rimés, régner tour à tour : maintenant ces
» galanteries sont hors de mode et personne ne s'en
» soucie : tant il est certain que ce qui plaît en un temps
» peut ne pas plaire en un autre. Il n'appartient qu'aux
» Ouvrages vraiment solides, et d'une souveraine beauté,
» d'être bien reçus de tous les Esprits et dans tous les

» Siècles, sans avoir d'autre passe-port que le seul
» mérite dont ils sont pleins. . . . .
. . . .
» S'il y a quelque chose dans nos écrits qui puisse faire
» impression sur les âmes, ce n'est nullement la gaieté
» de ces Contes; elle passe légèrement: je craindrois
» plutôt une douce mélancolie, où les Romans les plus
» chastes et les plus modestes sont très capables de nous
» plonger, et qui est une grande préparation pour
» l'amour. Quant à la seconde objection, par laquelle
» on me reproche que ce Livre fait tort aux femmes, on
» auroit raison si je parlois sérieusement; mais qui ne
» voit que ceci est jeu, et par conséquent ne peut porter
» coup? ..... et puis ce n'est ni le vrai, ni le vraisem-
» blable, qui font la beauté et la grâce de ces choses-ci;
» c'est seulement la manière de les conter. »

En effet, c'est la manière de conter qui fait tout le charme des Contes. Quant au danger que leur lecture peut offrir, je crois qu'il ne faudrait pas se l'exagérer, et Mme de Sévigné « dont le nom seul, dit l'abbé Arnaud,
» vaut un éloge à tous ceux qui savent estimer l'esprit,
» l'agrément et la vertu, » lisait les contes de La Fontaine en compagnie du bon abbé de Coulanges, et conseillait à sa fille de les lire[1]. Walckenaer nous dit que « les plus honnêtes gens ne se firent aucun scrupule
» de s'amuser de ses joyeuses productions, » lesquelles

---

[1] « Ne rejetez pas si loin ces derniers livres de La Fontaine; il y a
» des fables qui vous raviront, et des contes qui vous charmeront: la fin
» des *Oies de frère Philippe, les Rémois, le petit Chien*, tout cela
» est très joli; il n'y a que ce qui n'est point de ce style qui est plat. »
(Lettre du 6 mai 1671).

ont bien vieilli aujourd'hui, car en fait de joyeusetés nous voulons des choses plus épicées et moins délicates. La Fontaine l'avait prévu, la mode n'est plus aux Contes; on peut s'en consoler d'autant plus facilement que la morale n'y perd rien et que les Fables nous restent, parce qu'elles sont au nombre des ouvrages « vraiment solides et d'une souveraine beauté. »

CHAPITRE VII

LA FONTAINE, LA DUCHESSE DOUAIRIÈRE D'ORLÉANS ET MIGNON
(1664-1672)

En 1626, Gaston d'Orléans, frère de Louis XIII et oncle de Louis XIV, avait épousé, en premières noces, Mlle Bourbon de Montpensier, qui mourut l'année suivante, après avoir mis au monde une fille qui fut la *Grande Mademoiselle*, bien connue dans l'histoire par le rôle qu'elle joua durant les troubles de la Fronde, où elle tira le canon de la Bastille contre les troupes du Roi, et par son extravagant amour pour Lauzun, ce cadet de Gascogne, non moins connu pour ses excentricités.

Gaston se remaria en 1633 avec Marguerite, sœur de Charles, duc de Lorraine, dont il eut trois filles : Mlle d'Orléans, Mlle d'Alençon et Mlle de Valois. Gaston étant mort en 1660, Philippe, frère unique de Louis XIV, commença la nouvelle branche d'Orléans. Sa femme, Henriette d'Angleterre, fut la duchesse d'Orléans, et la veuve de Gaston la duchesse douairière d'Orléans.

La succession de Gaston donna lieu à de nombreux procès entre la duchesse douairière et sa belle-fille, la Grande Mademoiselle, qui n'avait jamais pu la souffrir. Toutes deux habitaient le palais du Luxembourg, qui fut divisé, ainsi que le jardin, en deux camps ennemis, avec défense réciproque de pénétrer de l'un dans l'autre.

Dans le camp de la duchesse douairière il y avait une vieille comtesse de Crissé qui fut, dit-on, l'original de la *comtesse de Pimbêche*, des *Plaideurs*. Il y avait aussi un évêque, François de Batailler, confesseur de la douairière, et qu'on appelait l'évêque de Bethléem. Son évêché, dans lequel il se gardait bien de résider, se réduisait au faubourg de Panthénor-lez-Clamecy ou Bethléem, sur la rive droite de l'Yonne; il produisait mille livres de revenu. Dans le même camp se trouvait une dame d'atours, la marquise de Poussé ou de Poussay, qui avait une charmante fille, très jolie, qu'on avait essayé d'introduire dans l'intimité de Louis XIV par une intrigue de cour qui échoua. Il y avait enfin un petit chien qu'on appelait Mignon, et que Mlle d'Orléans, devenue duchesse de Toscane, avait donné à sa mère.

Walckenaer nous a fait le portrait suivant de la duchesse douairière, d'après les mémoires de Mme de Motteville et ceux de Mlle de Montpensier.

« Aucun être humain ne réunit peut-être un plus
» grand nombre de contrastes que Marguerite de Lor-
» raine : sa figure, quoique belle, ne plaisait pas, sa
» taille sans être déformée semblait avortée. Les belles
» formes de sa gorge eussent pu séduire si la maigreur
» de ses mains et de ses bras n'eut été repoussante; elle
» avait, dans les grandes occasions, fait preuve d'esprit,
» mais habituellement elle n'en témoignait aucun.
» Pleine de raison et de jugement, elle s'entourait de
» personnes sottes ou ridicules et cédait à des caprices
» puérils; courageuse, résolue et active dans les grandes
» occasions, elle était ordinairement indolente et in-

» décise. Elle ne sortait presque jamais de chez elle
» et redoutait la moindre agitation. « Quand elle venoit
» chez la Reine, en deux ans, dit Mme de Motteville,
» elle se faisoit apporter en chaise, mais avec tant de
» façon que son arrivée au Palais-Royal étoit toujours
» célébrée à l'égal d'un petit miracle ; souvent elle
» n'étoit qu'à trois pas du Luxembourg qu'il falloit la
» rapporter comme étant attaquée de plusieurs maux
» qu'elle disoit sentir et qui ne paraissoient nullement.
» Elle mangeoit du pain qu'elle avoit toujours dans ses
» poches de provision, et les bottes de cuir de Russie
» étoient ses ennemis mortels. »

Pour terminer l'énumération des contradictions que présentait dans son caractère et dans ses goûts Marguerite de Lorraine, nous ajouterons qu'elle était dévote jusqu'au scrupule, et que cependant elle se plaisait à la lecture des contes de La Fontaine, et qu'elle aimait beaucoup le genre d'esprit de notre poète.

La Fontaine entra au service de cette singulière duchesse le 8 juillet 1664, en qualité de gentilhomme servant, dont il acquit la charge, et le 16 du même mois il prêta serment de bien remplir sa fonction, ce qui ne devait pas être bien pénible. Il était difficile que notre poète devint amoureux de la douairière ou de la comtesse de Crissé, et qu'il brûlât pour elles tout son encens, d'autant plus qu'il nous a dit : « Sans la beauté rien ne
» me touche, c'est à mon avis le principal point. Je vous
» défie de me faire trouver un grain de sel dans une
» personne à qui elle manque[1]. » Il se contenta donc

---

[1] Lettre à sa femme. — 30 août 1663.

d'appeler la douairière *la dame de ses loisirs*[1], au lieu de la dame de ses pensées; le mot était bien trouvé.

Mais il fallait absolument que La Fontaine aimât et chantât quelqu'un. Il commença donc par aimer et chanter Mignon, le petit chien. Taine le lui a durement reproché, comme un acte de basse flatterie. En vérité, il n'y avait pas de quoi. Mignon était un très aimable chien; La Fontaine l'a aimé et célébré : rien de plus naturel, et je dirai même rien de plus ingénieux, car l'épître qu'il lui a consacrée a servi de prétexte pour nous peindre très joliment cette petite cour pleine de noises et de susceptibilités au milieu de laquelle il vivait.

> Petit Chien, que les destinées
> T'ont filé d'heureuses années !
> Tu sors de mains dont les appas
> De tous les sceptres d'ici-bas
> Ont pensé porter le plus riche[2] :
> Les mains de la Maison d'Autriche
> Leur ont ravi ce doux espoir :
> Nous ne pouvions que bien échoir.
> . . . .
> . . . .
> De ces mains, hôtesses des Graces,
> Petit Chien en d'autres tu passes,
> Qui n'ont pas eu moins de beauté,
> Sans mettre en compte leur bonté.
> Elles te font mille caresses :
> Tu plais aux dames, aux princesses,
> Et si la reine t'avoit vu,
> Mignon à la reine auroit plu.
> Mignon a la taille mignonne :
> Toute sa petite personne

---

[1] Épître dédicatoire au duc de Guise, gendre de la duchesse.

[2] Allusion à l'intention que les Mémoires du temps ont prêtée à Mazarin d'avoir voulu marier Louis XIV à Marguerite-Louise d'Orléans, qui avait donné Mignon à sa mère.

Plaît aux Iris des petits chiens,
Ainsi qu'à celles des chrétiens.
Las, qu'ai-je dit qui te fait plaindre?
Ce mot d'Iris est-il à craindre?
Petit Chien, qu'as-tu? dis-le moi :
N'es-tu pas plus aise qu'un roi?
Trois ou quatre jeunes fillettes
Dans leurs manchons aux peaux douillettes
Tout l'hiver te tiennent placé :
Puis de madame de Crissé
N'as-tu pas maint dévot sourire?
D'où vient donc que ton cœur soupire?
Que te faut-il? un peu d'amour.
Dans un côté de Luxembourg
Je t'apprends qu'Amour craint le Suisse;
Même on lui rend mauvais office
Auprès de la divinité [1],
Qui fait ouvrir l'autre côté,
Cela vous est facile à dire,
Vous qui courez partout, beau Sire;
Mais moi... Parle bas, petit Chien,
Si l'évêque de Bethléem
Nous entendoit, Dieu sait la vie :
Tu verras pourtant ton envie
Satisfaite dans quelque temps ;
Je te promets, à ce printemps,
Une petite camusette,
Friponne, drue et joliette,
Avec qui l'on t'enfermera ;
Puis s'en démêle qui pourra.

Après avoir chanté Mignon, notre poète chanta la belle mademoiselle de Poussay que sa mère, la dame d'atours de la duchesse, fit venir auprès d'elle au Luxembourg, après avoir inutilement tenté de la produire à la Cour, au sortir du couvent.

---

[1] Cette divinité était la Grande Mademoiselle, qui ne voulait pas qu'on ouvrit la grille qui séparait les deux camps.

> J'avois brisé les fers d'Aminte et de Sylvie :
> J'étois libre et vivois content et sans amour :
> L'innocente beauté des jardins et du jour
> Alloit faire à jamais le charme de ma vie.
>
> Quand du milieu d'un cloître Amarante est sortie ;
> Que de graces, bons dieux ! Tout rit dans Luxembourg :
> La jeune Olympe[1] voit maintenant à sa Cour
> Celle que tout Paphos en ces lieux a suivie.
>
> Sur ce nouvel objet chacun porte les yeux :
> Mais en considérant cet ouvrage des Cieux,
> Je ne sais quelle crainte en mon cœur se réveille.
>
> Quoiqu'Amour toutefois veuille ordonner de moi,
> Il est beau de mourir des coups d'une merveille
> Dont un regard feroit la fortune d'un roi.

La Fontaine avait quarante-sept ans quand il fit cette belle déclaration à Mlle de Poussay, qui en avait dix-sept.

Mais si notre poète était badin et léger lorsqu'il s'agissait de brûler son encens pour les petits chiens et pour les jeunes filles, il savait devenir sérieux quand il s'agissait de choses graves qui pouvaient intéresser l'Etat.

En 1666, il y eut un projet de mariage entre Mlle d'Alençon, seconde fille de la duchesse douairière d'Orléans, et un prince étranger. On espérait que ce mariage préviendrait la guerre que Louis XIV était sur le point de déclarer pour faire valoir les droits qu'il prétendait avoir sur le Brabant par suite de la mort de Philippe IV, son beau-père. C'est à l'occasion de ce projet que La Fontaine, qui était un partisan passionné de la paix, composa un sonnet pour Mlle d'Alençon.

---

[1] La duchesse d'Alençon, dont Mlle de Poussay était fille d'honneur.

Ne serons-nous jamais affranchis des alarmes ?
Six étés n'ont pas vu la paix dans ces climats,
Et déjà le Démon qui préside aux combats
Recommence à forger l'instrument de nos larmes !

Opposez-vous, Olympe, à la fureur des armes,
Faites parler l'Amour; et ne permettez pas
Qu'on décide sans lui du sort de tant d'Etats :
Souffrez que votre hymen interpose ses charmes.

C'est le plus digne prix dont on puisse acheter
Ce bien qui ne sauroit aux mortels trop coûter :
Je sais qu'il nous faudra vous perdre en récompense.

Un souverain bonheur pour l'empire françois,
Ce seroit cette paix avec votre présence;
Mais le Ciel ne fait pas tous ses dons à la fois.

La duchesse douairière d'Orléans mourut le 3 avril 1672. Il ne resta rien à La Fontaine que le souvenir de ses bienfaits. Notre poète avait complètement dissipé son patrimoine. C'est alors que Mme de la Sablière le recueillit et lui offrit, pendant vingt ans, la plus douce et la plus aimable hospitalité.

Pendant les huit années qu'il passa au Luxembourg, La Fontaine publia les trois premiers livres de ses Contes et Nouvelles, le premier livre de ses Fables, son poème d'*Adonis* et celui de *Psyché et Cupidon*, sa comédie de *Climène*, et plusieurs pièces de vers. Il y a tout lieu de penser que la duchesse douairière d'Orléans, malgré les bizarreries de sa personne et de son caractère, était une femme d'esprit puisqu'elle avait choisi La Fontaine pour son poète, et qu'elle ne lui donna que de bons conseils.

CHAPITRE VIII

LA FONTAINE ET SON PARNASSE

Mme de la Sablière, Mme d'Hervart, Mme de la Fayette,
Mme de Sévigné, Mme d'Harvay

(1673-1695)

La Fontaine n'a pas seulement aimé Mme de la Sablière, il l'a adorée et lui a bâti deux temples : l'un dans son cœur, l'autre dans ses vers. C'est lui-même qui nous l'apprend dans l'épître qu'il adressa, en 1685, au procureur général du Parlement de Paris, en lui dédiant deux volumes intitulés *Ouvrages de prose et de poésie des sieurs de Maucroix et de La Fontaine.*

> Cette Iris, Harlay, c'est la dame
> A qui j'ai deux temples bâtis,
> L'un dans mon cœur, l'autre en mon Livre :
> Puisse le dernier assez vivre
> Pour mériter que l'Univers
> Dise un jour en voyant mes vers :
> Cet œuvre est de belle structure ;
> Qu'en pensoit Harlay ? car on sait
> Que l'art aidé de la nature
> Avoit rendu son goût parfait.

Nous ne pouvons pas voir malheureusement le temple que La Fontaine a élevé dans son cœur à Mme de la Sablière, mais nous pouvons admirer celui qu'il lui a bâti dans son livre, et juger de l'un par l'autre :

Je vous gardois un temple dans mes vers :
Il n'eût fini qu'avecque l'univers.
Déjà ma main en fondoit la durée
Sur ce bel art qu'ont les Dieux inventé,
Et sur le nom de la divinité
Que dans ce Temple on auroit adorée.
Sur le portail j'aurois ces mots écrits :
Palais sacré de la déesse Iris
Non celle-là qu'a Junon à ses gages ;
Car Junon même et le Maître des Dieux
Serviroient l'autre, et seroient glorieux
Du seul honneur de porter ses messages.
L'apothéose à la voûte eût paru.
Là tout l'Olympe en pompe eût été vu
Plaçant Iris sous un dais de lumière.
Les murs auroient amplement contenu
Toute sa vie, agréable matière ;
Mais peu féconde en ces événements
Qui des États font les renversements.
Au fond du temple eût été son image,
Avec ses traits, son soûris, ses appas,
Son art de plaire et de n'y penser pas,
Ses agréments à qui tout rend hommage,
J'aurois fait voir à ses pieds des mortels
Et des héros, des demi-dieux encore,
Même des dieux : ce que le monde adore
Vient quelquefois parfumer ses autels [1].
J'eusse en ses yeux fait briller de son âme
Tous les trésors, quoique imparfaitement :
Car ce cœur vif et tendre infiniment
Pour ses amis, et non point autrement,
Car cet esprit, qui, né du firmament,
A beauté d'homme avec grâces de femme,
Ne se peut pas, comme on veut exprimer.
O vous, Iris, qui savez tout charmer,
Qui savez plaire en un degré suprême,
Vous que l'on aime à l'égal de soi-même
(Ceci soit dit sans nul soupçon d'amour,
Car c'est un mot banni de votre Cour,

---

[1] Jean Sobieski, roi de Pologne, faisait une cour assidue à Mme de la Sablière.

Laissons-le donc), agréez que ma Muse
Achève un jour cette ébauche confuse.
J'en ai placé l'idée et le projet,
Pour plus de grâce, au devant d'un sujet
Où l'amitié donne de telles marques,
Et d'un tel prix, que leur simple récit
Peut quelque temps amuser votre esprit.
Non que ceci se passe entre monarques :
Ce que chez vous nous voyons estimer
N'est pas un roi qui ne sait point aimer :
C'est un mortel qui sait mettre sa vie
Pour son ami [1] . . . .

Après avoir loué Mme de la Sablière, il loue sa fille, Mme de la Mésangère [2], parce qu'elle lui ressemble.

Aimable fille d'une mère
A qui seule aujourd'hui mille cœurs font la cour,
Sans ceux que l'amitié rend soigneux de vous plaire,
Et quelques-uns encor que vous garde l'Amour ;
    Je ne puis qu'en cette préface
    Je ne partage entre elle et vous
Un peu de cet encens qu'on recueille au Parnasse,
Et que j'ai le secret de rendre exquis et doux.
    Je vous dirai donc... Mais tout dire,
    Ce seroit trop ; il faut choisir,
    Ménageant ma voix et ma lyre,
Qui bientôt vont manquer de force et de loisir.
Je louerai seulement un cœur plein de tendresse,
Ces nobles sentiments, ces grâces, cet esprit :
Vous n'auriez en cela ni maître ni maîtresse,
Sans celle dont sur vous l'éloge rejaillit.
    Gardez d'environner ces roses
    De trop d'épines, si jamais
    L'Amour vous dit les mêmes choses :
    Il les dit mieux que je ne fais [3].

---

[1] Liv. XII. — Fable xv. *Prologue*.

[2] C'est elle que Fontenelle désigne sous le nom de *la Marquise* dans ses *Entretiens sur la pluralité des mondes*.

[3] Liv. XII. — Fable xxiv. *Prologue*.

Quelle différence entre ces vers tendres, mais respectueux et ceux que La Fontaine a faits pour la duchesse de Bouillon et pour sa sœur la duchesse de Mazarin ! Notre poète excellait à rendre toutes les nuances des sentiments qu'il éprouvait.

Dans le carnaval de 1689 il avait vu la jeune princesse de Conti partir pour le bal brillamment parée. Notre poète avait alors 68 ans ; la vue de cette belle princesse l'enflamma, il en rêva toute la nuit, et le lendemain il raconta son rêve.

> Quand Morphée à mes sens présenta son image,
> Elle alloit en un bal s'attirer maint hommage.
> Je la suivis des yeux ; ses regards et son port
> Remplissoient en chemin les cœurs d'un doux transport.
> Le Songe me l'offrit par les Graces parée.
> Telle aux noces des Dieux ne va point Cythérée.
> Telle même on ne vit cette Fille des Flots,
> Du prix de la beauté triompher dans Paphos.
> CONTI me parut lors mille fois plus légère,
> Que ne dansent au bois la Nymphe et la Bergère.
> L'herbe l'auroit portée ; une fleur n'auroit pas
>   Reçu l'empreinte de ses pas.
> Elle sembloit raser les airs à la manière
>   Que les Dieux marchent dans Homère[1].

Cet encens n'était pas du goût de Mme de la Sablière ; elle refusait de le recevoir ; c'est encore La Fontaine qui nous le dit :

> Iris, je vous louerois, il n'est que trop aisé :
> Mais vous avez cent fois notre encens refusé,
> En cela peu semblable au reste des mortelles,
> Qui veulent tous les jours des louanges nouvelles :
> Pas une ne s'endort à ce bruit si flatteur.
> Je ne les blâme point, je souffre cette humeur :

---

[1] *Le Songe.* — Pour madame la princesse de Conti.

> Elle est commune aux dieux, aux monarques, aux belles.
> Ce breuvage vanté par le peuple rimeur,
> Le nectar que l'on sert au maître du tonnerre,
> Et dont nous environs tous les dieux de la terre,
> C'est la louange, Iris. Vous ne la goûtez point ;
> D'autres propos chez vous récompensent ce point[1].

Mais, quelle était donc cette déesse, Iris, objet d'une admiration et d'une adoration si respectueuse de la part de notre poëte ? Donnons ici la parole à Walckenaer qui a étudié et scruté en érudit tous les mémoires du temps.

« Parmi ce grand nombre de femmes charmantes,
» douées des dons de la beauté et de ceux de l'esprit,
» qui exercèrent, nous dit-il, une si forte influence sur
» la perfection de la littérature et des arts dans le siècle
» de Louis XIV, nulle ne fut plus remarquable que
» madame de la Sablière....... Elle était aussi réservée,
» aussi modeste que savante ; non seulement elle enten-
» dait parfaitement la langue du siècle d'Auguste, et
» savait par cœur les plus beaux vers d'Horace et de
» Virgile, mais elle n'était étrangère à aucune des con-
» naissances humaines cultivées de son temps. Sauveur
» et Roberval, tous deux de l'Académie des sciences,
» lui avaient montré les mathématiques, la physique et
» l'astronomie. Le célèbre Bernier, son ami particulier,
» et qui logeait aussi chez elle, lui avait enseigné l'his-
» toire naturelle et l'anatomie, et l'avait initiée aux plus
» sublimes spéculations de la philosophie ; c'est pour
» elle qu'il fit cet excellent abrégé des ouvrages de
» Gassendi, où le système de ce précurseur de Newton

---

[1] Liv. X. *Discours à madame de la Sablière.*

» et de Locke se trouve exposé avec plus de clarté que
» dans aucun autre.

« Tant de science dans madame de la Sablière ne nui-
» sait en rien aux charmes de son sexe ; sa maison était
» le séjour des grâces, de la joie et des plaisirs.......

« Les seigneurs de la cour les plus dissipés, tels que
» Lauzun, Rochefort, Brancas, La Fare, de Foix,
» Chaulieu, aimaient à se réunir chez M. de la Sablière,
» avec les étrangers les plus illustres, les hommes les
» plus éminents dans les sciences, dans les lettres et
» dans les arts, les femmes les plus remarquables par
» leurs attraits et leur esprit ; et madame de la Sablière,
» par sa conversation toujours variée, par sa politesse
» exquise, par sa gaieté naturelle, était l'ornement, le
» lien et l'âme de ces cercles brillants. Quoiqu'elle
» n'ait jamais composé aucun ouvrage, telle était sa
» réputation dans l'étranger, que Bayle, en rendant
» compte, dans son journal, d'un livre que Bernier
» avait dédié à cette dame, dit : « Madame de la Sablière
» est connue partout pour un esprit extraordinaire et
» pour un des meilleurs ; M. Bernier, qui est un grand
» philosophe, ne doute pas que le nom illustre qu'il a
» mis à la tête de ce traité-là n'immortalise son ouvrage
» plus que son ouvrage n'immortalisera son nom. »

« Louis XIV, à l'œil scrutateur duquel aucun genre
» de mérite n'échappait, sut apprécier madame de la
» Sablière, et l'honora plusieurs fois de ses dons[1]. »

La déesse *Iris* était donc l'objet d'une adoration universelle. Seule, Mlle de Montpensier jette une note dis-

---

[1] Walckenaer. *Histoire de La Fontaine*, Tome I, p. 242-245.

cordante dans ce concert d'admiration : « Le marquis de la Fare et nombre d'autres, dit-elle dans ses Mémoires, passoient leur vie chez une petite bourgeoise savante et précieuse qu'on appeloit madame de la Sablière. » Mais la grande Mademoiselle était probablement dépitée de voir Lauzun se plaire dans cette société. Il ne faut donc pas nous arrêter à ce qu'elle nous dit de cette *petite bourgeoise*.

Quant à M. de la Sablière, dont le nom était Rambouillet de la Sablière, il était secrétaire du Roi, régisseur des domaines de la couronne ; il avait une grande fortune qui lui venait de son père, un des titulaires des cinq grosses fermes. Il excellait à faire des madrigaux[1], et joignait à la politesse de l'homme du monde l'habitude d'une aimable galanterie.

Certes, voilà un couple heureux et bien assorti si jamais il en fut, et l'on peut dire que rien ne manquait à son bonheur ; pourtant, il y manquait quelque chose. Quoi donc ?... Hélas ! ce qui manquait à Adam et à Ève dans le paradis terrestre, le fruit défendu. Ce fut Adam, cette fois, c'est-à-dire M. de la Sablière, qui mordit le premier à la pomme. Il prit pour maîtresse une des filles du hollandais Vanghangel, qui étaient toutes deux d'une grande beauté. L'autre fille devint la femme de Nyert, l'un des quatre valets de chambre du Roi, lequel surpassait Lambert comme chanteur.

M. de la Sablière devint éperdument amoureux de

---

[1] Walckenaer a publié les *madrigaux* de M. de la Sablière dans un volume qui comprend aussi les poésies de François de Maucroix. 1825.

sa maîtresse, et fit pour elle un grand nombre de madrigaux.

De son côté, Mme de la Sablière prit pour amant le marquis de la Fare qui, nous dit Chaulieu, était « un » composé de grâce, de sentiment et de volupté tel que » les siècles auront peine à former quelqu'un qui réu- » nisse, comme lui, tant de belles et de séduisantes qua- » lités. »

D'abord, ce double adultère ne fit qu'augmenter l'enivrement de cette aimable société. Les repas surtout étaient pleins de gaieté et d'entraînement. Nyert chantait, et Chaulieu improvisait des chansons imitées d'Horace ou d'Anacréon, comme celle-ci, par exemple :

> Le beau duc de Foix nous réveille,
> Chantons Vénus et Cupidon :
> Chantons Iris et la bouteille
> Du disciple d'Anacréon.
>
> Vénus l'accompagne sans cesse,
> Les Graces, les Ris et les Jeux.
> Qu'il est doux d'être la maitresse
> De ce jeune voluptueux !
>
> Verse du vin, jette des roses,
> Ne songeons qu'à nous réjouir ;
> Et laissons là le soin des choses
> Que nous cache un long avenir[1].

Chaulieu se trompait : l'avenir ne devait pas être si long qu'il le croyait.

En 1679, Mlle Manon Vanghangel mourut subitement à la fleur de l'âge. M. de la Sablière, qui apprit sa mort inopinément, en conçut un tel chagrin qu'il resta plongé dans une sombre mélancolie et mourut l'année suivante.

---

[1] Couplets faits à un souper chez Mme de la Sablière.

Vers la même époque, il arriva que le marquis de la Fare, dont les relations avec Mme de la Sablière remontaient à plusieurs années, finit peu à peu par se refroidir et par l'abandonner tout à fait pour la Champmeslé, qui avait été la maîtresse de Racine et de bien d'autres, et aussi pour la bassette, que l'on jouait à la Cour d'une façon effrénée.

Dans cette grande épreuve, Mme de la Sablière montra la grandeur de son âme. Abandonnée par son amant, elle se tourna toute entière vers Dieu et se voua au soin des incurables.

« On la vit alors, nous dit Walckenaer, dans l'âge
» des passions, et brillante encore de tout l'éclat de sa
» beauté, soigner les pauvres, les malades, et exécuter
» par degrés la résolution de consacrer toutes ses pen-
» sées à la religion, et de diriger toutes ses affections
» vers le seul être éternel et immuable. »

Mais laissons raconter cette conversion à Mme de Sévigné qui en a fait l'objet d'une lettre admirable, qui vaut, comme sujet et comme éloquence, le meilleur des sermons.

« Vous me demandez, écrit-elle à sa fille le 14 juillet
» 1680, ce qui a fait cette solution de continuité entre
» la Fare et Mme de la Sablière : c'est la bassette ; l'eus-
» siez-vous cru ? C'est sous ce nom que l'infidélité s'est
» déclarée ; c'est pour cette prostituée de bassette qu'il
» a quitté cette religieuse adoration, le moment étoit
» venu que cette passion devoit cesser, et passer même
» à un autre objet. Croiroit-on que ce fût un chemin
» pour le salut de quelqu'un que la bassette ? Ah ! c'est
» bien dit, il y a cinq cent mille routes qui nous y

» mènent. Madame de la Sablière regarda d'abord cette
» distraction, cette désertion; elle examina les mauvaises
» excuses, les raisons peu sincères, les prétextes, les
» justifications embarrassées, les conversations peu
» naturelles, les impatiences de sortir de chez elle, les
» voyages à Saint-Germain où il jouait, les ennuis, les
» *ne savoir plus que dire*; enfin, quand elle eut bien
» observé cette éclipse qui se faisoit, et le corps étranger
» qui cachoit peu à peu tout cet amour si brillant, elle
» prit sa résolution : je ne sais ce qu'elle lui a coûté ;
» mais enfin, sans querelle, sans reproche, sans éclat,
» sans le chasser, sans éclaircissement, sans vouloir le
» confondre, elle s'est éclipsée elle-même; et, sans avoir
» quitté sa maison, où elle retourne encore quelquefois,
» sans avoir dit qu'elle renonceroit à tout, elle se trouve
» si bien aux Incurables qu'elle y passe quasi toute sa
» vie, sentant avec plaisir que son mal n'étoit pas
» comme celui des malades qu'elle sert. Les supérieurs
» de cette maison sont charmés de son esprit; elle les
» gouverne tous. Ses amis la vont voir; elle est toujours
» de très bonne compagnie. La Fare joue à la bassette :
» voilà la fin de cette grande affaire qui attiroit l'atten-
» tion de tout le monde; voilà la route que Dieu avoit
» marquée à cette jolie femme. Elle n'a point dit, les
» bras croisés : *j'attends la grace*. Mon Dieu, que ce
» discours me fatigue! hé! mort de ma vie! la grace
» saura bien vous préparer les chemins, les tours, les
» détours, les bassettes, les laideurs, l'orgueil, les cha-
» grins, les malheurs, les grandeurs; tout sert, tout est
» mis en œuvre par ce grand ouvrier, qui fait toujours
» infailliblement tout ce qu'il lui plaît.»

Il n'appartenait qu'à Mme de Sévigné, à cette grande dame qui sut rester vertueuse et bonne chrétienne au milieu d'une société corrompue et d'une cour à demi païenne, de tenir un pareil langage et de montrer la supériorité de l'âme de Mme de la Sablière sur celle de son amant.

La morale avait repris ses droits, et, pour la deuxième fois, notre poète vit une maison où tout était joie, prospérité et plaisirs, s'effondrer tout à coup et faire le vide autour de lui. Mme de la Sablière, aux trois quarts ruinée, renvoya toutes les personnes de son entourage, y compris Bernier, et ne conserva, comme elle le disait elle-même, que *son chien, son chat et son La Fontaine*, qui lui resta fidèle, car tant que Mme de la Sablière vécut, il ne voulut pas quitter l'hôtel de la rue Saint-Honoré.

Dans sa ferveur de néophyte, Mme de la Sablière, qui aimait tendrement son poète et qui connaissait le fond de son âme, aurait voulu le convertir. Mais La Fontaine ne se sentait pas encore touché par la grace; il venait d'atteindre la soixantaine, il est vrai, mais il était encore vigoureux de corps et jeune d'esprit, et il ne voulait pas renoncer à des plaisirs auxquels il était toujours sensible. Il s'en expliqua avec son amie dans une belle épitre datée de 1681, où il confesse ingénûment ses fautes et ses faiblesses.

> Le Temps marche toujours; ni force, ni prière,
> Sacrifices, ni vœux n'allongent la carrière;
> Il faudroit ménager ce qu'on va nous ravir;
> Mais qui vois-je que vous sagement s'en servir?
> Si quelques-uns l'ont fait, je ne suis pas du nombre;
> Des solides plaisirs je n'ai suivi que l'ombre.
> J'ai toujours abusé du plus cher de nos biens;
> Les pensers amusans, les vagues entretiens,

> Vains enfants du loisir, délices chimériques,
> Les romans et le jeu, ...
> . . . .
> Cent autres passions des sages condamnées,
> Ont pris comme à l'envi la fleur de mes années.
> L'usage des vrais biens répareroit ces maux ;
> Je le sais, et je cours encore à des biens faux.

Après cet aveu, La Fontaine s'apostrophe.

> J'entends que l'on me dit : Quand donc veux-tu cesser ?
> Douze lustres et plus ont roulé sur ta vie ;
> De soixante soleils la course entresuivie
> Ne t'a pas vu goûter un moment de repos ;
> Quelque part que tu sois, on voit à tous propos
> L'inconstance d'une âme en ses plaisirs légère,
> Inquiète, et partout hôtesse passagère.
> . . . .
> Si j'étois sage, Iris, (mais c'est un privilège
> Que la Nature accorde à bien peu d'entre nous),
> Si j'avois un esprit aussi réglé que vous,
> Je suivrois vos leçons, au moins en quelque chose :
> Les suivre en tout c'est trop ; il faut qu'on se propose
> Un plan moins difficile à bien exécuter,
> Un chemin dont sans crime on se puisse écarter.
> Ne point errer est chose au dessus de mes forces.

Il plaide les circonstances atténuantes.

> En faisant mon portrait, moi-même je m'accuse,
> Et ne veux point donner mes défauts pour excuse.
> Je ne prétends ici que dire ingénument
> L'effet bon ou mauvais de mon tempérament.
> A peine la raison vint éclairer mon âme,
> Que je sentis l'ardeur de ma première flamme.
> Plus d'une passion a depuis dans mon cœur
> Exercé tous les droits d'un superbe vainqueur.
> Tel que fut mon printemps, je crains que l'on ne voie
> Les plus chers de mes jours aux vains désirs en proie.

La Fontaine ne trouvant plus dans l'hôtel de Mme de la Sablière les distractions auxquelles il était habitué, fut, en effet, les chercher ailleurs. Les princes de Conti et de Vendôme l'admirent dans leur société, qui était fort dissipée. La duchesse de Bouillon et Saint-Evremond essayèrent de l'attirer en Angleterre, mais il résista. Malgré les absences presque continuelles de Mme de la Sablière, il ne voulait pas quitter son cher logis où il se plaisait.

Voici ce qu'il écrivait, le 31 août 1687, à M. de Bonrepaux, intendant de marine à Londres :

« Je me contente de voir ces deux dames (*madame Hervart et madame Hervey*). Elles adoucissent l'absence de celles de la rue Saint-Honoré, qui véritablement nous négligent un peu. M. de Barrillon[1] se peut souvenir que ce sont de telles enchanteresses, qu'elles faisoient passer du vin médiocre et une omelette au lard pour du nectar et de l'ambroisie. Nous pensions nous être repus d'ambroisie, et nous soutenions que Jupiter avoit mangé l'omelette au lard. Ce temps-là n'est plus. Les Graces de la rue Saint-Honoré nous négligent. Ce sont des ingrates à qui nous présentions plus d'encens qu'elles ne vouloient. Par ma foi, Monsieur, je crains que l'encens ne se moisisse au temple. La Divinité qu'on y venoit adorer en écarte tantôt un mortel et tantôt un autre, et se moque du demeurant, sans considérer ni le Comte, ni le Marquis, aussi peu le Duc.

Tros Rutulusve fuat, nullo discrimine habebo.

» Voilà la devise..... Autrefois je vous aurois écrit une

---

[1] Ambassadeur à Londres.

» lettre qui n'auroit été pleine que de ses louanges : non
» qu'elle se souciât d'être louée; elle le souffroit seule-
» ment, et ce n'est pas une chose pour laquelle elle
» eut un si grand mépris. Cela est changé.

>J'ai vu le temps qu'Iris (et c'étoit l'âge d'or
>   Pour nous autres gens du bas monde),
>J'ai vu, dis-je, le temps qu'Iris goûtoit encor
>Non cet encens commun dont le Parnasse abonde :
>   Il fut toujours, au sentiment d'Iris,
>   D'une odeur importune ou plate,
>   Mais la louange délicate
>   Avoit auprès d'elle son prix.
>Elle traite aujourd'hui cet art de bagatelle ;
>Il l'endort, et s'il faut parler de bonne foi,
>   L'éloge et les vers sont pour elle
>   Ce que maints sermons sont pour moi.

Notre poète décrit ensuite avec complaisance la chambre qu'il habite dans l'hôtel de la Sablière.

« ..... Il faut pourtant que je vous mande, Mon-
» sieur, en quel état est la chambre des philosophes.
» Ils sont cuits[1] et embellissent tous les jours. J'y ai
» joint un autre ornement qui ne vous déplaira pas, si
» vous leur faites l'honneur de les venir voir avec ceux
» de vos amis qui doivent être de la partie.

>Mes philosophes cuits, j'ai voulu que Socrate
>   Et Saint-Dié, mon fidèle Achate,
>   Et de la gent porte écarlate,
>D'Hervart tout l'ornement, avec le beau berger
>   Verger,
>   Pussent avoir quelque musique
>   Dans le séjour philosophique.
>   Vous vous moquez de mon dessein,
>   J'ai cependant un clavecin,

---

[1] La Fontaine avait fait jeter en moule de terre tous les plus grands philosophes de l'antiquité, et ils faisaient l'ornement de sa chambre.

Un clavecin chez moi! Ce meuble vous étonne.
    Que direz-vous si je vous donne
    Une Cloris de qui la voix
    Y joindra ses sons quelquefois?
La Cloris est jolie, et jeune, et sa personne
    Pourroit bien ramener l'amour
    Au philosophique séjour.
Je l'en avois banni; si Cloris le ramène,
    Elle aura chansons pour chansons.
Mes vers exprimeront la douceur de ses sons.
Qu'elle ait à mon égard le cœur d'une inhumaine,
Je ne m'en plaindrai point, n'étant bon désormais
Qu'à chanter les Cloris et les laisser en paix.

Nous voyons cependant, par deux lettres écrites à Mme Ulrich, et datées d'octobre et de novembre 1688, que notre pauvre poète, qui ne pouvait pas se résigner à vieillir, eut quelques relations avec cette femme de mœurs dissolues, qui l'attira chez elle où elle recevait une nombreuse société composée en partie des hommes les plus riches et les plus aimables de la ville et de la cour, et qui s'étaient adonnés au jeu, à la bonne chère et à la dissipation. On peut dire que ce fut à son corps défendant que La Fontaine eut ces relations, car on lit dans la première de ces lettres : « Comme vous n'avez
» pas résolu de profiter de celles (*remontrances*) que je
» vous ai faites, je vous suis fort obligé de ce que vous
» me dispensez de vous en faire d'autres à l'avenir, c'est
» là tout à fait mon compte. Je n'ai nullement le carac-
» tère de Bastien le remontreur. »

On a dit que c'est à la demande de Mme Ulrich que La Fontaine a composé le conte des *Quiproquo*, qui est des plus médiocres. Ce fut tout l'encens qu'il brûla pour elle, et franchement elle ne méritait pas mieux. C'était pourtant une femme de beaucoup d'esprit; elle goûtait infiniment celui de notre poète, et elle avait conçu pour lui une vive affection qu'elle a prouvée en publiant ses œuvres posthumes. Sous ce rapport, elle mérite quelque indulgence.

Nous avons vu au chapitre II de cette biographie que La Fontaine, pendant la belle saison, allait passer plusieurs semaines chez M. et Mme d'Hervart[1], à Bois le Vicomte. Il était très aimé dans cette société, et la jeune et belle Mme d'Hervart avait pour lui des soins pleins de délicatesse, dont il se montrait reconnaissant en « brûlant pour elle tout son encens. »

« Je reviens à madame d'Hervart, dit-il dans sa lettre
» à Bonrepaux (31 août 1687), dont je voudrois bien
» aussi vous écrire quelque chose en vers. Comme j'y
» suis le parrain de plusieurs belles, je veux et entends
» qu'à l'avenir madame Hervart s'appelle Sylvie dans
» tous les domaines que je possède sur le double Mont,
» et pour commencer,

> C'est un plaisir de voir Sylvie :
> Mais n'espérez pas que mes vers
> Peignent tant de charmes divers ;
> J'en aurois pour toute ma vie.
> S'il prenoit à quelqu'un envie
> D'aimer ce chef-d'œuvre des cieux,
> Ce quelqu'un, fût-il roi des cieux,
> En auroit pour toute sa vie.
> . . . .
> Que cette ardeur, où nous convie

---

[1] Barthélemy d'Hervart, ancien intendant et contrôleur général des finances, avait acheté l'ancien hôtel d'Épernon, et l'avait embelli et agrandi. Il fit orner de peintures à fresque son cabinet et son salon. Mignard, qui était ami de La Fontaine et Champenois comme lui, fut chargé de les exécuter.

Un objet si rare et si doux,
Ne soit de nulle autre suivie,
C'est un sort commun pour nous tous,
Mais je m'étonne de l'époux,
Il en a pour toute sa vie.

» J'ai tort de dire que je m'en étonne, il faudroit au
» contraire s'étonner que cela ne fût pas ainsi. Comment
» cesseroit-il d'aimer une femme souverainement jolie,
» complaisante, d'humeur égale, d'un esprit doux, et
» qui l'aime de tout son cœur?..... J'ai tant de plaisir
» à en parler que je reprendrai une autre fois la ma-
» tière. Que madame d'Hervart ne prétende pas en être
» quitte. »

En effet, quelques jours après cette lettre, il adresse à
Sylvie une jolie chanson sur l'air des folies d'Espagne.

On languit, on meurt près de Sylvie :
C'est un sort dont les Rois sont jaloux,
Si les Dieux pouvoient perdre la vie,
Dans vos fers ils mourroient comme nous.
. . . .
. . . .
Le printemps paroît moins jeune qu'elle ;
D'un beau jour la naissance rit moins,
Tous les yeux disent qu'elle est plus belle,
Tous les cœurs en servent de témoins.
. . . .
. . . .
Sa présence embellit nos bocages ;
Leurs ruisseaux sont enflés par mes pleurs,
Trop heureux d'arroser des ombrages
Où ses pas ont fait naître des fleurs.

L'autre jour, assis sur l'herbe tendre,
Je chantois son beau nom dans ces lieux,
Les Zéphyrs accourant pour l'entendre
Le portoient aux oreilles des Dieux.

Je l'écris sur l'écorce des arbres :
Je voudrois en remplir l'Univers,
Nos bergers l'ont gravé sur des marbres
Dans un temple au dessus de mes vers.

C'est ainsi qu'en un bois solitaire,
Lycidas exprimoit son amour.
Les échos qui ne sauroient se taire
L'ont redit aux bergers d'alentour.

En 1691, Mme d'Hervart, qui avait auprès d'elle, à Bois le Vicomte, Mme de Gouvernet, sœur de son mari, et Mme de Virville, sœur du marquis de Gouvernet, écrivit à notre poète une lettre pressante pour l'inviter à venir les y trouver. Mais La Fontaine faisait alors répéter son opéra d'*Astrée* ; il refusa donc, avec force compliments, l'invitation des trois Graces.

Surintendantes du Parnasse,
Si de traits remplis de grace
Vos faveurs ornent les vers
Dont j'entretiens l'Univers,
Aujourd'hui je vous implore ;
Donnez à ma voix encore
L'éclat et les mêmes sons
Qu'avoient jadis mes chansons.
Toute la cour d'Amatonte
Etant à Bois le Vicomte,
Muses, j'ai besoin de vous.
Venez donc de compagnie
Par vos charmes les plus doux
Ressusciter mon génie,
Je sens qu'il va décliner :
C'est à vous de lui donner
Des forces toutes nouvelles ;
Car je veux louer trois belles ;
Je veux chanter haut et net
Virville, Hervart, Gouvernet.
J'en ferai mes trois déesses
Leur donnant à ma façon

> Et l'Amour pour compagnon,
> Et les Graces pour hôtesse.
> . . . .
> . . . .
> Dans ses réduits les moins sombres
> Se cache aisément l'Amour.
> Sous l'épaisseur de leurs ombres
> Je pourrois bien quelque jour
> Laisser mon cœur en ôtage :
> Le reste du composé
> Est l'être le plus volage
> Dont Dieu se soit avisé.

Notre poète a donc placé dans son Parnasse, déjà peuplé de plusieurs belles, trois intendantes de plus. A ce propos, il nous a dit *fort drôlement*, dans une lettre adressée, le 18 août 1689, au prince de Conti :

« Les registres du Parnasse ont un cérémonial où il
» y en a pour tous les degrés, et pour tous les âges. Je
» ne m'arrête point à cela, et ne prends pas garde de si
» près à la distribution de ces dignités, que je donne
» souvent par caprice ou pour une considération fort
» légère.

> Je me contente à moins qu'Horace.
> Quand l'objet en mon cœur a place,
> Et qu'à mes yeux il est joli,
> Do nomen quod libet illi [1].

Quoi qu'il en soit, La Fontaine avait aussi placé dans son Parnasse Mme de la Fayette, sous le nom d'Uranie, en lui envoyant un petit billard accompagné d'un joli billet.

> Ce billard est petit, ne l'en prisez pas moins.
> Je prouverai par bons témoins
> Qu'autrefois Vénus en fit faire

---

[1] « Je lui donne le nom qu'il me plaît. »

Un tout semblable pour son fils.
Ce plaisir occupoit les Amours et les Ris,
  Tout le peuple enfin de Cythère.
Au joli jeu d'aimer je pourrois aisément
Comparer après tout ce divertissement,
Et donner au billard un sens allégorique.
Le but est un cœur fier ; la bille un pauvre amant ;
La passe et les billards, c'est ce que l'on pratique
Pour toucher au plus tôt l'objet de son amour.
Les belouses, ce sont maint périlleux détour,
Force pas dangereux où souvent de soi-même
  On s'en va se précipiter,
Où souvent un rival s'en vient nous y jeter
  Par adresse et par stratagème.
Toute comparaison cloche, à ce que l'on dit,
  Celle-ci n'est qu'un jeu d'esprit
  Au dessous de votre génie.
Que vous dirai-je donc pour vous plaire, Uranie ?
Le Faste et l'Amitié sont deux divinités
Enclines, comme on sait, aux libéralités.
Discerner leurs présens n'est pas petite affaire,
L'Amitié donne peu, le Faste beaucoup plus,
  Beaucoup plus aux yeux du vulgaire.
Vous jugez autrement de ces dons superflus,
Mon billard est succinct, mon billet ne l'est guère.
Je n'ajouterai donc à tout ce long discours
Que ceci seulement, qui part d'un cœur sincère,
  Je vous aime, aimez-moi toujours.

Le billet est agréablement tourné, et les deux vers qui le terminent expriment un sentiment plein de délicatesse. La Fontaine, qui était un grand admirateur du duc de la Rochefoucauld, l'auteur des *Maximes*, auquel il a dédié deux de ses fables[1], avait aussi une tendre amitié pour Mme de la Fayette. Il voyait chez elle Mme de Sévigné qui goûtait beaucoup ses fables et ses

---

[1] *L'Homme et son Image* (Liv. I. — Fable XI). — *Les Lapins* (Liv. X. — Fable XIV).

contes, et il a composé pour elle un dizain à la suite duquel il fit imprimer le quatrain suivant qui paraît lui avoir été destiné.

> Je ne m'attendois pas d'être loué de vous ;
> Cet honneur me surprend, il faut que je l'avoue :
> Mais de tous les plaisirs le plaisir le plus doux
> C'est de se voir loué de ceux que chacun loue.

La Fontaine voyait aussi chez milord Montagu, ambassadeur d'Angleterre près la cour de France, Mme Harvey, sa sœur, qui était la veuve du chevalier Harvey, mort à Constantinople au service de Charles II. Mme Harvey était une amie de la duchesse de Bouillon et de la duchesse de Mazarin, et elle eut beaucoup de part à tous les changements de ministères qui eurent lieu sous Charles II. Notre poète fit pour cette grande dame la fable du *Renard anglais*, qu'il lui dédia.

> Le bon cœur est chez vous compagnon du bon sens,
> Avec cent qualités trop longues à déduire,
> Une noblesse d'âme, un talent pour conduire
>   Et les affaires et les gens,
> Une humeur franche et libre, et le don d'être amie
> Malgré Jupiter même et les temps orageux.
> Tout cela méritoit un éloge pompeux ;
> Il en eût été moins selon votre génie :
> La pompe vous déplait, l'éloge vous ennuie.
> J'ai donc fait celui-ci court et simple. Je veux
>   Y coudre encore un mot ou deux
>   En faveur de votre patrie :
> Vous l'aimez. Les Anglois pensent profondément ;
> Leur esprit, en cela, suit leur tempérament :
> Creusant dans les sujets, et forts d'expériences,
> Ils étendent partout l'empire des sciences.
> Je ne dis point ceci pour vous faire ma cour :
> Vos gens à pénétrer l'emportent sur les autres ;

> Même les chiens de leur séjour
> Ont meilleur nez que n'ont les nôtres [1].

Parmi les beautés pour lesquelles La Fontaine brûla son encens, il faut compter Mlle de Fontanges, dont il fait faire le portrait par Mercure en personne. Pourquoi Mercure ? Est-ce parce que le prince de Marsillac fut l'agent dont se servit Mme de Montespan pour faire agréer au roi la belle mais peu spirituelle Fontanges, dont elle comptait se servir ? Quoi qu'il en soit, c'est Mercure qui trace le portrait de cette belle fille.

> . . . . Et Mercure me dit
> Comment le Ciel un tel œuvre entreprit.
> Mortel, dit-il, il est bon de t'apprendre
> Par quel motif ce chef-d'œuvre fut fait.
> Un jour Jupin se trouvant satisfait
> Des vœux qu'en terre on venoit de lui rendre,
> Nous dit à tous : Je veux récompenser
> De quelque don la terrestre demeure.
> Le don fut beau comme tu peux penser :
> Minerve en fit un patron tout à l'heure.
> L'éclat fut pris des feux du firmament ;
> Chaque Déesse et chaque objet charmant
> Qui brille au Ciel avec plus d'avantage,
> Contribua du sien à cet ouvrage ;
> Pallas y mit son esprit si vanté,
> Junon son port, et Vénus sa beauté,
> Flore son teint, et les Graces leurs graces.

Ce beau portrait termine l'épître composée en 1680 pour célébrer le mariage du Dauphin et celui du prince de Conti. Hélas ! la pauvre Fontanges, victime de l'égoïsme et de la luxure du Roi, mourait un an après, dans sa vingtième année, et tout le monde lui appliquait ces vers de Malherbe :

---

[1] Liv. XII. — Fable xxiii.

> Et rose, elle a vécu ce que vivent les roses,
> L'espace d'un matin.

Pourtant son nom, qu'elle a donné à un ruban, passera à la postérité la plus reculée. O frivolité de la mode !

Jusqu'ici nous n'avons vu que le poëte des belles dames, poëte aimable, sensible, léger ou badin, suivant les divers caractères des divinités qu'il adore dans son Parnasse. Il est temps de montrer le poëte sérieux, le penseur, l'ami sincère, l'artiste, l'écrivain politique, car La Fontaine a été tout cela.

CHAPITRE IX

LA FONTAINE, LA POLITIQUE ET LA GUERRE

La Fronde, la paix des Pyrénées, Turenne,
le grand Condé, le prince de Conti, le duc de Vendôme

Il y a deux sortes de politique pour les gouvernements et les peuples :

La politique de l'ambition sans frein, de la guerre, de la ruse, de la force, des agrandissements, des envahissements, la politique du fer, du feu et du sang.

Il y a aussi la politique de la sagesse, de la paix, de la concorde entre les peuples, de la justice, de la civilisation, qui n'exclut ni la grandeur, ni l'ambition légitime, la politique qui, au lieu d'irriter les cœurs, cherche à les adoucir.

C'est pour cette dernière politique que La Fontaine s'est toujours nettement prononcé, car le bonhomme aimait beaucoup à s'occuper de politique. Verger nous l'a dit[1], et notre poète nous l'a dit lui-même :

---

[1] Voir Chapitre II.

> Ceux qui des affaires publiques
> Parlent toujours en politiques,
> Réglant ceci, jugeant cela,
> (Et je suis de ce nombre là),
> Les raisonneurs, dis-je, prétendent
> Qu'au Lorrain plusieurs princes tendent [1].
>
> . . . .
> . . . .

Ainsi notre poète se range parmi les raisonneurs en politique, bien que Louis XIV n'aimât pas qu'on s'occupât de politique :

> Je n'en diroi pas plus; notre Roi n'aime guères
> Qu'on raisonne sur ces matières [2].

Mais comment raisonne-t-il sur la politique passée, présente et future?

Dans la deuxième lettre qu'il écrivit à sa femme (30 août 1663), pour lui raconter son voyage en Limousin avec son oncle Jannart et M. de Châteauneuf, La Fontaine lui décrit leur arrivée à Étampes vers la tombée de la nuit.

« Il nous resta assez de jour pour remarquer, en
» entrant dans Étampes, quelques monuments de nos
» guerres : ce n'est pas les plus riches que j'aie vus;
» j'y trouvai beaucoup de gothique; aussi est-ce l'ou-
» vrage de Mars, méchant maçon, s'il en fut jamais.

> Il nous laisse ces monumens
> Pour marque de nos mouvemens.
> Quand Turenne assiégea Tavanne,
> Turenne fit ce que la cour lui dit,
> Tavanne non; car il se défendit,
> Et joua de la sarbacane.

---

[1] Epître à la princesse de Bavière.

[2] Epître à M. le chevalier de Sillery. — 28 août 1692.

> Beaucoup de sang français fut alors répandu ;
> On perd des deux côtés dans la guerre civile :
> Notre Prince eût toujours perdu
> Quand même il eût gagné la ville[1].

» Enfin, nous regardâmes avec pitié les faubourgs
» d'Étampes. Imaginez-vous une suite de maisons sans
» toits, sans fenêtres, percées de tous les côtés ; il n'y a
» rien de plus laid et de plus hideux. Cela me remet en
» mémoire les ruines de Troyes la grande. En vérité,
» la fortune se moque bien du travail des hommes. »

Voilà ce que La Fontaine pense de la guerre civile. Tout bon Français doit penser de même.

Notre poète poursuit son voyage et arrive à Cléry où se trouvait le tombeau de Louis XI. Que nous dit-il du tombeau et du monarque ?

« On le voit à genoux sur son tombeau, quatre en-
» fans aux coins : ce seroient quatre anges, et ce pour-
» roient être quatre amours, si on ne leur avoit point
» arraché les ailes. Le bon apôtre de Roi fait là le saint
» homme, et est bien mieux pris que quand le Bour-
» guignon le mena à Liège.

> Je lui trouvai la mine d'un matois,
> Aussi l'étoit ce prince, dont la vie
> Doit rarement servir d'exemple aux Rois,
> Et pourroit être en quelques points suivie.

---

[1] En 1652, pendant les troubles de la minorité de Louis XIV, l'armée des Princes s'empara de la ville d'Étampes, malgré les habitants, mais l'armée du Roi assiégea aussitôt cette place. Turenne et le maréchal de Hocquincourt forcèrent d'abord les faubourgs et tuèrent plus de mille hommes. On en était au troisième jour de l'investissement de la ville lorsque l'arrivée du duc de Lorraine, qui se trouvait aux environs de Paris à la tête de neuf mille hommes, fit lever le siège.

» A ses genoux sont ses heures et son chapelet, et autres
» menues ustensiles, sa main de justice, son sceptre,
» son chapeau, et sa Notre-Dame; je ne sais comment
» le statuaire n'y a point mis le prévôt Tristan; le tout
» est de marbre blanc, et m'a semblé d'assez bonne
» main.[1] »

Il arrive à Richelieu. Il y visite avec soin le château bâti par le grand cardinal, et il en fait une longue et intéressante description. Longtemps il s'arrête dans un cabinet tapissé de portraits,

> Pour la plupart environ grands
> Comme des miroirs de toilette;
> Si nous eussions eu plus de temps,
> Moins de hâte, une autre interprète,
> Je vous dirois de quelles gens.

» Vous pouvez juger que ce ne sont pas gens de pe-
» tite étoffe. Je m'attachai particulièrement au cardinal
» de Richelieu, cardinal qui tiendra plus de place dans
» l'histoire que trente papes........ On n'a eu garde
» d'y oublier les personnes qui ont triomphé de nos
» rois : ne vous allez pas imaginer que j'entende par là
» des Anglois ou des Espagnols; c'est un peuple bien
» plus redoutable et bien plus puissant dont je veux
» parler : en un mot, ce sont les Jocondes, les Belle-
» Agnès, et ces conquérants illustres sans qui Henri
» quatrième auroit été un prince invincible.[2] »

Quelle forme originale donnée à un jugement d'une grande profondeur !

---

[1] Lettre du 3 septembre 1663.
[2] Lettre du 12 septembre 1663.

Après avoir visité le château, il parcourt le jardin et s'enfonce dans une allée ombragée de beaux arbres.

« A midi véritablement on y entrevoit quelque chose,

>Comme au soir lorsque l'ombre arrive en un séjour ;
>Ou lorsqu'il n'est plus nuit et n'est pas encor jour.

« .... A peine eus-je fait dix ou douze pas, que
» je me sentis forcé par une puissance secrète de com-
» mencer quelques vers à la gloire du grand Armand.

>Mânes du grand Armand, si ceux qui ne sont plus
>Peuvent goûter encor des honneurs superflus,
>Recevez ce tribut de la moindre des Muses :
>Jadis de vos bontés ses sœurs étoient confuses ;
>Aussi n'a-t-on point vu que d'un silence ingrat
>Phébus de vos bienfaits ait étouffé l'éclat.
>Ses enfans ont chanté les pertes de l'Ibère,
>Et le destin forcé de nous être prospère,
>Partout où vos conseils, plus craints que le dieu Mars,
>Ont porté la terreur de nos fiers étendars.
>Ils ont représenté les vents et la fortune,
>Vainement indignés du tort fait à Neptune,
>Quand vous tintes ce Dieu si longtemps enchaîné [1].
>Le rempart qui couvroit un peuple mutiné,
>Nos voisins envieux de notre diadème,
>Et les rois de la mer, et la mer elle-même
>Ne purent arrêter le cours de vos efforts.
>La Seine vous revit triomphant sur ses bords.
>Que ne firent alors les peuples du Permesse !
>On leur ouït chanter vos faits, votre sagesse,
>Vos projets élevés, vos triomphes divers ;
>Le son en dure encore aux bouts de l'Univers.
>Je n'y puis ajouter qu'une simple prière.
>Que la nuit d'aucun temps ne borne la carrière
>De ce renom si beau, si grand, si glorieux !
>Que Flore et les Zéphyrs ne bougent de ces lieux !

---

[1] La Fontaine désigne ici la digue de La Rochelle, dont on voit encore les ruines quand la mer est belle.

Qu'ainsi que votre nom leur beauté soit durable !
Que leur maitre ait le sort à ses vœux favorable !
Qu'il vienne quelquefois visiter ce séjour !
Et soit toujours content du prince et de la cour !

C'est là un jugement digne d'un historien sur le plus grand politique qui ait gouverné la France.

La Fontaine considérait la paix comme le souverain bien pour les peuples, et il ne laisse échapper aucune occasion d'exalter ses bienfaits.

En 1659, il adressa au Roi une ode ou plutôt une idylle pour célébrer à l'avance la paix des Pyrénées.

Le noir démon des combats
Va quitter cette contrée ;
Nous reverrons ici-bas
Régner la déesse Astrée.

La paix, sœur du doux repos,
Et que Jules va conclure,
Fait déjà refleurir Vaux,
Dont je tire un bon augure.

S'il tient ce qu'il a promis,
Et qu'un heureux mariage
Rende nos rois bons amis,
Je ne plains pas son voyage.

Le plus grand de mes souhaits
Est de voir, avant les roses,
L'Infante avecque la paix :
Car ce sont deux belles choses.

O paix, infante des cieux,
Toi que tout heur accompagne,
Viens vite embellir ces lieux
Avec l'Infante d'Espagne.

Chasse des soldats gloutons
La troupe fière et hagarde,
Qui mange tous mes moutons,
Et bat celui qui les garde.

Délivre ce beau séjour
De leur brutale furie,
Et ne permets qu'à l'Amour
D'entrer dans la bergerie.

Fais qu'avecque le berger
On puisse voir la bergère,
Qui coure d'un pied léger,
Qui danse sur la fougère,

Et qui du berger tremblant
Voyant le peu de courage
S'endorme ou fasse semblant
De s'endormir à l'ombrage.

O paix, source de tout bien,
Viens enrichir cette terre,
Et fais qu'il n'y reste rien
Des images de la guerre.

Accorde à nos longs désirs
De plus douces destinées,
Ramène-nous les plaisirs
Absens depuis tant d'années.

Etouffe tous ces travaux
Et leurs semences mortelles,
Que les plus grands de nos maux
Soient les rigueurs de nos belles.

Et que nous passions les jours
Etendus sur l'herbe tendre,
Prêts à conter nos amours
A qui voudra les entendre.

En 1660, La Fontaine célèbre par une ballade fort originale le mariage du Roi et la paix avec l'Europe, que ce mariage devait consacrer.

Dame Bellone ayant plié bagage,
Est en Suède avec Mars son amant[1] :

---

[1] Charles-Gustave, roi de Suède, faisait la guerre au Danemark.

Laissons-les là, ce n'est pas grand dommage,
Tout bon François s'en console aisément.
Ià n'en battrai ma femme assurément :
Car que me chaut si le Danois on pille ?
Et si Bellone est mal avec la Cour ?
J'aime mieux voir Vénus et sa famille,
Les Jeux, les Ris, les Graces, et l'Amour.

Le seul espoir restoit pour tout potage ;
Nous en vivions, encor bien maigrement ;
Lorsqu'en traités Jules ayant fait rage
A chassé Mars ce mauvais garnement.
Avecque nous, si l'almanach ne ment,
Les Castillans n'auront plus de Castille :
Même au printemps on doit de leur séjour
Nous envoyer avec certaine fille
Les Jeux, les Ris, les Graces, et l'Amour.

On sait qu'elle est d'un très puissant lignage,
Pleine d'esprit, d'un entretien charmant,
Prudente, accorte, et surtout belle et sage
Et l'Empereur[1] y pense aucunement ;
Mais ce n'est pas un morceau d'Allemand,
Car en attraits sa personne fourmille ;
Et ce jeune astre aussi beau que le jour
A pour sa dot, outre un métal qui brille,
Les Jeux, les Ris, les Graces, et l'Amour.

Décidément, notre poète n'aime pas le dieu de la guerre, car il l'appelle tantôt *méchant maçon*, tantôt *mauvais garnement*, et il n'a pas tort.

La princesse de Bavière, sœur du duc de Bouillon, avait chargé La Fontaine de la tenir au courant des nouvelles de la Cour et de la politique. En 1669, il lui adresse une épître en vers où il passe en revue tous les candidats au trône de Pologne, vacant par l'abdication du roi Casimir, qui s'était retiré à Paris à l'abbaye de

---

[1] Léopold, élu empereur le 18 juillet 1658.

Saint-Germain des Prés, que lui donna Louis XIV. Les intrigues allaient leur train. Après s'en être amusé, La Fontaine termine son épître d'une façon aussi divertissante qu'inattendue.

> Je viens d'apprendre une nouvelle :
> C'est que pour éviter querelle,
> On s'est en Pologne choisi
> Un roi dont le nom est en SKI[1].
> Ces messieurs du nord font la nique
> A toute notre politique.
> Notre argent, celui des états,
> Et celui d'autres potentats
> Bien moins en fonds, comme on peut croire,
> Force santés aura fait boire,
> Et puis c'est tout : je crois qu'en paix
> Dans la Pologne désormais
> On pourra s'élire des princes,
> Et que l'argent de nos provinces
> Ne sera pas une autre fois
> Si friand de faire des rois.

La Fontaine donne là un excellent conseil politique, sans avoir l'air d'y toucher.

Bussy-Rabutin nous dit dans ses Mémoires que Turenne avait un goût très vif pour la littérature. Il aimait nos anciens poètes et surtout Marot. Or, il n'est pas possible d'aimer Marot sans aimer La Fontaine. Turenne avait donc pour notre poète une véritable affection ; celui-ci la lui a rendue en le louant dans deux épîtres. La première est de 1669.

Avant de partir pour sa belle campagne sur le Rhin, où il dispersa avec vingt mille hommes une armée de soixante-dix mille Allemands commandés par Caprara et

---

[1] Michel Wisniowieski, élu le 19 juin 1669.

le vieux duc de Lorraine, Turenne avait voyagé avec notre poète et lui avait récité une épigramme et une ballade de Marot. La Fontaine lui rappelle cette circonstance dans son épître.

> Vous avez fait, Seigneur, un opéra.
> Quoi ? le vieux duc suivi de Caprara,
> Quoi, la bravoure et la matoiserie ?
> Grande est la gloire ainsi que la tuerie.
> Vous savez coudre avec encor plus d'art
> Peau de lion avec peau de renard.
> La joie en est parvenue à sa cime,
> Car on vous aime autant qu'on vous estime.
> Qui n'aimeroit un Mars plein de bonté ?
> En telles gens ce n'est pas qualité
> Trop ordinaire; ils savent déconfire,
> Brûler, raser, exterminer, détruire ;
> Mais qu'on m'en montre un qui sache Marot.
> Vous souvient-il, Seigneur, que mot pour mot
> « Mes créanciers qui de dixains n'ont cure,
> « Frère Lubin, » et mainte autre écriture,
> Me fut par vous récitée en chemin?
> Vous alliez lors rembarrer le Lorrain.

Il vante ensuite l'intrépidité et la prudence de Turenne.

> Mars sans armure y fut vu, ce dit-on,
> Mêlé trois fois comme un simple Pithon.
> Bien lui valut la longue expérience,
> Et le bon sens, et la rare prudence.
> . . . .
> Bien est-il vrai qu'il nous en coûte un peu,
> Mais gagne-t-on sans rien perdre à ce jeu ?
> Louis lui-même, effroi de tant de princes,
> Preneur de murs, subjugueur de provinces,
> A-t-il conquis ces états et ces murs
> Sans quelque sang, non de guerriers obscurs,
> Mais de héros qui mettoient tout en poudre?

La seconde épître est de 1674 ; elle a été écrite à la

veille de la campagne où Turenne fut tué, et il semble que La Fontaine en ait eu le pressentiment, car son épître est triste et commence ainsi :

> Hé, quoi ! Seigneur, toujours nouveaux combats ?
> Toujours dangers ? Vous ne croyez donc pas
> Pouvoir mourir ? Tout meurt, tout héros passe.
> Clothon ne peut nous faire d'autre grace
> Que de filer nos jours plus lentement,
> Mais Clothon va toujours étourdiment.
> Songez-y bien. Si ce n'est pour vous-même,
> Pour nous, Seigneur, qui sans douleur extrême
> Ne pourrions voir un triomphe acheté
> Du moindre sang qu'il vous auroit coûté.
> C'est un avis qu'en passant je vous donne ;
> Et je reviens à ce que fait Bellone.
> A peine un bruit fait faire ici des vœux
> Qu'un autre bruit y fait faire des feux.
> C'est un concours de victoires nouvelles.
> La Renommée a-t-elle encor des ailes,
> Depuis le temps qu'elle vient annoncer :
> Tout est perdu, l'Hydre va s'avancer ;
> Tout est gagné, Turenne l'a vaincue ;
> Et se voyant mainte tête abattue,
> Elle retourne en son antre à grands pas.
> Quelque démon que l'on ne connoit pas
> Lui rend en hâte un nombre d'autres têtes
> Qui sous vos coups sont à choir toutes prêtes.

N'est-ce pas là une peinture bien vraie de cette lutte sans fin entre la Gaule et la Germanie ? Voilà bientôt deux mille ans qu'elle dure, et elle n'est pas près de finir.

En terminant son épître, notre poète fait allusion aux fatigues de l'armée et à un propos tenu par deux vieux soldats.

> Deux de la troupe avec peine marchoient,
> Les pauvres gens à tout coup trébuchoient,
> Et ne laissoient de tenir ce langage :
> Le Conducteur, car il est bon et sage,

> Quand Il voudra, nous fera reposer.
> . . . .
> Les deux soldats sont un point de l'Histoire
> A mon avis digne d'être noté.
> Ces vers, dit-on, seront mis à côté :
> *Turenne eut tout, la valeur, la prudence,*
> *L'art de la guerre et les soins sans repos.*
> *Romains et Grecs, vous cédez à la France,*
> *Opposez-lui de semblables héros.*

La postérité a consacré l'éloge donné par La Fontaine à Turenne, dont la mort fut un deuil profond et durable pour toute la France. Je dis *durable*, car j'ai entendu, en 1840, un paysan du Languedoc, à l'occasion d'une amende qu'il avait à payer, me dire en patois : *Acquo n'est ce pas la mort di Turenne*. Ce propos me frappa. J'interrogeai le paysan, et il me dit que, dans son village, quand on voulait marquer qu'un événement était de peu d'importance, on avait coutume de dire : « Ce n'est pas la mort de Turenne. »

Dans la même épître, La Fontaine nous a peint Condé au milieu de la bataille.

> Je vois Condé, prince à haute aventure,
> Plutôt démon qu'humaine créature :
> Il me fait peur de le voir plein de sang,
> Souillé, poudreux, qui court de rang en rang.
> Le plomb volant siffle autour sans l'atteindre,
> Le fer, le feu, rien ne l'oblige à craindre.
> Quand de tels gens couvriront vos remparts,
> Je vous dirai : Dormez, poètes Picards ;
> Devers la Somme on est en assurance.
> Devers le Rhin tout va bien pour la France,
> Turenne est là. . . . .

Hélas ! Turenne et Condé nous ont manqué en 1870.

La Fontaine était admis à Chantilly à discuter des sujets littéraires et autres avec le grand Condé, et, avec sa bonhomie et sa finesse ordinaires, il nous a rendu compte de ces sortes de discussions. . . . .

« Les contestations (de Monsieur le Prince) sont fort
» vives, et font honneur aux sujets qu'elles veulent bien
» agiter. Il n'ignore rien non plus que vous. Il aime
» extrêmement la dispute, et n'a jamais tant d'esprit
» que quand il a tort. Autrefois la Fortune ne l'auroit
» pas bien servi, si elle ne lui avoit opposé des ennemis
» en nombre supérieur et des difficultés presque insur-
» montables. Aujourd'hui il n'est point plus content
» que lorsqu'on peut le combattre avec une foule d'au-
» torités, de raisonnemens et d'exemples; c'est là qu'il
» triomphe. Il prend la victoire et la raison à la gorge
» pour les mettre de son côté. Voilà l'homme le plus
» extraordinaire qui ait jamais mérité d'être mis au
» nombre des Dieux...... On prépare son apothéose au
» Parnasse; mais comme il n'est nullement à propos de
» se hâter de mourir pour se voir bientôt placé dans le
» rang des immortels, Monsieur le Prince laissera passer
» encore un nombre d'années avant le temps de sa déi-
» fication; car de son vivant il auroit de la peine à y
» consentir. C'est proprement de lui qu'on peut dire :

Cui male si palpere, recalcitrat undique tutus[1].

Mais le lion est devenu vieux. Que fait-il à Chantilly?

« Il y a mis à ses pieds des passions dont les autres
» ont été esclaves jusques au dernier moment de leur vie.
» Charles-Quint a toujours tourné les yeux du côté du
» monde, et ne l'a quitté qu'en apparence; Dioclétien

---

[1] « Flatté maladroitement, il se cabre et ne se laisse pas aborder. »
Horace. *Satires*, Liv. II, 1.

» par un pur dégoût, et Scipion par contrainte. Mon-
» sieur le Prince, sans y renoncer entièrement, trouve
» le secret de jouir de soi. Il embrasse tout à la fois et
» la cour et la campagne, la conversation et les livres,
» les plaisirs des jardins et des bâtimens. Il fait sa cour
» avec dignité; aussi la fait-il à un prince qui mérite
» qu'on la lui fasse...... Si on lisoit dans le cœur du
» Maître, je crois que l'on y verroit qu'il estime plus les
» hommages de Monsieur le Prince que ceux que lui
» pourroit rendre tout le reste de l'Univers[1]. »

Voilà qui est fort bien dit, sans bassesse et sans flatterie.

Si La Fontaine a célébré parfois les victoires de Louis XIV, il n'a laissé échapper aucune occasion de tourner les regards du grand roi du côté de la paix, en lui montrant combien est éphémère la gloire des armes et en lui signalant la paix comme le seul bien durable et vraiment digne d'être chanté par les poètes. Dans sa dédicace pour Lulli dédiant à Louis XIV son opéra de *Rolland* (1685), il dit au Roi :

> Charlemagne vous cède, il vainquit ; mais la suite
> Détruisit après lui ces grands événemens :
> Maintenant cet empire a par votre conduite
>   D'inébranlables fondemens.
>
>   Ici les Muses sans alarmes
>   Se promènent parmi les bois.
> Leurs chants en sont plus beaux aussi bien que leurs voix :
> Si j'en crois Apollon, les miens ont quelques charmes.
> Puissent-ils relâcher tous vos soins désormais !
>   Vous imposez silence à la fureur des armes ;
> Goûtez dans nos chansons les douceurs de la paix.

---

[1] *Comparaison d'Alexandre, de César et de Monsieur le Prince.*

En 1691, après la victoire de Staffarde, dans laquelle Catinat défit le duc de Savoie, et après la prise de Villefranche et de Nice, notre poète adresse une courte épître au duc de Vendôme.

> Venons au fait. En Piémont notre armée,
> Sous Catinat à vaincre accoutumée,
> Complètement a battu l'ennemi,
> Et la Victoire a pris notre parti.
> De Catinat je dirai quelque chose.
> Sur lui le Prince à bon droit se repose ;
> Ce général n'a guères son pareil,
> Bon pour la main, et bon pour le conseil.

Cet éloge de Catinat a été également confirmé par la postérité.

Le 18 août 1689, la Fontaine adresse au prince de Conti une lettre en prose mêlée de vers, dans laquelle il commence par faire l'éloge de la princesse, sa femme, Marie-Thérèse de Bourbon, qu'il avait épousée l'année précédente. De l'éloge de la princesse il passe aux nouvelles d'Angleterre, où le prince d'Orange venait d'entrer en lutte contre Jacques II, son beau-père, et il en profite pour exprimer son sentiment sur les parlements et sur Jacques II, ce prince faible et vacillant, qui ne sut ni défendre sa couronne contre son gendre, ni la résigner en sa faveur.

> Dieu me garde de feu et d'eau,
> De mauvais vin dans un cadeau,
> D'avoir rencontres importunes,
> De liseur de vers sans répit,
> De maîtresse ayant trop d'esprit,
> Et de la Chambre des Communes !

Ce jugement, pour l'époque, ne doit pas nous surprendre. S'il vivait de nos jours, La Fontaine penserait-il autrement ?

En France, on formait des vœux pour le roi Jacques II, et on faisait courir le bruit que le prince d'Orange était pris[1]. Notre poète jugeait mieux les événements.

> Londondery vient de se rendre,
> Voilà ce qu'on vient de m'apprendre :
> Mais dans deux jours je m'attends bien
> Qu'un bruit viendra qu'il n'en est rien.
> J'ai même encor certain scrupule,
> Ce siège est-il un siège ou non ?
> Il ressemble à l'Ascension
> Qui n'avance ni ne recule.
> JACQUE aura monté sa pendule
> Plus d'une fois avant qu'il ait
> Tous ces rebelles à souhait.
>
> . . . .
> . . . . . . Le bruit commun
> Est qu'ils n'ont plus de quoi repaître.
> A la clémence de leur maître
> Ils se devroient abandonner.
> Et puis, allez-moi pardonner
> A cette maudite canaille.
> Les gens trop bons et trop dévots
> Ne font bien souvent rien qui vaille.
> Faut-il qu'un prince ait ces défauts ?

Evidemment, Jacques II ne ressemblait pas à Henri IV. La Fontaine ne s'y était pas trompé.

En novembre 1689, notre poète écrit de nouveau au prince de Conti pour lui mander les nouvelles de la Cour et de la politique, et lui renouveler ses vœux pour la paix.

> On dormoit ici quand le Roi
> Ayant ses raisons, et très sages,
> Parmi les gens d'un haut emploi
> A fait un vrai remu-ménage,

---

[1] Voyez la lettre de l'abbé de Brosses, en date du 20 juillet 1689.

Et mis Harlay premièrement
A la tête du Parlement[1].
Il en est digne, et j'ose dire
Que Thémis en tout son empire
Trouveroit à peine aujourd'hui
Un oracle approchant de lui.
Ne plaidez qu'ayant bonne cause;
C'est maintenant la seule chose
Qui peut faire au gain du procès.
. . . .
Ni la grandeur, ni la vaillance
Ne font incliner sa balance.
Son éloge entier iroit loin.
J'aime mieux garder avec soin
La loi que l'on se doit prescrire
D'être court, et ne pas tout dire.
Pour éviter donc la longueur
Qui met les choses en langueur,
Pontchartrain règle les finances.
Si jamais j'ai des ordonnances,
Ce qui n'est pas près d'arriver,
Il saura du moins me sauver
Le chagrin d'une longue attente,
Et lira d'abord ma patente.
. . . .

« Comme j'étois près de fermer ma lettre, on a écrit
» ici de Versailles que le Roi avoit donné la qualité de
» ministre à Monsieur de Seignelay[2]. Je ne vois personne
» qui n'en témoigne beaucoup de joie.

Il doit ce nouvel ornement
A son mérite seulement.
Ses soins dignes que la fortune
Avec eux veuille concourir,
Sauront bientôt partout offrir
L'abondance en ces lieux commune;

---

[1] Nicolas Potier de Novion, qui falsifiait ses arrêts, fut forcé de vendre sa charge à de Harlay.

[2] Jean-Baptiste Colbert, marquis de Seignelay, fils aîné du grand Colbert, naquit en 1651, fut ministre de la marine, et mourut en 1699.

Sur les deux mers nos matelots,
Quelque inconstants que soient les flots,
Sauront ménager pour nos voiles
L'aide des vents et des étoiles.
. . . .
Pour passer à d'autres matières,
Vous saurez qu'on m'a dit naguères
Que cet hiver-ci l'Opéra
A Rome se rétablira.
Cela me semble un bon augure
En la présente conjoncture,
Et commence à sentir la paix.
Je ne pense pas qu'elle échappe
Aux premiers soins du nouveau Pape.
Si le Saint-Esprit mit jamais
Quelqu'un au trône de Saint-Pierre
Pour qui le démon de la guerre
Eut de la crainte et du respect,
C'est Alexandre[1]; car sans dire
Qu'à nul état il n'est suspect,
Il a tout ce que l'on désire,
Expérience, fermeté,
Justice et sagesse profonde.
L'Olympe interpose au traité
La première tête du monde
En bon sens comme en dignité.
Dès à présent Sa Sainteté
S'en va cet ouvrage entreprendre.
O Paix, ne te fais point attendre.
Veux-tu que pour toi l'univers
Soupire encore deux hivers?
. . . .
Souhaitons que Dieu l'illumine,
Et que la paix par son moyen
Vers les fidèles s'achemine,
Avec l'assistance divine
Qu'un jubilé procurera.
Dès que le poète lui verra

---

[1] Pierre Ottoboni, fils du grand chancelier de la République de Venise. Il naquit en 1610 et mourut en 1691. Il n'occupa le Saint-Siège que seize mois, sous le nom d'Alexandre VIII.

> Réunir la chose publique,
> D'ici sans peine il partira,
> Et les vers il entonnera
> De Siméon dans son cantique,
> Mais il veut vivre jusque-là.

« Vous allez me faire encore une autre objection, elle est de nature à venir de vous ; c'est que la France ne m'a pas donné charge de faire des vœux pour la paix avec tant d'empressement. Est-ce l'intérêt de la France qui vous fait aller braver les hasards, ou si c'est celui de votre gloire? Je ne démêle pas bien la chose. Peut-être même y va-t-il de votre plaisir, ce que je n'ose presque penser, *nec tibi tam dira cupido*. Cependant vous autres héros seriez bien fâchés qu'on vous laissa vivre tranquillement, comme si la vie n'étoit rien, et que sans elle la gloire fut quelque chose. Vous croyez être demeurés au coin du feu, à moins que vous ne vous alliez brûler sur le mont OEta, de même que fit Hercule. Pour vous répondre sur tous ces points, je dirai que non pas la France, mais l'Europe entière ne peut que perdre à une guerre comme celle-ci[1]. »

Peut-on tenir un langage plus sincère, plus ferme, plus élevé et plus patriotique que le langage tenu par notre poète à un prince du sang ?

Deux mois auparavant (septembre 1689) il avait écrit au duc de Vendôme :

---

[1] Les prétentions de Louis XIV pour MADAME, sa belle-sœur, sur la succession de l'Électeur Palatin, l'affaire des franchises, la ligue d'Augsbourg, l'invasion de l'Angleterre par le prince d'Orange, telles étaient les causes qui avaient déterminé le Roi à reprendre les armes en 1688.

Vous plaignez les peuples du Rhin.
D'autre côté le Souverain
Et l'intérêt de votre gloire
Vous font courir à la victoire.
Vous n'aimez que guerre et combats,
Même au sang trouvez des appas.
Rarement voit-on, ce me semble,
Guerre et pitié loger ensemble.
Aurions-nous des hôtes plus doux
Si l'Allemagne entroit chez nous?
J'aime mieux les Turcs en campagne,
Que de voir nos vins de Champagne
Profanés par des Allemands.
Ces gens ont des hanaps trop grands ;
Notre nectar veut d'autres verres.
En un mot, gardez qu'en nos terres
Le chemin ne leur soit ouvert,
Ils nous pourroient prendre sans vert.

Hélas! ils nous ont pris sans vert, et ils ont profané nos vins de Champagne!

Jusques à quand les représailles dureront-elles? La Germanie et la Gaule ne comprendront-elles jamais que la guerre entre deux grandes nations voisines, arrivées au même point de civilisation et chrétiennes toutes deux, est une guerre impie, et qu'au lieu de répandre leur sang, elles feraient mieux de boire en paix et fraternellement, en choquant leurs verres, le vin de Champagne et le vin du Rhin?

CHAPITRE X

LA FONTAINE ET SES AMIS — LES LETTRES ET LES BEAUX-ARTS

Nous avons vu, dans les chapitres précédents, que La Fontaine, cet homme « lourd, stupide, grossier, » au dire de la Bruyère, avait su conquérir, chez les femmes de son époque, les plus distinguées par l'esprit et par le cœur, des admiratrices et des amies sincères. Il en fut de même chez les hommes.

Molière, Racine, Bernier, Pellisson, Bayle, Saint-Evremond, Chaulieu, Verger, parmi les hommes de lettres; Mignard, Girardon, Lulli, de Nyert, parmi les artistes ; le grand Condé, Turenne, les deux princes de Conti, Fouquet, le duc de Vendôme, son frère le grand Prieur, La Rochefoucauld, le duc de Guise, le duc et le cardinal de Bouillon, parmi les grands seigneurs ; les ambassadeurs Bonrepaux et Barrillon, furent les admirateurs, et quelques-uns, les amis dévoués de notre poète. Parmi les hommes renommés par leur piété et qui lui montrèrent de l'attachement, on peut citer Fénelon, Arnauld, l'archevêque d'Avranches, Huet, le Père Bouhours, le Père Commire, etc.

Je n'ai pas compris dans cette nomenclature Boileau,

que la plupart de ceux qui ont écrit sur La Fontaine rangent parmi ses amis et ses admirateurs, parce que je ne crois pas qu'il ait existé entre eux une sincère amitié. Boileau a beaucoup fréquenté La Fontaine qui, avec Molière et Racine, faisait partie de la petite académie dont les réunions se tenaient rue du Vieux-Colombier. Cette académie devait être aussi amusante que l'abbaye de Thélême. On y dînait gaiement avec des invités toujours bien choisis. « On voltigeoit de propos en autre, » nous dit La Fontaine, comme des abeilles qui rencon- » treroient en leur chemin diverses sortes de fleurs. » L'envie, la malignité, ni la cabale n'avoient de voix » parmi eux[1]. » Au nombre des plaisanteries imaginées par les membres de cette joyeuse société, il y en avait une qui consistait à laisser le poème de *La Pucelle*, de Chapelain, toujours ouvert sur une table pour servir à la punition de celui qui avait commis quelque faute. Pour une faute grave, le coupable était condamné à lire vingt lignes de ce poème; pour une faute capitale, il devait lire la page tout entière.

L'auteur des *Satires* plaisantait souvent La Fontaine sur ses distractions; mais ses plaisanteries étaient parfois un peu lourdes. Un jour que, de concert avec Racine, il les avait poussées trop loin, Molière aurait dit, selon les uns : « Nos beaux esprits auront beau se trémousser, » ils n'effaceront pas le bonhomme; » et selon Louis Racine : « Ne nous moquons pas du bonhomme, il vivra » peut-être plus que nous tous. »

Boileau accompagnait quelquefois La Fontaine à

---

[1] *Psyché.* Liv. I.

Château-Thierry avec Racine, lorsque notre poète y allait pour les besoins de sa charge ou pour se procurer de l'argent par la vente de quelque lambeau de son patrimoine. C'est à Château-Thierry, dit-on, que, dans un dîner chez La Fontaine, Boileau conçut l'idée de sa satire sur *le Festin.* Malgré toutes ces relations en apparence amicales, je ne crois pas qu'il ait admiré et aimé La Fontaine.

Dans *l'Art poétique,* il a omis intentionnellement de définir l'apologue et de louer les fables ; par contre, il a vertement blâmé l'auteur des Contes :

> Que votre âme et vos mœurs peints dans tous vos ouvrages
> N'offrent jamais de vous que de nobles images.
> Je ne puis estimer ces dangereux auteurs
> Qui de l'honneur, en vers infâmes déserteurs,
> Trahissant la vertu sur un papier coupable,
> Aux yeux de leurs lecteurs rendent le vice aimable[1].

Ce sont là de bien gros mots à l'adresse de l'auteur des Contes. Ils eurent pour conséquence de faire interdire la vente du livre par une sentence du lieutenant de police, La Reynie, en date du 5 avril 1675.

Il circula vers cette époque une épigramme *contre un pédant de collège,* qu'on attribua à La Fontaine, et qui, croit-on, aurait été dirigée contre Boileau, mais rien n'est moins certain, nous dit Walckenaer.

> Il est trois points dans l'homme de collège :
> Présomption, injures, mauvais sens.
> De se louer il a le privilège ;
> Il ne connoît arguments plus puissans.
> Si l'on le fâche, il vomit des injures ;
> Il ne connoît plus brillantes figures.
> Veut-il louer un roi, l'honneur des rois ;

---

[1] *L'Art poétique.* Chant IV.

> Il ne le prend que pour sujet de thème.
> J'avois promis trois points, en voilà trois.
> On y peut joindre encore un quatrième :
> Qu'il aille voir la cour, tant qu'il voudra,
> Jamais la cour ne le décrassera[1].

Boileau et La Fontaine ne pouvaient pas se comprendre, ni s'aimer : ils n'avaient ni les mêmes pensées, ni les mêmes goûts, ni les mêmes sentiments.

Molière appréciait beaucoup La Fontaine, et dans *le Malade imaginaire* (Acte II, scène VIII) il fait dire à la petite Louison :

> « Je vous dirai, si vous voulez, pour vous désennuyer,
> » le conte de *Peau d'âne*, ou bien la fable du *Corbeau et
> » du Renard*, qu'on m'a apprise depuis peu. »

> « On voit par ce passage, nous dit Auger, que l'on
> » avait déjà la coutume de mettre entre les mains ou
> » dans la mémoire des enfants les fables de La Fon-
> » taine, dont les six premiers livres avaient paru en
> » 1668. En constatant ce fait, Molière était sans doute
> » bien aise de rappeler les ouvrages de son ami au sou-
> » venir de ses spectateurs.[2] »

Quant à La Fontaine, il faisait le plus grand cas de Molière, et il l'écrit à son ami de Maucroix dès 1661.

> C'est un ouvrage de Molière.
> Cet écrivain par sa manière
> Charme à présent toute la Cour.
> De la façon que son nom court,
> Il doit être par delà Rome :
> J'en suis ravi, car c'est mon homme.

---

[1] Cette épigramme figure parmi les *Poésies diverses* de La Fontaine dans l'édition in-8° publiée par Lemerre (1884).

[2] *Le Malade imaginaire* fut représenté, pour la première fois, le 10 février 1673. A cette date, on ne connaissait encore que les six premiers livres des fables de La Fontaine.

> Te souvient-il bien qu'autrefois
> Nous avons conclu d'une voix
> Qu'il alloit ramener en France
> Le bon goût et l'air de Térence?
> . . . .
> . . . .
> Et maintenant il ne faut pas
> Quitter la nature d'un pas.

Comme ce dernier vers précise bien la nature du génie de Molière !

La mort du grand comique, arrivée en 1673, causa un profond chagrin à La Fontaine, qui fit son épitaphe. Hélas ! cette épitaphe ne s'est que trop réalisée !

> Sous ce tombeau gisent Plaute et Térence,
> Et cependant le seul Molière y gît.
> Il les faisoit revivre en son esprit,
> Par leur bel art réjouissant la France.
> Ils sont partis, et j'ai peu d'espérance
> De les revoir malgré tous nos efforts.
> Pour un long temps, selon toute apparence,
> Térence, et Plaute, et Molière sont morts.

Racine fut un sincère et fidèle ami de La Fontaine, car il l'assista à ses derniers moments. Leur liaison avait dû commencer vers 1658, à l'arrivée de notre poète à Paris. Peu de temps après, Racine, qui était pauvre et inconnu, dut se résigner à quitter la grande ville pour aller habiter Uzès, près d'un de ses oncles qui était génovéfain et qui lui avait promis de lui céder tous ses bénéfices s'il embrassait l'état ecclésiastique. Racine se fit tonsurer et étudia la théologie pour laquelle il n'avait pas plus de goût que La Fontaine, et, comme lui, tout en étudiant la théologie, il faisait de petits vers. Une correspondance s'établit entre les deux poètes : La Fontaine tenait son jeune ami au courant des nouvelles de Paris, et Dieu sait si elles étaient les bienvenues !

Il existe à Uzès une terrasse plantée d'arbres qui domine la vallée et sert de promenade publique. Cette terrasse faisait autrefois partie des dépendances de l'évêché. Vers le milieu s'élève un petit pavillon, et la tradition locale veut que ce soit dans ce pavillon que Racine ait écrit *la Thébaïde*. Il n'y a rien d'improbable à cela. Il n'y a rien d'improbable non plus que ce soit de ce même pavillon qu'il ait écrit ses lettres à La Fontaine. La première, datée du 11 novembre 1661, commence ainsi :

> J'ai bien vu du pays et j'ai bien voyagé
> Depuis que de vos yeux les miens ont pris congé.

« Mais tout cela ne m'a pas empêché de songer tou-
» jours autant à vous que je faisois lorsque nous nous
» voyions tous les jours.

. . . .

« Je ne me saurois empêcher de vous dire un mot des
» beautés de cette province. On m'en avoit dit beau-
» coup de bien à Paris ; mais sans mentir on ne m'en
» avoit encore rien dit au prix de ce qui en est, et pour
» le nombre, et pour l'excellence : il n'y a pas une
» villageoise, pas une savetière, qui ne disputât de
» beauté avec les Fouilloux et les Menneville[1]........

---

[1] Toutes deux filles d'honneur de la Reine-Mère ; elles étaient remarquables par leur beauté. La première fut compromise dans l'affaire des poisons et obligée de quitter la France. La seconde fut la maîtresse de Fouquet, qui lui avait donné 50,000 écus ; elle fut chassée et forcée de se retirer dans un couvent.

» Toutes les femmes y sont éclatantes, et s'y ajustent
» d'une façon qui leur est la plus naturelle du monde;
» et pour ce qui est de leur personne,

<blockquote>Color verus, corpus solidum et succi plenum [1].</blockquote>

« Mais, comme c'est la première chose dont on m'a
» dit de me donner de garde, je ne veux pas en parler
» davantage ; aussi bien ce seroit profaner une maison
» de bénéficier, comme celle où je suis, que d'y faire de
» longs discours sur cette matière. *Domus mea, domus
» orationis*[2]. C'est pourquoi vous devez vous attendre
» que je ne vous en parlerai plus du tout. On m'a dit :
» Soyez aveugle. Si je ne le puis être tout à fait, il
» faut du moins que je sois muet; car, voyez-vous, il
» faut être régulier avec les réguliers, comme j'ai été
» loup avec vous et avec les autres loups vos compères.
» *Adiousias.* »

Racine était dans sa vingt-deuxième année, et La Fontaine avait quarante ans, lorsqu'il lui écrivait cette lettre qui nous montre que, malgré la différence d'âge, il y avait entre eux conformité de goûts et de plaisirs.

Dans une autre de ses lettres (6 juillet 1662), Racine dit à son ami : « Votre lettre m'a fait un grand bien,
» et je passerois assez doucement mon temps si j'en
» recevois souvent de pareilles. Je ne sache rien qui me
» puisse mieux consoler de mon éloignement de Paris;
» je m'imagine même être au milieu du Parnasse, tant

---

[1] « Un coloris frais, un corps ferme, la fleur de l'embonpoint et de la santé. » Térence. *Eunuch.*, acte II, scène III.

[2] « Ma maison est une maison de prière. »

» vous me décrivez agréablement tout ce qui s'y passe
» de plus mémorable. »

Racine faisait tant de cas des lettres de notre poète qu'il les envoyait à Paris pour qu'elles fussent communiquées à ses amis. « J'envoie, écrivait-il le 4 juillet
» 1662 à l'abbé Le Vasseur, sa lettre (de La Fontaine)
» décachetée à M. Vitart. S'il en fait retirer copie, ayez
» soin, je vous prie, que la lettre ne soit pas souillonnée, et qu'on ne la retienne pas longtemps. »

Que nous prouveraient ces lettres qui sont perdues, hélas? Elles nous prouveraient que La Fontaine avait pressenti le génie de Racine, et qu'il écrivait à ce jeune homme pour l'encourager de tout son cœur.

Nous ne possédons qu'une lettre de La Fontaine à Racine; elle est datée du 6 juin 1686. On y remarque les vers suivants qui montrent combien le goût de notre poète était pur.

> Un sot plein de savoir est plus sot qu'un autre homme,
>   Je le fuirois jusques à Rome;
>   Et j'aimerois mille fois mieux
>   Un glaive aux mains d'un furieux
>   Que l'étude en certains génies.
>   Ronsard est dur, sans goût, sans choix,
> Arrangeant mal ses mots, gâtant par son françois
> Des Grecs et des Latins les graces infinies.
> Nos ayeux, bonnes gens, lui laissoient tout passer,
> Et d'éruditions ne pouvoient se lasser.
> . . . .
>   Cet auteur a, dit-on, besoin d'un commentaire.
>   On voit bien qu'il a lu, mais ce n'est pas l'affaire;
>   Qu'il cache son savoir et montre son esprit.
>   Racan ne savoit rien : comment a-t-il écrit?

C'est en 1674 que le savant Huet, évêque de Soissons, fit la connaissance de La Fontaine. Il nous le dit lui-même dans sa vie qu'il a écrite en latin, et il met au nombre des années heureuses celle « pendant laquelle il » acquit cet ami aussi remarquable par sa candeur et » sa bonté que par son esprit et ses talens. » En 1687, La Fontaine lui envoya une traduction de Quintilien par Horatio Toscanella. Cet envoi fit le sujet d'une épître dans laquelle notre poète nous fait connaître sa prédilection pour les anciens, et, en même temps, la manière dont il se servait de leur enseignement.

> Je vous fais un présent capable de me nuire,
> Chez vous Quintilien s'en va tous nous détruire;
> Car enfin qui le suit? qui de nous aujourd'hui
> S'égale aux anciens tant estimés chez lui?
> . . . .
> Quelques imitateurs, sot bétail, je l'avoue,
> Suivent en vrais moutons le pasteur de Mantoue.
> J'en use d'autre sorte, et me laissant guider,
> Souvent à marcher seul j'ose me hasarder.
> On me verra toujours pratiquer cet usage,
> Mon imitation n'est point un esclavage,
> Je ne prends que l'idée, et les tours, et les lois,
> Que nos maîtres suivoient eux-mêmes autrefois.
> Si d'ailleurs quelque endroit plein chez eux d'excellence,
> Peut entrer dans mes vers sans nulle violence,
> Je l'y transporte et veux qu'il n'ait rien d'affecté;
> Tâchant de rendre mien cet air d'antiquité.
> Je vois avec douleur ces routes méprisées :
> Art et guides, tout est dans les Champs Élysées.
> J'ai beau les évoquer, j'ai beau vanter leurs traits,
> On me laisse tout seul admirer leurs attraits.
> Térence est dans mes mains, je m'instruis dans Horace;
> Homère et son rival sont mes dieux du Parnasse;
> Je le dis aux rochers. . . . .
> . . . .
> Je chéris l'Arioste, et j'estime le Tasse,
> Plein de Machiavel, entêté de Boccace,
> J'en parle si souvent qu'on en est étourdi,
> J'en lis qui sont du Nord, et qui sont du Midi.

> Non qu'il ne faille un choix dans leurs plus beaux ouvrages.
> Quand notre siècle auroit ses savans et ses sages,
> En trouverai-je un seul approchant de Platon?

Voici ce que La Fontaine nous a dit lui-même des dialogues de Platon :

« Platon les combat (les sophistes), eux et leurs pareils, de leurs propres armes, sous prétexte d'apprendre d'eux : c'est le père de l'ironie. On a de la volupté à les voir ainsi confondus. Il les embarrasse eux-mêmes de telle sorte qu'ils ne savent plus où ils en sont et qu'ils sentent leur ignorance. Parmi tout cela leur persécuteur sait mêler des graces infinies. Les circonstances du dialogue, les caractères des personnages, les interlocutions et les bienséances, le style élégant et noble, et qui tient en quelque façon de la poésie, toutes ces choses s'y rencontrent en un tel degré d'excellence que la manière de raisonner n'a plus rien qui choque : on se laisse amuser insensiblement comme par une espèce de charme. Voilà ce qu'il faut considérer là-dessus : laissons-nous entraîner à notre plaisir, et ne cherchons pas matière de critiquer[1]. »

On croirait, en lisant ces lignes, que La Fontaine a voulu nous donner la poétique de ses fables. Il a employé, en effet, à faire raisonner les animaux le même art que Platon à faire raisonner les sophistes. Son Platon était couvert de notes, et on trouve dans ses fables nombre de traits qui lui ont été inspirés par la lecture attentive des *Dialogues*.

---

[1] *Considérations sur les Dialogues de Platon.*

Ce qui prouve que les personnes pieuses estimaient grandement le jugement de La Fontaine, même en des choses qui auraient dû lui être étrangères, c'est que le père Bouhours lui adressa, en 1687, son livre intitulé : *De la manière de penser dans les ouvrages de l'esprit.* Notre poète lui fit connaître son sentiment par une lettre fort sensée :

« Mon révérend père, sans un rhumatisme qui m'em-
» pêche presque de marcher et d'aller plus loin que la
» rue Saint Honoré, j'aurois été vous remercier du plai-
» sir que m'ont fait vos dialogues; tout y est bien
» remarqué et d'un goût exquis; tout y est parfaitement
» écrit, car vous êtes un de nos maîtres. Madame de la
» Sablière est aussi très satisfaite de cet ouvrage. Votre
» traduction sur les Quiétistes est aussi de bonne main ;
» mais j'aurois voulu que vous eussiez employé votre
» talent sur une autre matière que celle-là, et ayant un
» autre original. Une chose qui est tout à fait de mon
» goût, simplement et élégamment écrite, et avec beau-
» coup de jugement, c'est l'éloge que vous avez fait du
» pauvre père Rapin : cela me plaît fort. »

Bayle avait fait l'éloge de La Fontaine et celui de Mme de la Sablière dans son journal intitulé *Nouvelle de la République des Lettres*, qui s'imprimait en Hollande. Le génevois Leclerc, d'abord collaborateur de Bayle, puis fondateur d'un autre journal intitulé *Bibliothèque universelle*, admirait aussi les productions de La Fontaine. Dans une épître à M. Simon de Troyes, notre poète nous fait connaître son opinion sur Bayle, sur Leclerc et sur Girardon. Cette épître, dans laquelle il rend compte de la *défaite d'un pâté* que M. Simon avait envoyé à Girardon, est très curieuse et fort gaie.

> Notre Phidias et le mien,
> Et celui de toute la terre,
> Girardon, notre ami, l'honneur du nom troyen,
> M'oblige à vous mander, non la paix ou la guerre,
> Dont sur ma foi je ne sais rien,
> Non la ligue d'Augsbourg, que je sais moins encore;
> Non dans un bel écrit plein de moralité
> Des sottises du temps le nombre que j'ignore,
> (Eh, sauroit-il être compté!),
> Mais la défaite d'un pâté.
> L'esprit s'échauffe à table, et d'un propos à l'autre,
> Bacchus nous inspira comme eût fait Apollon.
> Rien n'altéra ses dons; l'eau du sacré vallon
> Auroit profané même un vin tel que le nôtre.
> Pur, et sans mélange on le but.
> Votre pâté, dès qu'il parut,
> Ramena les santés, et fit naître l'envie
> De boire à Cloris, à Silvie,
> A ce qu'on aime enfin, bonne et louable loi.
> De la maîtresse on vint au roi,
> Du roi on vint à la statue,
> De la statue on prit sujet
> D'examiner la place, et cet autre projet,
> Où l'image du prince est encore attendue[1].
> . . . .
> . . . .
> Aux journaux de Hollande il nous fallut passer.
> Je ne sais plus sur quoi; mais on fit leur critique.
> Bayle est, dit-on, fort vif; et s'il peut embrasser
> L'occasion d'un trait piquant et satirique,
> Il la saisit, Dieu sait, en homme adroit et fin,
> Il trancheroit sur tout comme enfant de Calvin
> S'il osait; car il a le goût avec l'étude :
> Leclerc pour la satire a bien moins d'habitude,

---

[1] La Fontaine fait ici allusion à la place des Victoires et à la place Vendôme, qui furent commencées toutes deux en même temps. La première était destinée à recevoir la statue pédestre de Louis XIV, et la seconde la statue équestre.

> Il paroît circonspect, mais attendons la fin.
> Tout faiseur de journaux doit tribut au malin,
> Leclerc prétend du sien tirer d'autres usages,
> Il est savant, exact, il voit clair aux ouvrages,
> Bayle aussi. Je fais cas de l'une et l'autre main,
> Tous deux ont un bon style et le langage sain.
> Le jugement en gros sur ces deux personnages,
>   Et ce fut de moi qu'il partit,
>   C'est que l'un cherche à plaire aux sages,
>   L'autre veut plaire aux gens d'esprit.
> Il leur plaît. Vous aurez peut-être peine à croire
> Qu'on ait dans un repas de tels discours tenus,
>   On tint ces discours, on fit plus ;
>   On fut au sermon après boire.

« .... Je vous dirai en langue vulgaire que nous allâmes au sermon l'après-dînée, que nous y portâmes tout le sang-froid qu'auroient eu des philosophes à jeun, et que même nous accourcîmes notre repas pour ne rien perdre de cette action...... J'y trouvai de la piété et de l'éloquence, des expressions, et un bon tour en beaucoup d'endroits tout à fait selon mon goût. »

Quelle bonne, aimable et franche gaieté ! On voit que si La Fontaine se plaisait à table, il se plaisait aussi au sermon.

Dans une longue lettre écrite de Londres à notre poète, en décembre 1687, Saint-Évremond lui dit entre autres choses :

> Vous possédez tout le bon sens
> Qui sert à consoler des maux de la vieillesse.
> Vous avez plus de feu que n'ont les jeunes gens,
>   Eux, moins que vous, de goût et de justesse.

« Après avoir parlé de votre esprit, il faut dire un mot de votre morale.

> S'accommoder aux ordres du destin,
> Au plus heureux ne point porter d'envie,
> De ce faux air d'esprit que prend un libertin,
> Connoître avec le temps comme nous la folie,
> Et dans les vers, jeu, musique et bon vin,
> Entretenir son innocente vie,
> C'est le moyen d'en reculer la fin.

» Monsieur Waler[1], dont nous regrettons la perte
» sensiblement, a poussé la vie et la vigueur de l'esprit
» jusqu'à l'âge de quatre-vingt-deux ans,

> Et dans la douleur que m'apporte
> Ce triste et malheureux trépas,
> Je dirois en pleurant que toute Muse est morte,
> Si la vôtre ne vivoit pas.
> O vous! Nouvel Orphée, ô vous de qui la veine
> Peut charmer des Enfers la noire souveraine,
> Et le terrible Dieu qu'on appelle Pluton,
> Daignez, tout-puissant La Fontaine,
> Rendre au jour notre Waler, au lieu d'Anacréon.

» Puissiez-vous pousser la vie plus loin que n'a fait
» monsieur Waler.

> Que plus longtemps votre Muse agréable
> Donne au public ses ouvrages galants ;
> Que tout chez vous puisse être conte et fable,
> Hors le secret de vivre heureux cent ans !

Saint-Évremond, la duchesse de Mazarin, la duchesse de Bouillon et Mme d'Harvey essayaient d'attirer La Fontaine en Angleterre, mais leurs instances venaient mal à propos. A ce moment-là, notre poëte était retenu dans sa chambre par un rhumatisme qui l'exaspérait; aussi répondit-il à Saint-Évremond :

---

[1] Poëte et orateur. Neveu de Hampden et cousin de Cromwel. Il avait fait, à l'âge de dix-huit ans, son entrée dans le monde, sur le Parnasse, au Parlement et à la Cour. Il ne cessa, pendant quatre règnes, de paraître avec éclat sur ces divers théâtres.

Ni vos leçons, ni celles des neuf Sœurs,
N'ont su charmer la douleur qui m'accable.
Je souffre un mal qui résiste aux douceurs,
Et ne saurois rien penser d'agréable.
Tout rhumatisme, invention du diable,
Rend impotent et de corps et d'esprit.
. . . .
Le mal me tient, Hortense vous amuse.
Cette déesse, outre tous vos talens,
Vous est encore une dixième Muse.
Les neuf m'ont dit adieu jusqu'au printems.

» Voilà, Monsieur, ce qui m'a empêché de vous re-
» mercier aussi tôt que je le devois, de l'honneur que
» vous m'avez fait de m'écrire. Moins je méritois une
» lettre si obligeante, plus j'en dois être reconnoissant.
» Vous me louez de mes vers et de ma morale, et cela
» de si bonne grace que la morale a fort à souffrir, je
» veux dire la modestie.

L'éloge qui vient de vous
Est glorieux et bien doux,
Tout le monde vous propose
Pour modèle aux bons auteurs.
Vos beaux ouvrages sont cause
Que j'ai su plaire aux neuf Sœurs,
Cause en partie, et non toute;
Car vous voulez bien sans doute
Que j'y joigne les écrits
D'aucuns de nos beaux esprits.
J'ai profité dans Voiture,
Et Marot par sa lecture
M'a fort aidé, j'en conviens.
Je ne sais qui fut son maître;
Qui ce soit, qui ce peut être,
Vous êtes tous trois les miens.
. . . .

» Nous attendrons le retour des feuilles et celui de
» ma santé; autrement il me faudroit chercher en

» litière les aventures. On m'appelleroit le Chevalier du
» Rhumatisme, nom qui, ce me semble, ne convient
» guère à un chevalier errant. Autrefois que toutes sai-
» sons m'étoient bonnes, je me serois embarqué sans
» raisonner.

> Rien ne m'eût fait souffrir, et je crains toute chose.
> En ce point seulement je ressemble à l'Amour.
> Vous savez qu'à sa mère il se plaignit un jour
>   Du pli d'une feuille de rose.
> Ce pli l'avoit blessé ; par quels cris forcenés
>   Auroit-il exprimé sa plainte,
> Si de mon rhumatisme il eût senti l'atteinte ?
> Il eût été puni de ceux qu'il a donnés.
> . . . .

» J'en reviens à ce que vous dites de ma morale, et
» suis fort aise que vous ayez de moi l'opinion que vous
» en avez. Je ne suis pas moins ennemi que vous du
» faux air d'esprit que prend un libertin[1]. Quiconque
» l'affectera, je lui donnerai la palme du ridicule.

>   Rien ne m'engage à faire un livre,
>   Mais la raison m'oblige à vivre
> En sage citoyen de ce vaste univers,
> Citoyen qui voyant un monde si divers,
>   Rend à son auteur les hommages
>   Que méritent de tels ouvrages.
> Ce devoir acquitté, les beaux vers, les doux sons,
>   Il est vrai sont peu nécessaires ;
>   Mais qui dira qu'ils soient contraires
>   A ces éternelles leçons ?
> On peut goûter la joie en diverses façons ;
> Au sein de ses amis répandre mille choses,
> Et recherchant de tout les effets et les causes,

---

[1] On voit par ce passage que La Fontaine tient à bien marquer qu'il n'était pas de l'école des libertins, autrement dit des esprits forts, dont Saint-Évremond passait pour être le chef.

> A table, au bord d'un bois, le long d'un clair ruisseau,
> Raisonner avec eux sur le bon, sur le beau,
> Pourvu que ce dernier se traite à la légère,
>   Et que la nymphe ou la bergère
> N'occupe notre esprit et nos yeux qu'en passant.
>   Le chemin du cœur est glissant.
> Sage Saint-Évremond, le mieux est de m'en taire.

De la part d'un rhumatisant, c'est là une lettre qui n'engendre pas la mélancolie! Pourtant, en finissant, notre pauvre poète gourmande son rhumatisme, et ne peut s'empêcher d'y voir l'avertissement que les infirmités de la vieillesse ne tarderont pas à l'atteindre.

> . . . . tourment qu'à mes vieux jours .
> L'hiver de nos climats promet pour apanage!
> Triste fils de Saturne, hôte obstiné d'un lieu,
> Rhumatisme, va-t-en; suis-je ton héritage?
> Suis-je un prélat? Crois-moi, consens à notre adieu [1],
> Déloge enfin, ou dis que tu veux être cause
> Que mes vers comme toi deviennent mal plaisans.
> S'il ne tient qu'à ce point, bientôt l'effort des ans
> Fera sans ton secours cette métamorphose;
> De bonne heure il faudra s'y résoudre sans toi.
> Sage Saint-Évremond, vous vous moquez de moi.
> De bonne heure, est-ce un mot qui me convienne encore,
> A moi qui tant de fois ai vu naître l'aurore,
> Et de qui les soleils se vont précipitant
> Vers le moment fatal que je vois qui m'attend?

Dans une épître à M. de Nyert [2], La Fontaine nous

---

[1] Les trois vers qui précèdent sont reproduits d'après le texte donné par Walckenaer en 1822. Dans l'édition Pauly, publiée chez Lemerre (1877), on lit les deux vers suivants :

> Crois-moi, triste tourment, consens à notre adieu,
>   En ma faveur change de lieu.

[2] M. de Nyert était un des quatre premiers valets de chambre de Louis XIV, comme il l'avait été de son père Louis XIII. Il avait une voix remarquable par sa justesse.

montre sa passion pour la musique et surtout pour la musique de chambre.

> Nyert, qui pour charmer le plus juste des Rois[1],
> Inventas le bel art de conduire la voix,
> Et dont le goût sublime à la grande justesse
> Ajouta l'agrément et la délicatesse :
> Toi qui sais mieux qu'aucun le succès que jadis
> Les pièces de musique eurent dedans Paris,
> Que dis-tu de l'ardeur dont la Cour échauffée
> Frondoit en ce temps-là les grands concerts d'Orphée,
> Les passages d'Atto et de Léonora,
> Et du déchaînement qu'on a pour l'opéra.
> . . . .
> . . . .
> Le François pour lui seul contraignant sa nature,
> N'a que pour l'opéra de passion qui dure.
> Les jours de l'opéra, de l'un à l'autre bout,
> Saint Honoré rempli de carrosses partout,
> Voit, malgré la misère à tous états commune,
> Que l'opéra tout seul fait leur bonne fortune.
> Il a l'or de l'abbé, du brave, du commis,
> La coquette s'y fait mener par ses amis.
> L'officier, le marchand tout son rôti retranche,
> Pour y pouvoir porter tout son gain le dimanche ;
> On ne va plus au bal, on ne va plus au cours ;
> Hiver, été, printemps, bref, opéra toujours :
> Et quiconque n'en chante, ou bien plutôt n'en gronde
> Quelque récitatif n'a pas l'air du beau monde.

Ne croirait-on pas que ces vers sont écrits d'hier ? La Fontaine n'aimait pas les spectacles longs et bruyants qui captivent tous les sens à la fois et les fatiguent ; aussi dit-il à de Nyert :

> Car ne vaut-il pas mieux, dis-moi ce qu'il t'en semble,
> Qu'on ne puisse sentir tous les plaisirs ensemble,
> Et que pour en goûter les douceurs purement,
> Il faille les avoir chacun séparément ?

---

[1] Louis XIII, surnommé le Juste.

Ne crois donc pas que j'aie une douleur extrême
De ne pas voir Isis[1] pendant tout le carême.
. . . .
Avec mille autres biens le jubilé[2] fera
Que nous serons un temps sans parler d'opéra.
Mais aussi, de retour de mainte et mainte église,
Nous irons, pour causer de tout avec franchise,
Et donner du relâche à la dévotion,
Chez l'illustre Certain[3] faire une station ;
Certain par mille endroits également charmante,
Et dans mille beaux arts également savante,
Dont le rare génie et les brillantes mains
Surpassent Chambonnière, Hardel, les Couperins[4].
De cette aimable enfant le clavecin unique
Me touche plus qu'Isis et toute la musique.
Je ne veux rien de plus, je ne veux rien de mieux
Pour contenter l'esprit, et l'oreille et les yeux ;
Et si je puis la voir une fois par semaine,
A voir jamais Isis je renonce sans peine.

En 1680, La Fontaine, à la demande de Lulli, composa un opéra, *Daphné*. Quand il l'eût achevé, Lulli le refusa et lui préféra l'opéra de *Proserpine*, de Quinault. Notre poète, habituellement si doux, se fâcha cette fois, et, prenant pour juge le public, il écrivit contre Lulli une violente satire intitulée *Le Florentin*.

Malgré tous ces avis il me fit travailler ;
  Le paillard s'en vint réveiller
Un enfant des neuf Sœurs, enfant à barbe grise,
  Qui ne devoit en nulle guise
Etre dupe ; il le fut, et le sera toujours.
Je me sens né pour être en butte aux méchants tours,

[1] Opéra de Quinault, représenté devant le roi le 5 janvier 1677.

[2] Ce jubilé commença le 20 février et se termina le 20 avril.

[3] Amie de M. de Nyert et de Lulli. Elle donnait chez elle de très beaux concerts. Elle avait alors quinze ans.

[4] Les plus habiles maîtres de clavecin et d'orgue du temps.

> Vienne encore un trompeur je ne tarderai guère ;
> Celui-ci me dit : Veux-tu faire
> Presto, presto, quelque opéra,
> Mais bon, ta muse répondra
> Du succès pardevant notaire ;
> Voici comment il nous faudra
> Partager le gain de l'affaire.
> Nous en ferons deux lots, l'argent et les chansons :
> L'argent pour moi, pour toi les sons :
> Tu t'entendras chanter, je prendrai les testons,
> Volontiers je paye en gambades.
> J'ai huit ou dix trivelinades
> Que je sais sur mon doigt ; cela joint à l'honneur
> De travailler pour moi, te voilà grand seigneur.

Cette satire est curieuse parce qu'elle peint l'avidité bien connue de Lulli, qui laissa une grande fortune, et qu'elle montre que La Fontaine était un maître aussi dans l'art de manier l'ironie. Mme de Thianges[1] apaisa notre poète en lui représentant que sa satire avait déplu au roi, et le pauvre La Fontaine s'en excusa, mais avec dignité.

> Vous trouvez que ma satire
> Eût pu ne se point écrire,
> Et que tout ressentiment,
> Quel que soit son fondement,
> La plupart du temps peut nuire
> Et ne sert que rarement.
> J'eusse ainsi raisonné si le Ciel m'eût fait ange,
> Ou Thiange :
> Mais il m'a fait auteur, je m'excuse par là :
> Auteur qui pour tout fruit moissonne
> Un peu de gloire. On le lui ravira,
> Et vous croyez qu'il s'en taira ?
> Il n'est donc plus auteur : la conséquence est bonne.
> S'il s'en rencontre un qui pardonne,

---

[1] Sœur de Mme de Montespan.

> Je suis cet indulgent. S'il ne s'en trouve point,
> Blâmez la qualité, mais non pas la personne.
> . . . .
> . . . .
> Retourner à Daphné vaut mieux que se venger.
> Je vous laisse d'ailleurs ma gloire à ménager.
> Deux mots de votre bouche et belle et bien-disante
>   Feront des merveilles pour moi.
>   Vous êtes bonne et bienfaisante,
>   Servez ma Muse auprès du Roi.

Mme de Thianges n'eut pas de peine à réconcilier le poète et le musicien, et La Fontaine composa pour Lulli une dédicace au Roi à propos de l'opéra d'*Amadis*, de Quinault, qui fut représenté en 1684. Cette dédicace est fine et fort jolie.

> Du premier Amadis je vous offre l'image.
> Il fut doux, gracieux, vaillant, de haut corsage.
> J'y trouverois votre air à tout considérer,
> Si quelque chose à vous se pouvoit comparer.
> La Victoire pour lui sut étendre ses ailes.
> Mars le fit triompher de tous ses concurrens :
> Passa-t-il à l'Amour, il eut le cœur des belles.
> Vous vous reconnoissez à ces traits différens.
> Nul n'a porté si haut cette double conquête.
> Les deux moitiés du monde ont su vous couronner ;
> Et les myrtes qu'Amour vous a fait moissonner
> Sont tels que Jupiter en auroit ceint sa tête.

Toutes les citations que nous venons de faire ne prouvent-elles pas que La Fontaine était universellement aimé et considéré pour les qualités de son cœur et de son esprit, ainsi que pour la sûreté de son commerce? Ne prouvent-elles pas aussi qu'il savait louer avec discernement, sans bassesse et sans flatterie ? Ne prouvent-elles pas enfin que, s'il faisait partie de la *gent de lettres*, comme on disait alors, il formait une exception dans *l'irritabile genus* par la douceur et la bonhomie de son caractère ? Aussi conserva-t-il tous ses amis jusqu'à la mort.

CHAPITRE XI

LA FONTAINE ET L'ACADÉMIE

(1684)

Dans son histoire de l'Académie, l'abbé d'Olivet nous dit, en parlant de La Fontaine : « Cet idiot, qui de sa
» vie n'a fait à propos une démarche pour lui, donnoit
» les meilleurs conseils du monde : si des personnes
» dans l'affliction venoient le consulter, non seulement
» il les écoutoit avec attention, mais il cherchoit des
» expédients et savoit en trouver. »

Notre poète n'a pas toujours eu à se louer de la manière dont il a été traité par les académiciens. Lourd, grossier, stupide, idiot, voilà les aménités dont ils ont accompagné leurs éloges. Quoi qu'il en soit, La Fontaine désirait vivement être de l'Académie, et nous allons voir comment « cet idiot » s'y prit pour s'en faire ouvrir les portes.

Mais, d'abord, pourquoi désirait-il être de l'Académie ? A mon avis, pour quatre motifs principaux : le premier, parce qu'il pensait, avec raison, que l'Académie est un corps illustre et glorieux, et qu'il aimait la gloire ; le second, parce qu'il savait qu'en apportant à l'Académie la gloire que ses écrits lui avaient acquise il augmenterait le lustre de cette Compagnie; le troisième, parce qu'on s'amuse à l'Académie quand on a de l'esprit, et que notre poète avait de l'esprit et aimait à s'amuser [1]; le quatrième enfin, parce qu'il était observateur, et qu'on peut beaucoup observer à l'Académie. Ne nous a-t-il pas dit : « Je fais du miel de toutes choses [2]. » Or, on peut faire du miel avec un académicien. Que dis-je? On peut faire du miel avec tous les académiciens. En effet, l'Académie ne se compose-t-elle pas de la fleur de la philosophie, des belles-lettres et des belles manières? Quel plaisir pour le *papillon du Parnasse* que de voltiger ainsi de fleur en fleur !

En 1682, La Fontaine se mit sur les rangs pour remplacer l'abbé Cotin, qui venait de mourir, mais on lui préféra un autre abbé, Louis de Courcillon, frère du marquis de Dangeau, qui était de l'Académie. Ce fut une élection de famille. Elle donna lieu à une épigramme du savant et spirituel La Monnoie, qui fit parler ainsi notre fabuliste :

> Quand on a, comme moi, la fortune ennemie,
> On n'est pas aujourd'hui propre à l'Académie.
>   J'ai du génie et de l'acquis,
> Ma prose ni mes vers ne me font point de honte,
> Mais je ne suis hélas! duc, évêque, ni comte,
>   Ministre, cardinal, président ni marquis.

---

[1] La Fontaine s'est, en réalité, toujours amusé à l'Académie. « Voilà » deux mois, dit-il, que je ne sors point, si ce n'est pour aller un » peu à l'Académie, où cela m'amuse. » Billet à M. de Maucroix. — 10 février 1695. Lorsqu'il a écrit ce billet, notre poète ressentait déjà les approches de la mort.

[2] Fables. — Livre IX. *Discours à Madame de la Sablière.*

Le 6 septembre 1683, Colbert mourut. Il était de l'Académie, et La Fontaine eut aussitôt l'idée de se présenter à sa place, bien qu'il lui eût échappé sur la mort de ce grand ministre une méchante épigramme qui ne faisait, hélas! que traduire un sentiment à peu près général.

> Colbert jouissoit par avance
> De la place de Chancelier,
> Et sur cela pour Le Tellier [1]
> On vit gémir toute la France.
> L'un revint, l'autre s'en alla :
> Ainsi ce fut scène nouvelle;
> Car la France, sur ce pied-là,
> Devoit bien rire..... aussi fit-elle.

La Fontaine n'eut, de sa vie, l'ombre de rancune personnelle, mais il ne put jamais pardonner à Colbert ses rigueurs envers Fouquet, et pourtant il avait fait l'éloge de ce grand homme dans son poème sur *la découverte du quinquina*.

> D'autres que moi diront ton zèle et ta conduite,
> Monument éternel aux ministres suivants.

Cette petite palinodie créait à La Fontaine une première difficulté; mais il y en avait une seconde bien plus grave : n'était-il pas l'auteur des Contes? et le clan des dévots n'était-il pas fermement résolu à lui fermer les portes de l'Académie? Enfin, il y avait une troisième difficulté plus sérieuse encore : le roi voulait absolument que Boileau, son poète favori, son historiographe, fût de l'Académie, en quoi il avait raison, et

---

[1] Le Tellier avait été dangereusement malade, et Colbert convoitait, dit-on, sa succession.

qu'il fût nommé avant La Fontaine, en quoi il avait tort. Il s'agissait donc pour notre poète de tourner toutes ces difficultés. Comment s'y prit-il?

Il fut d'abord voir *son ami* Boileau. Celui-ci lui dit qu'il ne ferait aucune demande, aucune démarche, mais que si on le nommait, il accepterait; et il dut ajouter sans doute : « Ce n'est pas que j'y tienne, car l'Acadé-
» mie n'est composée maintenant, à deux ou trois hom-
» mes près, que de gens du plus vulgaire mérite, qui
» ne sont grands que dans leur propre imagination.
» C'est tout dire qu'on y opine du bonnet contre Ho-
» mère et Virgile et surtout contre le bon sens; comme
» contre un ancien plus ancien que Virgile et Homère.[1] »
Sur cette réponse peu encourageante, La Fontaine se mit en campagne. Cependant les amis de Boileau et, entre autres, Roze, qui était secrétaire du cabinet du Roi, firent tout ce qu'ils purent pour empêcher l'élection de notre poète. Roze jeta sur la table le volume des contes, en disant : « Je vois bien, Messieurs, qu'il vous
» faut un Marot. — Et à vous une marotte, » répliqua Benserade, qui avait pris vivement parti pour La Fontaine.

Malgré les dévots, La Fontaine eut, au premier tour de scrutin, seize voix et Boileau sept. Mais pour que La Fontaine fût définitivement élu, il fallait un second scrutin, lequel ne pouvait avoir lieu qu'après l'assentiment du Roi. L'Académie députa M. Doujat vers Sa Majesté, qui répondit sèchement : « Je sais qu'il y a eu de

---

[1] Lettre à Brossette.

la cabale à l'Académie, je ne suis pas déterminé, et je ferai savoir mes intentions. »

Là-dessus, le monarque partit pour la campagne de Flandre, laissant le pauvre La Fontaine se morfondre à la porte de l'Académie. Pour se distraire de cette longue attente, il fit une ballade au Roi, dans laquelle, tout en vantant ses exploits, il lui donne à entendre qu'il fera bien d'imiter Auguste et de fermer le temple de Janus.

> Roi vraiment roi (cela dit toutes choses),
> Forcez encor quelques remparts flamands,
> Et puis la paix jointe au retour des roses
> Repeuplera l'univers d'agrémens.
> Vous domptez tout, même les élémens,
> Tant vous savez à propos entreprendre.
> Mars, chaque hiver, s'en revenoit attendre
> A son foyer les zéphirs paresseux.
> D'autres leçons vous lui faites apprendre ;
> L'événement n'en peut être qu'heureux.
>
> . . . .
> . . . .
>
> Tel que l'on voit Jupiter dans Homère
> Emporter seul tout le reste des dieux,
> Tel balançant l'Europe tout entière,
> Vous luttez seul contre cent envieux.
> Je les compare à ces ambitieux
> Qui monts sur monts déclarèrent la guerre
> Aux Immortels. Jupin croulant la terre,
> Les abîma sous des rochers affreux.
> Ainsi que lui prenez votre tonnerre,
> L'événement n'en peut être qu'heureux.
>
> *Envoi*
>
> Ce doux penser, depuis un mois ou deux,
> Console un peu mes Muses inquiètes.
> Quelques esprits ont blâmé certains jeux,
> Certains récits qui ne sont que sornettes.
> Si je défère aux leçons qu'ils m'ont faites,
> Que veut-on plus ? Soyez moins rigoureux,
> Plus indulgent, plus favorable qu'eux.

> Prince, en un mot, soyez ce que vous êtes,
> L'événement ne peut m'être qu'heureux.

Cette ballade fut présentée au Roi par la sœur de Mme de Montespan, Mme de Thianges, qui était alors en grande faveur et qui venait de donner au souverain une fête magnifique. Louis XIV résista.

Le public prit parti pour La Fontaine et chansonna Roze.

> Vous vous trompez, auteurs de notre temps,
> Si vous mettez dans votre fantaisie
> Que c'est assez que vous soyez savans
> Pour obtenir place à l'Académie.
> C'est un abus, quittez cette hérésie;
> Pour être admis il faut d'autres talens :
> Soyez dévots, fréquentez bien l'église,
> Ecrivez mal, mais sur sujets pieux,
> Faites des vers que jamais on ne lise,
> Vous entrerez, Roze a dit : Je le veux !

La Cour s'en mêla, et M. le Duc, le second fils du grand Condé, dit au Roi « qu'une affaire de cette importance ne demandoit pas moins qu'un juge tel que Sa Majesté. »

Rien n'y fit. Le monarque tint bon.

Les choses auraient pu se prolonger indéfiniment; mais, quoiqu'ils soient immortels par leurs ouvrages et par leur génie, les académiciens, comme le reste des hommes, sont obligés de compter avec la Parque. M. de Bezons, conseiller du Roi et académicien, vint à mourir fort à propos pour mettre fin à cette petite comédie. Boileau fut élu suivant la volonté du roi, et Louis XIV répondit à l'envoyé de l'Académie qui vint lui annoncer cette élection : « Cela m'est très agréable; vous pouvez maintenant recevoir La Fontaine, il a promis d'être sage. » En définitive, tout le monde eut raison dans ce grave débat : l'Académie, en donnant la préférence à La Fontaine sur Boileau; le Roi, en forçant l'Académie à élire Boileau malgré les rancunes que lui avaient attirées ses satires et son caractère acerbe. Le parterre académique fut orné de deux belles fleurs de plus[1].

La séance de réception de La Fontaine fut certainement, pour les vrais amateurs de ces sortes de cérémonies, une des plus intéressantes qu'ait jamais tenues l'Académie.

Le discours du récipiendaire, discours qui a le mérite d'être très court, est un petit chef-d'œuvre de finesse.

« Messieurs,

» Je vous supplie d'ajouter encore une grace à celle
» que vous m'avez faite : c'est de ne point attendre de
» moi un remercîment proportionné à la grandeur de
» votre bienfait. Ce n'est pas que je n'en aie une extrême
» reconnoissance; mais il y a de certaines choses que
» l'on sent mieux qu'on ne les exprime : et bien que
» chacun soit éloquent dans sa passion, il est de la
» mienne comme de ces vases qui, étant trop pleins, ne

---

[1] Au 1er juillet 1684, les membres de l'Académie française étaient : P. Corneille, J. Doujat, Fr. Tallemant, Fr. Charpentier, Pellisson, Coislin, de Chaumont, le cardinal d'Estrées, Renouard de Villayer, Furetière, Leclerc, Segrais, St-Aignan, Testu, Bussy-Rabutin, Boyer, Paul Tallemant, le marquis de Dangeau, Quinault, l'abbé de la Chambre, Regnier-Desmarais, de Harlay (archevêque). Ch. Perrault, Bossuet, Racine, Gallois, Fléchier, Benserade, Huet, Cordemoy, Roze, de Mesmes Colbert, archevêque de Rouen, Irland de Lavau, Verjus de Crécy, Potier de Novion, l'abbé Dangeau, Barbier d'Aucour.

» permettent pas à la liqueur de sortir. . . . . . . :
. . . .

» Vous savez, Messieurs, également bien la langue
» des dieux et celle des hommes. J'élèverois au-dessus
» de toutes choses ces deux talens, sans un troisième
» qui les surpasse ; c'est le langage de la piété, qui, tout
» excellent qu'il est, ne laisse pas de vous être familier.
» Les deux autres langues ne devroient être que les ser-
» vantes de celle-ci. Je devrois l'avoir apprise en vos
» compositions, où elle éclate avec tant de majesté et
» de graces. Vous me l'enseignerez beaucoup mieux
» lorsque vous joindrez la conversation aux préceptes.
. . . .

» On ne sauroit mieux représenter le génie de la
» nation que par ce dieu qui savoit paroître sous mille
» formes ; l'esprit des François est un véritable Protée ;
» vous lui enseignez à pratiquer ses enchantemens, soit
» qu'il se présente sous la figure d'un poète, ou sous
» celle d'un orateur ; soit qu'il ait pour but ou de plaire
» ou de profiter, d'émouvoir les cœurs et sur le théâtre
» et dans la tribune.
» Je ne puis paroître (dans votre compagnie) sans
» vous faire regretter celui à qui je succède dans cette
» place ; homme dont le nom ne mourra jamais, infati-
» gable ministre qui a mérité si longtemps les bonnes
» graces de son maître : combien dignement s'est-il ac-
» quitté de tous les emplois qui lui ont été confiés !
» Combien de fidélité, de lumière, d'exactitude, de
» vigilance ! Il aimoit les lettres et les savans, et les a
» favorisés autant qu'il a pu. »

C'est tout pour Colbert. L'éloge du Roi est plus étendu

que celui du ministre, mais il se termine par une petite pointe de malice. La Fontaine n'avait jamais reçu de Louis XIV qu'une gracieuse inclination de tête. Il fallait faire valoir ce bienfait.

« Notre prince ne fait rien qui ne soit orné de graces,
» soit qu'il donne, soit qu'il refuse : car outre qu'il ne
» refuse que quand il le doit, c'est d'une manière qui
» adoucit le chagrin de n'avoir pas obtenu ce qu'on lui
» demande : s'il m'est permis de descendre jusqu'à moi
» contre les préceptes de la Rhétorique qui veulent que
» l'oraison aille toujours en croissant, un simple clin
» d'œil m'a renvoyé, je ne dirai pas satisfait, mais plus
» que comblé. »

L'abbé de la Chambre, qui était alors directeur de la Compagnie, parla d'abord du nouvel académicien en fort bons termes : « L'Académie, dit-il, reconnoît en
» vous, Monsieur, un génie aisé, facile, plein de déli-
» catesse et de naïveté, quelque chose d'original et qui,
» dans sa simplicité apparente et sous un air négligé,
» renferme de très grands trésors et de très grandes
» beautés. »

Mais il eut le tort d'insister lourdement sur la demi-promesse faite par notre poète de ne plus faire de contes : « Songez, lui dit-il, que les mêmes paroles que
» vous venez de prononcer, nous les insérerons sur nos
» registres ; plus vous avez pris de peine à les polir et à
» les choisir, plus elles vous condamneroient un jour,
» si vos actions se trouvoient contraires, si vous ne pre-
» niez à tâche de joindre la pureté des mœurs et de la
» doctrine, la pureté du cœur et de l'esprit à la pureté
» du style et du langage. »

Après le discours du directeur, Perrault lut une épître chrétienne de consolation à un homme veuf. Que nous sommes loin de ce temps-là! Il semble que les veufs d'aujourd'hui n'ont plus besoin d'être consolés.

Quinault lut deux chants d'un poème intitulé *Sceaux*, dans lequel il célébrait la demeure bâtie par Colbert.

Benserade lut ensuite une traduction du *Miserere* destinée à faire partie des *Heures* auxquelles il travaillait pour le Roi.

Enfin, La Fontaine termina la séance par la lecture de son épître à Mme de la Sablière, en insistant, un peu malicieusement, sur les vers qui la terminent.

> Que me servent ces vers avec soin composés ?
> N'en attends-je autre fruit que de les voir prisés ?
> C'est peu que leurs conseils, si je ne sais les suivre,
> Et qu'au moins vers ma fin je ne commence à vivre;
> Car je n'ai pas vécu; j'ai servi deux tyrans;
> Un vain bruit et l'amour ont partagé mes ans.
> Qu'est-ce que vivre, Iris? Vous pouvez nous l'apprendre.
> Votre réponse est prête; il me semble l'entendre.
> C'est jouir des vrais biens avec tranquillité;
> Faire usage du temps et de l'oisiveté;
> S'acquitter des honneurs dus à l'Être suprême;
> Renoncer aux Philis en faveur de soi-même;
> Bannir le fol amour, et les vœux impuissans,
> Comme hydres dans nos cœurs sans cesse renaissans.

La lecture de cette épître eut beaucoup de succès
» La Fontaine, nous dit Walckenaer, en louant sa bien-
» faitrice, en l'associant en quelque sorte aux honneurs
» publics qu'il recevait, acquittait la dette de la recon-
» naissance ; et, en faisant une confession générale de
» toute sa vie, en révélant en beaux vers ses défauts
» comme homme et comme écrivain, il intéressait vive-
» ment son auditoire; il expiait le passé, satisfaisait au

» présent, et donnait de nouvelles espérances pour
» l'avenir. »

Décidément, notre *idiot* ne s'était pas trop mal tiré de sa réception.

Mais cette intéressante séance eut un épilogue. Peu de jours après, La Fontaine publia un nouveau conte, *La Clochette*, qui commence par ces vers :

> O! combien l'homme est inconstant, divers,
> Foible, léger, tenant mal sa parole!
> J'avois juré hautement en mes vers
> De renoncer à tout conte frivole.
> Et quand juré? C'est ce qui me confond,
> Depuis deux jours j'ai fait cette promesse :
> Puis fiez-vous à rimeur qui répond
> D'un seul moment. Dieu ne fit la sagesse
> Pour les cerveaux qui hantent les neuf Sœurs ;
> Trop bien ont-ils quelque art qui vous peut plaire,
> Quelque jargon plein d'assez de douceurs ;
> Mais d'être sûrs, ce n'est pas leur affaire.

On ne m'ôtera pas de l'esprit qu'en publiant un nouveau livre de contes, La Fontaine ait voulu revendiquer la liberté de l'écrivain contre les dévots, qu'il n'aimait pas ; la seule concession qu'il voulut leur faire fut de se montrer plus réservé : il en prit l'engagement dans le conte du *Fleuve Scamandre*, et il l'a tenu.

> Me voilà prêt à conter de plus belle ;
> Amour le veut, et rit de mon serment ;
> Hommes et Dieux, tout est sous sa tutelle ;
> Tout obéit, tout cède à cet enfant :
> J'ai désormais besoin en le chantant
> De traits moins forts et déguisant la chose :
> Car après tout, je ne veux être cause
> D'aucun abus ; que plutôt mes écrits
> Manquent de sel, et ne soient d'aucun prix !

Mais la réserve apportée par notre poète ne put lui

obtenir grâce, et l'érudit Baillet lui adressa, dans le journal des Savants, sur les principaux ouvrages des auteurs, une verte semonce. « Si nous avions voulu
» croire ses amis, depuis plus d'un an il étoit disposé
» à effacer la mémoire et l'impression de ses Contes,
» avec ses larmes et avec son sang, s'il en eût été be-
» soin. Mais nous avons sujet de douter que ses amis
» eussent parole de lui pour faire de ces grandes
» avances. » En effet, La Fontaine ne se repentait pas encore d'avoir écrit ses contes, et il fallait l'autorité de l'Église pour l'amener à les effacer avec ses larmes, sinon avec son sang.

CHAPITRE XII

CONVERSION ET MORT DE LA FONTAINE

Au dix-septième siècle, si on ne savait pas toujours bien vivre, on savait au moins bien mourir. On mourait dans les bras de l'Église, dans les bras de cette bonne mère qui nous prend au berceau, nous assiste dans tous les grands actes de la vie, et nous conduit jusqu'à la tombe,... et au delà. Alors, comme l'a dit Émile Augier dans sa belle comédie des *Effrontés*, les femmes qui avaient succombé dans la route avaient Dieu pour les relever et les consoler. On sait, en effet, comment ont voulu mourir ces belles pécheresses dont l'histoire a recueilli les noms, Mlle de la Vallière, Mme de Longueville, Mme de la Sablière, Mme de Montespan et d'autres encore. Les hommes aussi voulaient bien mourir. Avant de quitter ce monde, le grand Corneille, Pascal, Descartes, Racine, Boileau, qui n'étaient pas précisément des esprits faibles, n'ont pas craint d'affirmer leur foi en Dieu et en l'immortalité de l'âme. La Fontaine a fait comme eux.

Taine, en finissant sa belle étude sur *l'écrivain*, nous dit : « Et pourtant je ne voudrais pas finir ainsi, conter

» qu'il est mort, qu'il s'est confessé, et le reste. Cela ne
» convient pas pour achever le portrait d'un poète, sur-
» tout le portrait de celui-ci. J'aime mieux copier une
» page de son Platon, une page que certes il a bien
» souvent lue, et qui le peint comme il voudrait l'être. »
Et, pour terminer son portrait, Taine copie la fameuse page des cigales mythologiques. Eh bien, non ! je proteste pour la seconde fois. La Fontaine n'a pas voulu être peint de la sorte; il était chrétien, et il a voulu mourir en chrétien. Sa conversion et sa pénitence sont deux grands actes de sa vie, et méritent par conséquent d'être racontées.

La Fontaine avait un cœur sensible et enthousiaste; il aimait le plaisir fin et délicat. Il s'enflammait et se renflammait sans cesse à la vue des belles dames au milieu desquelles il vivait, et si parfois il sacrifiait aux Philis et même aux Jeannetons, ce n'était qu'en passant. La bonne, l'élégante et spirituelle compagnie lui était nécessaire. Il se complaisait surtout à la conversation des femmes. A table, avec des gens d'esprit, des artistes et des hommes de lettres, il était plein d'entrain et de gaieté, mais il avait aussi, nous l'avons déjà dit, ses heures de mélancolie et de tristesse, et, par moments, il se souvenait qu'il avait eu, étant tout jeune, des élans de piété mystique. Non seulement il avait du respect pour la religion, mais il se prêtait volontiers à traiter de sujets pieux.

En 1671, Henri Louis de Loménie de Brienne qui, après avoir été secrétaire d'État, s'était retiré à l'Oratoire, forma un recueil des principales poésies chrétiennes pour servir à l'éducation du prince de Conti.

Afin que le livre eût plus de débit, on pria La Fontaine, que M. de Loménie nomme dans ses Mémoires *son meilleur ami particulier*, de donner son nom à ce recueil, auquel on ajouta un troisième volume comprenant des poésies diverses et quelques fables de notre poète. La Fontaine composa expressément pour ce recueil une paraphrase du psaume XVII, *Diligam te Domine*, et une épître dédicatoire au jeune prince de Conti.

> De ce nouveau recueil je t'offre l'abondance,
> Non point par vanité, mais par obéissance.
> Ceux qui par leur travail l'ont mis en cet état,
> Te le pouvoient offrir en termes pleins d'éclat :
> Mais craignant de sortir de cette paix profonde
> Qu'ils goûtent en secret loin du bruit et du monde,
> Ils m'engagent pour eux à le produire au jour.

Cédant aux instances de MM. de Port-Royal, La Fontaine composa en 1673, sur *la captivité de Saint Malc*, un poème tiré d'une épître de saint Jérôme, qui avait été traduite en français par Arnauld d'Andilly, et il le dédia au cardinal de Bouillon, grand aumônier de France.

« Je voudrois, lui dit-il, que cette idylle, outre la
» sainteté du sujet, ne vous parût pas entièrement
» dénuée des beautés de la poésie. Vous ne les dédai-
» gnez pas ces beautés divines et les graces de cette
» langue que parloit le peuple prophète. La lecture des
» Livres Saints vous en a appris les principaux traits.
» C'est là que la sagesse divine rend ses oracles avec
» plus d'élévation, plus de majesté et plus de force que
» n'en ont les Virgiles et les Homères. Je ne veux pas
» dire que ces derniers vous soient inconnus; ignorez-
» vous rien de ce qui mérite d'être su par une personne

» de votre rang? Le Parnasse n'a point d'endroits où
» vous soyez capable de vous égarer[1]. »

Le poème commence par une invocation à la Vierge.

>Reine des esprits purs, Protectrice puissante,
>Qui des dons de ton Fils rends l'âme jouissante,
>Et de qui la faveur se fait à tous sentir,
>Procurant l'innocence ou bien le repentir;
>Mère des bienheureux, Vierge enfin, je t'implore :
>Fais que dans mes chansons aujourd'hui je t'honore :
>Bannis-en ces vains traits, criminelles douceurs
>Que j'allois mendier jadis chez les neuf Sœurs.
>Dans ce nouveau travail mon but est de te plaire.
>Je chante d'un héros la vertu solitaire,
>Ces déserts, ces forêts, ces antres écartés,
>Des favoris du Ciel autrefois habités.
>Les Lions et les Saints ont eu même demeure.
>Là Malc prioit, jeûnoit, soupiroit à toute heure,
>Pleuroit non ses péchés, mais ceux qu'en notre cœur
>A versés le serpent dont Christ est le vainqueur.

En 1687, notre poète terminait ainsi son épître à Huet, évêque d'Avranches.

>Malherbe avec Racan parmi les chœurs des Anges,
>Là-haut de l'Éternel célébrant les louanges,
>Ont emporté leur lyre, et j'espère qu'un jour
>J'entendrai leur concert au céleste séjour.
>Digne et savant prélat, vos soins et vos lumières
>Me feront renoncer à mes erreurs premières.
>Comme vous je dirai l'Auteur de l'Univers.

On le voit, La Fontaine n'avait jamais été éloigné de l'idée d'un retour vers Dieu. Les conseils et l'amitié de Mme de la Sablière avaient préparé sa conversion; la vieillesse, les infirmités, la maladie firent le reste.

---

[1] La Fontaine parlait des Livres saints en connaissance de cause. Il les lisait souvent, et tout le monde sait l'anecdote concernant sa lecture de Baruch.

Vers le milieu du mois de décembre 1692, La Fontaine (il avait alors 72 ans) fut atteint d'une grave maladie, qui l'attrista beaucoup. Il songea alors à demander à Dieu des consolations. Le curé de Saint-Roch envoya auprès de lui un jeune vicaire, l'abbé Pouget, qui était le fils d'un des amis de notre poète. Dès la première visite, il lui fut facile d'amener la conversation sur la religion. « M. de La Fontaine, nous a dit l'abbé
» Pouget dans le récit qu'il a fait de cette conversion,
» étoit un homme fort ingénu, fort simple, avec beau-
» coup d'esprit; il me dit avec une naïveté assez plai-
» sante : « Je me suis mis depuis quelque temps à lire
» le Nouveau Testament; je vous assure que c'est un
» fort bon livre; mais il y a un article sur lequel je ne
» me suis pas rendu compte, c'est celui de l'éternité des
» peines : je ne comprends pas comment cette éternité
» peut s'accorder avec la bonté de Dieu. »

La Fontaine n'avait pas tout à fait tort.

L'abbé Pouget nous dit encore : « C'étoit un homme
» qui, sur mille choses, pensoit autrement que le reste
» des hommes, aussi simple dans le mal comme dans le
» bien. Sa maladie le mit en état de faire des réflexions
» sérieuses; il saisissoit le vrai et il s'y rendoit : il ne
» cherchoit point à chicaner. »

Le confesseur exigeait que son pénitent fît, au sujet de ses Contes, une satisfaction publique soit devant le Saint Sacrement, s'il était obligé de le recevoir dans sa maladie, soit à l'Académie française la première fois qu'il s'y trouverait, et, en outre, qu'il demandât pardon à Dieu et à l'Église d'avoir composé ce livre.

« M. de La Fontaine, ajoute l'abbé Pouget, eut assez

» de peine à se rendre à la proposition de cette satis-
» faction publique. Il ne pouvoit s'imaginer que le livre
» de ses *Contes* fût un ouvrage si pernicieux, quoiqu'il
» ne le regardât pas comme irrépréhensible et qu'il ne
» le justifiât pas. Il protestoit que ce livre n'avoit jamais
» fait de mauvaises impressions sur lui en l'écrivant, et
» il ne pouvoit pas comprendre qu'il pût être si fort
» nuisible aux personnes qui le liroient. Ceux qui ont
» connu plus particulièrement M. de La Fontaine n'au-
» ront pas de peine à concevoir qu'il ne faisoit pas de
» mensonge en parlant ainsi, quelque difficile qu'il pa-
» roisse de croire cela d'un homme d'esprit et qui con-
» noissoit le monde. »

La Fontaine était si éloigné de croire au danger que pouvaient causer ses Contes que, peu de temps auparavant, il avait dit à un religieux que lui avaient amené Boileau et Racine pour le confesser, et qui l'exhortait à faire des aumônes : « Pour des aumônes, je n'en puis
» faire, je n'ai rien ; mais on fait une nouvelle édition de
» mes *Contes*, et le libraire m'en doit donner cent exem-
» plaires. Je vous les donne, vous les ferez vendre pour
» les pauvres. »

Naïveté touchante qui aurait dû désarmer l'abbé Pouget, d'autant plus que la rétractation publique ne devait pas arrêter la publication et la propagation des Contes, au contraire.

Quoi qu'il pensât dans son for intérieur, La Fontaine se soumit. Il fit plus, il consentit à détruire une pièce de théâtre qui avait paru excellente à tous ceux qui l'avaient lue, et qu'il devait bientôt remettre aux comédiens pour la faire jouer. Ce dernier sacrifice de sa Muse profane lui fut très pénible, et il fallut une consultation de la Sorbonne pour l'obliger à l'accomplir.

La Sorbonne aurait peut-être agi sagement en nous conservant cette comédie.

« Enfin, nous dit l'abbé Pouget, tous ces points étant
» réglés, il fit une confession générale avec des senti-
» ments de piété très édifiants. »

Cette confession, il semble que nous pourrions la révéler, car notre poète nous a rendu « son âme visible, » comme il l'a dit lui-même, et tout le monde peut y lire.

Évidemment, il n'avait dû pécher ni par orgueil, ni par envie, ni par colère, ni même par paresse, encore bien qu'il se soit accusé souvent d'être paresseux, bien moins encore par avarice. Il avait commis sans doute quelques péchés de luxure et de gourmandise, mais je suppose que c'étaient des péchés véniels, et que son jeune confesseur dut volontiers lui donner l'absolution.

Après cette longue préparation, le 12 février 1693, qui était le premier jeudi de carême, La Fontaine reçut le viatique en présence d'une députation de l'Académie qui s'était d'abord rendue à l'église, à dix heures du matin, pour accompagner le Saint Sacrement. « Lorsque
» Pouget fut entré dans la chambre, nous dit Walcke-
» naer, elle se trouva remplie de personnes de la plus
» haute distinction et d'hommes de lettres qui, pour
» être témoins de cet acte pieux, s'étaient joints aux
» académiciens. Le Saint Sacrement fut posé sur la table
» devant le malade, qui se trouvait assis dans un fau-
» teuil. Pouget fit les prières prescrites par le rituel,
» et, dès qu'il les eut terminées, La Fontaine, en pré-
» sence de cette nombreuse assemblée, exprima dans

» les termes les plus formels son repentir d'avoir écrit
» ses *Contes*......, Pouget lui fit ensuite une exhorta-
» tion pieuse, et le recommanda aux prières de tous les
» assistants. Tous se mirent à genoux et prièrent, tandis
» que le malade recevait le saint viatique. »

De nos jours, une telle cérémonie paraîtrait sans doute ridicule à certains esprits forts qui, en matière de morale, ne veulent relever que de leur conscience et du point d'honneur, et qui repoussent absolument toute intervention d'une autorité religieuse. Est-ce un signe de force ou un signe de faiblesse?

En tout cas, La Fontaine donna un grand exemple d'humilité chrétienne. Cette vertu, qui était encore en honneur au XVIIe siècle, devient rare aujourd'hui. Il semble que nous ayons d'autant plus d'orgueil que nous avons moins de raison d'en avoir.

Grâce à sa robuste constitution, La Fontaine triompha de la maladie. Mme de la Sablière était morte le 8 janvier 1693 [1]. En revenant à la vie, notre poète eut un grand chagrin de ne plus revoir cette adorable amie et d'être forcé de quitter sa demeure hospitalière et cette chambre des philosophes qu'il occupait depuis vingt ans. La première fois qu'il sortit dans la rue, il rencontra M. d'Hervart, qui lui dit avec empressement : « Mon
» cher La Fontaine, je vous cherchois pour vous prier
» de venir loger chez moi. — J'y allois, » répondit simplement notre poète, et il fut tristement s'installer

---

[1] S'appuyant sur les Mémoires de Dangeau, Walckenaer a écrit que Mme de la Sablière était morte aux Incurables. Il est établi aujourd'hui qu'elle s'est éteinte dans une maison de la rue aux Vaches (quartier du Luxembourg).

rue Plâtrière, dans ce bel hôtel d'Hervart, célèbre par les fresques de Mignard, représentant les principales aventures d'Apollon et l'apothéose de Psyché. Il y fut l'objet de soins touchants et délicats qui honorent la mémoire de M. et de Mme d'Hervart. Cette aimable jeune femme pourvoyait à tous les besoins de son vieil enfant. Malgré sa faiblesse et son chagrin, La Fontaine se remit pourtant courageusement au travail, et, tout à son repentir, il publia d'abord sa traduction paraphrasée du *Dies iræ* et ses stances *sur la soumission que l'on doit à Dieu*, où l'on remarque le passage suivant sur la distinction entre les plaisirs permis et les plaisirs défendus.

> Crois-tu que le plaisir qu'en toute la nature
> Le premier être a répandu,
> Soit un piège qu'il a tendu
> Pour surprendre la créature ?
> Non, non, tous ces biens que tu vois
> Te viennent d'une main et trop bonne et trop sage,
> Et s'il en est quelqu'un dont ses divines lois
> Ne te permettent pas l'usage,
> Examine-le bien, ce plaisir prétendu
> Dont l'appas tâche à te séduire,
> Et tu verras, ingrat, qu'il ne t'est défendu
> Que parcequ'il pourroit te nuire.

Le duc de Bourgogne, l'élève de Fénelon, qui était alors âgé de dix ans et demi, avait envoyé à La Fontaine, pendant sa maladie, une bourse de cinquante louis. Le bon vieillard fut si touché de cette attention qu'il dédia au jeune prince son dernier livre de fables. « L'envie de vous plaire, lui dit-il, me tiendra lieu » d'une imagination que les ans ont affoiblie : quand » vous souhaiterez quelque fable, je la trouverai dans » ce fonds-là. »

Dans la fable intitulée *Le Loup et le Renard*, dont le sujet lui fut fourni par le jeune prince, notre poète nous fait connaître que, bien loin d'improviser ses fables, il mettait beaucoup de temps à les polir.

> Ce qui m'étonne est qu'à huit ans
> Un prince en fable ait mis la chose,
> Pendant que sous mes cheveux blancs
> Je fabrique à force de temps
> Des vers moins sensés que sa prose [1].

Comme Corneille, La Fontaine travaillait avec ardeur sur des sujets pieux, et il formait à cet égard de grands projets. Le 26 octobre 1694, il écrivit à son ami de Maucroix :

« J'espère que nous attraperons tous deux les quatre-vingts ans, et que j'aurai le temps d'achever mes hymnes. Je mourrois d'ennui si je ne composois plus. Donne-moi tes avis sur le *Dies iræ, dies illa*, que je t'ai envoyé. J'ai encore un grand dessein, où tu pourras m'aider. Je ne te dirai pas ce que c'est, que je ne l'aie avancé un peu davantage. »

Le pauvre La Fontaine s'était fait illusion : il ne devait pas attraper les quatre-vingts ans. Il le comprit bientôt, et, le 10 février 1695, il écrivit à son vieil ami :

« Tu te trompes assurément, mon cher ami, s'il est bien vrai, comme Monsieur de Soissons me l'a dit, que tu me croies plus malade d'esprit que de corps. Il me l'a dit pour tâcher de m'inspirer du courage, mais ce n'est pas de quoi je manque. Je t'assure que le meilleur de tes amis n'a plus à compter sur quinze jours de vie. Voilà deux mois que je ne sors point,

---

[1] Liv. XII. — Fable IX.

» si ce n'est pour aller un peu à l'Académie, afin que
» cela m'amuse. Hier, comme j'en revenois, il me prit
» au milieu de la rue du Chantre une si grande foiblesse,
» que je crus véritablement mourir. O mon cher, mou-
» rir n'est rien : mais songes-tu que je vais comparoître
» devant Dieu? Tu sais comme j'ai vécu. Avant que tu
» reçoives ce billet, les portes de l'Éternité seront peut-
» être ouvertes pour moi. »

La réponse de Maucroix ne se fit pas attendre. C'était celle d'un chrétien et d'un ami dévoué.

14 février 1695.

« Mon cher ami, la douleur que ta dernière lettre
» me cause est telle que tu te la dois imaginer. Mais en
» même temps je te dirai que j'ai bien de la consola-
» tion de tes dispositions chrétiennes. Mon très cher,
» les plus justes ont besoin de la miséricorde de Dieu.
» Prends-y donc une entière confiance, et souviens-toi
» qu'il s'appelle le Père des miséricordes et le Dieu de
» toute consolation. Invoque-le de tout ton cœur.
» Qu'est-ce qu'une véritable contrition ne peut obtenir
» de cette bonté infinie ! »

C'est là le langage du chrétien. Voici le langage de l'ami :

« Si Dieu te fait la grace de te renvoyer la santé, j'es-
» père que tu viendras passer avec moi les restes de ta
» vie, et souvent nous parlerons ensemble des miséri-
» cordes de Dieu. Cependant, si tu n'as pas la force de
» m'écrire, prie M. Racine de me rendre cet office de
» charité, le plus grand qu'il me puisse jamais rendre.

» Adieu, mon bon, mon ancien et mon véritable ami.
» Que Dieu, par sa très grande bonté, prenne soin de
» la santé de ton corps et de celle de ton âme ! »

La Fontaine ne s'était guère trompé. Le 13 avril 1695, il rendit le dernier soupir dans les bras de M. d'Hervart et de Racine. Il fut inhumé dans le cimetière des Saints-Innocents.

Lorsque de Maucroix apprit la mort de son ami, il ouvrit ses tablettes, et y inscrivit ce qui suit :

« Le 13 avril 1695, mourut à Paris mon très cher et
» très fidèle ami M. de La Fontaine. Nous avons été
» amis plus de cinquante ans, et je remercie Dieu
» d'avoir conduit l'amitié extrême que je lui portois
» jusque dans une assez grande vieillesse, sans aucune
» interruption ni refroidissement, pouvant dire que je
» l'ai toujours tendrement aimé, et autant le dernier
» jour que le premier. Dieu, par sa miséricorde, le
» veuille mettre en son saint repos ! C'étoit l'âme la plus
» candide et la plus sincère que j'aie jamais connue.
» Jamais de déguisement. Je ne sais s'il a menti en sa
» vie. C'étoit au reste un très bel esprit, capable de
» tout ce qu'il vouloit entreprendre. Ses *Fables*, au dire
» des plus habiles, ne mourront jamais, et lui feront
» honneur dans toute la postérité. »

Cette secrète et touchante inscription du bon chanoine ne vaut-elle pas tous les fastueux discours qui sont prononcés aujourd'hui sur la tombe de nos grands hommes ?

Sous le coup de son émotion, de Maucroix écrivit à Boileau pour lui faire part de tout ce qu'on lui avait mandé au sujet de la mort édifiante de son ami et de la longue pénitence qui avait suivi sa conversion. Boileau lui répondit aussitôt :

« Les choses hors de vraisemblance qu'on m'a dites
» de M. de La Fontaine sont à peu près celles que vous
» avez devinées. Je veux dire que ce sont ces haires, ces
» cilices et ces disciplines dont on m'a assuré qu'il
» affligeoit fréquemment son corps et qui m'ont paru
» d'autant plus incroyables de notre défunt ami, que
» jamais rien, à mon avis, ne fut plus éloigné de son
» caractère que ces mortifications ; mais quoi ! la grace
» de Dieu ne se borne pas à des changements ordi-
» naires, et c'est quelquefois de véritables métamor-
» phoses qu'elle opère. Elle ne paroît pas s'être répandue
» de la même sorte sur le pauvre M. Cassandre, qui est
» mort tel qu'il a vécu, c'est à savoir très misanthrope
» et non seulement haïssant les hommes, mais ayant
» même de la peine à se réconcilier avec Dieu à qui,
» disoit-il, il n'avoit aucune obligation. Qui eût cru
» que de ces deux hommes, c'étoit M. de La Fontaine
» qui étoit le vase d'élection ! »

Vase d'élection ! Voilà le seul éloge que Boileau trouve au bout de sa plume, et, d'ailleurs, pas un mot de regret pour le *défunt ami* et d'éloge pour ses écrits. Décidément Boileau avait une façon trop chiche d'aimer et d'admirer ses amis.

Mais l'éloge que le sévère Boileau n'avait pas voulu accorder à notre poète, un saint évêque, Fénelon, le lui décerna spontanément. Il écrivit cet éloge en latin, et le donna à traduire au jeune duc de Bourgogne, son élève.

« La Fontaine n'est plus, il n'est plus ! et avec lui

» ont disparu les jeux badins, les ris folâtres, les graces
» naïves et les doctes Muses. Pleurez, vous tous qui avez
» reçu du ciel un cœur et un esprit capables de sentir
» tous les charmes d'une poésie élégante, naturelle et
» sans apprêt : Il n'est plus cet homme à qui il a été
» donné de rendre la négligence même de l'art préfé-
» rable au poli le plus brillant ! Pleurez donc, nourris-
» sons des Muses ; ou plutôt, nourrissons des Muses,
» consolez-vous : La Fontaine vit tout entier et vivra
» éternellement dans ses immortels écrits. Par l'ordre
» des temps il appartient aux siècles modernes ; mais
» par son génie il appartient à l'antiquité, qu'il nous
» retrace dans tout ce qu'elle a d'excellent. Lisez-le, et
» dites si Anacréon a su badiner avec plus de grace, si
» Horace a paré la philosophie d'ornements poétiques
» plus variés et plus attrayants, si Térence a peint les
» mœurs des hommes avec plus de naturel et de vérité,
» si Virgile enfin a été plus touchant et plus harmo-
» nieux. »

TROISIÈME PARTIE

Les Fables et leur Enseignement.

CHAPITRE PREMIER

LA COMÉDIE HUMAINE

Ce fut en 1668 que La Fontaine (il avait alors 47 ans) publia, en un volume in-quarto imprimé avec luxe et accompagné de figures dessinées et gravées par Chauveau, son premier recueil de fables, qu'il intitula modestement *Fables choisies mises en vers*. Ce recueil, qui contenait les six premiers livres, est dédié au Dauphin, qui était alors dans sa septième année, et auquel notre poète dit :

« Vous êtes en un âge où l'amusement et les jeux sont
» permis aux princes; mais en même temps vous devez
» donner quelques-unes de vos pensées à des réflexions
» sérieuses. Tout cela se rencontre aux fables que nous
» devons à Ésope. L'apparence en est puérile, je le

» confesse; mais ces puérilités servent d'enveloppe à
» des vérités importantes. »

La Fontaine n'aurait pas tenu un pareil langage au jeune prince s'il n'avait pas été bien convaincu d'avoir fait un livre d'éducation morale pour la jeunesse. Il avait pourtant un scrupule qui nous paraît aujourd'hui bien singulier. Ne lui reprocherait-on pas d'avoir donné trop de charme à ses récits et d'en avoir par là affaibli la moralité? En d'autres termes, la moralité étant l'âme de l'apologue et la fable le corps, ne lui reprocherait-on pas d'avoir donné la préférence au corps sur l'âme, d'avoir cherché à plaire plutôt qu'à instruire? N'opposerait-on pas aux traits charmants dont il avait semé ses fables la brièveté d'Ésope et de Phèdre et le laconisme de Babrias? Son scrupule était d'autant plus sincère, que son ami Patru, le célèbre avocat au Parlement, qui passait pour un des meilleurs critiques littéraires, l'avait détourné de mettre en vers les fables d'Ésope, en lui disant que le principal ornement des fables est de n'en point avoir. La Fontaine, heureusement, ne fut pas convaincu par son ami Patru, mais il crut devoir, dans sa préface, s'excuser de sa témérité en invoquant l'exemple de Socrate, et dans le prologue de la fable première du sixième livre il prit pour juge le public.

> Les fables ne sont pas ce qu'elles semblent être;
> Le plus simple animal nous y tient lieu de maître.
> Une morale nue apporte de l'ennui :
> Le conte fait passer le précepte avec lui.
> En ces sortes de feinte il faut instruire et plaire,
> Et conter pour conter me semble peu d'affaire.
> C'est par cette raison qu'égayant leur esprit,
> Nombre de gens fameux en ce genre ont écrit.

> Tous ont fui l'ornement et le trop d'étendue :
> On ne voit point chez eux de parole perdue.
> Phèdre était si succinct qu'aucuns l'en ont blâmé ;
> Ésope en moins de mots s'est encore exprimé.
> Mais sur tous certain Grec renchérit, et se pique
>   D'une élégance laconique ;
> Il renferme toujours son conte en quatre vers ;
> Bien ou mal, *je le laisse à juger aux experts*[1].

Le succès considérable qu'eut le premier recueil des fables rassura complètement La Fontaine. Le public n'avait pas partagé l'avis de Patru, et pourtant Patru avait raison, bien que le public n'eût pas tort. Mais qui donc eut tort? Ce fut la morale : cela lui arrive souvent. La Fontaine avait revêtu sa fable, c'est-à-dire le corps, de si beaux ornements, qu'ils voilèrent la moralité, c'est-à-dire l'âme. Le public ne sut pas ou ne voulut pas la voir ; le conte fit oublier le précepte

> L'homme est de glace aux vérités ;
> Il est de feu pour les mensonges[2].

Mais cela n'empêcha pas que le succès du livre ne fût complet, au contraire. Aussi, quand, en 1678, dix ans après la publication de son premier recueil, La Fontaine publia le second, composé de cinq livres, auxquels il joignit les six premiers, notre poète ne craignit pas de dire à Mme de Montespan en le lui dédiant :

> Protégez désormais le livre favori
> Par qui j'ose espérer une seconde vie ;
>   Sous vos seuls auspices ces vers
>   Seront jugés, malgré l'envie,
>   Dignes des yeux de l'Univers[3].

---

[1] *Le Pâtre et le Lion.*

[2] Liv. IX. — Fable VI. *Le Statuaire et la Statue de Jupiter.*

[3] Liv. VII. — Epître à Mme de Montespan.

La Fontaine ne se trompait pas; il triomphait, mais il triomphait avec sa modestie ordinaire, car, dans son épilogue, il invite d'autres poètes à compléter sa tâche. Cet épilogue est charmant.

> C'est ainsi que ma Muse, aux bords d'une onde pure,
> Traduisoit en langue des Dieux
> Tout ce que disent sous les cieux
> Tant d'êtres empruntants la voix de la nature.
> Trucheman de peuples divers,
> Je les faisois servir d'acteurs en mon ouvrage;
> Car tout parle dans l'univers;
> Il n'est rien qui n'ait son langage;
> Plus éloquents chez eux qu'ils ne sont dans mes vers,
> Si ceux que j'introduis me trouvent peu fidèle;
> Si mon œuvre n'est pas un assez bon modèle,
> J'ai du moins ouvert le chemin :
> D'autres pourront y mettre une dernière main.
> Favoris des neuf Sœurs, achevez l'entreprise :
> Donnez mainte leçon que j'ai sans doute omise;
> Sous ces inventions il faut l'envelopper.
> Mais vous n'avez que trop de quoi vous occuper :
> Pendant le doux emploi de ma Muse innocente,
> Louis dompte l'Europe; et, d'une main puissante,
> Il conduit à leur fin les plus nobles projets
> Qu'ait jamais formés un monarque.
> Favoris des neuf Sœurs, ce sont là des sujets
> Vainqueurs du temps et de la Parque[1].

Louis XIV venait de dicter, à Nimègue, les conditions de la paix, auxquelles l'Europe se soumit. C'était un trait d'esprit de la part de La Fontaine que de faire au Roi, à la fin de son livre, en trois vers d'un goût exquis, un éloge mérité et qui, en ce moment-là, était dans toutes les bouches.

Boileau et Racine ont cessé d'écrire de bonne heure; La Fontaine, *ce paresseux*, *ce dormeur*, a travaillé jusqu'à

---

[1] Liv. XI. — *Épilogue.*

son dernier soupir. Il vivait de poésie ! En 1694, après sa maladie et sa conversion, notre poète rassembla ce qui lui restait de forces pour achever un dernier livre, le douzième, composé de vingt-sept fables, qui, chose remarquable, sont, aux yeux des meilleurs juges, supérieures pour la beauté des sujets et la profondeur des pensées aux fables des autres livres, sans leur être inférieures pour les grâces du style. La fable intitulée *Le Juge arbitre, l'Hospitalier et le Solitaire* se termine par ces quatre vers :

> Cette leçon sera la fin de ces ouvrages :
> Puisse-t-elle être utile aux siècles à venir !
> Je la présente aux rois, je la propose aux sages :
> Par où saurois-je mieux finir[1] ?

En dédiant ce dernier livre au jeune duc de Bourgogne, qui avait alors douze ans, La Fontaine lui dit gravement et simplement : « Les fables.... embrassent
» toutes sortes d'événements et de caractères. Ces men-
» songes sont proprement *une manière d'histoire où on
» ne flatte personne*. Ce ne sont pas choses de peu d'im-
» portance que ces sujets : les animaux sont les précep-
» teurs des hommes dans mon ouvrage. Je ne m'éten-
» drai pas davantage là-dessus : vous voyez mieux que
» moi le profit qu'on en peut tirer. »

Ce jugement d'une fierté modeste, porté par La Fontaine sur son livre favori, a été ratifié par la postérité. Son ouvrage est *une manière d'histoire* en ce sens qu'il y peint l'humanité telle qu'elle est, ni meilleure ni pire, et que la moralité des fables est la même que la moralité qu'on peut tirer de l'histoire. La Fontaine a fait, d'ail-

---

[1] Liv. XII. — Fable XXVII.

leurs, de la politique dans son livre, et par cela même de l'histoire. Ainsi, quand il nous montre deux voleurs se disputant à coups de poings un âne qui leur est enlevé par un troisième larron, et qu'il ajoute :

> L'âne, c'est quelquefois une pauvre province :
> Les voleurs sont tel ou tel prince[1],

il fait *une manière d'histoire* qui est de tous les temps.

Il en est de même quand, dans la fable *Les Membres et l'Estomac*[2], il fait ressortir les avantages d'un bon gouvernement.

De même encore, quand, dans la fable *La Tête et la Queue du Serpent*[3], il montre les dangers de l'anarchie.

De même enfin, quand il fait parler *le Paysan du Danube*[4] devant le Sénat romain, sur l'abus des conquêtes.

On pourrait multiplier ces exemples, mais comme La Fontaine a touché à tous les sujets, son livre est, avant tout, comme il l'a dit lui-même, *une ample comédie*, la grande comédie humaine, où tous les règnes de la nature comparaissent devant les spectateurs. Pour soutenir leur attention, l'auteur a mis en jeu toutes les passions, tous les vices, tous les ridicules, tous les travers de l'humanité, et il a usé de tous les artifices de la mise en scène.

Sur le rideau on a peint le Parnasse de Raphaël. Apollon, debout sur le mont sacré, tient sa lyre, et les Muses écoutent dans le ravissement. Le théâtre a pour décors de fond l'Olympe, la terre et les mers, et pour

---

[1] Liv. I. — Fable XIII. *Les Voleurs et l'Ane.*
[2] Liv. III. — Fable II.
[3] Liv. VII. — Fable XVII.
[4] Liv. XI. — Fable VII.

décors mouvants et changeants la ville et les champs, les palais et les chaumières, les étangs et les marais, les prés et les bois, les arbres et les nids, les antres et les terriers, les étables et les chenils, les greniers et les caves. Il a pour acteurs les dieux, les déesses et les héros, les hommes, les femmes et les bêtes. Parmi les hommes : les monarques, les princes, les grands seigneurs, les courtisans, les financiers, les savants, les ignorants, les artisans, les laboureurs. Parmi les femmes : les coquettes, les précieuses, les commères, les dames et les servantes. Parmi les bêtes : les carnassiers puissants, forts et cruels, les herbivores pacifiques, doux et sensibles, les rongeurs craintifs, furtifs et fuyards, les bipèdes de tous ordres et de toutes classes, les pachydermes géants et les plus humbles insectes. Comme dans la Genèse, le serpent devient l'interlocuteur de l'homme, bien plus, son accusateur.

..... le symbole des ingrats
Ce n'est point le Serpent, c'est l'Homme [1].........

Et tous ces acteurs sont si bien masqués et déguisés qu'on peut prendre tour à tour les bêtes pour des hommes et les hommes pour des bêtes. C'est là le *vis comica* de la pièce.

Ce spectacle grandiose et amusant, où le génie fait parler le bon sens, est d'autant plus fait pour le peuple qu'il est à la portée de toutes les bourses, et que, moyennant une très modique somme, tout le monde peut y assister et s'y trouver à la place qui lui convient. Balzac a tenté d'écrire la Comédie humaine, mais sa comédie,

---

[1] Liv. X. — Fable II. *L'Homme et la Couleuvre.*

délayée en vingt volumes, lasse le spectateur le plus acharné. Victor Hugo a écrit aussi une Comédie humaine, mais le Titan, en entassant Pélion sur Ossa, épouvante l'imagination. D'ailleurs, le prix des places à ces deux comédies est trop élevé pour qu'elles puissent convenir à un théâtre populaire.

Comme son ami Molière, La Fontaine a pris son bien partout où il l'a trouvé. Les plus grands esprits de la Grèce, Platon, Aristote, Socrate, Plutarque, Hérodote, Hésiode, Ésope, Théocrite, Hippocrate; les meilleurs poètes de Rome, Horace, Virgile, Lucrèce, Phèdre, Térence, Martial; ses plus grands prosateurs, Cicéron, Sénèque, Tite-Live, Pline, Valère-Maxime; les sages de l'Inde, Bidpaï, Lokman, Saadi; tous les conteurs du Moyen-Age et de la Renaissance, Boccace, Abstimius, Machiavel, l'Arioste, Rabelais, la Reine de Navarre, Marot, les deux Regnier et bien d'autres, lui ont fourni des sujets, des inspirations, des traits de mœurs ou d'esprit, des maximes morales, qui ont pris, en passant par le creuset de sa pensée, une forme profondément originale et personnelle appropriée à son temps, à son propre génie et au génie de sa race. Son style, tour à tour sublime et simple, tragique et comique, naïf et touchant, vif et enjoué, a répandu avec profusion sur tous les sujets *ce certain charme, cet air agréable* qu'il s'était proposé de leur donner. *Instruire et plaire*, tel était son double but : il a voulu plaire d'abord, et il y a pleinement réussi, personne ne le conteste. Mais pourquoi a-t-il voulu plaire? Pour deux raisons, à mon avis : la première, pour se donner à lui-même cette jouissance pure et légitime que l'écrivain éprouve quand il sent que son œuvre réalise l'idéal de perfection qu'il a rêvé ; la seconde, pour donner plus d'attrait à l'idée morale contenue dans son œuvre.

La Fontaine, l'auteur des Contes, soucieux de la morale ! Cette idée fera peut-être sourire de fins lettrés. Et pourquoi pas ? Notre poète, après tout, était honnête homme, et, à l'âge où il a commencé d'écrire des fables, il avait pu méditer assez profondément sur la fragilité des plaisirs pour être convaincu que le bien est préférable au mal, la vertu au vice ; qu'avec son seul volume des Contes il n'irait pas à l'immortalité, qu'il n'obtiendrait pas l'insigne honneur d'être enseigné dans les écoles, qu'il manquerait le but désigné par Térence, *populo ut placerent quas fecisset fabulas*, but qu'il avait visé ; et comme il n'était point sot et qu'il avait trouvé dans les fables morales de l'antiquité une matière appropriée à son génie, il n'a pas voulu imiter *le chien qui lâche sa proie pour l'ombre*[1].

La Fontaine a donc enseigné une morale. Quelle est cette morale et que vaut-elle ? C'est ce que je me propose d'examiner ; mais auparavant il me paraît utile de rechercher une méthode qui dissipe les doutes que l'on peut concevoir sur la moralité de certaines fables. La Motte n'a-t-il pas dit fort ingénieusement, à propos de la vie d'Ésope publiée par La Fontaine : « C'est une
» bonne fable qui peint à merveille la position de tous
» les fabulistes à l'égard de leurs lecteurs. Nous sommes
» des esclaves qui voulons les instruire sans les fâcher ;
» ils sont des maîtres intelligents qui nous savent gré
» de nos ménagements, et qui reçoivent volontiers la

---

[1] Liv. VI. — Fable XVII.

» vérité parce que nous leur laissons l'honneur de la
» deviner en partie. »

Pour deviner la moralité des fables, il suffit d'ailleurs d'en faire l'application comme le fabuliste italien Rossi : « Il n'y a, dit-il, dans mes fables, pas un loup, pas un » agneau, pas un renard dont l'original n'existe et ne » me soit parfaitement connu.[1] »

---

[1] « Non vi è lupo, non vi è agnello, non vi è volpe nello mia favole » di cui non abbia i conosciuta l'originale nella natura. »

CHAPITRE II

INTERPRÉTATION DE LA MORALE DES FABLES

Dans la préface de son livre, La Fontaine nous dit qu'il éprouvait parfois une si grande difficulté pour exprimer en peu de mots, avec un tour poétique, la moralité de ses fables qu'il était obligé d'y renoncer, et il s'en excuse en invoquant l'exemple d'Horace qui ne veut pas qu'un auteur s'opiniâtre contre l'incapacité de son esprit, ni contre celle de sa matière. Dans le prologue de la fable première du livre V *(Le Bûcheron et Mercure)*, notre poète fait connaître au public les procédés qu'il a employés pour dégager l'idée morale cachée dans ses fables.

> Quant au principal but qu'Ésope se propose,
> J'y tombe au moins mal que je puis.
> Enfin, si dans ces vers je ne *plais et n'instruis*,
> Il ne tient pas à moi; c'est toujours quelque chose.
> Comme la force est un point
> Dont je ne me pique point,
> Je tâche d'y tourner le vice en ridicule,
> Ne pouvant l'attaquer avec des bras d'Hercule.
> C'est là tout mon talent; je ne sais s'il suffit.
> Tantôt je peins en un récit
> La sotte vanité jointe avecque l'envie,
> Deux pivots sur qui roule aujourd'hui notre vie;

> Tel est ce chétif animal
> Qui voulut en grosseur au Bœuf se rendre égal.
> J'oppose quelquefois, par une double image,
> Le vice à la vertu, la sottise au bon sens,
> Les Agneaux aux Loups ravissants,
> La Mouche à la Fourmi ; faisant de cet ouvrage
> *Une ample comédie à cent actes divers,*
> *Et dont la scène est l'Univers.*
> *Hommes, dieux, animaux; tout y fait quelque rôle,*
> *Jupiter comme un autre*.....................

Voilà la poétique de l'apologue et ses procédés d'exécution bien définis. La Fontaine, pour dégager la moralité, emploie tour à tour la satire et la double image, c'est-à-dire l'exemple.

Dans le plus grand nombre des fables, la moralité découle du récit avec une telle évidence qu'elle ne peut faire l'objet d'aucune contestation ; mais dans les fables purement satiriques on peut concevoir quelquefois des doutes sur les intentions du poète ; on peut croire qu'il prend trop facilement son parti du mal dont il fait la satire et qu'il n'a voulu qu'amuser le lecteur.

Comment résoudre ces doutes? Comment découvrir l'intention ? Je vais essayer de l'indiquer.

La fable intitulée *Le Loup et l'Agneau* commence par ce vers :

> La raison du plus fort est toujours la meilleure.

Pourrait-on, de bonne foi, prétendre que La Fontaine, en exprimant la moralité de sa fable par ce seul vers, a voulu enseigner aux enfants une maxime morale aussi... comment dirai-je?... aussi germanique. Autant vaudrait leur enseigner que *la force prime le droit*. Cette moralité doit être interprétée dans un sens satirique. L'enfant ne s'y trompe pas : quand il a lu la fable, quand il l'a apprise par cœur, il plaint le pauvre petit agneau et maudit le méchant loup. La Fontaine a atteint son but : exciter dans l'âme de l'enfant la pitié pour l'opprimé, l'horreur contre l'oppresseur.

Aucun commentateur ne s'y est mépris ; mais à propos de la fable *Les Obsèques de la Lionne* [1], Taine nous dit que La Fontaine conseille la flatterie, et la flatterie basse ! Voici la moralité de cette fable :

> Amusez les rois par des songes,
> Flattez-les, payez-les d'agréables mensonges :
> Quelque indignation dont leur cœur soit rempli,
> Ils goberont l'appât ; vous serez leur ami.

Loin de conseiller la flatterie, cette moralité n'est-elle pas, au contraire, une satire violente contre les rois et contre les courtisans ? Il est d'autant moins permis d'en douter que, dans le corps de la fable, La Fontaine interrompt son récit pour dire :

> Je définis la Cour un pays où les gens,
> Tristes, gais, prêts à tout, à tout indifférents,
> Sont ce qu'il plaît au Prince, ou, s'ils ne peuvent l'être,
> Tâchent au moins de le paraître :
> Peuple caméléon, peuple singe du maître ;
> On diroit qu'un esprit anime mille corps :
> C'est bien là que les gens sont de simples ressorts.

Le cerf est-il réellement coupable de basse flatterie ? Qu'on se mette à sa place !

> Le monarque lui dit : « Chétif hôte des bois,
> Tu ris, tu ne suis pas ces gémissantes voix.
> Nous n'appliquerons point sur tes membres profanes
> Nos sacrés ongles : venez, Loups,
> Vengez la Reine ; immolez tous
> Ce traître à ses augustes mânes. »

[1] Liv. VIII. — Fable XIV.

A l'idée d'une mort aussi affreuse, que fait notre malheureux ?

> Le Cerf reprit alors : « Sire, le temps des pleurs
> Est passé ; la douleur est ici superflue.
> Votre digne moitié, couchée entre des fleurs,
>   Tout près d'ici m'est apparue ;
>   Et je l'ai d'abord reconnue.
> « Ami, m'a-t-elle dit, garde que ce convoi,
> « Quand je vais chez les Dieux, ne t'oblige à des larmes.
> « Aux Champs Élysiens j'ai goûté mille charmes,
> « Conversant avec ceux qui sont saints comme moi.
> « Laisse agir quelque temps le désespoir du Roi :
> « J'y prends plaisir. ».....

Ainsi, le cerf, menacé d'être dévoré par les loups, s'en tire par un beau discours. Taine, qui aime l'éloquence, n'en eût-il pas fait autant à sa place ?

> « Chacun dit ce qu'il peut pour défendre sa vie. »

La leçon ne s'adresse pas au cerf, elle s'adresse au monarque, et il fallait à notre poète une grande hardiesse pour dire à Louis XIV que les rois se laissent duper par les flatteurs comme de simples corbeaux, et que les courtisans sont de simples ressorts. Cette fable est, d'un bout à l'autre, une véhémente satire contre la Cour et les courtisans. Prétendre que La Fontaine, qui a dit au duc de Bourgogne que son livre est *une manière d'histoire où on ne flatte personne*, a eu l'intention de conseiller la basse flatterie, c'est lui faire une véritable injure.

Taine s'indigne contre la moralité de la fable intitulée *La Chauve-Souris et les deux Belettes* [1].

> Plusieurs se sont trouvés qui d'écharpe changeants,
> Aux dangers, ainsi qu'elle, ont souvent fait la figue.

---

[1] Liv. II. — Fable v.

> Le sage dit, selon les gens,
> Vive le Roi! vive la ligue!

Chamfort et d'autres commentateurs s'étaient indignés avant Taine. Aimé Martin fait observer, au contraire, que la moralité doit être prise dans le sens satirique et que La Fontaine a voulu railler le poltron, le *prétendu sage*, qui n'a pas le courage de son opinion. Aimé Martin a raison, et le meilleur moyen de le démontrer, c'est de se reporter à la fable ayant pour titre *Le Satyre et le Passant*[1]. Celui-ci a soufflé dans sa main pour la réchauffer et sur sa soupe pour la refroidir; le satyre, qui d'abord l'avait bien accueilli, s'indigne et le chasse de son antre, en lui disant :

> Vous pouvez..........
> Reprendre votre chemin.
> Ne plaise aux Dieux que je couche
> Avec vous sous même toit!
> Arrière ceux dont la bouche
> Souffle le chaud et le froid!

La Fontaine n'a pas pu avoir deux morales. Il ne faut pas d'ailleurs perdre de vue qu'après avoir été du parti de la Ligue et de la Fronde, les plus grands seigneurs de France s'étaient ralliés au parti du Roi, sans pour cela se croire des traîtres.

Taine s'indigne encore violemment contre la fable *Un Fou et un Sage*[2]. « La Fontaine, dit-il, approuve la
» perfidie, et quand le tour est profitable et bien joué,
» il oublie que c'est un guet-apens. Il représente un
» sage qui, poursuivi par un fou, le flatte de belles pa-
» roles menteuses, et tout doucement le fait *échiner* et

---

[1] Liv. V. — Fable VII.
[2] Liv. XII. — Fable XXII.

» *assommer*. Il trouve l'invention bonne et nous con-
» seille de la pratiquer. »

Décidément, notre poète est un méchant homme, et on a bien tort de l'appeler encore le *bon* La Fontaine ! Pourtant, avant de le condanmer, examinons le cas.

Il s'agit, dans la fable en question, non pas d'un fou véritable, d'un être inconscient qui a droit à notre pitié, mais d'un fou de Cour, d'un de ces êtres malfaisants et difformes, d'un Triboulet, d'un L'Angély, qui se plaisaient à jouer de mauvais tours aux gens. Il est d'autant moins permis d'en douter, que la moralité le dit expressément.

> Auprès des rois il est de pareils fous :
> A vos dépens ils font rire le maître.
> Pour réprimer leur babil, irez-vous
> Les maltraiter ? Vous n'êtes pas peut-être
> Assez puissant. Il faut les engager
> A s'adresser à qui peut se venger.

Mais veut-on savoir quels étaient les sentiments de La Fontaine à l'égard des fous véritables ? Consultons la fable du *Fou qui vend la Sagesse*[1]. Que dit-il de la folie ?

> La raison est-elle garant
> De ce que fait un fou ? Le hasard est la cause
> De tout ce qui se passe en un cerveau blessé.

Et quel conseil donne-t-il ?

> Jamais auprès des fous ne te mets à portée :
> Je ne puis te donner un plus sage conseil.
> Il n'est enseignement pareil
> A celui-là de fuir une tête éventée.

Allons ! allons ! notre poète mérite encore son surnom. Conservons-le lui.

---

[1] Liv. IX. — Fable VIII.

La comédie humaine, qu'on ne l'oublie pas, se compose de 247 actes ayant tous leur moralité particulière qui concourt à former une philosophie, une moralité générale. C'est en comparant entre eux ces petits actes, en les contrôlant pour ainsi dire les uns par les autres, qu'on parvient à résoudre toutes les difficultés d'interprétation qui pourraient s'élever sur les intentions de l'auteur, en se pénétrant bien tout d'abord de cette idée que La Fontaine n'a voulu faire que des fables morales et qu'il n'était pas homme à s'y tromper.

Taine nous dit : « La Fontaine montre les faibles
» opprimés, sans leur laisser espoir de secours ni de
» vengeance..... Il est résigné, sait ce que vaut le roi
» lion.... Notre Champenois souffre très bien que les
» moutons soient mangés par les loups et que les sots
» soient dupés par les fripons; son renard a le beau
» rôle. Jean-Jacques disait fort justement qu'il prend
» souvent pour héros les bêtes de proie, et qu'en faisant
» rire aux dépens du volé, il fait admirer le voleur. »

Voilà encore une accusation grave contre laquelle il faut absolument protester.

Le renard et le loup sont des types de personnages qui ont toujours existé et qui existeront toujours. Ce sont des espèces qui, malheureusement, pullulent et dont on a bien de la peine à se défendre. Ceux de nos jours sont au fond les mêmes que ceux du temps d'Ésope, de Phèdre et de La Fontaine ; mais leurs procédés d'exécution se sont modifiés, amplifiés, pour se mettre en rapport avec les progrès de la civilisation.

Il y a dans l'histoire de grands personnages qui unissent la ruse du renard à la gloutonnerie du loup, et qui ne sont pourtant ni des loups, ni des renards. Ce sont des aigles! L'espèce en a toujours été très rare; elle n'abonde pas aujourd'hui. Peut-être ne faut-il pas trop le regretter, car les aigles ne font pas toujours le bonheur de l'humanité.

Le renard d'aujourd'hui est, comme celui d'autrefois, le personnage fin, subtil, matois, sceptique, railleur, méchant, charlatan, et par-dessus tout courtisan. Seulement, comme le Souverain est le peuple et non le Roi, c'est le peuple qu'il courtise, c'est la foule qu'il cherche à duper. Tous les moyens lui sont bons; pourtant, comme pour l'attirer, il faut d'abord une enseigne honnête, volontiers il se fait avocat, médecin, banquier ou notaire; il prend, suivant le cas, une spécialité de causes mauvaises, de maladies étranges, d'affaires véreuses; il fait beaucoup de bruit, beaucoup de publicité. Si, malgré cela, il ne réussit pas, si la foule se défie, comme le rat de la fable, il se jette alors dans la politique, il fonde un journal dans lequel il fait chanter tous les jours ses louanges par des faméliques à ses gages : c'est encore une espèce qui pullule aujourd'hui; il enrôle et solde les politiciens d'estaminet et forme avec eux des comités dans lesquels on élabore des programmes merveilleux. A force d'intriguer et de jouer des coudes, il devient conseiller général, puis député, quelquefois sous-secrétaire d'État et même ministre; il nage alors en pleine eau; il se fait nommer de toutes les commissions, et surtout de la commission du budget : cela pose bien; il devient fondateur, administrateur, directeur, président de banques fantastiques, de compagnies imaginaires, promettant des dividendes fabuleux ; il draine ainsi les petits capitaux ; avant tout, il lui faut de l'argent ; il ne veut être dupe ni de lui-même ni des autres : il entend, au contraire, jouir de la vie et en jouir largement, non en disciple mais en pourceau d'Epicure. Il s'excède et se surmène ; comme tous les faux millionnaires, il est pressé de jouir, car il n'est pas sûr du lendemain. Il ne se marie pas, une honnête femme le gênerait. Si, par hasard, il a commis la *bêtise* de se marier, il plante là sa femme et ses enfants. Tel est le renard du xix° siècle. Sous la monarchie de Juillet, on l'appelait Robert Macaire ; Frédérick Lemaître et Daumier l'ont immortalisé. Il n'est pas rare qu'il finisse en police correctionnelle ; le plus souvent, il file à l'étranger *en sauvant la caisse*.

Quand le renard a réussi à faire des dupes, quand des sots, des niais ou des électeurs mal avisés se sont laissés prendre à ses pièges, à ses ruses, à ses mensonges, à ses promesses de dividendes, à ses programmes de réformes, le public, simple spectateur, est peu disposé à les plaindre. Il admirera peut-être les tours du renard s'ils sont bien joués, mais il n'admirera pas le personnage ; il dira, au contraire : « Quelle canaille ! »

Le loup est un sous-type du renard. Cancre, hère, pauvre diable, vorace, glouton, cruel, il se jette brutalement sur la première proie qu'il rencontre. Il est bon à tout faire et prêt à tous les métiers ; mais il manque de finesse, de tact et d'habileté : il n'a aucun flair, aucune prudence, aucune mesure ; aussi ses affaires tournent-elles presque toujours mal. Fréquemment, il finit en cour d'assises. En parlant de lui, on dit : « Quel gredin ! »

Il arrive souvent que le renard et le loup s'associent pour commettre de concert quelque mauvais coup. Dans ce cas, le loup est toujours dupe, mais qui pourrait le plaindre? Ils ne valent pas mieux l'un que l'autre, et le singe les a bien jugés en prétendant

> . . . . qu'à tort et à travers
> On ne sauroit manquer, condamnant un pervers[1].

Je dois ajouter qu'il y a des loups et des renards dans tous les partis, dans toutes les professions, dans toutes les conditions, dans tous les états : ils abondent partout, ils ne sont devenus rares que dans les bois.

Voilà, ce semble, les renards et les loups de notre temps. Ceux de l'ancien régime, que La Fontaine appelle des *mangeurs de gens*, étaient plus élégants, plus polis, plus spirituels, plus grands seigneurs, mais ils n'en valaient pas mieux pour cela. S'il est vrai que La Fontaine leur a donné le beau rôle dans ses fables, sa comédie est mauvaise; il faut la siffler, car la morale veut que ces deux personnages finissent mal. Eh bien ! suivons-les dans les divers actes où ils sont mis en scène.

Le renard, cet habile, ce matois, ce rusé courtisan, ce philosophe sceptique, cet écornifleur qui a escroqué le fromage du corbeau, dévoré les poules du fermier, magnétisé les poulets d'Inde, joué un mauvais tour à son ami le bouc, mis à mal son camarade le loup, se voit, à son tour, raillé par la cigogne, raillé par le coq, raillé par le chat, dévoré par les chiens, mangé par les mouches, mis à mort par les chasseurs, pendu aux four-

---

[1] Liv. II. — Fable III. *Le Loup plaidant contre le Renard par-devant le Singe.*

ches patibulaires. Il n'a conséquemment pas eu toujours le beau rôle. La comédie est donc morale. Le spectateur a bien pu admirer parfois les tours du renard, son esprit, sa verve, sa matoiserie, sa finesse, sa philosophie narquoise, son effronterie, mais il a fini par voir que c'est un *franc scélérat*; c'est ainsi que l'appelle La Fontaine, et il applaudit à sa fin tragique.

Quant au loup, c'est bien pis; toutes les mésaventures lui arrivent : il a la mâchoire fracassée par le cheval, il est étranglé par les chiens, assommé par les valets du fermier, sa gloutonnerie lui cause la mort, il est écorché vif. Voilà le pauvre, le tendre agneau bien vengé !

Veut-on avoir encore une autre démonstration de la moralité de la comédie? Découpons une petite pièce dans la grande. Prenons quatre actes, c'est-à-dire quatre fables :

Les Animaux malades de la peste [1],
Le Lion, le Loup et le Renard [2],
Le Renard, les Mouches et le Hérisson [3],
Le Lion devenu vieux [4].

Lisons ces quatre fables dans l'ordre que je viens d'indiquer, et tirons la moralité de cette pièce en quatre actes.

Au premier acte, nous assistons à ce qu'il y a de plus déplorable au monde, à un jugement inique dans lequel la Justice est tournée en dérision; l'histoire en offre malheureusement plus d'un exemple. Cet acte est admi-

---

[1] Liv. VII. — Fable I.
[2] Liv. VIII. — Fable III.
[3] Liv. XII. — Fable XIII.
[4] Liv. III. — Fable XIV.

rable : la confession du lion, celle de l'âne, le plaidoyer du renard, la harangue du loup, sont d'un naturel achevé. Le jugement est rendu ; le pauvre âne, *ce pelé, ce galeux, d'où venait tout leur mal,* est mis à mort.

> Sa peccadille fut jugée un cas pendable.
> Manger l'herbe d'autrui ! quel crime abominable !
> Rien que la mort n'étoit capable
> D'expier son forfait : on le lui fit bien voir.

Et le moraliste, ou plutôt le satirique, ajoute :

> Selon que vous serez puissant ou misérable,
> Les jugements de cour vous rendront blanc ou noir.

Voilà une moralité qui n'est pas consolante, mais patience ! Le pauvre âne, ce bouc émissaire, cette victime expiatoire, sera vengé ! Les coupables de ce jugement inique ne triompheront pas jusqu'au bout ! Ces coupables, quels sont-ils ? Le lion, le loup, le renard. Voyons ce qui va leur advenir.

Au second acte, le lion est devenu vieux, il est décrépit, goutteux, il n'en peut plus ; mais, comme tous les despotes auxquels il reste encore quelque puissance, il veut qu'on le guérisse, et sans retard. De tous côtés lui arrivent des charlatans, des donneurs de remèdes. Le renard, qui est un fin matois, et qui a refusé une première fois de se rendre dans l'antre du lion,

> . . . . dans cet antre
> Je vois fort bien comme l'on entre,
> Et ne vois pas comme on en sort[1].

s'abstient de paraître ; le loup, qui garde une dent au renard pour tous les mauvais tours qu'il lui a

---

[1] Liv. VI. — Fable XIV. *Le Lion malade et le Renard.*

joués, *daube, au coucher du Roi, son camarade absent*; il pense ainsi faire sa cour (on se croirait à Versailles). Le monarque, qui n'entend pas qu'on manque à ses devoirs de courtisan, ordonne *qu'on aille enfumer renard dans sa demeure, qu'on le fasse venir*. *Le maître en fait de tromperie* comparaît devant le Prince, sans perdre son sang-froid,

> Et sachant que le Loup lui faisoit cette affaire :
> « Je crains, Sire, dit-il, qu'un rapport peu sincère
> Ne m'ait à mépris imputé
> D'avoir différé cet hommage. »

L'hypocrite ajoute :

> « Mais j'étois en pèlerinage,
> Et m'acquittois d'un vœu fait pour votre santé.
> Même j'ai vu dans mon voyage
> Gens experts et savants, leur ai dit la langueur
> Dont Votre Majesté craint, à bon droit, la suite.
> Vous ne manquez que de chaleur ;
> Le long âge en vous l'a détruite.
> D'un loup *écorché vif* appliquez-vous la peau
> Toute chaude et toute fumante ;
> Le secret sans doute en est beau
> Pour la nature défaillante.
> Messire Loup vous servira,
> S'il vous plaît, de robe de chambre. »
> Le Roi goûte cet avis-là :
> On écorche, on taille, on démembre
> Messire Loup. Le Monarque en soupa
> Et de sa peau s'enveloppa.

La vengeance du renard est cruelle ; mais le loup voulait lui jouer un mauvais tour. Le renard, qui est frotté de lettres, s'est souvenu du *par pari refertur* de Phèdre, et il a appliqué la maxime. Voilà pour l'âne le commencement de la vengeance.

Passons au troisième acte. Le renard, blessé par des

chasseurs, est tombé dans la fange, et là il est dévoré par les mouches. Peut-il y avoir rien de plus humiliant pour lui ! Aussi, il accuse les Dieux et trouve fort étrange

> Que le sort à tel point le voulût affliger,
> Et le fît aux mouches manger.

Son désespoir est au comble.

> « Quoi ! se jeter sur moi, sur moi le plus habile
> De tous les hôtes des forêts !
> Depuis quand les renards sont-ils un si bon mets ?
> Et que me sert ma queue ? est-ce un poids inutile ?
> Va, le Ciel te confonde, animal importun ! »

Le renard a tort de se plaindre ; il a été mangeur de gens, et il est mangé à son tour. C'est la loi du talion. *Par pari refertur.*

Venons enfin au quatrième acte. Le lion, déjà décrépit et goutteux au deuxième acte, est tout à fait moribond. Ses sujets, jadis tremblants devant lui, l'attaquent et l'insultent. L'histoire nous a donné souvent ce spectacle.

> Le Cheval s'approchant lui donne un coup de pied ;
> Le Loup un coup de dent ; le Bœuf un coup de corne.
> Le malheureux Lion, languissant, triste, et morne,
> Peut à peine rugir, par l'âge estropié.
> Il attend son destin sans faire aucunes plaintes ;
> Quand voyant l'Ane même à son antre accourir :
> « Ah ! c'est trop, lui dit-il ; je voulois bien mourir ;
> Mais c'est mourir deux fois que souffrir tes atteintes. »

Le lion a tort de se récrier ; cet âne qui vient l'assaillir est le *fils* de celui qu'il a injustement condamné !

Le drame est achevé ; c'est un drame philosophique et politique. Les juges iniques, le despote, les courtisans *mangeurs de gens* sont punis. L'innocent, *le pelé, le ga-*

leux, *le misérable*, est vengé ; la morale est satisfaite, les spectateurs n'ont qu'à applaudir.

Continuons la protestation. La Fontaine, dites-vous, *sait ce que vaut le roi lion!* Oui, sans doute, il le sait aussi bien que le singe chargé par Sa Majesté de lui enseigner la morale. Dans une première leçon, le docteur a traité du ridicule ; dans une seconde il doit traiter de l'injuste, mais par prudence il ajourne sa leçon :

> Ainsi parla ce Singe. On ne m'a pas su dire
> S'il traita l'autre point, car il est délicat ;
> Et notre maître ès arts, qui n'étoit pas un fat,
> Regardoit ce Lion comme un terrible sire[1].

Moins prudent que le singe, notre poète ne craint pas de dire ses vérités au terrible sire :

> « Va-t-en, chétif insecte, excrément de la terre! »
>   C'est en ces mots que le Lion
>   Parloit un jour au Moucheron.
>   L'autre lui déclara la guerre.
> « Penses-tu, lui dit-il, que ton titre de roi
>   Me fasse peur ni me soucie[2]? »

Un combat acharné s'engage, et c'est *l'excrément de la terre, l'avorton de mouche*, qui est vainqueur. Quelle leçon !

Le terrible lion se laisse prendre un jour dans des rets,

> Dont ses rugissements ne le purent défaire[3].

Quel sera son libérateur? Un rat, un pauvre petit rat,

---

[1] Liv. XI. — Fable v. *Le Lion, le Singe et les deux Anes.*
[2] Liv. II. — Fable ix. *Le Lion et le Moucheron.*
[3] Liv. II. — Fable xi. *Le Lion et le Rat.*

lequel s'était jeté un peu étourdiment entre les pattes de Sa Majesté, qui daigna lui faire grâce.

> On a souvent besoin d'un plus petit que soi [1].

La même fable, sous le titre de *La Colombe et la Fourmi*, renferme les vers suivants, que je recommande en passant aux amateurs de belle poésie descriptive :

> Le long d'un clair ruisseau buvait une Colombe,
> Quand sur l'eau se penchant une Fourmis y tombe,
> Et dans cet océan l'on eût vu la Fourmis
> S'efforcer, mais en vain, de regagner la rive.
> La Colombe aussitôt usa de charité :
> Un brin d'herbe dans l'eau par elle étant jeté,
> Ce fût un promontoire où la Fourmis arrive.

Quelle grâce ! quelle simplicité ! Quand il peint les petits animaux, La Fontaine trouve des traits d'une douceur charmante qui prouvent sa tendresse pour les faibles. Et vous venez nous dire qu'il est sans pitié pour eux !

Mais revenons au terrible sire : Il devient amoureux d'une belle fille, cela s'est vu souvent à la Cour de France, avant et après le roi *vert galant*. Son amour l'aveugle tellement qu'il consent à se laisser rogner les ongles et les dents. Cela s'est encore vu à la Cour de France.

> Sans dents ni griffes le voilà,
> Comme place démantelée.
> On lâcha sur lui quelques chiens :
> Il fit fort peu de résistance.
>
> Amour, Amour, quand tu nous tiens,
> On peut bien dire : « Adieu prudence. [2] »

---

[1] Liv. II. — Fable xi. *Le Lion et le Rat.*
[2] Liv. IV. — Fable i. *Le Lion amoureux.*

Et le poète qui met sous les yeux de Louis XIV, du Dauphin et du duc de Bourgogne de semblables peintures, dans lesquelles il fait bien réellement *une manière d'histoire où on ne flatte personne,* vous l'accusez de conseiller la flatterie, la basse flatterie ! En tous cas, s'il la conseillait, il ne la pratiquait pas.

Poursuivons encore la protestation.

> Le Chêne un jour dit au Roseau :
> « Vous avez bien sujet d'accuser la nature ;
> Un roitelet pour vous est un pesant fardeau ;
> Le moindre vent qui d'aventure
> Fait rider la face de l'eau,
> Vous oblige à baisser la tête,
> Cependant que mon front au Caucase pareil,
> Non content d'arrêter les rayons du soleil,
> Brave l'effort de la tempête.
> Tout vous est aquilon, tout me semble zéphyr.
> . . . .
> La nature envers vous me semble bien injuste. »

Quelle superbe ! Quelle pitié dédaigneuse !

La réponse du roseau est d'une douceur ironique :

> « Votre compassion, lui répondit l'arbuste,
> Part d'un bon naturel ; mais quittez ce souci :
> Les vents me sont moins qu'à vous redoutables ;
> Je plie, et ne romps pas[1]. . . . .

Halte-là ! Que veut dire cet hémistiche : *Je plie et ne romps pas ?* La Fontaine n'a-t-il pas fourni là un conseil, un exemple de bassesse qu'il n'a pas osé formuler, car il a omis à dessein de mettre dans sa fable une moralité ? Voilà ce qu'un commentateur mal intentionné pourrait dire. Mais un lecteur convaincu, comme moi, que La Fontaine a voulu enseigner une morale pure,

---

[1] Liv. I. — Fable XXII. *Le Chêne et le Roseau.*

répondra qu'en décrivant dans des vers admirables un phénomène de la nature, notre poète a voulu faire voir que la Providence prend soin des faibles et des petits, et que les orgueilleux, les puissants, ont tort de montrer leur superbe, qu'ils ne sont pas à l'abri de la tempête et des coups du sort. L'enfant ne s'y trompera pas; il sera content de voir le chêne orgueilleux déraciné et l'humble roseau épargné.

Il est d'autant moins permis de douter de l'intention du moraliste que, dans la fable *L'Eléphant et le Singe de Jupiter*, il a dépeint en vers touchants la sollicitude de la Providence pour les petits. L'éléphant, étonné que la querelle d'Éléphantide et de Rhinocère n'occupe pas l'Olympe, dit à l'envoyé de Jupiter :

... « Et parmi nous que venez-vous donc faire ? »

Le singe répond :

« Partager un brin d'herbe entre quelques fourmis :
Nous avons soin de tout. Et quant à votre affaire,
On n'en dit rien encor dans le conseil des Dieux :
Les petits et les grands sont égaux à leurs yeux [1]. »

D'une manière générale on peut affirmer que La Fontaine prend toujours le parti du faible contre le fort, de l'opprimé contre l'oppresseur, du petit contre le grand, des malheureux contre les heureux. N'est-ce pas lui qui donne à l'enfant ce conseil que l'homme ne saurait trop méditer :

Il ne se faut jamais moquer des misérables :
Car qui peut s'assurer d'être toujours heureux [2] ?

---

[1] Liv. XII. — Fable XXI.

[2] Liv. V. — Fable XVII. *Le Lièvre et la Perdrix.*

Et vous venez dire que La Fontaine, cet homme si bon, si tendre, est insensible aux malheurs des faibles et des opprimés !

Je m'échauffe un peu trop dans cette discussion, mais que voulez-vous ? C'est un effet de mon tempérament. Ainsi que M. Jourdain je suis bilieux comme tous les diables, et, quand on me fâche, il n'y a pas de morale qui tienne, il faut que je me mette en colère. Taine m'a fâché en accusant mon ami La Fontaine d'avoir enseigné une morale frelatée, il m'a mis en colère, je lui en demande pardon, mais voilà qui est fait : j'ai déchargé ma bile, la morale va reprendre ses droits.

CHAPITRE III

LA MORALE DES FABLES

I

Comment faut-il vivre, comment faut-il mourir ?

Si j'écris quelque jour un traité complet sur la morale des fables de La Fontaine (et pourquoi ne l'écrirais-je pas? on ne saurait trop parler de morale), je lui donnerai pour épigraphe ces deux vers de son ami Molière, que notre poète avait certainement médités :

> La parfaite raison fuit toute extrémité,
> Et veut que l'on soit sage avec sobriété [1].

Ces deux vers caractérisent, à mon sens, la morale de La Fontaine. C'est une morale qui fuit toute extrémité. *Rien de trop*, il l'a dit lui-même.

> Je ne vois pas de créature
> Se comporter modérément.
> Il est certain tempérament
> Que le maître de la nature

---

[1] *Le Misanthrope*, Acte I, scène I.
Saint Paul avait écrit la même chose dans son épître aux Corinthiens : *Oportet sapere ad sobrietatem*.

> Veut que l'on garde en tout. Le fait-on ? Nullement.
> . . . .
> . . . . Rien de trop est un point
> Dont on parle sans cesse, et qu'on n'observe point [1].

Ayant ainsi fixé les limites de sa morale, il se croit en droit de repousser celle des Stoïciens.

> Contre de telles gens, quant à moi, je réclame.
> Ils ôtent à nos cœurs le principal ressort,
> Ils font cesser de vivre avant que l'on soit mort [2].

La Fontaine entend donc conserver au cœur son principal ressort et faire aimer la vie, la faire aimer telle qu'elle est, même avec les infirmités physiques,

> . . . . « Qu'on me rende impotent,
> Cul-de-jatte, goutteux, manchot, pourvu qu'en somme
> Je vive, c'est assez, je suis plus que content [3]. »

même avec les peines morales qui accablent le pauvre bûcheron :

> « Quel plaisir a-t-il eu depuis qu'il est au monde ?
> En est-il un plus pauvre en la machine ronde ?
> Point de pain quelquefois, et jamais de repos. »
> Sa femme, ses enfants, les soldats, les impôts,
>   Le créancier et la corvée
> Lui font d'un malheureux la peinture achevée.
> Il appelle la Mort. Elle vient sans tarder,
>   Lui demande ce qu'il faut faire.
>   « C'est, dit-il, afin de m'aider
> A recharger ce bois ; tu ne tarderas guère. »
>   Le trépas vient tout guérir ;
>   Mais ne bougeons d'où nous sommes :
>   Plutôt souffrir que mourir,
>   C'est la devise des hommes [4].

---

[1] Liv. IX. — Fable xi.
[2] Liv. XII. — Fable xx. *Le Philosophe scythe.*
[3] Liv. I. — Fable xv. *La Mort et le Malheureux.*
[4] Liv. I. — Fable xvi. *La Mort et le Bûcheron.*

Le seul cas de suicide qu'il y ait dans les fables est celui d'un avare. Elle est charmante et très gaie d'un bout à l'autre cette fable intitulée *Le Trésor et les deux Hommes*.

> Un homme n'ayant plus ni crédit ni ressource,
>   Et logeant le diable en sa bourse,
>   C'est-à-dire n'y logeant rien,
>   S'imagina qu'il feroit bien
> De se pendre, et finir lui-même sa misère.
> Il s'en va à cette intention dans une vieille masure.
> Il y porte une corde, et veut avec un clou
> Au haut d'un certain mur attacher le licou.
>   La muraille, vieille et peu forte,
> S'ébranle aux premiers coups, tombe avec un trésor.
> Notre désespéré le ramasse, et l'emporte,
> Laisse là le licou, s'en retourne avec l'or.
> . . . .
> L'Homme au trésor arrive, et trouve son argent
>   Absent.
> « Quoi, dit-il, sans mourir je perdrai cette somme?
> Je ne me pendrai pas! Et vraiment si ferai,
>   Ou de corde je manquerai. »
> Le lacs étoit tout prêt; il n'y manquoit qu'un homme :
> Celui-ci se l'attache, et se pend bien et beau.
>   Ce qui le consola peut-être
> Fut qu'un autre eût, pour lui, fait les frais du cordeau.
> Aussi bien que l'argent le licou trouva maître.

Le moraliste ajoute :

> L'avare rarement finit ses jours sans pleurs;
> Il a le moins de part au trésor qu'il enserre,
>   Thésaurisant pour les voleurs,
>   Pour ses parents ou pour la terre[1].

Pour les avares, pour les convoiteux, La Fontaine est sans pitié. Lisez la fable *Le Loup et le Chasseur*. Ils sont

---

[1] Liv. IX. — Fable XVI.

tous deux victimes de leur convoitise. C'est aux avares, c'est aux convoiteux que notre poète crie sans cesse : « Jouis ! Jouis donc, malheureux ! » La fable, en effet, débute ainsi :

> Fureur d'accumuler, monstre de qui les yeux
> Regardent comme un point tous les bienfaits des Dieux,
> Te combattrai-je en vain sans cesse en cet ouvrage ?
> Quel temps demandes-tu pour suivre mes leçons ?
> L'homme, sourd à ma voix comme à celle du sage,
> Ne dira-t-il jamais : « C'est assez, jouissons ? »
> — Hâte-toi, mon ami, tu n'as pas tant à vivre.
> Je te rebats ce mot, car il vaut tout un livre :
> Jouis. — Je le ferai. — Mais quand donc ? — Dès demain.
> — Eh ! mon ami, la mort te peut prendre en chemin :
> Jouis dès aujourd'hui [1]............

C'est aux avares, aux convoiteux, aux thésauriseurs, que La Fontaine crie de sa voix la plus forte : « Jouissez, malheureux ! jouissez ! » et il a raison de crier fort, car habituellement ces gens-là sont sourds. Comment Taine s'y est-il trompé ? Comment a-t-il pu dire que les conseils donnés par notre poète aux avares et aux convoiteux étaient donnés à tous les hommes ? Les fables fourmillent, au contraire, de conseils de modération et de sagesse.

Dans une fable charmante de gaîté et de grâce, *Les Souhaits*, qui faisait les délices de Nodier, notre poète nous montre un heureux ménage de bons petits bourgeois cultivant en paix leur jardin sur le bord du Gange. Ils commirent l'imprudence de demander l'abondance au follet qui veillait sur leur demeure,

> Et l'abondance, à pleines mains,
> Verse en leurs coffres la finance,

---

[1] Liv. VIII. — Fable XXVII.

En leurs greniers le blé, dans leurs caves les vins :
Tout en crève. Comment ranger cette chevance?
Quels registres, quels soins, quel temps il leur fallut!
Tous deux sont empêchés si jamais on le fut.
    Les voleurs contre eux complotèrent;
    Les grands seigneurs leur empruntèrent;
Le Prince les taxa. Voilà les pauvres gens
    Malheureux par trop de fortune.
« Otez-nous de ces biens l'affluence importune,
Dirent-ils l'un et l'autre : heureux les indigents!
La pauvreté vaut mieux qu'une telle richesse.
Retirez-vous, trésors, fuyez; et toi, Déesse,
Mère du bon esprit, compagne du repos,
O Médiocrité, reviens vite. » A ces mots
La Médiocrité revient; on lui fait place;
    Avec elle ils rentrent en grace,
Au bout de deux souhaits étant aussi chanceux
    Qu'ils étoient, et que sont tous ceux
Qui souhaitent toujours et perdent en chimères
Le temps qu'ils feroient mieux de mettre à leurs affaires :
    Le Follet en rit avec eux.
    Pour profiter de sa largesse,
Quand il voulut partir et qu'il fut sur le point,
    Ils demandèrent la sagesse:
C'est un trésor qui n'embarrasse point[1].

Ainsi, la sagesse est un trésor préférable à tous les autres biens; la médiocrité est une déesse. Horace n'avait pas aussi bien dit.

---

[1] Liv. VII. — Fable v.
Voici le commentaire qu'a fait sur cette fable l'auteur de *Trilby*:
« *Beati pauperes!* Il n'y a peut-être pas une idée de la morale de
« l'évangile que La Fontaine n'ait fait passer dans sa morale rationnelle.
« Quand il parle de la médiocrité, c'est toujours d'inspiration. Il l'aime
« comme la solitude, comme le sommeil, comme le rien faire. Au reste,
« c'est lui qui a fait la médiocrité déesse. C'est lui qui l'a définie par
« ce vers admirable

    Mère du bon esprit, compagne du repos,

« et il est ici bien au-dessus d'Horace. » (Les Fables, édition de Firmin-Didot, 1859).

Aimer la vie, en jouir avec sagesse, se trouver heureux dans la médiocrité, voilà ce que La Fontaine conseille aux hommes.

Mais la vie a une fin, elle aboutit fatalement à la mort. Notre poète a lu Montaigne. Il sait que « c'est au jour » de la mort que se doibvent toucher et exprimer toutes » les autres actions de notre vie. C'est le maistre jour, » le jour-juge de tous les autres. »

Comment La Fontaine va-t-il nous montrer le jour terrible de la mort ?

> La Mort ne surprend point le sage,
> Il est toujours prêt à partir,
> S'étant su lui-même avertir
> Du temps où l'on se doit résoudre à ce passage.
> Ce temps, hélas ! embrasse tous les temps :
> Qu'on le partage en jours, en heures, en moments,
> Il n'en est point qu'il ne comprenne
> Dans le fatal tribut ; tous sont de son domaine.
> . . . .
> Défendez-vous par la grandeur,
> Alléguez la beauté, la vertu, la jeunesse :
> La Mort ravit tout sans pudeur ;
> Un jour le monde entier accroîtra sa richesse.

La Mort repousse impitoyablement les supplications de ce moribond, qui avait cent ans de vie ; elle le raille et lui dit cruellement :

> « Allons, vieillard, et sans réplique.
> Il n'importe à la République
> Que tu fasses ton testament. »

Et le moraliste ajoute :

> La Mort avoit raison. Je voudrois qu'à cet âge
> On sortît de la vie ainsi que d'un banquet,
> Remerciant son hôte ; et qu'on fît son paquet ;
> Car de combien peut-on retarder le voyage ?

> Tu murmures, vieillard ! Vois ces jeunes mourir,
> Vois-les marcher, vois-les courir
> A des morts, il est vrai, glorieuses et belles,
> Mais sûres cependant, et quelquefois cruelles.
> J'ai beau te le crier ; mon zèle est indiscret :
> Le plus semblable aux morts meurt le plus à regret[1].

Ailleurs, en faisant un retour sur lui-même, La Fontaine nous dit :

> Quand le moment viendra d'aller trouver les morts,
> J'aurai vécu sans soins, et mourrai sans remords[2].

La Fontaine n'a pas eu la mort d'un philosophe. Il a eu la mort d'un chrétien. Je crois que l'une vaut au moins l'autre.

Taine trouve que cette morale qui consiste à aimer la vie dans toutes les conditions, à jouir de ses biens avec modération et sagesse, à supporter ses maux avec courage et résignation, à ne pas craindre la mort, à l'accepter avec dignité et sérénité, est une morale trop gaie, trop gauloise, indigne d'un siècle chrétien. Il nous reproche de ne pas avoir la réflexion, la tristesse des peuples germaniques, et de ne pas savoir tirer de nous-même la règle de nos mœurs ; volontiers, il nous engagerait à frapper notre coulpe et à venir à résipiscence.

Eh bien, non : nous sommes Gaulois et nous resterons Gaulois ; nous laisserons aux races germaniques leur réflexion et leur tristesse qui conduit au pessimisme, au dégoût de la vie et au suicide général que leur conseillent leurs grands philosophes.

Les théories de ces philosophes, commentées chez

---

[1] Liv. VIII. — Fable I. *La Mort et le Mourant*.
[2] Liv. XI. — Fable IV. *Le Songe d'un habitant du Mogol*.

nous par un professeur aimable et disert, ont troublé la cervelle de quelques jolies femmes et de quelques jeunes littérateurs qui cherchent à en tirer des effets pour appeler l'attention sur leurs livres. Mais tout cela n'est qu'une affaire de mode. Le Gaulois est absolument rebelle à ce dégoût de la vie, et Werther n'a pas déterminé chez nous autant de suicides qu'il en a causés en Allemagne.

La Fontaine, qui était un profond observateur, avait remarqué que les Anglais ont le mépris de la vie, et voici ce qu'il en dit à propos de leur esprit :

> . . . . Est-il quelqu'un qui nie
> Que tout Anglois n'en ait bonne provision?
> Mais le peu d'amour pour la vie
> Leur nuit en mainte occasion [1].

Le pessimisme, heureusement, n'est pas à craindre chez nous; ce qui est plutôt à redouter, c'est le développement des appétits, la soif des jouissances matérielles, la fureur des entreprises, un besoin incessant de changement, une activité dévorante et souvent désordonnée, un manque de réflexion et de maturité. En 1847, Lamartine avait dit : « La France s'ennuie, » et pour se désennuyer la France fit une révolution dont elle n'avait aucun besoin et qui l'a lancée dans des agitations sans fin.

La Fontaine nous a mis en garde contre ce danger.

> L'homme est ainsi bâti : quand un sujet l'enflamme,
> L'impossibilité disparoît à son âme.
> Combien fait-il de vœux, combien perd-il de pas,
> S'outrant pour acquérir des biens et de la gloire!

---

[1] Liv. XII. — Fable XXIII. *Le Renard anglois.*

> « Si j'arrondissois mes États!
> Si je pouvois remplir mes coffres de ducats!
> Si j'apprenois l'hébreu, les sciences, l'histoire! »
> Tout cela, c'est la mer à boire;
> Mais rien à l'homme ne suffit[1].

Il dit ailleurs :

> Qui ne court après la Fortune?
> Je voudrois être en lieu d'où je pusse aisément
> Contempler la foule importune
> De ceux qui cherchent vainement
> Cette fille du Sort de royaume en royaume,
> Fidèles courtisans d'un volage fantôme.
> Quand ils sont près du bon moment,
> L'inconstante aussitôt à leurs désirs échappe :
> Pauvres gens! je les plains; car on a pour les fous
> Plus de pitié que de courroux.
> « Cet homme, disent-ils, étoit planteur de choux,
> Et le voilà devenu pape :
> Ne le valons-nous pas? — Vous valez cent fois mieux;
> Mais que vous sert votre mérite?
> La Fortune a-t-elle des yeux?
> Et puis la papauté vaut-elle ce qu'on quitte?[2] »

Ces conseils de prudence paraîtront peut-être excessifs dans un temps où l'on parle sans cesse, pour les peuples comme pour les individus, de la lutte pour la vie, et de l'obligation de marcher à pas de géants dans la voie du progrès.

La Fontaine, qui n'est pas un rétrograde, un ennemi de toute entreprise, tempère ses conseils de prudence dans sa belle fable *Les deux Aventuriers et le Talisman*. Elle commence ainsi :

> Aucun chemin de fleurs ne conduit à la gloire.
> Je n'en veux pour témoin qu'Hercule et ses travaux :

---

[1] Liv. VIII. — Fable xxv. *Les deux Chiens et l'Ane mort.*

[2] Liv. VII. — Fable xii. *L'Homme qui court après la Fortune.*

> Ce dieu n'a guère de rivaux;
> J'en vois peu dans la Fable, encor moins dans l'Histoire.
> En voici pourtant un, que de vieux talismans
> Firent chercher fortune aux pays des romans.
> Il voyageoit de compagnie.
> Son camarade et lui trouvèrent un poteau
> Ayant au haut cet écriteau :
>
> SEIGNEUR AVENTURIER, S'IL TE PREND QUELQUE ENVIE
> DE VOIR CE QUE N'A VU NUL CHEVALIER ERRANT,
> TU N'AS QU'A PASSER CE TORRENT;
> PUIS, PRENANT DANS TES BRAS UN ÉLÉPHANT DE PIERRE
> QUE TU VERRAS COUCHÉ PAR TERRE,
> LE PORTER, D'UNE HALEINE, AU SOMMET DE CE MONT
> QUI MENACE LES CIEUX DE SON SUPERBE FRONT.

L'un des deux chevaliers saigna du nez.....

L'autre accomplit le programme tracé sur l'écriteau; il traverse l'onde.

> Il vit son éléphant couché sur l'autre rive.
> Il le prend, il l'emporte, au haut du mont arrive,
> Rencontre une esplanade, et puis une cité.
> Un cri par l'éléphant est aussitôt jeté :
> Le peuple aussitôt sort en armes.
> . . . .
> Il fut tout étonné d'ouïr cette cohorte
> Le proclamer monarque au lieu de son roi mort.
> Il ne se fit prier que de la bonne sorte,
> Encor que le fardeau fût, dit-il, un peu fort.
> Sixte en disoit autant quand on le fit saint père :
> (Seroit-ce bien une misère
> Que d'être pape ou d'être roi?)
> On reconnut bientôt son peu de bonne foi.

Quelle finesse d'observation dans tout ce récit! Le moraliste termine par cette réflexion qui lui coûte un peu à faire, car elle est en opposition avec ses idées :

> Fortune aveugle suit aveugle hardiesse.
> Le sage quelquefois fait bien d'exécuter

> Avant que de donner le temps à la sagesse
> D'envisager le fait, et sans la consulter [1].

Cette moralité est faite pour encourager tout politicien qui a le désir de devenir député, ministre, président de la République. Elle est faite aussi pour encourager les faiseurs de coup d'État, mais il ne faut pas trop s'y fier, car notre moraliste y a mis beaucoup de restriction.

Il me semble que nous sommes déjà loin de cette moralité étroite et mesquine d'après laquelle La Fontaine se serait borné à dire aux hommes : « Tâchez de n'être point des sots, de connaître la vie, de n'être point dupe d'autrui ni de vous-même. »

Les événements de ces dernières années où tant de gens se sont vus ruinés, déshonorés même, pour avoir voulu courir imprudemment après la fortune, pour avoir agi sans réflexion, sans discernement, ne montrent que trop que la morale de notre poète nous devient de plus en plus nécessaire. Ne dirait-on pas que la moralité de *la Poule aux œufs d'or* a été écrite hier ?

> Belle leçon pour les gens chiches !
> Pendant ces derniers temps, combien en a-t-on vus
> Qui du soir au matin sont pauvres devenus
> Pour vouloir trop tôt être riches [2] !

La fable *Le Berger et la Mer* contient un conseil que les petites gens surtout, qui se laissent prendre si facilement aux belles promesses des renards financiers, devraient toujours avoir présent à l'esprit.

> Du rapport d'un troupeau, dont il vivoit sans soins,
> Se contenta longtemps un voisin d'Amphitrite :

---

[1] Liv. X. — Fable XIII.
[2] Liv. V. — Fable XIII.

Si sa fortune étoit petite,
Elle étoit sûre tout au moins.
A la fin, les trésors déchargés sur la plage
Le tentèrent si bien qu'il vendit son troupeau,
Trafiqua de l'argent, le mit entier sur l'eau.
Cet argent périt par naufrage.
. . . .
Ceci n'est pas un conte à plaisir inventé.
Je me sers de la vérité
Pour montrer, par expérience,
Qu'un sou, quand il est assuré,
Vaut mieux que cinq en espérance [1].

Puisque la morale des fables est d'une utilité si générale et si pratique, nous allons en continuer l'examen.

---

[1] Liv. IV. — Fable II.

LA MORALE DES FABLES

II

L'Homme et la Providence

Chez La Fontaine, le païen, il faut bien le reconnaître, est venu se greffer sur le chrétien, et la greffe a prospéré. A force de lire les anciens, Platon, Plutarque, Quintilien, Horace, etc., et de vivre intellectuellement avec eux, notre poète s'était comme imprégné de leurs idées, de leurs pensées, de leurs sentiments; mais il lui resta toujours quelque chose de la culture chrétienne, un certain je ne sais quoi qui a rendu sa morale plus douce, plus agréable, plus insinuante, plus générale et plus pratique. Cette morale s'adresse à tous : aux philosophes et aux sages, aux gouvernants et aux gouvernés, aux vieillards et aux jeunes gens, aux riches et aux pauvres, aux grands et aux petits, surtout aux petits. En un mot, tout le monde en a besoin.

Les fables peuvent être divisées en quatre catégories : les fables philosophiques, les fables politiques, les fables satiriques, et les fables morales. C'est à ces divers points de vue que nous les examinerons.

Je ne connais qu'une fable qui ait été inspirée à La

Fontaine par la morale chrétienne : c'est la dernière du recueil, *Le Juge arbitre, l'Hospitalier et le Solitaire*. Cette fable est tirée des Vies des saints Pères des déserts, par Arnauld d'Andilly.

> Trois Saints, également jaloux de leur salut,
> Portés d'un même esprit, tendoient au même but.
> Ils s'y prirent tous trois par des routes diverses :
> Tous chemins vont à Rome. . . . .

Le premier, pour faire concurrence aux avocats, se fit gratuitement appointeur de procès. Mais il eut beau apporter de l'équité dans ses jugements, il ne parvint pas à satisfaire les plaideurs, qui aimèrent mieux retourner devant l'avocat et devant le juge. (Ceci se passait avant l'épuration de la magistrature.) Le second se dévoua au soin des malades dans les hôpitaux, mais il les trouva chagrins, impatients, et se plaignant sans cesse (ils réclamaient la laïcisation.)

> Tous deux ne recueillant que plainte et que murmure,
> Affligés, et contraints de quitter ces emplois,
> Vont confier leur peine au silence des bois.

Là, ils rencontrent le solitaire, qui leur donne le conseil, s'ils veulent éviter tous les tracas du monde et apprendre à mieux se connaître, de se faire ermites.

> « Pour vous mieux contempler demeurez au désert. »
> Ainsi parla le Solitaire.
> Il fut cru ; l'on suivit ce conseil salutaire.

La Fontaine, qui conserva jusqu'à la fin une douce malice, ajoute :

> Ce n'est pas qu'un emploi ne doive être souffert.
> Puisqu'on plaide, et qu'on meurt, et qu'on devient malade,
> Il faut des médecins, il faut des avocats.
> Ces secours, grace à Dieu, ne nous manqueront pas :
> Les honneurs et le gain, tout me le persuade.

> Cependant on s'oublie en ces communs besoins.
> O vous dont le public emporte tous les soins,
> Magistrats, princes et ministres,
> Vous que doivent troubler mille accidents sinistres,
> Que le malheur abat, que le bonheur corrompt,
> Vous ne vous voyez point, vous ne voyez personne.
> Si quelque bon moment à ces pensers vous donne,
> Quelque flatteur vous interrompt [1].

Cette fable est fort belle ; j'en recommande la lecture à tous ceux que choque la gaieté de notre poète.

Guillon, qui a très bien commenté les fables, a dit avec raison : « De tels vers se ressentent-ils de la vieillesse de l'auteur ? L'antiquité a-t-elle rien de mieux pensé ? Les modernes, rien de mieux écrit ? » Je crois, en effet, que si La Fontaine avait eu l'idée de recourir plus tôt à la légende des saints, que Victor Hugo a appelée « le seul et vrai Panthéon [2], » il y eût trouvé des sujets d'une morale plus élevée, plus pure encore que celle qu'il nous a enseignée.

Dans la fable *L'Astrologue qui se laisse tomber dans un puits*, La Fontaine nous dit en termes magnifiques et dignes de Bossuet :

---

[1] Liv. XII. — Fable xxv.

[2]
> L'angle de la cellule abrite un lit paisible,
> Sur la table est ce livre où Dieu se fait visible,
> La légende des saints, seul et vrai panthéon ;
> Et dans un coin obscur, près de la cheminée,
> Entre la bonne vierge et le buis de l'année,
> Quatre épingles au mur fixent Napoléon.
>
> *Les Rayons et les Ombres.* — *Regard jeté dans une mansarde.*

Je crois bien que *panthéon* a été mis ici pour la rime. Néanmoins, l'intention est bonne et l'idée est juste, car parmi les saints il y a beaucoup de grands hommes.

> Quant aux volontés souveraines
> De Celui qui fait tout, et rien qu'avec dessein,
> Qui les sait, que lui seul ? Comment lire en son sein ?
> Auroit-il imprimé sur le front des étoiles
> Ce que la nuit des temps enferme dans ses voiles ?
> . . . .
> Le firmament se meut, les astres font leur cours,
> Le soleil nous luit tous les jours,
> Tous les jours sa clarté succède à l'ombre noire,
> Sans que nous en puissions autre chose inférer
> Que la nécessité de luire et d'éclairer [1].

Ailleurs La Fontaine nous dit encore :

> Dieu fait bien ce qu'il fait [2]. . . . .

Ailleurs encore :

> Dieu fit bien ce qu'il fit, et je n'en sais pas plus [3].

Dans la fable *Le Gland et la Citrouille*, le villageois Garo se trouve tant d'esprit qu'il voudrait réformer l'œuvre du Créateur. En attendant, il va s'endormir sous un chêne. Un gland tombe sur son nez et le réveille, et Garo fait cette réflexion profonde :

> « Oh ! oh ! dit-il, je saigne ! et que seroit-ce donc
> S'il fût tombé de l'arbre une masse plus lourde,
> Et que ce Gland eût été gourde ?
> Dieu ne l'a pas voulu : sans doute il eut raison ;
> J'en vois bien à présent la cause. »
> En louant Dieu de toute chose,
> Garo retourne à la maison [2].

C'est le chrétien qui a écrit tout cela ; mais après nous avoir dit ce qu'il pense de la majesté de Dieu et de l'impénétrabilité de ses desseins, il tire le rideau. Jupiter et les Dieux de l'Olympe entrent alors en scène : avec eux notre poète sent que sa verve comique est plus à l'aise.

---

[1] Liv. II. — Fable XIII.
[2] Liv. IX. — Fable IV. *Le Gland et la Citrouille*.
[3] Liv. XII. — Fable VIII. — *La Querelle des Chiens et des Chats*.

La Fontaine nous a fait de Jupiter une peinture amusante et agréable. Sans tomber dans la trivialité, — il avait trop de goût pour cela — il nous le fait aimer pour sa bonté et sa jovialité. Jupiter tient bien toujours les tonnerres entre ses mains, mais s'il est le père des Dieux, il est aussi le père des hommes, et « tout père frappe à côté. » Les tonnerres qui nous font du mal nous viennent de Vulcain et des autres Dieux, jamais de Jupiter.

Les commentateurs de la fable *Jupiter et les Tonnerres*[1] se sont étonnés que La Fontaine ait choisi un pareil sujet, qu'il a pris dans Sénèque (*Questions naturelles*, livre II, chapitre XLI). Voltaire trouve la fable mauvaise, incompréhensible, indigne de La Fontaine. « Voulait-on dire que les ministres de Louis XIV étaient inflexibles, et que le roi pardonnoit? » (*Dictionnaire philosophique*, à l'article *tonnerre*.) J'ose me permettre de n'être pas de l'avis de Voltaire. Je trouve l'idée bonne, la fable jolie, bien versifiée, et je pense que La Fontaine a voulu tout simplement nous montrer que la Providence est toujours bonne, et qu'il ne faut pas lui attribuer les maux qui nous frappent. C'est ainsi qu'il la concevait, et on peut plus mal la concevoir. C'est ainsi que la concevait sa garde quand elle disait au Père Pouget : « Dieu n'aura jamais le courage de le damner. »

Jupiter, en effet, est plein de bontés pour tous les êtres de la création; il ne demande pas mieux que de les satisfaire.

> Jupiter dit un jour : « Que tout ce qui respire
> S'en vienne comparoître aux pieds de ma grandeur :

[1] Liv. VIII. — Fable xx.

> Si dans son composé quelqu'un trouve à redire,
>   Il peut le déclarer sans peur,
>   Je mettrai remède à la chose. »

Mais quoi ! Chacun se déclare satisfait et ne trouve à gloser que sur le prochain.

> Jupin les renvoya s'étant censurés tous,
> Du reste, contents d'eux. Mais parmi les plus fous
> Notre espèce excella ; car tout ce que nous sommes,
> Lynx envers nos pareils, et taupes envers nous,
> Nous nous pardonnons tout, et rien aux autres hommes :
> On se voit d'un autre œil qu'on ne voit son prochain [1].

Cette fable rappelle l'apologue de l'Évangile : la paille et la poutre, la poutre qu'on ne voit pas dans son œil, tandis qu'on voit la paille dans l'œil du prochain.

Jupiter, qui est un gros propriétaire, donne à ferme une de ses terres. Il en trouve un bon prix, mais le métayer y met pour condition qu'il disposera de la pluie et du beau temps à sa guise. Marché conclu, dit Jupiter, en frappant dans la main du métayer, qui se croyait un bonhomme très malin, et qui pourtant commit tant de sottises que sa terre fructifia moins que celle de tous ses voisins.

> Que fait-il ? Il recourt au monarque des Dieux,
>   Il confesse son imprudence.
> Jupiter en usa comme un maître fort doux.
>
>   Concluons que la Providence
>   Sait ce qu'il nous faut mieux que nous [2].

Mais si Jupiter est bon, s'il est clément, il n'admet pourtant pas qu'on se moque de lui à son nez et à sa barbe, comme le fit le passager qui lui avait promis

---

[1] Liv. I. — Fable VII. *La Besace.*

[2] Liv. VI. — Fable IV. *Jupiter et le Métayer.*

témérairement un sacrifice de cent bœufs s'il échappait à la tempête.

> Il brûla quelques os quand il fut au rivage :
> Au nez de Jupiter la fumée en monta.
> « Sire Jupin, dit-il, prends mon vœu ; le voilà :
> C'est un parfum de bœuf que ta grandeur respire.
> La fumée est ta part : je ne te dois plus rien. »
>   Jupiter fit semblant de rire ;
> Mais, après quelques jours, le Dieu l'attrapa bien.

Comment l'attrapa-t-il ?... En

> Envoyant un songe lui dire
> Qu'un tel trésor étoit en tel lieu. L'homme au vœu
>   Courut au trésor comme au feu.
> Il trouva des voleurs ; et n'ayant dans sa bourse
>   Qu'un écu pour toute ressource,
>   Il leur promit cent talents d'or,
>   Bien comptés, et d'un tel trésor :
> On l'avoit enterré dedans telle bourgade.
> L'endroit parut suspect aux voleurs, de façon
> Qu'à notre prometteur l'un dit : « Mon camarade,
> Tu te moques de nous ; meurs, et va chez Pluton
>   Porter tes cent talents en don.[1] »

Cette fable soulève la grave question de la prescience de Dieu et du libre arbitre de l'homme. Jupiter punit le trompeur de sa mauvaise plaisanterie en lui jouant un tour simplement plaisant ; mais ce n'est pas sa faute si le passager est tué : celui-ci a voulu se railler des voleurs comme il s'était raillé de Jupiter, et les voleurs ont été moins cléments que le dieu. La moralité semble donc parfaite. Mais Jupiter savait-il que le passager rencontrerait des voleurs qui le tueraient ? Telle est la question : nous n'essaierons pas de la résoudre.

Apollon non plus n'aime pas qu'on le trompe, et il

---

[1] Liv. IX. — Fable XIII. *Jupiter et le Passager.*

faillit en coûter cher à l'impie qui allait consulter l'oracle et qui essaya de le mettre en défaut. Cependant il en fut quitte pour une sévère remontrance.

> « Mort ou vif, lui dit-il, montre-nous ton moineau,
> Et ne me tends plus de panneau :
> Tu te trouverois mal d'un pareil stratagème.
> Je vois de loin, j'atteins de même. »

La fable débute par cette belle moralité :

> Vouloir tromper le ciel, c'est folie à la terre.
> Le dédale des cœurs en ses détours n'enserre
> Rien qui ne soit d'abord éclairé par les Dieux :
> Tout ce que l'homme fait, il le fait à leurs yeux,
> Même les actions que dans l'ombre il croit faire[1].

Mercure non plus n'aime pas qu'on se moque de lui, et il administre un grand coup de cognée aux bûcherons qui importunaient Jupiter et qui essayaient de le tromper en voulant se faire adjuger une cognée d'or.

> Ne point mentir, être content du sien,
> C'est le plus sûr : cependant on s'occupe
> A dire faux pour attraper du bien.
> Que sert cela ? Jupiter n'est pas dupe[2].

Cette fable *Le Bûcheron et Mercure* est admirable et doublement morale, car, si elle nous montre le mensonge puni, elle nous montre aussi la bonne foi et l'austère probité du pauvre récompensées.

> Un Bûcheron perdit son gagne-pain,
> C'est sa cognée ; et la cherchant en vain,
> Ce fut pitié là-dessus de l'entendre.
> Il n'avoit pas des outils à revendre :
> Sur celui-ci rouloit tout son avoir.
> Ne sachant donc où mettre son espoir,

---

[1] Liv. IV. — Fable xix. *L'Oracle et l'Impie.*
[2] Liv. V. — Fable i.

> Sa face étoit de pleurs toute baignée :
> « O ma cognée ! ô ma pauvre cognée !
> S'écrioit-il : Jupiter, rends-la moi ;
> Je tiendrai l'être encore un coup de toi. »
> Sa plainte fut de l'Olympe entendue.
> Mercure vient. « Elle n'est pas perdue,
> Lui dit ce dieu ; la connoîtras-tu bien ?
> Je crois l'avoir près d'ici rencontrée. »
> Lors une d'or à l'homme étant montrée,
> Il répondit : « Je n'y demande rien. »
> Une d'argent succède à la première,
> Il la refuse ; enfin une de bois :
> « Voilà, dit-il, la mienne cette fois ;
> Je suis content si j'ai cette dernière.
> — Tu les auras, dit le Dieu, toutes trois :
> Ta bonne foi sera récompensée.
> — En ce cas-là je les prendrai, » dit-il [1].

Quelle belle leçon de probité à mettre sous les yeux de nos jeunes paysans !

« Tâchez de n'être point un sot, de n'être point dupe d'autrui ni de vous-même, » tel serait, d'après Taine, l'abrégé des conseils que La Fontaine aurait donnés. Eh bien, je lui demande si le pauvre bûcheron n'était pas dupe de lui-même en refusant la cognée d'or. Non, quand on pratique la probité, on n'est jamais dupe de soi-même. Il vaut mieux être un pauvre bûcheron, qu'un riche fripon. Voilà ce que La Fontaine a enseigné.

A un autre point de vue, cette fable nous montre que la Providence écoute la plainte sincère du malheureux, du pauvre, de l'affligé, qu'elle vient à son aide, mais qu'elle punit celui qui cherche à la tromper.

Junon non plus n'aime pas qu'on se plaigne sans rai-

---

[1] Liv. V. — Fable I.

son, et elle rabroue le paon orgueilleux qui, non content d'avoir un magnifique plumage, voudrait encore avoir le chant du rossignol.

> Junon répondit en colère :
> « Oiseau jaloux, et qui devrois te taire,
> Est-ce à toi d'envier la voix du Rossignol,
> Toi que l'on voit porter à l'entour de ton col
> Un arc-en-ciel nué de cent sortes de soies ;
> Qui te panades, qui déploies
> Une si riche queue, et qui semble à nos yeux
> La boutique d'un lapidaire ?
> Est-il quelque oiseau sous les cieux
> Plus que toi capable de plaire ?
> . . . .
> Cesse donc de te plaindre, ou bien, pour te punir,
> Je t'ôterai ton plumage.[1] »

Excellente leçon donnée aux envieux et aux jaloux. Le paon a beau être le serviteur de la déesse et l'ornement de sa cour, elle refuse absolument de l'écouter.

Hercule non plus ne veut pas qu'on l'ennuie et qu'on le dérange pour rien.

> Par des vœux importuns nous fatiguons les Dieux,
> Souvent pour des sujets même indignes des hommes :
> Il semble que le Ciel sur tous tant que nous sommes
> Soit obligé d'avoir incessamment les yeux.
> . . . .
> Un sot par une puce eut l'épaule mordue.
> Dans les plis de ses draps elle alla se loger.
> « Hercule, ce dit-il, tu devrois bien purger
> La terre de cette Hydre au printemps revenue[2] ! »

Hercule cependant, comme tous ceux qui sont vraiment forts, a un cœur excellent, et il ne dédaigne pas de donner un bon conseil au *chartier embourbé;* je crois

---

[1] Liv. II. — Fable XVII. *Le Paon se plaignant à Junon.*
[2] Livre VIII. — Fable V. *L'Homme et la Puce.*

même que si le conseil n'eût pas suffi, il lui eût donné un bon coup d'épaule. Ce *chartier* l'avait invoqué du fond de son cœur.

>   Sa prière étant faite, il entend dans la nue
>   Une voix qui lui parle ainsi :
>   « Hercule veut qu'on se remue ;
>   Puis il aide les gens. Regarde d'où provient
>   L'achoppement qui te retient ;
>   Ote d'autour de chaque roue
>   Ce malheureux mortier, cette maudite boue
>   Qui jusqu'à l'essieu les enduit ;
>   Prends ton pic et me romps ce caillou qui te nuit ;
>   Comble-moi cette ornière. As-tu fait ? — Oui, dit l'homme.
>   — Or bien je vas t'aider, dit la voix. Prends ton fouet.
>   — Je l'ai pris. Qu'est ceci ? Mon char marche à souhait :
>   Hercule en soit loué ! « Lors la voix : « Tu vois comme
>   Tes chevaux aisément se sont tirés de là.
>   Aide-toi, le ciel t'aidera¹. »

Quels beaux vers énergiques ! Quelle belle leçon de morale pratique à enseigner à nos paysans qui, dès leur jeune âge, conduisent des tombereaux et des chariots ! N'avons-nous pas tous vu de misérables charretiers fouetter impitoyablement leurs chevaux et leur laisser toute la peine plutôt que de les aider à se tirer d'affaire ? Voilà une fable que je recommande à la Société protectrice des animaux ; elle devrait la faire inscrire en lettres d'or sur la cheminée de la salle de ses séances.

J'ai démontré dans le chapitre II (*Interprétation de la morale des fables*), que La Fontaine punit les despotes et les méchants de leurs crimes et de leurs fautes, et que la moralité des fables, attaquée par Taine, est absolument inattaquable. Dans les deux premières parties du chapitre III, j'ai défini le caractère de la morale

---

¹ Liv. VI. — Fable xviii.

de notre poète, qui peut se résumer ainsi : il faut aimer la vie, user de ses biens avec sagesse et modération, accepter avec courage et résignation les épreuves et les maux qui en sont inséparables; attendre la mort avec un esprit tranquille; demander à la Providence le réconfort dont nous avons besoin; ne pas l'importuner de vœux et de plaintes inutiles.

Je pourrais m'arrêter là, car la démonstration que je m'étais proposé de faire me paraît complète. Mais j'ai tant de plaisir à causer avec mon ami La Fontaine que je me persuade que mon lecteur en aura aussi. Je croirais même lui faire injure en pensant autrement. Je me décide donc à continuer cette étude de la moralité des fables.

LA MORALE DES FABLES

III

L'âme et la raison des bêtes

« Il semble que Dieu ait voulu nous donner, dans les animaux, une image de raisonnement, une image de finesse; bien plus, une image de vertu, et une image de vice; une image de piété dans le soin qu'ils montrent tous pour leurs petits, et quelques-uns pour leurs pères; une image de prévoyance, une image de fidélité, une image de flatterie, une image de jalousie et d'orgueil, une image de cruauté, une image de fierté et de courage. Ainsi les animaux nous sont un spectacle où nous voyons nos devoirs et nos manquements dépeints. Chaque animal est chargé de sa représentation : il étale, comme un tableau la ressemblance qu'on lui a donnée; mais il n'ajoute, non plus qu'un tableau, rien à ses traits [1]. »

En écrivant ces lignes, Bossuet s'est montré fidèle aux traditions de l'Église, qui assigne aux animaux un rôle important dans la représentation des choses divines. Le

---

[1] *Traité de la connoissance de Dieu et de soi-même.* Chap. V-10.

Rédempteur ne nous est-il pas représenté lui-même sous la forme de l'agneau?

Agnus Dei qui tollit peccata mundi.

Les Évangélistes n'ont-ils pas à côté d'eux un animal pour symboliser la force et la grandeur de leur enseignement?

L'Église, qui a compris l'homme mieux que tous les philosophes, aime les animaux, et pourquoi les aime-t-elle? Parce que l'homme lui-même les aime. Et pourquoi l'homme les aime-t-il? Parce que, pour la plupart, les animaux lui sont indispensables ou utiles, ou parce qu'ils font sa joie, sa distraction, son amusement. Voyez la place considérable qu'occupent les animaux dans la vie de l'homme des champs; voyez celle que les animaux domestiques, le chien, le chat et les oiseaux, occupent au foyer du citadin, et vous comprendrez pourquoi La Fontaine est populaire.

Non seulement notre fabuliste a profondément aimé les animaux, non seulement il leur a prêté un langage, mais, tranchant une question laissée indécise par l'Église, il leur a donné une âme à peu près semblable à celle de l'enfant, et je crois qu'il a raison, voici pourquoi:

Je contemple souvent, avec ravissement, mon petit-fils âgé de quinze mois, lorsque, assis dans sa chaise roulante, il est entouré de trois chiens de chasse appartenant à son père : Athos, Porthos et Aramis, un épagneul, un chien courant et un basset, qui le regardent avec des yeux humides de tendresse, le lèchent et le caressent tour à tour en gambadant autour de sa chaise. Ce spectacle me plonge dans des réflexions sans fin, et je ne peux m'expliquer la joie de l'enfant et la joie des chiens que par l'hypothèse qu'ils ont tous pour l'instant une âme absolument semblable.

Comment La Fontaine s'est-il exprimé au sujet de l'âme des animaux ? Lisons et relisons cette admirable fable *Les deux Rats, le Renard et l'Œuf*.

> Qu'on m'aille soutenir, après un tel récit,
> Que les bêtes n'ont point d'esprit !
>
> Pour moi, si j'en étois le maître,
> Je leur en donnerois aussi bien qu'aux enfants.
> Ceux-ci pensent-ils pas dès leurs plus jeunes ans ?
> Quelqu'un peut donc penser ne se pouvant connaître.
> Par un exemple tout égal,
> J'attribuerois à l'animal,
> Non point une raison selon notre manière,
> Mais beaucoup plus aussi qu'un aveugle ressort :
> Je subtiliserois un morceau de matière,
> Que l'on ne pourroit plus concevoir sans effort,
> Quintessence d'atome, extrait de la lumière,
> Je ne sais quoi plus vif et plus mobile encor
> Que le feu ; car enfin, si le bois fait la flamme,
> La flamme, en s'épurant, peut-elle pas de l'âme
> Nous donner quelque idée ? et sort-il pas de l'or
> Des entrailles du plomb ? Je rendrois mon ouvrage
> Capable de sentir, juger, rien davantage,
> Et juger imparfaitement,
> Sans qu'un singe jamais fît le moindre argument.

Ainsi, voilà qui est bien entendu : notre poète attribue aux animaux qu'il met en scène une âme à peu près semblable à l'âme de l'enfant, et il faut voir avec quelle grâce et quelle finesse il se moque de la doctrine cartésienne, qui voulait que les animaux ne fussent que de pures machines incapables même de sentir, et tout cela en s'adressant à Mme de la Sablière, qui était une fanatique cartésienne, comme Mme de Grignan.

Ce fondement posé, ne trouvez pas mauvais
Qu'en ces fables aussi j'entremêle des traits
　　　De certaine philosophie,
　　Subtile, engageante et hardie.
On l'appelle nouvelle : en avez-vous ou non
　　Ouï parler ? Ils disent donc
　　Que la bête est une machine ;
Qu'en elle tout se fait sans choix et par ressorts :
Nul sentiment, point d'âme ; en elle tout est corps.
　　　Telle est la montre qui chemine
A pas toujours égaux, aveugle et sans dessein.
　　　Ouvrez-la, lisez dans son sein :
Mainte roue y tient lieu de tout l'esprit du monde ;
　　La première y meut la seconde ;
Une troisième suit : elle sonne à la fin.
Au dire de ces gens la bête est toute telle :
　　« L'objet la frappe en un endroit ;
　　Ce lieu frappé s'en va tout droit
Selon nous, au voisin en porter la nouvelle.
Le sens de proche en proche aussitôt la reçoit.
L'impression se fait » Mais comment se fait-elle ?
　　　Selon eux, par nécessité,
　　　Sans passion, sans volonté :
　　　L'animal se sent agité
De mouvements que le vulgaire appelle
Tristesse, joie, amour, plaisir, douleur cruelle,
　　　Ou quelqu'autre de ces états.
Mais ce n'est point cela : ne vous y trompez pas.
— Qu'est-ce donc ? — Une montre. — . . . . . .

Quel railleur spirituel que notre bonhomme ! Il continue son aimable raillerie ; en exposant la doctrine de Descartes :

Voici, dis-je, comment raisonne cet auteur :
« Sur tous les animaux, enfants du Créateur,
J'ai le don de penser ; et je sais que je pense ; »
Or, vous savez, Iris, de certaine science,
　　　Que, quand la bête penseroit,
　　　La bête ne réfléchiroit
　　Sur l'objet ni sur sa pensée.

> Descartes va plus loin, et soutient nettement
> Qu'elle ne pense nullement.
> Vous n'êtes point embarrassée
> De le croire; ni moi.
> Cependant......
> ....
> Quand la perdrix
> Voit ses petits
> En danger, et n'ayant qu'une plume nouvelle
> Qui ne peut fuir encor par les airs le trépas,
> Elle fait la blessée, et va, traînant de l'aile,
> Attirant le Chasseur et le Chien sur ses pas,
> Détourne le danger, sauve ainsi sa famille ;
> Et puis, quand le Chasseur croit que son Chien la pille,
> Elle lui dit adieu, prend sa volée, et rit
> De l'homme qui, confus, des yeux en vain la suit [1].

D'après cet exemple, et d'après bien d'autres qu'il cite dans ses fables, La Fontaine croit que l'animal est capable de certains raisonnements. Montaigne est du même avis. En résumé, notre poète attribue aux animaux une âme et une raison, et dans la fable intitulée *Les Souris et le Chat-Huant*, il s'écrie :

> Puis, qu'un Cartésien s'obstine
> A traiter ce Hibou de montre et de machine ?

et plus loin :

> .... Or, trouvez-moi
> Chose par les humains à sa fin mieux conduite.
> Quel autre art de penser Aristote et sa suite
> Enseignent-ils, par votre foi [2] ?

Je n'ai pas besoin de dire que si La Fontaine donne une âme aux animaux, il en donne une aussi à l'homme et à la femme, sans établir de distinction entre l'un et

---

[1] Liv. IX. *Discours à madame de la Sablière*.
[2] Liv. XI. — Fable IX.

l'autre, comme le concile de Mâcon aurait, dit-on, voulu le faire. Nous verrons ailleurs quelle est la nature, quelle est la fonction de l'âme de l'homme et de la femme. Poursuivons, pour le moment, l'examen des fables philosophiques.

L'homme est un être doué de raison. A quoi lui sert la raison ? Notre poète va nous le dire dans la fable *Un Animal dans la Lune*.

>   Pendant qu'un philosophe assure
> Que toujours par leurs sens les hommes sont dupés,
>   Un autre philosophe jure
>   Qu'ils ne nous ont jamais trompés.
> Tous les deux ont raison ; et la philosophie
> Dit vrai quand elle dit que les sens tromperont
> Tant que sur leur rapport les hommes jugeront,
>   Mais aussi, si l'on rectifie
> L'image de l'objet sur son éloignement,
>   Sur le milieu qui l'environne,
>   Sur l'organe et sur l'instrument,
>   Les sens ne tromperont personne.
> La Nature ordonna ces choses sagement :
> J'en dirai quelque jour les raisons amplement.
> J'aperçois le soleil : quelle en est la figure ?
> Ici-bas ce grand corps n'a que trois pieds de tour ;
> Mais si je le voyois là-haut dans son séjour,
> Que seroit-ce à mes yeux que l'œil de la nature ?
> Sa distance me fait juger de sa grandeur ;
> Sur l'angle et les côtés ma main la détermine.
> L'ignorant le croit plat : j'épaissis sa rondeur ;
> Je le rends immobile, et la terre chemine.
> Bref, je démens mes yeux en toute sa machine :
> Ce sens ne me nuit point par son illusion.
>   Mon âme, en toute occasion,
> Développe le vrai caché sous l'apparence ;
>   Je ne suis point d'intelligence
> Avecque mes regards, peut-être un peu trop prompts,
>   Ni mon oreille, lente à m'apporter les sons.
> Quand l'eau courbe un bâton, ma raison le redresse :

>La raison décide en maîtresse.
> Mes yeux, moyennant ce secours,
> Ne me trompent jamais, en me mentant toujours [1].

Cette philosophie n'est point transcendante, non, mais elle est claire, compréhensible, et à la portée de toutes les intelligences.

C'est la même, du reste, que celle de Bossuet. On dirait que La Fontaine l'a extraite du *Traité de la connoissance de Dieu et de soi-même*.

L'homme a donc une âme et une raison supérieures à l'âme et à la raison de l'animal; mais si l'homme s'abandonne à ses mauvais penchants, à ses vices, — car il a en lui des mauvais penchants et des vices contre lesquels il doit lutter — s'il ne sort pas victorieux de cette lutte qui fait sa noblesse, il tombe alors dans la dégradation, et le plus souvent il s'y complaît au point de ne plus vouloir redevenir un homme, c'est-à-dire un être doué d'une âme et d'une raison supérieures. C'est ce que La Fontaine nous démontre dans sa belle fable *Les compagnons d'Ulysse*, dont le sujet est emprunté à Plutarque et à Machiavel.

> Les compagnons d'Ulysse, après dix ans d'alarmes,
> Erroient au gré du vent, de leur sort incertains.
> Ils abordèrent un rivage
> Où la fille du Dieu du jour,
> Circé, tenoit alors sa cour.
> Elle leur fit prendre un breuvage
> Délicieux, mais plein d'un funeste poison.
> D'abord ils perdent la raison ;
> Quelques moments après, leur corps et leur visage
> Prennent l'air et les traits d'animaux différents.
> Les voilà devenus ours, lions, éléphants.

[1] Liv. VII. — Fable XVIII.

Ulysse, le sage, l'adroit Ulysse, qui se sauva habilement de l'île de Calypso, sut aussi très bien s'y prendre auprès de Circé.

> Il obtint qu'on rendroit à ces Grecs leur figure.
> « Mais la voudront-ils bien, dit la Nymphe, accepter ?
> Allez le proposer de ce pas à la troupe. »
> Ulysse y court et dit : « L'empoisonneuse coupe
> A son remède encore, et je viens vous l'offrir :
> Chers amis, voulez-vous hommes redevenir?
>   On vous rend déjà la parole. »
>   Le Lion dit, pensant rugir :
>   « Je n'ai pas la tête si folle ;
> Moi renoncer aux dons que je viens d'acquérir !
> J'ai griffe et dent, et mets en pièces qui m'attaque.
> Je suis roi : deviendrai-je un citadin d'Ithaque !
> Tu me rendras peut-être encor simple soldat :
>   Je ne veux point changer d'état. »
> Ulysse du Lion court à l'Ours : « Eh ! mon frère,
> Comme te voilà fait ! Je t'ai vu si joli !
>   — Ah ! vraiment nous y voici
>   Reprit l'Ours à sa manière :
> Comme me voilà fait? Comme doit être un ours.
> Qui t'a dit qu'une forme est plus belle qu'une autre?
>   Est-ce à la tienne à juger de la nôtre?
> Je me rapporte aux yeux d'une Ourse mes amours.
> Te déplais-je? va-t-en ; suis ta route et me laisse.
> Je vis libre, content, sans nul soin qui me presse ;
>   Et te dis tout net et tout plat :
>   Je ne veux point changer d'état. »

Ulysse éprouve le même refus de la part du loup ; bien plus, le loup retourne contre le prince grec tous les arguments dont il s'était servi pour lui persuader de redevenir un homme de bien.

> « Tu t'en viens me traiter de bête carnassière ;
> Toi qui parles, qu'es-tu? N'auriez-vous pas, sans moi,
> Mangé ces animaux que plaint tout le village?
>   Si j'étois homme, par ta foi,
>   Aimerois-je moins le carnage?

> Pour un mot quelquefois vous vous étranglez tous :
> Ne vous êtes-vous pas l'un à l'autre des loups ?
> Tout bien considéré, je te soutiens en somme
> Que, scélérat pour scélérat,
> Il vaut mieux être un loup qu'un homme :
> Je ne veux point changer d'état. »
>
> Ulysse fit à tous une même semonce.
> Chacun d'eux fit même réponse.
> Autant le grand que le petit.
> La liberté, les bois, suivre leur appétit,
> C'étoit leurs délices suprêmes :
> Tous renonçoient au lôs des belles actions.
> Ils croyoient s'affranchir suivant leurs passions,
> Ils étoient esclaves d'eux-mêmes[1].

Cette fable vaut, à mon avis, le plus beau des sermons ; il est impossible de mieux démontrer à l'homme combien il se dégrade lorsqu'il s'abandonne à ses passions, lorsqu'il ne recherche que la satisfaction de ses appétits.

L'homme est soumis ici-bas à la nécessité de gagner son pain quotidien. Le travail est une loi générale imposée à tous les hommes. *Nudus in nudâ humo*, c'est ainsi que l'homme vient au monde. Il faut donc qu'il travaille pour se vêtir et se nourrir. Ceux qui possèdent la fortune, c'est-à-dire le produit du travail accompli par d'autres ou par eux, sont en petit nombre, et ils ne sont pas aussi heureux que le croit le vulgaire. Il vaut mieux savoir se passer de la fortune que la posséder, car on peut la perdre de mille façons. Il vaut mieux travailler que de ne rien faire. C'est plus sain moralement et physiquement. Il y a deux espèces de travail : le travail intellectuel et le travail manuel ; l'un vaut l'autre, et

---

[1] Liv. XII. — Fable I.

tous deux valent mieux que la fortune qui est chose périssable. C'est ce que La Fontaine nous a démontré dans les deux fables : *L'Avantage de la Science; — Le Marchand, le Gentilhomme, le Pâtre et le Fils du roi.*

Examinons-les l'une et l'autre, en commençant par la première :

> Entre deux Bourgeois d'une ville
> S'émut jadis un différend :
> L'un étoit pauvre, mais habile ;
> L'autre riche, mais ignorant.
> Celui-ci sur son concurrent
> Vouloit emporter l'avantage,
> Prétendoit que tout homme sage
> Etoit tenu de l'honorer.
> C'étoit tout homme sot ; car pourquoi révérer
> Des biens dépourvus de mérite ?
> La raison m'en semble petite.

Une guerre survint et vengea le savant des mépris de l'ignorant.

> Mars détruisit le lieu que nos gens habitoient :
> L'un et l'autre quitta sa ville.
> L'ignorant resta sans asile :
> Il reçut partout du mépris ;
> L'autre reçut partout quelque faveur nouvelle :
> Cela décida leur querelle.
>
> Laissez dire les sots : le savoir a son prix[1].

Conclusion : il vaut mieux être un savant pauvre qu'un ignorant riche.

Passons à l'autre fable :

> Quatre chercheurs de nouveaux mondes,
> Presque nus, échappés à la fureur des ondes,
> Un Trafiquant, un Noble, un Pâtre, un Fils de roi,
> Réduits au sort de Bélisaire,

---

[1] Liv. VIII. — Fable XIX.

Demandoient aux passants de quoi
Pouvoir soulager leur misère.

. . . .

Ils s'assirent enfin au bord d'une fontaine :
Là le conseil se tint entre les pauvres gens.
Le Prince s'étendit sur le malheur des grands.
Le Pâtre fut d'avis qu'éloignant la pensée
De leur aventure passée,
Chacun fit de son mieux, et s'appliquât au soin
De pourvoir au commun besoin.
« La plainte, ajouta-t-il, guérit-elle son homme ?
Travaillons : c'est de quoi nous mener jusqu'à Rome. »
Un pâtre ainsi parler ! Ainsi parler ; croit-on
Que le Ciel n'ait donné qu'aux têtes couronnées
De l'esprit et de la raison ;
Et que de tout berger, comme de tout mouton,
Les connoissances soient bornées ?
L'avis de celui-ci fut d'abord trouvé bon
Par les trois échoués aux bords de l'Amérique.
L'un (c'étoit le Marchand) savoit l'arithmétique :
« A tant par mois, dit-il, j'en donnerai leçon.
— J'enseignerai la politique, »
Reprit le Fils de roi. Le Noble poursuivit :
« Moi je sais le blason ; j'en veux tenir école. »
Comme si, devers l'Inde, on eût eu dans l'esprit
La sotte vanité de ce jargon frivole !
Le Pâtre dit : « Amis, vous parlez bien ; mais quoi ?
Le mois a trente jours : jusqu'à cette échéance
Jeûnerons-nous, par votre foi ?
Vous me donnez une espérance
Belle, mais éloignée ; et cependant j'ai faim.
Qui pourvoira de nous au dîner de demain ?
Ou plutôt sur quelle assurance
Fondez-vous, dites-moi, le souper d'aujourd'hui ?
Avant tout autre, c'est celui
Dont il s'agit. Votre science
Est courte là-dessus : ma main y suppléera. »
A ces mots, le Pâtre s'en va
Dans un bois : il y fit des fagots, dont la vente,
Pendant cette journée et pendant la suivante,
Empêcha qu'un long jeûne à la fin ne fît tant
Qu'ils allassent là-bas exercer leur talent.

> Je conclus de cette aventure
> Qu'il ne faut pas tant d'art pour conserver ses jours ;
> Et, grace aux dons de la nature,
> La main est le plus sûr et le plus prompt secours [1].

Voilà une fable profondément démocratique. Elle est de nature à consoler et à rassurer ceux, et c'est le plus grand nombre, hélas ! qui n'ont pas d'autre gagne-pain que le travail de leurs mains.

Il me semble que nous nous éloignons de plus en plus de la moralité *gauloise* définie par Taine. Poursuivons donc le cours de cette intéressante étude.

---

[1] Liv X. — Fable xv.

LA MORALE DES FABLES

IV

Les sept péchés capitaux

Berryer, le grand Berryer, dont la statue fait le pendant, dans la salle des pas-perdus du Palais de justice, à celle de Malhesherbes, Berryer qui avait affronté pendant de longues années les luttes du barreau et de la tribune parlementaire, les émotions du jeu et de la vie mondaine, dans la situation d'un chef de parti, Berryer, dis-je, dans les dernières années de sa vie faisait ses délices de la lecture des Pères et des Docteurs de l'Église. Avant lui, Villemain, dans son cours de littérature, nous avait tracé un savant tableau de leur éloquence. L'un et l'autre avaient raison de les admirer. Mais ce n'étaient pas seulement des hommes éloquents que les Pères et les Docteurs de l'Église : c'étaient des philosophes, des spéculatifs, des moralistes, des médecins des âmes, qui avaient profondément étudié toutes les plaies du pauvre cœur humain et les avaient savamment décrites et cataloguées. Ces plaies sont les *sept péchés capitaux* qui ont été ainsi nommés, nous dit le catéchisme, par ce qu'ils sont la source de tous les autres péchés. Les voici dans l'ordre qui leur est assigné :

   1° l'orgueil,
   2° l'envie,
   3° l'avarice,
   4° la gourmandise,
   5° la luxure,
   6° la colère,
   7° la paresse.

Examinons maintenant comment ces sept péchés capitaux et leurs dérivés sont traités dans les fables.

L'orgueil : La Fontaine nous l'a peint dans la fable *Le Chêne et le Roseau*, qu'il considérait comme la plus belle de ses fables. Quel est le châtiment du chêne orgueilleux ?

> . . . . Comme il disoit ces mots,
> Du bout de l'horizon accourt avec furie
>   Le plus terrible des enfants
> Que le nord eut portés jusque-là dans ses flancs.
>   L'arbre tient bon : le Roseau plie.
>   Le vent redouble ses efforts,
>   Et fait si bien qu'il déracine
> Celui de qui la tête au ciel étoit voisine,
> Et dont les pieds touchoient à l'empire des morts [1].

On peut, si on le veut, interpréter la fable dans un sens religieux et dire que Dieu châtie les superbes et épargne les humbles.

> Debellare superbos et parcere victis.

L'orgueil engendre la vanité, et La Fontaine ne lui ménage pas les traits de la plus fine ironie.

---

[1] Liv. I. — Fable XXII.

Dans une fable très hardie et très amusante, *Les deux Chèvres*, notre poète s'est moqué, en se jouant, des duchesses qui se disputaient à Versailles les honneurs du tabouret.

. . . .
   Deux chèvres donc s'émancipant,
   Toutes deux ayant patte blanche,
Quittèrent les bas prés, chacune de sa part :
L'une vers l'autre alloit pour quelque bon hasard.
Un ruisseau se rencontre, et pour pont une planche.
Deux belettes à peine auroient passé de front
    — Sur ce pont.
D'ailleurs l'onde rapide et le ruisseau profond
Devoient faire trembler de peur ces amazones.
Malgré tant de dangers, l'une de ces personnes
Pose un pied sur la planche, et l'autre en fait autant.
Je m'imagine voir, avec Louis le Grand,
   Philippe quatre qui s'avance
   Dans l'île de la Conférence.
   Ainsi s'avançoient pas à pas,
   Nez à nez, nos aventurières,
   Qui, toutes deux étant fort fières,
Vers le milieu du pont ne se voulurent pas
L'une à l'autre céder. Elles avoient la gloire
De compter dans leur race, à ce que dit l'histoire,
L'une, certaine Chèvre, au mérite sans pair,
Dont Polyphème fit présent à Galatée;
   Et l'autre la Chèvre Amalthée,
   Par qui fut nourri Jupiter.
Faute de reculer, leur chute fut commune :
   Toutes deux tombèrent dans l'eau.
   Cet accident n'est pas nouveau
   Dans le chemin de la Fortune[1].

La Fontaine faisait fi des grands seigneurs qui quittaient leurs terres pour venir parader à la Cour et y manger leur bien par vanité, et en passant il leur dé-

---

[1] Liv. XII. — Fable IV.

coche ce trait dans la fable *La Chauve-Souris, le Buisson et le Canard* :

> Je connois maint detteur qui n'est ni souris-chauve,
> Ni buisson, ni canard, ni dans tel cas tombé,
> Mais simple grand seigneur, qui tous les jours se sauve
>   Par un escalier dérobé [1].

Il faisait fi des grands seigneurs qui sont, pour la plupart, masques de théâtre, et il le leur fait dire par le renard qui contemplait le buste de l'un d'eux.

> « Belle tête, dit-il, mais de cervelle point. »
> Combien de grands seigneurs sont bustes en ce point [2].

Il faisait fi des grands seigneurs qui n'ont que leurs habits à montrer, et il le leur fait dire par le singe de la foire, qui se moque du léopard.

> Le Singe avoit raison. Ce n'est pas sur l'habit
> Que la diversité me plaît ; c'est dans l'esprit :
> L'une fournit toujours des choses agréables ;
> L'autre, en moins d'un moment, lasse les regardants.
> Oh ! que de grands seigneurs, au Léopard semblables,
>   N'ont que l'habit pour tous talents [3].

Il faisait fi également des faux nobles, et il le leur dit dans la fable du *Mulet se vantant de sa généalogie*.

> Le Mulet d'un prélat se piquoit de noblesse
>   Et ne parloit incessamment
>   Que de sa mère la Jument,
>   Dont il contoit mainte prouesse.

Ce mulet avait la prétention de figurer dans l'histoire.

---

[1] Liv. XII. — Fable VII.
[2] Liv. IV. — Fable XIV.
[3] Liv. IX. — Fable III.

> Etant devenu vieux, on le mit au moulin :
> Son père l'Ane alors lui revint en mémoire.
> Quand le malheur ne seroit bon
> Qu'à mettre un sot à la raison,
> Toujours seroit-ce à juste cause
> Qu'on le dit bon à quelque chose [1].

La Fontaine n'aime pas que les magistrats aient trop de morgue, surtout quand ils n'ont pas le droit d'en avoir, et il le leur dit dans la fable de *l'Ane portant des reliques*.

> D'un magistrat ignorant
> C'est la robe qu'on salue [2].

Pas plus que son ami Molière, La Fontaine n'aime les bourgeois vaniteux, et il le leur dit dans la fable intitulée *Le Rat et l'Éléphant*.

> Se croire un personnage est fort commun en France :
> On y fait l'homme d'importance,
> Et l'on n'est souvent qu'un bourgeois.
> C'est proprement le mal françois.
> La sotte vanité nous est particulière.
> Les Espagnols sont vains, mais d'une autre manière :
> Leur orgueil me semble, en un mot,
> Beaucoup plus fou, mais pas si sot [3].

La Fontaine n'aime pas non plus les faux-braves, les fanfarons, et il le leur dit dans la fable ayant pour titre *Le Lion et l'Ane chassant*.

> « N'ai-je pas bien servi dans cette occasion?
> Dit l'Ane en se donnant tout l'honneur de la chasse.
> — Oui, reprit le Lion, c'est bravement crié :
> Si je ne connoissois ta personne et ta race,
> J'en serois moi-même effrayé. »

---

[1] Liv. VI. — Fable vii.
[2] Liv. V. — Fable xiv.
[3] Liv. VIII. — Fable xv.

L'Ane, s'il eût osé, se fut mis en colère,
Encor qu'on le raillât avec juste raison;
Car qui pourroit souffrir un âne fanfaron?
    Ce n'est pas là leur caractère[1].

La Fontaine n'aime pas non plus ces gens qui pratiquent l'admiration mutuelle et qui s'en vont partout se donnant des coups d'encensoir, et il en trace une peinture bien amusante dans la fable *Le Lion, le Singe et les deux Anes*. C'est le singe qui parle :

De tout ce que dessus j'argumente très bien
Qu'ici-bas maint talent n'est que pure grimace,
Cabale, et certain art de se faire valoir,
Mieux su des ignorants que des gens de savoir.

    L'autre jour, suivant à la trace
Deux ânes qui, prenant tour à tour l'encensoir,
Se louoient tour à tour, comme c'est la manière,
J'ouïs que l'un des deux disoit à son confrère :
« Seigneur, trouvez-vous pas bien injuste et bien sot
» L'homme, cet animal si parfait? Il profane
    » Notre auguste nom, traitant d'*âne*
» Quiconque est ignorant, d'esprit lourd, idiot;
    » Il abuse encore d'un mot,
» Et traite notre rire et nos discours de *braire*.
» Les humains sont plaisants de prétendre exceller
» Par-dessus nous! Non, non; c'est à vous de parler,
    » A leurs orateurs de se taire :
» Voilà les vrais braillards. Mais laissons là ces gens :
    » Vous m'entendez, je vous entends;
    » Il suffit. Et quant aux merveilles
» Dont votre divin chant vient frapper les oreilles,
» Philomèle est, au prix, novice dans cet art :
» Vous surpassez Lambert. » L'autre baudet repart :
« Seigneur, j'admire en vous des qualités pareilles. »
Ces Anes, non contents de s'être ainsi grattés,
    S'en allèrent dans les cités

---

[1] Liv. II. — Fable XIX.

> L'un l'autre se prôner : chacun d'eux croyoit faire,
> En prisant ses pareils, une fort bonne affaire,
> Prétendant que l'honneur en reviendroit sur lui.

Et le singe, ou plutôt le moraliste, ajoute :

> J'en connois beaucoup aujourd'hui,
> Non parmi les baudets, mais parmi les puissances
> Que le Ciel voulut mettre en de plus hauts degrés,
> Qui changeroient entre eux les simples Excellences,
> S'ils osoient, en des Majestés[1].

Je pourrais multiplier ces exemples, car, ainsi que l'a fait remarquer notre poète, la sotte vanité nous est particulière, mais il faut savoir se borner.

Passons à l'envie.

> Une Grenouille vit un Bœuf
> Qui lui sembla de belle taille.
> Elle, qui n'étoit pas grosse en tout comme un œuf,
> Envieuse, s'étend, et s'enfle, et se travaille,
> Pour égaler l'animal en grosseur.
> . . . .
> . . . . La chétive pécore
> S'enfla si bien qu'elle creva.
> Le monde est plein de gens qui ne sont pas plus sages :
> Tout bourgeois veut bâtir comme les grands seigneurs;
> Tout petit prince a des ambassadeurs,
> Tout marquis veut avoir des pages[2].

L'envie, la noire envie, est le vice qui tourmente le plus le cœur de l'homme. Aussi La Fontaine ne lui épargne-t-il pas les traits de sa satire. Mais parmi les envieux les gens de lettres tiennent le premier rang. C'est à eux que notre poète s'adresse dans la fable *Le Serpent et la Lime*.

---

[1] Liv. XI. — Fable v.

[2] Liv. I. — Fable III. *La Grenouille qui se veut faire aussi grosse que le Bœuf.*

Ceci s'adresse à vous, esprits du dernier ordre,
Qui, n'étant bons à rien, cherchez sur tout à mordre.
  Vous vous tourmentez vainement.
Croyez-vous que vos dents impriment leurs outrages
    Sur tant de beaux ouvrages?
Ils sont pour vous d'airain, d'acier, de diamant[1].

L'envie engendre la jalousie. C'est à la coterie des jaloux de toute espèce et plus particulièrement à la coterie des gens de lettres que La Fontaine s'adresse encore dans la fable nommée *Les Lapins*, qu'il a dédiée au duc de la Rochefoucauld, l'auteur des *Maximes*.

Je me suis souvent dit, voyant de quelle sorte
    L'homme agit, et qu'il se comporte,
En mille occasions, comme les animaux :
« Le Roi de ces gens-là n'a pas moins de défauts
    Que ses sujets, et la nature
    A mis dans chaque créature
Quelque grain d'une masse où puisent les esprits;
J'entends les esprits corps, et pétris de matière. »
    Je vais prouver ce que je dis.
. . . .
Quand des chiens étrangers passent par quelque endroit
    Qui n'est pas de leur détroit,
    Je laisse à penser quelle fête!
    Les chiens du lieu, n'ayants en tête
Qu'un intérêt de gueule, à cris, à coups de dents,
    Vous accompagnent ces passants
    Jusqu'aux confins du territoire.
Un intérêt de biens, de grandeur, et de gloire,
Aux gouverneurs d'états, à certains courtisans,
A gens de tous métiers, en fait tout autant faire.
    On nous voit tous, pour l'ordinaire,
Piller le survenant, nous jeter sur sa peau.
La coquette et l'auteur sont de ce caractère :
    Malheur à l'écrivain nouveau!

---

[1] Liv. V. — Fable XVI.

> Le moins de gens qu'on peut à l'entour du gâteau,
> C'est le droit du jeu, c'est l'affaire[1].

En voilà assez pour l'envie. Passons à l'avarice.

J'ai déjà traité ce sujet dans un précédent chapitre. La Fontaine accable de ses traits les plus perçants les avares et les convoiteux. Dans la fable *L'Enfouisseur et son Compère*, que je n'ai pas citée, il donne une leçon de plus aux avaricieux.

> Un Pincemaille avoit tant amassé
> Qu'il ne savoit où loger sa finance.
> L'avarice, compagne et sœur de l'ignorance,
> Le rendoit fort embarrassé
> Dans le choix d'un dépositaire ;
> Car il en vouloit un, et voici sa raison :
> « L'objet tente ; il faudra que ce monceau s'altère
> Si je le laisse à la maison :
> Moi-même de mon bien je serai le larron.
> — Le larron ? Quoi ? jouir, c'est se voler soi-même ?
> Mon ami, j'ai pitié de ton erreur extrême.
> Apprends de moi cette leçon :
> Le bien n'est bien qu'en tant que l'on s'en peut défaire ;
> Sans cela, c'est un mal. Veux-tu le réserver
> Pour un âge et des temps qui n'en ont plus que faire ?
> La peine d'acquérir, le soin de conserver,
> Otent le prix à l'or, qu'on croit si nécessaire[2]. »

Notre poète nous dit, dans la fable intitulée *Les deux Chiens et l'Ane mort* :

> Les vertus devroient être sœurs,
> Ainsi que les vices sont frères.
> Dès que l'un de ceux-ci s'empare de nos cœurs,
> Tous viennent à la file ; il ne s'en manque guères :
> J'entends de ceux qui, n'étant pas contraires,
> Peuvent loger sous même toit[3].

---

[1] Liv. X. — Fable xiv.
[2] Liv. X. — Fable iv.
[3] Liv. VIII. — Fable xxv.

La Fontaine a raison : la convoitise, le désir d'être riche, résulte de l'envie. Tel qui vivrait simplement s'il était livré à lui-même veut être riche parce que son voisin l'est.

La fable *Le Thésauriseur et le Singe* contient encore une leçon à l'adresse des avares, et nous peint cette catégorie de gens dont l'unique plaisir est d'entasser.

> Un homme accumuloit. On sait que cette erreur
>   Va souvent jusqu'à la fureur.
> Celui-ci ne songeoit que ducats et pistoles.
> Quand ces biens sont oisifs, je tiens qu'ils sont frivoles.
>   Pour sûreté de son trésor,
> Notre Avare habitoit un lieu dont Amphitrite
> Défendoit aux voleurs de toutes parts l'abord.
> Là, d'une volupté selon moi fort petite,
> Et selon lui fort grande, il entassoit toujours :
>   Il passoit les nuits et les jours
> A compter, calculer, supputer sans relâche,
> Calculant, supputant, comptant comme à la tâche :
> Car il trouvoit toujours du mécompte à son fait.
> Un gros Singe, plus sage, à mon sens, que son maître,
> Jetoit quelque doublon toujours par la fenêtre,
>   Et rendoit le compte imparfait.

Notre poète ajoute :

>   Quant à moi, lorsque je compare
> Les plaisirs de ce Singe à ceux de cet Avare,
> Je ne sais bonnement auquel donner le prix[1].

J'en ai dit assez de l'avarice, qui était si éloignée du cœur de La Fontaine, qu'il mettait son bonheur, comme le philosophe Bias, à ne rien posséder. C'est le tour de la gourmandise. La Fontaine nous en donne deux exemples : l'un dans la fable *L'Ivrogne et sa Femme*, l'autre dans le conte du *Glouton*. Commençons par le conte :

---

[1] Liv. XII. — Fable III.

> A son souper un glouton
> Commande que l'on appreste
> Pour lui seul un esturgeon,
> Sans en laisser que la teste.
> Il soupe; il crève; on y court :
> On lui donne maints clistères.
> On lui dit, pour faire court,
> Qu'il mette ordre à ses affaires.
> Mes amis, dit le goulu,
> M'y voilà tout résolu;
> Et puisqu'il faut que je meure,
> Sans faire tant de façon,
> Qu'on m'apporte tout à l'heure
> Le reste de mon poisson[1].

Ce glouton est dégoûtant. L'ivrogne ne l'est pas moins, et La Fontaine nous fait voir toutes les conséquences de son vice.

> . . . . Un suppôt de Bacchus
> Altéroit sa santé, son esprit et sa bourse :
> Telles gens n'ont pas fait la moitié de leur course
> Qu'ils sont au bout de leurs écus.
> Un jour que celui-ci, plein du jus de la treille,
> Avoit laissé ses sens au fond d'une bouteille,
> Sa femme l'enferma dans un certain tombeau.
> Là les vapeurs du vin nouveau
> Cuvèrent à loisir. . . . .

On connaît la suite : la femme de l'ivrogne se déguise en habit d'Alecton (une des Furies) et lui présente un chaudeau.

> « Quelle personne es-tu? dit-il à ce fantôme.
> — La cellerière du royaume
> De Satan, reprit-elle; et je porte à manger
> A ceux qu'enclôt la tombe noire. »
> Le mari repart, sans songer :
> « Tu ne leur portes point à boire? »

Le trait est amusant.

[1] Liv. I. — Conte VIII.

Dans *les Filles de Minée,* La Fontaine fait dire à Alcithoé, l'aînée des trois filles qui refusent d'assister aux fêtes données en l'honneur du fils de Jupiter et de Semelé :

> Mais à quoi sert Bacchus, qu'à causer des querelles?
> Affaiblir les plus sains, enlaidir les plus belles?
> Souvent mener au Styx par de tristes chemins?
> Et nous irions chômer la peste des humains!

Le mot est énergique, mais il n'est pas trop fort.

Oui, l'ivrognerie est devenue une peste dans les temps modernes, et la consommation de l'alcool, qui s'accroît dans des proportions redoutables, fait certainement plus de victimes que n'en faisaient, au moyen âge, la peste et la lèpre.

La luxure n'était pas un sujet à traiter amplement et à fond dans un livre consacré à l'éducation de la jeunesse et dédié à deux jeunes princes élevés dans une Cour où la continence n'était point en honneur. Pourtant, dans le livre XII dédié au duc de Bourgogne, La Fontaine le met en garde contre les dangers de l'amour, dans une pièce que l'élève de Fénelon lui avait demandé de faire sous le titre *Le Chat et la Souris.*

> Pour plaire au jeune Prince à qui la renommée
> Destine un temple en mes écrits,
> Comment composerai-je une fable nommée
> Le Chat et la Souris?
>
> Dois-je représenter dans ces vers une belle
> Qui, douce en apparence, et toutefois cruelle,
> Va se jouant des cœurs que ses charmes ont pris
> Comme le Chat de la Souris[1]?

N'y a-t-il pas là une allusion à Mme de Montespan?

---

[1] Liv. XII. — Après la fable IV.

La charmante fable *L'Amour et la Folie* ne renferme-t-elle pas un avertissement discret, trop discret si l'on veut, au jeune prince sur les dangers que l'Amour fait courir aux têtes couronnées ?

> Quand on eût bien considéré
> L'intérêt du public, celui de la partie,
> Le résultat enfin de la suprême cour
> Fut de condamner la Folie
> A servir de guide à l'Amour[1].

Arrivons à la colère.

La Fontaine, le plus doux, le plus inoffensif des hommes, n'a pas prodigué sa satire aux gens que la colère enflamme. Dans la fable de *Phébus et Borée* il s'est borné à leur dire :

> Plus fait douceur que violence[2].

Dans la fable intitulée *Le Lion et le Rat* :

> Patience et longueur de temps
> Font plus que force ni que rage[3].

Et encore dans la fable de *Jupiter et les Tonnerres* :

> Laissez, entre la colère
> Et l'orage qui la suit,
> L'intervalle d'une nuit[4].

Abordons enfin la paresse.

La Fontaine, ce paresseux, c'est lui qui se plaît à le dire, mais je n'en crois rien, La Fontaine, cet imprévoyant, admirait beaucoup le plus laborieux des animaux, la fourmi. Il nous a peint cet intéressant petit

---

[1] Liv. XII. — Fable xiv.
[2] Liv. VI. — Fable iii.
[3] Liv. II. — Fable xi.
[4] Liv. VIII. — Fable xx.

animal dans nombre de ses fables, et il a raconté qu'un jour qu'il devait dîner chez Mme Harvey il arriva en retard, parce qu'il s'était amusé à suivre le convoi d'une fourmi jusqu'à la sépulture, et qu'ensuite il avait reconduit les gens du cortège jusqu'à leur trou.

Dans la fable *La Mouche et la Fourmi*, notre poète a mis en contraste l'activité inutile et bourdonnante de l'une et la laborieuse et silencieuse activité de l'autre. Il est curieux de les entendre discourir :

> La Mouche et la Fourmi contestoient de leur prix.
>   « O Jupiter, dit la première,
> Faut-il que l'amour-propre aveugle les esprits
>   D'une si terrible manière,
>   Qu'un vil et rampant animal
> A la fille de l'air ose se dire égal !
> Je hante les palais, je m'assieds à ta table :
> Si l'on t'immole un bœuf, j'y goûte devant toi ;
> Pendant que celle-ci, chétive et misérable,
> Vit trois jours d'un fétu qu'elle a traîné chez soi. »

Que répond la fourmi à la fille de l'air ?

> « . . . . Vous mourrez de faim,
>   De froid, de langueur, de misère,
> Quand Phébus régnera sur un autre hémisphère.
> Alors je jouirai du fruit de mes travaux :
>   Je n'irai, par monts ni par vaux,
>   M'exposer aux vents, à la pluie ;
>   Je vivrai sans mélancolie :
> Le soin que j'aurai pris de soin m'exemptera.
>   Je vous enseignerai par là
> Ce que c'est qu'une fausse ou véritable gloire.
> Adieu : je perds le temps ; laissez-moi travailler,
>   Ni mon grenier, ni mon armoire
>   Ne se remplit à babiller [1]. »

---

[1] Liv. IV. — Fable III.

C'est en l'honneur du travail que La Fontaine a composé la belle fable intitulée *Le Laboureur et ses Enfants*.

> Travaillez, prenez de la peine :
> C'est le fonds qui manque le moins.
> . . . .
> . . . . Mais le père fut sage
> De leur montrer, avant sa mort,
> Que le travail est un trésor[1].

Faire l'éloge du travail, c'est faire la satire de la paresse. Ainsi présentée, la leçon n'a que plus de force.

On le voit, la morale des fables est une morale qui côtoie à distance la morale chrétienne. Celle-ci est plus profonde, plus austère, elle pénètre plus avant dans le cœur de l'homme; elle a, en outre, dans la vie future, une sanction qui manque à celle-là. L'une peut rendre l'homme honnête ; l'autre seule peut le rendre religieux.

---

[1] Liv. V. — Fable ix.

LA MORALE DES FABLES

V

La politique et la guerre.

C'est Beaumarchais qui a dit que la politique et l'intrigue sont cousines germaines. Il devait s'y connaître, car il a eu fréquemment un pied dans l'une et un pied dans l'autre.

Le prince de Talleyrand qui a eu souvent les deux pieds dans la politique, et qui en savait à fond tous les ressorts, la faisait consister surtout dans l'art de dissimuler sa pensée. C'est peut-être pour ces raisons que La Fontaine a fait entrer dans ses fables des légions de menteurs dont les DIRES servent d'enveloppe aux vérités qu'il veut enseigner.

> Grâce aux Filles de Mémoire,
> J'ai chanté des animaux,
> Peut-être d'autres héros
> M'auroient acquis moins de gloire.
> Le Loup, en langue des dieux,
> Parle au Chien dans mes ouvrages ;
> Les bêtes, à qui mieux mieux,
> Y font divers personnages,
> Les uns fous, les autres sages ;

> De telle sorte pourtant
> Que les fous vont l'emportant;
> La mesure en est plus pleine.
> Je mets aussi sur la scène
> Des trompeurs, des scélérats,
> Des tyrans et des ingrats,
> Mainte imprudente pécore,
> Force sots, force flatteurs;
> Je pourrois y joindre encore
> Des légions de menteurs :
> Tout homme ment, dit le Sage.
> . . . .
> Si quelque autre l'avoit dit,
> Je soutiendrois le contraire.
> Et même qui mentiroit
> Comme Ésope et comme Homère,
> Un vrai menteur ne seroit :
> Le doux charme de maint songe
> Par leur bel art inventé,
> Sous les habits du mensonge
> Nous offre la vérité.
> L'un et l'autre a fait un livre
> Que je tiens digne de vivre
> Sans fin, et plus, s'il se peut.
> Comme eux ne ment pas qui veut[1].

Ainsi, La Fontaine veut rendre les mensonges amusants, afin de mieux graver dans l'esprit les vérités qui en ressortent.

Il prodigue dans maintes fables ces vérités aux rois, en les mélangeant, avec un art consommé, de louanges et de critiques. Lisez ce qu'il dit au prince de Conti dans sa dédicace de la fable ayant pour titre *Le Milan, le Roi, et le Chasseur*.

> Comme les Dieux sont bons, ils veulent que les Rois
> Le soient aussi : c'est l'indulgence

---

[1] Liv. IX. — Fable I. *Le Dépositaire infidèle.*

LA POLITIQUE ET LA GUERRE

>   Qui fait le plus beau de leurs droits,
>   Non les douceurs de la vengeance:
> Prince, c'est votre avis. On sait que le courroux
> S'éteint en votre cœur sitôt qu'on l'y voit naître:
> Achille, qui du sien ne put se rendre maître,
>   Fut par là moins héros que vous.
> Ce titre n'appartient qu'à ceux d'entre les hommes
> Qui, comme en l'âge d'or, font cent biens ici-bas.
> Peu de grands sont nés tels en cet âge où nous sommes:
> L'univers leur sait gré du mal qu'ils ne font pas.

Ces deux derniers vers ne sont-ils pas, en vérité, d'une grande hardiesse?

La fable est, d'ailleurs, très amusante et même irrévérencieuse.

> Un Milan, de son nid antique possesseur,
>   Étant pris vif par un Chasseur,
> D'en faire au Prince un don cet homme se propose.
> La rareté du fait donnoit prix à la chose.
> L'Oiseau, par le Chasseur humblement présenté,
>   Si ce conte n'est apocryphe,
>   Va tout droit imprimer sa griffe
>   Sur le nez de Sa Majesté.
> — Quoi! sur le nez du Roi? — Du Roi même en personne.
> — Il n'avoit donc alors ni sceptre ni couronne?
> — Quand il en auroit eu, ç'auroit été tout un:
> Le nez royal fut pris comme un nez du commun.
> Dire des courtisans les clameurs et la peine
> Seroit se consumer en efforts impuissants.
> Le Roi n'éclata point: les cris sont indécents
>   A la majesté souveraine.
> L'Oiseau garda son poste : on ne put seulement
>   Hâter son départ d'un moment[1].

Dans la fable *La Génisse, la Chèvre et la Brebis en société avec le Lion*, La Fontaine nous montre le *Roi* des

---

[1] Liv. XII. — Fable XII.

animaux abusant de sa force envers ses plus faibles sujets.

> « Si quelqu'une de vous touche à la quatrième,
> Je l'étranglerai tout d'abord[1]. »

Voilà une bonne raison d'autocrate, une raison sans réplique!

Dans la fable intitulée *Tribut envoyé par les Animaux à Alexandre*, il nous montre encore ce même *Roi* des animaux ne dédaignant pas de joindre la ruse à la force pour s'emparer des biens de ses sujets.

> « Que de filles, ô Dieux, mes pièces de monnoie
> Ont produites! Voyez : la plupart sont déjà
> Aussi grandes que leurs mères.
> Le croît m'en appartient. » Il prit tout là-dessus;
> Ou bien, s'il ne prit tout, il n'en demeura guères.
> Le Singe et les Sommiers confus,
> Sans oser répliquer, en chemin se remirent.
> Au fils de Jupiter on dit qu'ils se plaignirent,
> Et n'en eurent point de raison.
> Qu'eût-il fait? C'eût été lion contre lion;
> Et le proverbe dit : « Corsaires à corsaires,
> L'un l'autre s'attaquant, ne font pas leurs affaires[2]. »

On le voit, notre poète n'a pas une grande confiance dans la bonté, la générosité et la justice des monarques. Mais, s'il leur dit la vérité, il ne la ménage pas au peuple : c'est par là qu'il se distingue des faux démocrates qui ne savent que le flatter. Lisez la fable de *Démocrite et les Abdéritains*. Elle commence ainsi :

> Que j'ai toujours haï les pensers du vulgaire!
> Qu'il me semble profane, injuste, et téméraire,

---

[1] Liv. I. — Fable VI.
[2] Liv. IV. — Fable XII.

> Mettant de faux milieux entre la chose et lui,
> Et mesurant par soi ce qu'il voit en autrui.

Comment se termine-t-elle, cette belle fable philosophique et politique ?

> Le récit précédent suffit
> Pour montrer que le peuple est juge récusable.
> En quel sens est donc véritable
> Ce que j'ai lu dans certain lieu,
> Que sa voix est la voix de Dieu [1] ?

Lisez encore la fable des *Grenouilles qui demandent un Roi*. Les grenouilles ont assez de la République ; elles demandent un Roi. Cela s'est vu dans l'histoire et peut se voir encore.

> Les Grenouilles se lassant
> De l'état démocratique,
> Par leurs clameurs firent tant
> Que Jupin les soumit au pouvoir monarchique.

Il leur envoie un soliveau qui se tient toujours coi, et les grenouilles de se plaindre encore plus fort.

> Jupin en a bientôt la cervelle rompue :
> « Donnez-nous, dit ce peuple, un roi qui se remue. »
> Le Monarque des Dieux leur envoie une Grue
> Qui les croque, qui les tue,
> Qui les gobe à son plaisir ;
> Et Grenouilles de se plaindre,
> Et Jupin de leur dire : « Eh quoi ? votre désir
> A ses lois croit-il nous astreindre ?
> Vous avez dû premièrement
> Garder votre gouvernement ;
> Mais ne l'ayant pas fait, il vous devoit suffire
> Que votre premier roi fût débonnaire et doux :
> De celui-ci contentez-vous,
> De peur d'en rencontrer un pire [2]. »

---

[1] Liv. VIII. — Fable xxvi.

[2] Liv. III. — Fable iv.

Il y a aujourd'hui de fougueux démocrates qui disent au peuple qu'il a la science infuse, que c'est à lui de gouverner et de dicter ses volontés par des mandats impératifs. C'est pour eux que La Fontaine a écrit sa fable de *la Tête et la Queue du Serpent.*

> La Tête avoit toujours marché devant la Queue.
> La Queue au Ciel se plaignit,
> Et lui dit :
> « Je fais mainte et mainte lieue.
> Comme il plaît à celle-ci :
> Croit-elle que toujours j'en veuille user ainsi?
> . . . .
> Enfin voilà ma requête :
> C'est à vous de commander,
> Qu'on me laisse précéder
> A mon tour ma sœur la Tête.
> Je la conduiroi si bien
> Qu'on ne se plaindra de rien. »
> Le Ciel eut pour ces vœux une bonté cruelle.
> . . . .
> . . . . et la guide nouvelle,
> Qui ne voyoit, au grand jour,
> Pas plus clair que dans un four,
> Donnoit tantôt contre un marbre,
> Contre un passant, contre un arbre :
> Droit aux ondes du Styx elle mena sa sœur.

Et La Fontaine ajoute en profond politique :

Malheureux les États tombés dans son erreur[1]!

Quel conseil notre poète donne-t-il au peuple, en fin de compte? Celui de s'en rapporter, pour le gouverner, aux représentants qu'il s'est lui-même choisis. Le conseil, qui se trouve dans la fable *Les Membres et l'Estomac*, n'est pas si mauvais, ce semble. Écoutons-le :

[1] Liv. VII. — Fable XVII.

> La commune s'alloit séparer du sénat.
> Les mécontents disoient qu'il avoit tout l'empire,
> Le pouvoir, les trésors, l'honneur, la dignité ;
> Au lieu que tout le mal étoit de leur côté,
> Les tributs, les impôts, les fatigues de guerre.
> Le peuple hors des murs étoit déjà posté,
> La plupart s'en alloient chercher une autre terre,
>   Quand Ménénius leur fit voir
>   Qu'ils étoient aux Membres semblables,
> Et par cet apologue, insigne entre les fables,
>   Les ramena dans leur devoir [1].

Quel dommage qu'il ne se soit pas trouvé un Ménénius Agrippa dans les murs de Paris, le 18 Mars 1871 ! Que de crimes il eût épargnés à tant de malheureux égarés !

Dans la fable ayant pour titre *Le Pouvoir des Fables*, La Fontaine nous montre combien la foule, qu'il appelle irrévérencieusement « l'animal aux têtes frivoles, » est inconstante et mobile.

> Dans Athène autrefois, peuple vain et léger,
> Un Orateur, voyant sa patrie en danger,
> Courut à la tribune ; et d'un art tyrannique,
> Voulant forcer les cœurs dans une république,
> Il parla fortement sur le commun salut.

Personne ne voulut l'écouter. Que fit-il ? Il se mit à raconter une fable.

> A ce reproche l'assemblée,
> Par l'apologue réveillée,
> Se donne entière à l'Orateur :
> Un trait de fable en eut l'honneur [2].

C'est là un bon et sage moyen de fixer l'attention du peuple, de l'apaiser, de l'instruire, et de lui dire finement

---

[1] Liv. III. — Fable ii.
[2] Liv. VIII. — Fable iv.

les choses. Comme les Athéniens, nous sommes vains et légers, mais comme eux nous avons de l'esprit, de l'enthousiasme. Aussi, je n'hésite pas à engager nos orateurs à se servir des fables, comme le fit Demades (c'était le nom de l'orateur), pour enseigner les grandes vérités qu'ils veulent faire pénétrer dans l'esprit du peuple.

Mais il arrive parfois que, malgré toutes les bonnes raisons, tous les avertissements qu'on peut donner au peuple, il est impossible de l'apaiser, même en lui jouant de la flûte, comme s'y employaient Tibérius Gracchus et le berger Tircis. Il faut bien alors s'y prendre d'une autre manière pour le convaincre et le ramener dans le devoir. Quelle est cette manière ? Notre poète nous l'indique dans la jolie fable intitulée *Les Poissons et le Berger qui joue de la flûte*.

> O vous, pasteurs d'humains et non pas de brebis,
> Rois, qui croyez gagner par raisons les esprits
>   D'une multitude étrangère,
> Ce n'est jamais par là que l'on en vient à bout.
>   Il y faut une autre manière :
> Servez-vous de vos rets ; la puissance fait tout [1].

Ce n'est pas tout que d'avoir à nommer des députés, des sénateurs, il faut encore savoir bien les choisir et ne pas se laisser prendre aux hâbleries, aux promesses menteuses des candidats. Tout le monde n'est pas digne de représenter le peuple dans nos assemblées délibérantes. Voilà une vérité dont nos électeurs feront bien de se pénétrer, en lisant la fable ayant pour titre *Le Renard, le Singe, et les Animaux*.

---

[1] Liv. X. — Fable x.

Après de nombreux « tours de souplesse et mille singeries, » le singe

> . . . fut élu : chacun lui fit hommage.
> Le Renard seul regretta son suffrage.

Il n'eut pas de peine à attraper le singe.

> Le nouveau roi bâille après la finance.

C'est ce qui arrive souvent.

> Le Renard dit, au nom de l'assistance :
> « Prétendrois-tu nous gouverner encor,
> Ne sachant pas te conduire toi-même ? »
> Il fut démis ; et l'on tomba d'accord
> Qu'à peu de gens convient le diadème [1].

On voit que La Fontaine a dit de bonnes vérités aux rois et aux peuples. C'était un profond politique que notre fabuliste, et on ne saurait trop le méditer à ce point de vue.

Comme son ami Molière, La Fontaine n'aime pas les hypocrites, les tartuffes, les archi-patelins, les patte-pelus, tous ces gens confits en douceur et qui ne cherchent qu'à tromper leur monde. Il conseille à tous, grands et petits, de se défier de cette espèce scélérate, qui est représentée par le Chat. Lisez les fables intitulées *Le Chat et un vieux Rat* (Liv. III. — Fable XVIII), *Le Cochet, le Chat et le Souriceau* (Liv. VI. — Fable V), *Le Chat et le Rat* (Liv. VIII. — Fable XXII), *Le Chat et le Renard* (Liv. IX. — Fable XIV), *Le Singe et le Chat* (Liv. IX. — Fable XVII), *Le Chat et les deux Moineaux* (Liv. XII. — Fable II), et vous serez convaincus que La Fontaine, cet homme honnête et sincère, qui n'avait ja-

---

[1] Liv. VI. — Fable VI.

mais menti en sa vie, au dire de son ami de Maucroix, détestait profondément l'hypocrisie et les hypocrites de toutes les catégories.

C'est devant Raminagrobis, « un saint homme de chat, » que Jean Lapin porta la fameuse question du droit de propriété, à propos de son terrier, dont s'était emparée la Belette.

> Elle porta chez lui ses pénates, un jour
> Qu'il étoit allé faire à l'Aurore sa cour
> Parmi le thym et la rosée.

Jean Lapin prend les dieux à témoin de cette usurpation de son domicile.

> La Belette avoit mis le nez à la fenêtre.
> « O Dieux hospitaliers! que vois-je ici paroître?
> Dit l'animal chassé du paternel logis.
> O là, Madame la Belette,
> Que l'on déloge sans trompette. »

La belette, que La Fontaine a rangée aussi parmi les animaux à esprit scélérat (L. VIII. — Fable XXII. *Le Chat et le Rat*), refuse de sortir et prétend que la terre appartient au premier occupant, c'est-à-dire à celui qui s'en empare.

> « Je voudrois bien savoir, dit-elle, quelle loi
> En a pour toujours fait l'octroi
> A Jean, fils ou neveu de Pierre ou de Guillaume,
> Plutôt qu'à Paul, plutôt qu'à moi. »
> Jean Lapin allégua la coutume et l'usage.
> « Ce sont, dit-il, leurs lois qui m'ont de ce logis
> Rendu maître et seigneur, et qui, de père en fils,
> L'ont de Pierre à Simon, puis à moi Jean, transmis.
> « Le premier occupant, » est-ce une loi plus sage? »

Grave question! Comment Raminagrobis la tranche-t-il? En dévorant le lapin et la belette, et le moraliste nous dit :

> Ceci ressemble fort aux débats qu'ont parfois
> Les petits souverains se rapportants aux rois [1].

Il y a une très jolie fable, *Les deux Coqs*, dont la moralité peut consoler les vaincus.

> La Fortune se plaît à faire de ces coups :
> Tout vainqueur insolent à sa perte travaille.
> Défions-nous du Sort, et prenons garde à nous
> Après le gain d'une bataille [2].

Voilà une moralité que feront bien de méditer les faiseurs de conquêtes. La Fontaine ne les aimait pas, et, malgré les victoires de Louis XIV, il soupire sans cesse pour la paix, et envie le sort de l'Angleterre.

> La carrière d'Auguste a-t-elle été moins belle
> Que les fameux exploits du premier des Césars ?
> O peuple trop heureux ! Quand la paix viendra-t-elle
> Nous rendre, comme vous, tout entiers aux beaux-arts [3] ?

La paix avec ses douceurs a toujours été le rêve de notre poète. Aussi, dit-il à notre ambassadeur en Angleterre, M. de Barrillon, dans la préface de la fable intitulée *Le Pouvoir des Fables* :

> N'est-il point encor temps que Louis se repose ?
> Quel autre Hercule enfin ne se trouveroit las
> De combattre cette hydre ? Et faut-il qu'elle oppose
> Une nouvelle tête aux efforts de son bras ?
> Si votre esprit plein de souplesse,
> Par éloquence et par adresse,
> Peut adoucir les cœurs et détourner ce coup,
> Je vous sacrifierai cent moutons : c'est beaucoup
> Pour un habitant du Parnasse [4].

---

[1] Liv. VII. — Fable xvi. *Le Chat, la Belette et le petit Lapin.*
[2] Liv. VII. — Fable xiii.
[3] Liv. VII. — Fable xviii. *Un Animal dans la Lune.*
[4] Liv. VIII. — Fable iv.

« Adoucir les cœurs, » voilà de ces mots que les politiques devraient avoir sans cesse présents à l'esprit, car ils constituent, à vrai dire, l'art de bien gouverner. Victor Hugo a dit dans la préface des *Voix Intérieures :* « Le résultat de l'art ainsi compris, c'est l'adoucissement des esprits et des mœurs, c'est la civilisation même. »

Mais « adoucir les cœurs, » ce n'est pas chose facile, et il y a des moments, trop fréquents, hélas ! où les cœurs, loin de s'adoucir, s'irritent, et où les peuples éprouvent un besoin invincible de se ruer les uns sur les autres et de s'entr'égorger. La Fontaine, qui connaît les passions des hommes, a prévu ces accès de folie furieuse, ces accès où la politique de douceur et de persuasion est mise de côté pour faire place à la politique du fer, du feu et du sang, et il donne aux capitaines des leçons pleines de sagesse sur l'art de faire la guerre.

D'abord, dans la fable ayant pour titre *Le Dragon à plusieurs têtes, et le Dragon à plusieurs queues*[1], il leur dit qu'une armée bien homogène, bien disciplinée, fortement organisée et commandée par un seul chef énergique, telle que l'était alors l'armée turque, est préférable à une armée plus nombreuse, formée de différentes troupes étrangères les unes aux autres, commandées chacune par un chef indépendant, telle que l'était alors l'armée allemande.

Dans la fable *Le Berger et son Troupeau*, il leur dit encore :

> Haranguez de méchants soldats :
> Ils promettront de faire rage ;

---

[1] Liv. I. — Fable xii.

Mais, au moindre danger, adieu tout leur courage ;
Votre exemple et vos cris ne les retiendront pas [1].

Il faut donc s'appliquer à faire de bons soldats. Mais comment s'y prendre? La Fontaine nous l'indique dans la fable du *Lion s'en allant en guerre*.

> Un *général* prudent et sage
> De ses moindres *soldats* sait tirer quelque usage,
> Et connoit leurs divers talens.
> Il n'est rien d'inutile aux personnes de sens [2].

Dans la fable du *Combat des Rats et des Belettes*, notre poète nous montre qu'il faut éviter avec soin tout ce qui peut être un embarras, ce que l'on appelle de nos jours les *impedimenta*.

> La principale jonchée
> Fut donc des principaux Rats.
>
> Une tête empanachée
> N'est pas un petit embarras.
> Le trop superbe équipage
> Peut souvent en un passage
> Causer du retardement [3].

On ne raisonne pas mieux au Ministère de la Guerre.

La Fontaine pense que l'habit ne fait pas le moine et qu'un brillant uniforme ne sert de rien sans la vaillance, et il nous le dit dans la fable de *l'Ane vêtu de la peau du Lion*.

> Force gens font du bruit en France,
> Par qui cet apologue est rendu familier.
> Un équipage cavalier
> Fait les trois quarts de leur vaillance [4].

---

[1] Liv. IX. — Fable XIX.

[2] Liv. V. — Fable XIX.

[3] Liv. IV. — Fable VI.

[4] Liv. V. — Fable XXI.

Il nous dit encore dans la fable *Le Lion et le Chasseur :*

> La vraie épreuve du courage
> N'est que dans le danger que l'on touche du doigt :
> Tel le cherchoit, dit-il, qui, changeant de langage,
> S'enfuit aussitôt qu'il le voit[1].

Dans la fable de *la ligue des Rats*, notre poète nous montre, sous une forme très plaisante, qu'il ne faut pas compter sur les troupes improvisées qui ne sont pas rompues au métier des armes. Les Rats, touchés du danger que court leur sœur la Souris, s'écrient à l'envi des uns des autres :

> . . . . « Sus, sus, courons aux armes ! »
> Quelques Rates, dit-on, répandirent des larmes.
> N'importe, rien n'arrête un si noble projet :
> Chacun se met en équipage ;
> Chacun met dans son sac un morceau de fromage ;
> Chacun promet enfin de risquer le paquet.
> Ils alloient tous comme à la fête,
> L'esprit content, le cœur joyeux.
> Cependant le Chat, plus fin qu'eux,
> Tenoit déjà la Souris par la tête.
> Ils s'avancèrent à grands pas
> Pour secourir leur bonne amie :
> Mais le Chat, qui n'en démord pas,
> Gronde et marche au-devant de la troupe ennemie.
> A ce bruit, nos très-prudents Rats,
> Craignant mauvaise destinée,
> Font, sans pousser plus loin leur prétendu fracas,
> Une retraite fortunée [2].

Quelle fine ironie à l'adresse des troupes improvisées ! Sachons profiter de la leçon.

Dans la fable intitulée *Les Vautours et les Pigeons*, La Fontaine nous décrit les horreurs d'une guerre entreprise pour une cause puérile. Écoutons-le :

---

[1] Liv. VI. — Fable II.
[2] Liv. XII. — Fable XXV.

> . . . . Le peuple vautour,
> Au bec retors, à la tranchante serre,
> Pour un chien mort se fit, dit-on, la guerre.
> Il plut du sang : je n'exagère point.
> Si je voulois conter de point en point
> Tout le détail, je manquerois d'haleine.
> Maint chef périt, maint héros expira ;
> Et sur son roc Prométhée espéra
> De voir bientôt une fin à sa peine.
> C'étoit plaisir d'observer leurs efforts ;
> C'étoit pitié de voir tomber les morts.
> Valeur, adresse, et ruses, et surprises,
> Tout s'employa. Les deux troupes, éprises
> D'ardent courroux, n'épargnoient nuls moyens
> De peupler l'air que respirent les Ombres.

Voilà une peinture énergique des maux de la guerre, et le tout pour un chien mort. Quelle leçon pour les peuples enclins à la guerre !

Le moraliste, ou plutôt le politique, ajoute :

> Tenez toujours divisés les méchants :
> La sûreté du reste de la terre
> Dépend de là. Semez entre eux la guerre,
> Ou vous n'aurez avec eux nulle paix.
> Ceci soit dit en passant : je me tais [1].

Dans la fable ayant pour titre *Les Loups et les Brebis*, La Fontaine ajoute :

> Nous pouvons conclure de là
> Qu'il faut faire aux méchants guerre continuelle.
> La paix est fort bonne de soi ;
> J'en conviens : mais de quoi sert-elle
> Avec des ennemis sans foi [2] ?

Pour faire la guerre, il est prudent d'avoir des alliés,

---

[1] Liv. VII. — Fable VIII.
[2] Liv. III. — Fable XIII.

mais des alliés solides, non équivoques, sur lesquels on puisse absolument compter. Quant aux alliés douteux, il faut s'en défier autant que de ses ennemis. C'est encore ce que nous enseigne La Fontaine, dans la fable intitulée *Le Chat et le Rat*.

> . . . . . . Aucun traité
> Peut-il forcer un Chat à la reconnoissance ?
> S'assure-t-on sur l'alliance
> Qu'a faite la nécessité [1] ?

A la guerre, il importe de savoir parfois reculer pour avancer plus sûrement. La Fontaine nous en donne la raison dans la fable de *l'Écrevisse et sa Fille*.

> Les sages quelquefois, ainsi que l'Écrevisse,
> Marchent à reculons, tournent le dos au port.
> C'est l'art des matelots : c'est aussi l'artifice
> De ceux qui, pour couvrir quelque puissant effort,
> Envisagent un point directement contraire,
> Et font vers ce lieu-là courir leur adversaire.
> Mon sujet est petit, cet accessoire est grand :
> Je pourrois l'appliquer à certain conquérant
> Qui tout seul déconcerte une ligue à cent têtes [2].

A la guerre, ainsi qu'en toute autre chose, il faut faire en sorte de n'être pas dupe et de ne point tirer les marrons du feu, comme Raton, pour les laisser croquer par Bertrand.

> . . . . Raton
> N'étoit pas content, dit-on.
> Aussi ne le sont pas la plupart de ces princes
> Qui, flattés d'un pareil emploi,
> Vont s'échauder en des provinces
> Pour le profit de quelque roi [3].

---

[1] Liv. VIII. — Fable XXII.

[2] Liv. XII. — Fable X.

[3] Liv. IX. — Fable XVII.

Les États du Sud de l'Allemagne, qui vivaient indépendants, ont-ils sujet d'être bien satisfaits de la lourde et onéreuse domination de l'Empereur d'Allemagne ?

Enfin, dans la fable ayant pour titre *Le Lion*, La Fontaine nous montre qu'il n'est pas de bonne politique de laisser croître son ennemi, et que, lorsqu'on a commis une telle imprudence, il faut au moins s'efforcer de devenir son ami.

> Proposez-vous d'avoir le Lion pour ami,
> Si vous voulez le laisser craître[1].

Voilà un conseil dont nous ferons bien de faire notre profit, en resserrant nos liens d'amitié avec l'Italie.

La Fontaine n'a pas inventé la politique qu'il a enseignée dans ses fables. C'est celle du bon sens et de l'expérience. Richelieu, qui fut notre plus grand politique, n'en a pas connu d'autre. Quant à l'art de faire la guerre, je crois que Turenne, qui appréciait grandement notre poète, et qui causait volontiers avec lui, a pu lui inspirer ses enseignements. Nos ministres de la guerre feraient peut-être bien de s'en inspirer à leur tour.

---

[1] Liv. XI. — Fable I.

LA MORALE DES FABLES

VI

Les bons conseils

> Aimez qu'on vous conseille et non pas qu'on vous loue[1].

Cette sentence du sage Boileau aurait pu servir aussi d'épigraphe aux fables de La Fontaine avec la maxime de Térence, avec les deux vers de Molière que j'ai cités. Notre poète prodigue en effet les conseils à tout le monde et sous toutes les formes, et de préférence sous les formes les plus amusantes, en les relevant d'une pointe de malice et de bonhomie pour leur donner plus de piquant.

Dans ce chapitre, nous allons descendre des hauteurs de la philosophie et de la politique, et nous mettre au niveau de la vie commune, de la vie pratique, de la vie de chaque jour. Par politesse, cédons le pas aux femmes, et examinons quels sont les conseils que La Fontaine leur donne.

Aux jeunes filles à marier il dit : Ne soyez pas trop difficiles dans le choix d'un époux, c'est une marchandise qu'on ne connaît bien qu'à l'usage ; examinez seulement si elle est de bonne qualité.

---

[1] *L'Art poétique.* Chant I.

Certaine Fille, un peu trop fière,
Prétendoit trouver un mari
Jeune, bien fait et beau, d'agréable manière,
Point froid et point jaloux : notez ces deux points-ci.
Cette Fille vouloit aussi
Qu'il eût du bien, de la naissance,
De l'esprit, enfin tout. Mais qui peut tout avoir ?

Après avoir trouvé à redire à tous les partis qui lui étaient présentés, après avoir longtemps attendu,

Celle-ci fit un choix qu'on n'auroit jamais cru,
Se trouvant à la fin tout aise et tout heureuse
De rencontrer un malotru [1].

Aux femmes mariées qui sont querelleuses, avares et jalouses (il paraît qu'il y en a), notre poète conseille de se corriger si elles ne veulent pas que leur mari leur dise :

« Retournez au village : adieu. Si, de ma vie,
Je vous rappelle et qu'il m'en prenne envie,
Puissé-je chez les morts avoir pour mes péchés
Deux femmes comme vous sans cesse à mes côtés [2]. »

Aux veuves jeunes et jolies qui peuvent avoir envie de se remarier, il leur conseille de ne pas trop pleurer leur défunt mari, de peur de s'enlaidir.

La perte d'un époux ne va point sans soupirs;
On fait beaucoup de bruit, et puis on se console :
Sur les ailes du Temps la tristesse s'envole,
Le Temps ramène les plaisirs.
Entre la veuve d'une année
Et la veuve d'une journée
La différence est grande; on ne croiroit jamais
Que ce fût la même personne ; . . . .
L'une fait fuir les gens, et l'autre a mille attraits.

---

[1] Liv. VII. — Fable v. *La Fille.*
[2] Liv. VII. — Fable II. *Le mal Marié.*

> Aux soupirs vrais ou faux celle-là s'abandonne ;
> C'est toujours même note et pareil entretien ;
>   On dit qu'on est inconsolable ;
>   On le dit, mais il n'en est rien [1].

Aux femmes qui ont l'indiscrétion de parler hors de propos, notre poète dit :

> Imprudence, babil, et sotte vanité,
>   Et vaine curiosité,
>   Ont ensemble étroit parentage.
> Ce sont enfants tous d'un lignage [2].

Quant à celles qui ne savent pas garder un secret, et le nombre en est grand, paraît-il,

> Rien ne pèse tant qu'un secret.
> Le porter loin est difficile aux dames.

il s'en moque de la façon la plus plaisante.

> Pour éprouver la sienne un Mari s'écria,
> La nuit, étant près d'elle : « O Dieux ! qu'est-ce cela ?
>   Je n'en puis plus ! on me déchire !
> Quoi ? j'accouche d'un œuf ! — D'un œuf ? — Oui, le voilà,
> Frais et nouveau pondu. Gardez bien de le dire :
> On m'appelleroit poule ; enfin n'en parlez pas. »

Le cas est invraisemblable, mais la chose est si bien décrite qu'on comprend que la femme du pondeur, un peu simplette, y ait ajouté foi. Aussi n'a-t-elle rien de plus pressé que de courir conter la chose à sa voisine, une fine commère, qui va la rapporter à d'autres commères.

> Au lieu d'un œuf, elle en dit trois.
> . . . .
> Comme le nombre d'œufs, grâce à la renommée,

---

[1] Liv. VI. — Fable XXI. *La jeune Veuve.*
[2] Liv. X. — Fable II. *La Tortue et les deux Canards.*

> De bouche en bouche alloit croissant,
> Avant la fin de la journée
> Ils se montoient à plus d'un cent[1].

Aux servantes, car il n'oublie personne, il conseille de se lever de grand matin pour accomplir leur besogne, et de ne pas couper la gorge au coq dans l'espoir de passer la grasse matinée au lit, comme le firent les deux servantes qui avaient pour maîtresse une vieille mégère.

> Ce meurtre n'amenda nullement leur marché :
> Notre couple, au contraire, à peine étoit couché,
> Que la Vieille, craignant de laisser passer l'heure,
> Couroit comme un lutin par toute sa demeure[2].

Si La Fontaine se moque parfois des femmes, il est bien loin d'être sévère à leur égard comme l'est le chaste Boileau. Ne nous a-t-il pas fait cet aveu?

> Je ne suis pas de ceux qui disent : « Ce n'est rien,
> C'est une femme qui se noie. »
> Je dis que c'est beaucoup ; et ce sexe vaut bien
> Que nous le regrettions, puisqu'il fait notre joie[3].

Ainsi, de l'aveu de notre poète, la femme peut beaucoup pour le bonheur de l'homme. Aussi nous a-t-il montré, dans *Philémon et Baucis*, l'exemple d'un parfait ménage.

> Hyménée et l'Amour par des désirs constans
> Avoient uni leurs cœurs dès leurs plus doux printemps :
> Ni le temps, ni l'hymen n'éteignirent leur flame ;
> Cloton prenoit plaisir à filer cette trame.
> Ils sçûrent cultiver, sans se voir assistez,
> Leur enclos et leur champ par deux fois vingt Étez.

---

[1] Liv. VIII. — Fable VI. *Les Femmes et le Secret.*
[2] Liv. V. — Fable VI. *La Vieille et les deux Servantes.*
[3] Liv. III. — Fable XVI. *La Femme noyée.*

> Eux seuls ils composoient toute leur République,
> Heureux de ne devoir à pas un domestique
> Le plaisir ou le gré des soins qu'ils se rendoient.
> Tout vieillit : sur leur front les rides s'étendoient ;
> L'amitié modéra leurs feux sans les détruire,
> Et par des traits d'amour sçut encor se produire.

La Fontaine a pris un grand plaisir à traiter ce sujet, qui est tiré des Métamorphoses d'Ovide. Il voyait dans Philémon et Baucis un exemple qu'il a regretté de ne pas avoir suivi et qu'il a voulu mettre sous les yeux de *l'Univers*, parce qu'il est doux et facile de le suivre.

> Baucis devient Tilleul, Philémon devient Chêne.
> On va les voir encore, afin de mériter
> Les douceurs qu'en hymen Amour leur fit goûter.
> Ils courbent sous le poids des offrandes sans nombre.
> Pour peu que des époux séjournent sous leur ombre,
> Ils s'aiment jusqu'au bout, malgré l'effort des ans.
> Ah si !.... Mais autre part j'ai porté mes présens.
> Célébrons seulement cette métamorphose.
> De fidèles témoins m'ayant conté la chose,
> Clio me conseilla de l'étendre en ces vers,
> Qui pourront quelque jour l'apprendre à l'*Univers*.

Quel beau tableau, en effet, d'un bonheur simple et modeste à mettre sous les yeux des jeunes filles et des jeunes garçons de nos campagnes !

Voici les conseils que notre poète donne aux pères de famille :

> Toi donc, qui que tu sois, ô père de famille,
> . . . .
> T'attendre aux yeux d'autrui quand tu dors, c'est erreur.
> Couche-toi le dernier, et vois fermer ta porte.
> Que si quelque affaire t'importe,
> Ne la fais point par procureur[1].

---

[1] Liv. XI. — Fable III. *Le Fermier, le Chien et le Renard.*

La Fontaine adresse des conseils pleins de sagesse aux jeunes hommes par la bouche de l'octogénaire qui se plaisait encore à planter, et dont ils se moquaient.

> « . . . . Tout établissement
> Vient tard et dure peu : La main des Parques blêmes
> De vos jours et des miens se joue également.
> Nos termes sont pareils par leur courte durée.
> Qui de nous des clartés de la voûte azurée
> Doit jouir le dernier ? Est-il aucun moment
> Qui vous puisse assurer d'un second seulement?
> Mes arrière-neveux me devront cet ombrage :
>   Eh bien ! défendez-vous au sage
> De se donner des soins pour le plaisir d'autrui?
> Cela même est un fruit que je goûte aujourd'hui :
> J'en puis jouir demain, et quelques jours encore ;
>   Je puis enfin compter l'aurore
>   Plus d'une fois sur vos tombeaux[1]. »

Quel beau langage !

Non moins beau est le langage que tint à ses trois fils le vieillard à son lit de mort.

> Un Vieillard prêt d'aller où la mort l'appeloit :
> « Mes chers Enfants, dit-il (à ses fils il parloit),
> Voyez si vous romprez ces dards liés ensemble ;
> Je vous expliquerai le nœud qui les assemble. »

Les trois fils s'essayent en vain à rompre le faisceau. Le père prend les dards, les sépare, les rompt sans effort, puis il s'adresse à ses enfants :

> « Vous voyez, reprit-il, l'effet de la concorde :
> Soyez joints, mes Enfants, que l'amour vous accorde. »
> Tant que dura son mal, il n'eut autre discours.
> Enfin se sentant près de terminer ses jours :
> « Mes chers Enfants, dit-il, je vais où sont nos pères ;
> Adieu : promettez-moi de vivre comme frères ;
> Que j'obtienne de vous cette grâce en mourant. »

---

[1] Liv. XI. — Fable VIII. *Le Vieillard et les trois jeunes Hommes.*

> Chacun de ses trois fils l'en assure en pleurant.
> Il prend à tous les mains; il meurt; et les trois frères
> Trouvent un bien fort grand, mais fort mêlé d'affaires.
> Un créancier saisit, un voisin fait procès :
> D'abord notre trio s'en tire avec succès.
> Leur amitié fut courte autant qu'elle étoit rare.
> Le sang les avait joints, l'intérêt les sépare.

Hélas! oui, l'intérêt les sépare; les consultants arrivent : on conteste, on chicane. Aussi qu'advient-il?

> Tous perdirent leur bien, et voulurent trop tard
> Profiter de ces dards unis et pris à part[1].

Peut-on démontrer avec plus de force la nécessité de l'union dans les familles? N'est-ce pas une belle leçon à mettre sous les yeux de nos enfants?

La morale évangélique nous dit : « Aimez-vous les uns les autres. » C'est une morale que les vrais chrétiens pratiquent en usant de charité envers le prochain; et, disons-le à l'honneur de notre temps, la charité n'a jamais été plus largement pratiquée que de nos jours. Elle est même devenue une affaire de mode, et volontiers nous deviendrions, par vanité, les bienfaiteurs du genre humain au risque de faire des ingrats. La Fontaine nous a mis en garde contre ces abus de la charité.

> Voilà le train du monde et de ses sectateurs :
> On s'y sert du bienfait contre les bienfaiteurs.
> . . . .
> Hélas! J'ai beau crier et me rendre incommode,
>   L'ingratitude et les abus
>   N'en seront pas moins à la mode[2].

---

[1] Liv. IV. — Fable XVIII. *Le Vieillard et ses Enfants.*

[2] Liv. XII. — Fable XVI. *La Forêt et le Bûcheron.*

Dans la fable intitulée *Le Villageois et le Serpent*, il nous a dit encore :

> Il est bon d'être charitable :
> Mais envers qui? c'est là le point.
> Quant aux ingrats, il n'en est point
> Qui ne meure enfin misérable[1].

La morale républicaine fait aux républicains un devoir de la fraternité, mais les républicains se traitent le plus souvent en frères ennemis : je n'en veux pour preuves que les injures qu'ils s'adressent les uns aux autres dans leurs journaux.

La Fontaine, qui nous enseigne une morale moins divine que la morale évangélique et moins humanitaire que la morale républicaine, nous dit, dans la fable de *l'Ane et le Chien*, qu'il faut nous aider les uns les autres.

> Il se faut entr'aider; c'est la loi de nature.
> L'Ane un jour pourtant s'en moqua :
> Et ne sais comme il y manqua,
> Car il est bonne créature.
> . . . .
> Il étoit alors dans un pré
> Dont l'herbe étoit fort à son gré.
> . . . .
> . . . . Le Chien, mourant de faim,
> Lui dit : « Cher compagnon, baisse-toi, je te prie,
> Je prendrai mon dîner dans le panier au pain. »
> Point de réponse, mot : Le Roussin d'Arcadie
> Craignit qu'en perdant un moment
> Il ne perdît un coup de dent.

Voilà une peinture de l'égoïsme qui est frappante de vérité. Le loup arrive : c'est le traître du drame.

---

[1] Liv. VI. — Fable XIII.

> L'Ane appelle aussitôt le Chien à son secours.
> Le Chien ne bouge et dit : « Ami, je te conseille
> De fuir, en attendant que ton maître s'éveille ;
> Il ne sauroit tarder ; détale vite, et cours.
> Que si ce Loup t'atteint, casse-lui la mâchoire :
> On t'a ferré de neuf ; et si tu veux me croire,
> Tu l'étendras tout plat. » Pendant ce beau discours,
> Seigneur Loup étrangla le Baudet sans remède.
>
> Je conclus qu'il faut qu'on s'entr'aide[1].

Dans la fable ayant pour titre *Le Cheval et l'Ane*, notre poète insiste sur ce sage conseil :

> En ce monde il se faut l'un l'autre secourir.
> Si ton voisin vient à mourir,
> C'est sur toi que le fardeau tombe[2].

La Fontaine cependant ne se fait pas trop d'illusion sur l'efficacité de ses conseils ; il sait que l'égoïsme est le fond de notre nature et qu'il ne faut pas trop compter ni sur les amis, ni sur les parents, et il nous le dit dans la fable de *l'Alouette et ses Petits, avec le Maître d'un champ*.

> Ne t'attends qu'à toi seul : c'est un commun proverbe.
> Voici comme Ésope le mit
> En crédit.

Tout le monde connaît cette charmante fable, une vraie et gracieuse pastorale. Les amis et les parents font défaut au maître du champ. Aussi, quel langage tient-il à son fils ?

> L'Alouette eut raison ; car personne ne vint.
> Pour la troisième fois le Maître se souvint
> De visiter ses blés. « Notre erreur est extrême,
> Dit-il, de nous attendre à d'autres gens que nous.

---

[1] Liv. VIII. — Fable XVII.
[2] Liv. VI. — Fable XVI.

> Il n'est meilleur ami ni parent que soi-même.
> Retenez bien cela, mon fils. Et savez-vous
> Ce qu'il faut faire? Il faut qu'avec notre famille
> Nous prenions dès demain chacun une faucille :
> C'est là notre plus court; et nous achèverons
>   Notre moisson quand nous pourrons[1].

Les oisillons non plus ne voulurent pas suivre les conseils de la sage hirondelle qui les avait menacés de la mort et de la prison, s'ils ne se renfermaient pas au trou de quelque mur.

>   Les Oisillons, las de l'entendre,
> Se mirent à jaser aussi confusément
> Que faisoient les Troyens quand la pauvre Cassandre
>   Ouvroit la bouche seulement.
>   Il en prit aux uns comme aux autres :
> Maint oisillon se vit esclave retenu.
>
> Nous n'écoutons d'instincts que ceux qui sont les nôtres,
> Et ne croyons le mal que quand il est venu[2].

Il y a pourtant des cas où il faut faire la sourde oreille aux donneurs de conseils. Tel fut le cas du meunier qui allait, avec son fils, vendre son âne à la foire.

Après avoir écouté les avis des trois marchands, des trois filles et d'une troisième troupe qu'il rencontre en chemin, il se révolte à la fin contre le conseil d'un quidam qui veut se gausser de lui.

> Un quidam les rencontre, et dit : « Est-ce la mode
> » Que Baudet aille à l'aise, et Meunier s'incommode?
> » Qui de l'âne ou du maître est fait pour se lasser?
> » Je conseille à ces gens de le faire enchâsser.
> » Ils usent leurs souliers, et conservent leur âne.
> » Nicolas, au rebours; car, quand il va voir Jeanne,
> » Il monte sur sa bête; et la chanson le dit.

---

[1] Liv. IV. — Fable XXII.
[2] Liv. I. — Fable VIII. *L'Hirondelle et les petits Oiseaux.*

» Beau trio de baudets! » Le Meunier repartit :
« Je suis âne, il est vrai, j'en conviens, je l'avoue ;
» Mais que dorénavant on me blâme, on me loue,
» Qu'on dise quelque chose, ou qu'on ne dise rien,
» J'en veux faire à ma tête. » Il le fit, et fit bien[1].

En effet, il y a des conseils qu'il ne faut pas toujours suivre aveuglément. Tels sont ceux des médecins, surtout quand on a le malheur d'en avoir deux et qu'ils ne sont pas du même avis.

> Tous deux s'étant trouvés différents pour la cure,
> Leur malade paya le tribut à nature,
> Après qu'en ses conseils Tant-pis eut été cru.
> Ils triomphoient encor sur cette maladie.
> L'un disoit : « Il est mort, je l'avois bien prévu.
> — S'il m'eût cru, disoit l'autre, il seroit plein de vie[2]. »

Il y a aussi des suggestions, des conseils perfides, qui nous viennent de gens qui paraissent nous vouloir du bien, et contre lesquels nous devons nous tenir en garde, comme le chapon qui refuse d'écouter les paroles du cuisinier qui veut le mettre à la broche.

> Une traîtresse voix bien souvent vous appelle ;
>   Ne vous pressez donc nullement :
> Ce n'étoit pas un sot, non, non, et croyez-m'en,
>   Que le chien de Jean de Nivelle[3].

Il existe des gens qui ne sont jamais contents de leur condition. C'est le cas de l'âne qui passe des mains d'un jardinier dans celles d'un corroyeur, puis dans celles d'un charbonnier, en perdant chaque fois au change-

---

[1] Liv. III. — Fable I. *Le Meunier, son Fils et l'Ane.*
[2] Liv. V. — Fable XII. *Les Médecins.*
[3] Liv. VIII. — Fable XXI. *Le Faucon et le Chapon.*

ment, et en accusant sans cesse le Sort, qui finit par ne plus s'occuper de lui.

> Le Sort avoit raison. Tous gens sont ainsi faits :
> Notre condition jamais ne nous contente ;
> La pire est toujours la présente [1].

Parmi les gens qui se plaignent de tout, il faut ranger les délicats.

> Les délicats sont malheureux.
> Rien ne sauroit les satisfaire [2].

Quels conseils La Fontaine leur donne-t-il ?

> Ne soyons pas si difficiles :
> Les plus accommodants, ce sont les plus habiles ;
> On hasarde de perdre en voulant trop gagner.
> Gardez-vous de rien dédaigner,
> Surtout quand vous avez à peu près votre compte.
> Bien des gens y sont pris [3]. . . . .

Lorsque le malheur vient frapper les puissants, les heureux de ce monde, ils s'imaginent volontiers que le Destin n'a des rigueurs que pour eux seuls et qu'ils sont plus malheureux que tous les autres hommes. Tel est le cas de la lionne qui a perdu son faon et qui fait résonner les forêts de sa plainte. L'ourse lui conseille en vain de se taire, en lui disant :

> « . . . . Tous les enfants
> Qui sont passés entre vos dents
> N'avoient-ils ni père ni mère ? »

La lionne ne veut rien entendre.

> « Moi, me taire ! moi, malheureuse ?
> Ah ! j'ai perdu mon fils ! il me faudra traîner
> Une vieillesse douloureuse !

[1] Liv. VI. — Fable XI. *L'Ane et ses Maîtres.*
[2] Liv. II. — Fable I. *Contre ceux qui ont le goût difficile.*
[3] Liv. VII. — Fable IV. *Le Héron.*

L'ourse reprend :

— Dites-moi, qui vous force à vous y condamner ?
— Hélas ! c'est le Destin qui me hait. » Ces paroles
Ont été de tout temps en la bouche de tous.

Misérables humains, ceci s'adresse à vous.
Je n'entends résonner que des plaintes frivoles.
Quiconque, en pareil cas, se croit haï des Cieux,
Qu'il considère Hécube, il rendra grace aux Dieux [1].

Il y a des gens qui préfèrent le beau à l'utile. La Fontaine leur montre qu'ils ont tort, dans la fable *Le Cerf se voyant dans l'eau* et se pâmant d'aise en admirant son bois qui sera cause de sa mort.

Nous faisons cas du beau, nous méprisons l'utile,
Et le beau souvent nous détruit.
Ce Cerf blâme ses pieds, qui le rendent agile ;
Il estime un bois qui lui nuit [2].

Notre poète juge, et il n'a pas tort, que la liberté, même avec une vie de privations, est préférable à la domesticité avec la bonne chère, et la vie des champs avec sa rusticité à la vie des villes avec ses agitations et ses faux plaisirs. Écoutons parler *le Loup et le Chien*.

C'est le chien gras qui s'adresse au loup :

« . . . . Votre salaire
Sera force reliefs de toutes les façons,
Os de poulets, os de pigeons,
Sans parler de mainte caresse. »
Le Loup déjà se forge une félicité
Qui le fait pleurer de tendresse.
Chemin faisant, il vit le col du Chien pelé.
« Qu'est-ce là ? lui dit-il. — Rien. — Quoi ? rien ? — Peu de chose.
— Mais encor ? — Le collier dont je suis attaché

---

[1] Liv. X. — Fable XII. *La Lionne et l'Ourse*.
[2] Liv. VI. — Fable IX.

De ce que vous voyez est peut-être la cause.
— Attaché ? dit le Loup : vous ne courez donc pas
  Où vous voulez? — Pas toujours : mais qu'importe ?
— Il importe si bien, que de tous vos repas
  Je ne veux en aucune sorte,
Et ne voudrois pas même à ce prix un trésor.»
Cela dit, maître Loup s'enfuit et court encor [1].

Ecoutons maintenant *le Rat de ville et le Rat des champs.*

Le bruit cesse, on se retire :
Rats en campagne aussitôt;
Et le citadin de dire :
« Achevons tout notre rôt.

— C'est assez, dit le rustique;
Demain vous viendrez chez moi.
Ce n'est pas que je me pique
De tous vos festins de roi;

Mais rien ne vient m'interrompre :
Je mange tout à loisir.
Adieu donc. Fi du plaisir
Que la crainte peut corrompre [2].»

Il est des gens qui penseraient déchoir à leurs propres yeux s'ils croyaient en Dieu et à l'immortalité de l'âme, mais il n'est pas rare de voir les mêmes gens croire à la phrénologie, à la chiromancie, à la cartomancie, etc. Il y en a même, et parmi eux des savants, qui sont très convaincus que les criminels, les assassins, les voleurs, etc., sont fatalement condamnés par leur constitution physique à être criminels, et que la société, si elle a le droit de se préserver de leurs atteintes, a aussi le devoir de leur fournir, dans de bonnes et agréables conditions, le vivre et le couvert.

---

[1] Liv. I. — Fable v.

[2] Liv. I. — Fable ix.

La Fontaine s'est finement moqué de ces gens-là dans ses deux fables intitulées *L'Horoscope* et *Les Devineresses*. Que leur dit-il?

> L'immense éloignement, le point, et sa vitesse,
>   Celle aussi de nos passions,
>   Permettent-ils à leur foiblesse
> De suivre pas à pas toutes nos actions?
> Notre sort en dépend : sa course entre-suivie
> Ne va, non plus que nous, jamais d'un même pas;
>   Et ces gens-là veulent au compas
>   Tracer le cours de notre vie[1]!

Oui, notre sort dépend de nos passions, et c'est à bien les gouverner que nous devons nous appliquer.

Que dit encore notre poète?

> C'est souvent du hasard que naît l'opinion,
> Et c'est l'opinion qui fait toujours la vogue.
>   Je pourrois fonder ce prologue
> Sur gens de tous états : tout est prévention,
> Cabale, entêtement; point ou peu de justice.
> C'est un torrent : qu'y faire? Il faut qu'il ait son cours.
>   Cela fut et sera toujours.
>
> Une femme, à Paris, faisoit la pythonisse :
> On l'alloit consulter sur chaque événement :
> Perdoit-on un chiffon, avoit-on un amant,
> Un mari vivant trop au gré de son épouse,
> Une mère fâcheuse, une femme jalouse,
>   Chez la Devineuse on couroit
> Pour se faire annoncer ce que l'on désiroit.
> . . . .
> Tout cela bien souvent faisoit crier miracle.
> Enfin, ...
>   Elle passoit pour un oracle.
> L'oracle étoit logé dedans un galetas ;
>   Là cette femme emplit sa bourse,
>   Et, sans avoir d'autre ressource,

---

[1] Liv. VIII. — Fable XVI. *L'Horoscope.*

> Gagne de quoi donner un rang à son mari,
> Elle achète un office, une maison aussi [1].

Les choses ne se passent-elles pas encore de la même manière, et Mlle Lenormant, que consultait, dit-on, Napoléon, n'a-t-elle pas des héritières?

La Fontaine a écrit trois fables avec son cœur; ce sont les fables ayant pour titres : *Les deux Pigeons;* — *Les deux Amis;* — et *Le Corbeau, la Gazelle, la Tortue et le Rat.*

En écrivant la fable des *deux Pigeons*, notre poëte pensait certainement à la duchesse de Bouillon, car il y a reproduit un vers qui se trouve dans une lettre qu'il avait écrite à la belle duchesse. A la fin de cette jolie fable, La Fontaine fait un retour sur lui-même et nous dit confidentiellement :

> J'ai quelquefois aimé : je n'aurois pas alors
> Contre le Louvre et ses trésors,
> Contre le firmament et sa voûte céleste,
> Changé les bois, changé les lieux
> Honorés par les pas, éclairés par les yeux
> De l'aimable et jeune Bergère
> Pour qui, sous le fils de Cythère,
> Je servis, engagé par mes premiers serments.
> Hélas! quand reviendront de semblables moments?
> Faut-il que tant d'objets si doux et si charmants
> Me laissent vivre au gré de mon âme inquiète?
> Ah! si mon cœur osoit encor se renflammer!
> Ne sentirai-je plus de charme qui m'arrête?
> Ai-je passé le temps d'aimer [2]?

La Fontaine avait plus de cinquante ans quand il

---

[1] Liv. VII. — Fable xv. *Les Devineresses.*
[2] Liv. IX. — Fable ii.

écrivit la fable des *deux Pigeons* : il était bien tard pour se renflammer; aussi ne se renflamma-t-il point.

En composant la fable des *deux Amis*, La Fontaine pensait, à n'en pas douter, à son ami de Maucroix, chanoine à Reims, chez lequel il allait tous les ans, et il la termine par ces vers touchants :

> Qui d'eux aimoit le mieux ? Que t'en semble, lecteur?
> Cette difficulté vaut bien qu'on la propose.
> Qu'un ami véritable est une douce chose !
> Il cherche vos besoins au fond de votre cœur;
>   Il vous épargne la pudeur
>   De les lui découvrir vous-même;
>   Un songe, un rien, tout lui fait peur
> Quand il s'agit de ce qu'il aime [1].

En écrivant la fable intitulée *Le Corbeau, la Gazelle, la Tortue et le Rat*, La Fontaine pensait à Mme de la Sablière, puisqu'il la lui a dédiée. Dans l'édition de 1685, cette fable se terminait ainsi :

> Que n'ose et que ne peut l'amitié violente?
> Cet autre sentiment que l'on appelle Amour
> Mérite moins d'honneurs; cependant chaque jour
>   Je le célèbre et je le chante :
> Hélas ! il n'en rend pas mon âme plus contente.
> Vous protégez sa sœur, il suffit; et mes vers
> Vont s'engager pour elle à des tons tout divers.
> Mon maître étoit l'Amour; j'en vais servir un autre,
>   Et porter par tout l'univers
>   Sa gloire aussi bien que la vôtre [2].

La Fontaine disait vrai : l'amour mérite moins d'honneur que l'amitié, car il est sujet à plus d'égarements, et notre poète n'eut point à se louer du fils de Cythère;

---

[1] Liv. VIII. — Fable xi.
[2] Liv. XII. — Fable xv.

les œuvres qu'il lui a inspirées, *Adonis* et *Psyché*, ne sortent guère de la médiocrité, et n'auraient certainement pas rendu son nom immortel.

Dans une page de son livre, qui renferme de grandes beautés et que j'admire autant que personne, Taine nous dit : « Aujourd'hui, dans cet abatis universel des dog-
» mes parmi l'encombrement des idées entassées par la
» philosophie, l'histoire et les sciences, parmi les désirs
» excessifs et les dégoûts prématurés, la paix ne nous
» revient que par le sentiment des choses divines. Ce
» grand cœur malheureux de l'homme moderne, tour-
» menté par le besoin et l'impuissance d'adorer, ne
» trouve la beauté parfaite et consolante que dans la
» nature infinie. » Et l'historien, le littérateur philosophe, entonne un hymne à la nature, comme aurait pu faire Lucrèce : « O mère, silencieuse et endormie, que
» vous êtes calme et que vous êtes belle, et quelle sève
» immortelle de félicité et de force coule encore à tra-
» vers votre être avec votre paisible sang [1] ! »

Oui, Taine a raison, la nature est la grande consolatrice.

Mais il y a différentes manières de la comprendre et de l'interpréter. Par exemple, Bossuet comprend la nature autrement que Lucrèce, quand il s'écrie :

« O Dieu, la belle et riche aumône que vous avez
» faite à l'homme en créant le monde ! Que la terre
» était pauvre sous les eaux, et qu'elle étoit vide
» dans sa sécheresse, avant que vous en eussiez fait
» germer les plantes avec tant de fruits et de vertus dif-

---

[1] Deuxième partie. — Chapitre III.

» férentes, avant la noissance des forêts, avant que vous
» l'eussiez comme tapissée d'herbes et de fleurs !..... O
» Dieu ! soyez loué à jamais par vos propres œuvres[1]. »

Ailleurs, il s'écrie encore :

« Louons Dieu dans le cheval qui nous porte et qui
» nous traine ; dans la brebis qui nous habille et nous
» nourrit ; dans le chien qui est notre garde et notre
» chasseur ; dans le bœuf qui fait avec nous notre la-
» bourage[2]. »

Bossuet nous dit aussi :

« Dieu a introduit l'homme dans ce monde sensible
» et corporel afin de le contempler et d'en jouir[3]. »

Dans ces quelques lignes, le grand philosophe chrétien a défini les révolutions du globe et le but de la création.

La Fontaine n'a pas de ces contemplations et de ces réflexions sublimes, mais il aime la nature et nous la fait aimer parce qu'il nous la décrit avec simplicité et qu'il l'anime par la présence de l'homme et des animaux.

> Ils arrivèrent dans un pré
> Tout bordé de ruisseaux, de fleurs tout diapré,
> Où maint mouton cherchoit sa vie :
> Séjour du frais, véritable patrie
> Des Zéphirs[4]. . . . .

La Fontaine pense que la contemplation d'une nature *silencieuse* et *endormie* ne suffit pas à l'homme et

---

[1] *Élévations* (IIIe semaine, VIe élévation).

[2] *Élévations* (V[e] semaine, Ire élévation).

[3] *Élévations* (IVe semaine, IVe élévation).

[4] Liv. IV. — Fable XII. *Tribut envoyé par les animaux à Alexandre.*

qu'il lui faut quelque chose de plus. Quoi donc? Il nous l'a dit dans la fable de *l'Ours et l'Amateur des jardins*.

> Nul animal n'avoit affaire
> Dans les lieux que l'Ours habitoit :
> Si bien que, tout ours qu'il étoit,
> Il vint à s'ennuyer de cette triste vie.
> Pendant qu'il se livroit à la mélancolie,
> Non loin de là certain Vieillard
> S'ennuyoit aussi de sa part.
> Il aimoit les jardins, étoit prêtre de Flore,
> Il l'étoit de Pomone encore.
> Ces deux emplois sont beaux; mais je voudrois parmi
> Quelque *doux et discret ami*[1].

Oui, *un doux et discret ami* est un vrai trésor; mais tout le monde n'a pas toujours à sa disposition un véritable ami pour épancher son cœur et lui demander conseil.

> Le bon Socrate avoit raison
> De trouver pour ceux-là trop grande sa maison.
> Chacun se dit ami; mais fol qui s'y repose :
> Rien n'est plus commun que ce nom,
> Rien n'est plus rare que la chose[2].

Eh bien, le livre des Fables peut tenir lieu d'un ami doux et discret, qu'on peut toujours avoir sous la main pour lui demander conseil. C'est ainsi que je le considère, et c'est ainsi qu'on doit le considérer.

Amuser l'enfant, instruire l'homme, réjouir le vieillard, voilà ce que font et doivent faire les fables de La Fontaine. Combien y a-t-il de livres dont on puisse en dire autant?

---

[1] Liv. VIII. — Fable x.

[2] Liv. IV. — Fable xvii. *Parole de Socrate.*

Qu'on me comprenne bien toutefois. Je ne prétends pas que l'enseignement de la morale des fables puisse suppléer à l'enseignement de la morale chrétienne qui, seule, peut rendre l'homme religieux.

J'ai pris la plume pour démontrer : 1° que La Fontaine n'avait point trompé le duc de Bourgogne en lui disant que son livre est « une manière d'histoire où l'on ne flatte personne; » 2° que la morale naturelle des fables est une morale excellente, pure, et d'une pratique facile; 3° que l'homme qui prendrait pour guide cette morale deviendrait un homme sage, prudent et honnête ; 4° que, par tous ces motifs, on ferait bien d'enseigner cette morale dans nos écoles primaires. Je crois avoir rendu ma démonstration complète et convaincante. Je n'insisterai donc pas davantage. Mais pour bien enseigner les fables, il faut une méthode d'enseignement ; la recherche de cette méthode fera l'objet du chapitre suivant.

QUATRIÈME PARTIE

A travers champs.

CHAPITRE PREMIER

UNE CIRCULAIRE MINISTÉRIELLE

Les pères et mères de famille qui s'occupent de l'éducation de leurs enfants savent combien il est difficile d'inculquer dans leur esprit les premières notions du bien et du mal. L'enfant, comme l'animal, veut suivre son instinct; il va à ce qui lui plaît. Comment faire pour lui apprendre tout d'abord qu'il n'est pas dans ce monde pour s'amuser? L'homme, au dire d'Aristote, le plus pratique des philosophes, étant un animal religieux, c'est donc aux sentiments religieux que les pères et et mères doivent d'abord recourir, en apprenant aux enfants la prière du matin et celle du soir. Les Fables ne viennent qu'après.

Je faisais un jour ces réflexions à part moi, lorsqu'elles

furent interrompues par l'arrivée du facteur, qui me remit, avec beaucoup de respect, un grand pli portant le timbre et le cachet du Président de la République. J'ouvris ce pli avec une certaine émotion, je l'avoue, et quelle ne fut pas ma surprise d'y trouver un décret qui me nommait Ministre de l'Instruction publique! Le décret était accompagné d'une lettre fort gracieuse du Président. Je crus d'abord à une mystification, mais je ne tardai pas à me rassurer. « Après tout, me disais-je, M. Bourbeau, qui manquait de prestige, a bien été Grand Maître de l'Université sous l'Empire, et M. X..., qui manquait également de prestige, l'a bien été sous la République. Je n'ai pas plus de prestige qu'eux, mais je n'en ai pas moins. Le Président de la République aura sans doute appris que je m'occupais de l'enseignement des fables dans nos écoles primaires, et comme c'est un homme de beaucoup de bon sens, qui aime certainement les fables de La Fontaine, il aura parlé de la chose au Conseil des Ministres. On fait appel à mon dévouement, à mes lumières; ma nomination n'a donc rien d'étonnant, elle est, au contraire, très naturelle. » M'étant ainsi rassuré, comme le font tous les nouveaux ministres, contre l'invraisemblance de ma nomination, j'acceptais avec modestie, mais avec bonne grâce, les hautes fonctions qui m'étaient confiées. Je les acceptais surtout avec le désir de marquer mon passage par d'utiles réformes qui me tenaient au cœur, car une des faiblesses de tous les nouveaux ministres est de croire qu'ils feront mieux que leurs devanciers. Je répondais dans ce sens au Président par une lettre bien sentie, en lui annonçant que j'allais prendre immédiatement possession de mon poste.

Je faisais partie d'un Cabinet homogène pris dans les diverses fractions des divers groupes dont le Parlement est composé. Un tel Cabinet, s'appuyant solidement sur les cinq groupes principaux et sur les quatre sous-groupes, ne pouvait manquer d'avoir de la force et de la durée. J'aurais donc le temps d'accomplir mes réformes. Et comme le temps, a dit Franklin, est la trame de l'étoffe dont la vie est faite, et que, pour cette raison, j'ai l'habitude de ne pas le perdre, je m'installais dans mon cabinet, et, sans m'attarder aux choses inutiles, telles que les réceptions, les compliments, les congratulations, je rédigeais sur le champ une circulaire à tous les instituteurs pour l'enseignement des fables de La Fontaine. Voici cette mémorable circulaire :

« Monsieur l'instituteur,

« Depuis deux cents ans la France possède son Homère et son Iliade. Son Homère, c'est La Fontaine; son Iliade est le livre des Fables. Ce livre est universel : hommes, dieux, animaux, paysages, la nature et la société de tous les temps, tout y est. Les paysans s'y trouvent à côté des rois, les villageoises auprès des grandes dames, chacun dans sa condition et avec son langage. Rien n'est plus démocratique. Le récit est idéal comme celui d'Homère. Les personnages y sont généraux. Le roi, le noble, le pauvre, l'ambitieux, l'amoureux, l'avare, sont promenés à travers les grands événements de la vie, la mort, la captivité, la ruine. Nulle part on ne tombe dans la platitude du réalisme. Le ton est naturel ainsi que dans Homère. Nos enfants apprennent les fables par cœur comme jadis ceux d'Athènes récitaient l'Iliade. Ils n'entendent pas tout, ni jusqu'au fond, mais ils saisissent l'ensemble et surtout l'intérêt. Cette épopée de La Fontaine mise en cent petits actes distincts, gaie et moqueuse, toujours légère, est faite pour des esprits fins comme les gens de notre pays. La fable, par sa brièveté, se proportionne à l'attention de nos enfants, si alerte, si vive, et si vite lassée. Son style ondule, par toutes sortes de tours sinueux, de la joie à la tristesse, du sérieux au plaisant. La Fontaine est le seul écrivain qui nous ait donné le vers qui nous convient, « toujours divers, toujours nouveau, » long, puis court, puis entre les deux, et dont le rythme est aussi varié que notre allure; le seul en qui l'on trouve la parfaite union de la culture et de la nature, et en qui la greffe latine ait reçu et amélioré toute la sève de l'esprit gaulois.

« Vous devez croire, Monsieur l'instituteur, tout ce que je viens de vous dire, car Taine, qui est académicien et qui a écrit d'excellents livres sur la littérature l'a dit, avant moi, *dans les mêmes termes*, et d'autres académiciens de renom, Voltaire, La Harpe, Sainte-Beuve, Saint-Marc Girardin, Nisard, je ne cite que les principaux, l'avaient dit avant lui en d'autres termes. Un académicien de beaucoup d'esprit, M. Legouvé, qui est le premier lecteur de France, et qui a fait sur l'art de bien lire une étude que je vous recommande, a déclaré qu'il ne connaissait pas de livre meilleur que celui des Fables pour servir à l'enseignement de la lecture aux enfants.

Le livre des Fables est non seulement notre meilleur livre de littérature, notre meilleur livre de lecture, mais encore notre meilleur livre de morale laïque et populaire. Quelques doutes s'étaient bien élevés sur ce point, mais j'ai procédé à une enquête approfondie qui les a dissipés, et Taine lui-même, qui avait considéré la morale de notre Homère comme trop *gauloise*, sera forcé de convenir, car il est de bonne foi, qu'il s'est trompé dans le jugement qu'il a porté sur la moralité de certaines fables, et qu'à tout prendre la morale *gauloise* vaut bien la morale *germanique*, pour laquelle il a un faible.

« De tout ce qui précède, la conclusion est facile à tirer : si le livre des Fables est un excellent livre de littérature, un excellent livre de lecture, un excellent livre de morale, il faut en faire un Manuel pour nos écoles populaires, car on ne saurait trop répandre un pareil livre. L'esprit même de notre constitution qui veut l'égalité en toutes choses, devant l'instruction comme devant la loi, exige que le beau, le vrai et le bon soient enseignés avec autant de soin dans nos écoles primaires qu'ils le sont dans nos écoles secondaires et dans nos écoles supérieures. L'intérêt de l'État l'exige également, car l'État a le plus grand intérêt à former le cœur et l'esprit de tous les citoyens sans distinction.

« Je ne crois pas nécessaire d'insister sur ces considérations ; vous les avez certainement comprises.

« Il me reste à vous entretenir de la meilleure méthode à suivre pour enseigner la morale des fables et à vous donner à ce sujet des conseils précis et pratiques. C'est ici que j'ai besoin de toute votre attention.

« Comme pour tous les livres d'enseignement en général, il faut d'abord vous bien pénétrer vous-même de la beauté littéraire et morale des fables. Pour cela vous en ferez une première lecture, puis une deuxième, puis une troisième, puis même une quatrième, afin de vous les assimiler complètement. Ne croyez pas que je vous donne là une tâche ennuyeuse : la première lecture vous offrira du plaisir, la deuxième vous en offrira davantage, la troisième davantage encore, et plus vous lirez le livre, plus vous y découvrirez de beautés, car il en est des beaux livres comme des beaux sites qu'on ne se lasse jamais d'admirer.

« Quand vous posséderez bien votre Manuel, vous arrêterez votre programme d'enseignement et vous le diviserez en deux parties. Dans l'une vous inscrirez les devoirs, les vertus, les qualités que tout honnête homme doit s'efforcer d'acquérir ou de pratiquer ; dans l'autre, les vices, les défauts, les travers, les ridicules, dont tout honnête homme doit chercher à se préserver. Ce premier travail accompli, vous choisirez parmi les fables celles qui peuvent convenir à votre enseignement, que vous réglerez suivant l'âge, l'intelligence et le degré d'instruction de vos élèves. Ce choix ne sera pas difficile si vous possédez bien votre Manuel.

« Avant de commencer vos leçons à vos élèves, vous devrez d'abord, pour achever votre préparation, vous en donner une à vous-même. Vous lirez à cette intention la fable XIX du livre Ier, *L'Enfant et le Maître d'école*, et la fable V du livre IX, *L'Écolier, le Pédant et le Maître d'un jardin*. Si je vous engage à méditer ces deux fables, ce n'est pas que je croie nos instituteurs infatués de pédantisme comme l'étaient les barbacoles du temps de La Fontaine ; c'est pour vous mettre en garde contre une tendance qu'on a de tout temps reprochée aux Gaulois d'aimer à discourir trop longuement pour montrer leur savoir ou leur éloquence. La Fontaine veut être enseigné avec beaucoup de naturel et de sobriété : vous ne sauriez trop vous pénétrer de cette idée.

« Lorsque vous vous serez ainsi bien préparé, vous commencerez votre cours de morale. Chaque leçon devra être précédée de la lecture d'une ou de deux fables, que vous prendrez pour texte. Pour les leçons de sagesse, de modération, de prudence, de résignation envers la Providence, vous n'aurez que l'embarras du choix ; de même pour les leçons sur le travail, l'économie, l'esprit de conduite ; de même encore pour les leçons contre la vanité, la folle ambition, l'avarice, la sottise, etc.

« L'interprétation de la moralité de quelques fables offre des difficultés. Je vais vous démontrer par un exemple que ces difficultés sont faciles à surmonter. Je choisis à dessein une fable dont la moralité a été critiquée par Taine : c'est la fable vi du livre X.

L'Araignée et l'Hirondelle.

« O Jupiter, qui sus de ton cerveau,
Par un secret d'accouchement nouveau,
Tirer Pallas, jadis mon ennemie,
Entends ma plainte une fois en ta vie !
Progné me vient enlever les morceaux ;
Caracolant, frisant l'air et les eaux,
Elle me prend mes mouches à ma porte :
Miennes je puis les dire, et mon réseau
En seroit plein sans ce maudit oiseau :
Je l'ai tissu de matière assez forte. »
Ainsi, d'un discours insolent,
Se plaignoit l'Araignée autrefois tapissière,
Et qui, lors étant filandière,
Prétendoit enlacer tout insecte volant.
La sœur de Philomèle, attentive à sa proie,

> Malgré le bestion happoit mouches dans l'air,
> Pour ses petits, pour elle, impitoyable joie,
> Que ses enfants gloutons, d'un bec toujours ouvert,
> D'un ton demi-formé, bégayante couvée,
> Demandoient par des cris encor mal entendus.
>   La pauvre Aragne n'ayant plus
> Que la tête et les pieds, artisans superflus,
>   Se vit elle-même enlevée :
> L'Hirondelle, en passant, emporta toile, et tout,
>   Et l'animal pendant au bout.
>
> Jupin pour chaque état mit deux tables au monde :
> L'adroit, le vigilant, et le fort sont assis
>   A la première ; et les petits
>   Mangent leur reste à la seconde.

« Vous ferez à vos élèves une première lecture de cette fable, sans vous interrompre. Vous leur en ferez une deuxième en vous arrêtant pour leur signaler avec quel naturel La Fontaine fait parler l'araignée, avec quelle exactitude il a décrit la lutte que l'hirondelle et l'araignée engagent pour s'emparer des mouches qu'elles font servir à leur nourriture. Vous n'aurez pas besoin d'insister ; vos élèves comprendront tout de suite : ils savent comment vivent l'araignée et l'hirondelle ; ils connaissent leurs mœurs ; ils ne voient que trop chez eux de toiles d'araignées qu'ils devraient enlever au lieu de s'amuser à les regarder, et, pour la plupart, les petits malheureux ! ils ont détruit des nids d'hirondelles ou d'autres oiseaux. Vous pourrez, en passant, leur donner un conseil sur ces deux points, car le maître ne doit jamais laisser échapper l'occasion d'adresser un bon conseil à ses élèves. Vous direz ensuite, en très peu de mots, que chez les païens Jupiter était le père des dieux et des hommes, et qu'il représentait pour eux la Providence ; que Pallas était la déesse de la sagesse ; que les poëtes l'avaient fait sortir du cerveau de Jupiter; qu'ils avaient donné le nom de Progné à l'hirondelle et celui de Philomèle au rossignol, et que La Fontaine, étant un poète, s'est servi de tous ces noms poétiques pour orner sa fable.

« Tout ceci dit en fort peu de mots, je le répète, vous commencerez votre leçon de morale comme le faisait Ésope.

« Cette fable, direz-vous, montre premièrement que
» dans ce monde tous les êtres de la création doivent
» lutter pour leur existence : c'est une loi générale et
» naturelle. Si vous me demandez pourquoi elle a été
» établie, je vous répondrai avec La Fontaine :

> . . . . On ne voit sous les cieux
> Nul animal, nul être, aucune créature,
> Qui n'ait son opposé : c'est la loi de nature.
> En chercher la raison, ce sont soins superflus.
> Dieu fit bien ce qu'il fit, et je n'en sais pas plus[1].

» L'homme est soumis à cette loi; elle est aussi impé-
» rieuse pour lui que pour les animaux.

« En second lieu, cette fable prouve que dans la lutte
» pour la vie, l'adroit, le vigilant, le fort, l'emporte sur
» celui qui est maladroit, insouciant, faible, et il est bon
» qu'il en soit ainsi pour l'homme, car il peut, par
» l'exercice de sa volonté, acquérir l'adresse, la vigi-
» lance, la force, qui sont trois utiles qualités.

« On devient un adroit laboureur en s'appliquant à
» bien diriger sa charrue. On devient un adroit ouvrier
» en s'attachant à bien manier l'outil dont on se sert,

---

[1] Liv. XII. — Fable VIII. *La Querelle des Chiens et des Chats et celle des Chats et des Souris.*

» et, si cet outil est la main, en s'appliquant à bien s'en
» servir, à acquérir ce que les artisans appellent le
» coup de pouce. Dans tous les états l'adresse est né-
» cessaire.

« La vigilance aussi est indispensable pour que cha-
» cun puisse se préserver soi-même et préserver les
» autres des accidents de la vie. On acquiert la vigi-
» lance en prenant, de bonne heure, l'habitude de re-
» garder à tout, de tout observer, de ne négliger aucun
» détail.

« Avant de tracer son premier sillon, le laboureur
» vigilant aura le soin d'examiner si ses bêtes sont bien
» harnachées, bien attelées, s'il n'est rien qui soit sus-
» ceptible de les blesser ; il s'assurera, en outre, que sa
» charrue est en état de bien fonctionner, que les roues
» sont bien graissées, qu'aucun accident ne peut arriver.

« Un ouvrier vigilant ne devra commencer son tra-
» vail qu'après avoir constaté que ses outils sont en bon
» état et qu'il ne court aucun danger à les employer.

« Avant de mettre en mouvement la machine à battre
» le blé, ou la faucheuse, un mécanicien vigilant s'as-
» surera avec d'autant plus d'attention si sa chaudière
» et sa machine sont en bon état, que sa négligence
» peut faire courir des dangers à lui et aux autres.

« Dans un grand nombre de métiers la force est né-
» cessaire. On acquiert de la force en donnant de l'exer-
» cice à ses muscles dès la plus tendre jeunesse ; c'est
» pour cela que nous vous faisons faire de la gymnas-
» tique. On entretient la force par l'activité et par le
» travail de chaque jour, car l'oisiveté et la paresse
» vous l'enlèvent. On conserve longtemps la force par

» la sobriété qui préserve l'homme des maladies qu'oc-
» casionne toujours l'intempérance.

» Soyez donc, mes enfants, adroits, vigilants et forts,
» soyez aussi travailleurs et sobres. Vous aurez ainsi
» dans la vie, qui est la table commune, une meilleure
» place que les maladroits, les négligents, les paresseux,
» qui auraient tort de se plaindre attendu qu'ils ne le
» sont que par leur faute. Voilà ce que La Fontaine a
» voulu nous montrer par sa fable. En effet, l'araignée
» a tort de se plaindre à Jupiter, car si elle avait été
» vigilante, elle aurait établi sa toile à l'écart, de ma-
» nière à se préserver des atteintes de l'hirondelle, et
» c'est ce qu'elle fait d'ordinaire. Jupiter ne l'écoute
» pas ; il aurait, en effet, trop à faire s'il voulait écouter
» tous ceux qui se plaignent sans raison. »

« La Fontaine a été un grand peintre avec sa plume, et ses fables fournissent d'innombrables sujets à tous les artistes, aux peintres, aux sculpteurs, aux dessinateurs, aux graveurs, aux décorateurs, etc. Si, parmi vos élèves, il s'en trouve qui aient des dispositions pour les arts, appelez plus particulièrement leur attention sur les tableaux que La Fontaine a tracés, et si avec leur plume ou leur crayon ils cherchent à les reproduire sur leurs livres ou sur leurs cahiers, laissez-les faire et appliquez-vous à discerner parmi leurs dessins plus ou moins incorrects ceux qui révéleraient une réelle aptitude digne d'être encouragée.

« Dans un autre ordre d'idées les fables peuvent parfois servir de moyen mnémonique pour fixer dans l'esprit des enfants des faits historiques, des événements intéressants, et pour leur faire comprendre la moralité qui s'attache à ces faits, à ces événements. Par exemple, après avoir lu à vos élèves la fable intitulée *Le Renard et le Bouc,* qui se termine par cette courte mais profonde moralité sur laquelle les grands et les petits ne sauraient trop méditer,

En toute chose il faut considérer la fin[1].

vous pourrez leur raconter un événement de guerre, comme la campagne de Russie, où, faute d'avoir considéré la fin, Napoléon Ier, qui fut pourtant un grand capitaine, dut se résoudre à une retraite désastreuse.

« Je n'insisterai pas davantage, Monsieur l'instituteur ; je suis convaincu que vous avez bien compris la portée de ma circulaire, et que vous vous conformerez aux instructions qu'elle contient. J'y attache une grande importance. Songez qu'il s'agit pour vous de former le cœur et l'esprit de la jeunesse que la France vous confie, de lui inculquer la sagesse et le bon sens. Aucune mission n'est aussi grande que la vôtre. L'avenir de notre chère patrie dépend beaucoup de la manière dont vous la remplirez. »

Je venais de terminer ma circulaire, que j'avais rédigée tout d'un trait, sans pour ainsi dire prendre haleine tant j'étais pénétré de mon sujet. J'en étais satisfait comme on l'est toujours lorsqu'on croit avoir accompli une bonne action. « Quand je n'aurais fait, me disais-je, que cette seule circulaire pendant mon passage au pouvoir, j'aurais bien mérité du temps présent et de la la postérité. Former le cœur et l'esprit de la jeunesse !

---

[1] Liv. III. — Fable v.

C'est par là que doit commencer et que doit finir tout bon enseignement. » Je me réjouissais à cette idée lorsque la porte de mon cabinet s'ouvrit. Je vis entrer lentement le chef du personnel, que je connais depuis longtemps et que j'aime beaucoup quoiqu'il soit un peu infatué de son esprit et qu'il fasse des vers à tout propos, mais c'est un défaut qu'il rachète par bien des qualités. Quand il fut près de moi, il poussa un profond soupir, et me dit gravement : « Monsieur le Ministre, je reviens de la Chambre où vous m'aviez envoyé, et j'ai le regret de vous annoncer que le Cabinet dont vous faites partie a été mis en minorité de trois voix. A l'issue de la séance, vos collègues se sont réunis chez le président du Conseil pour aviser en commun à la décision qu'il convient de prendre devant le vote de la Chambre. On n'attend plus que vous. »

Je regardai la pendule, il était six heures ; j'avais à peine déjeuné. Je sortis précipitamment, en disant à mon chef du personnel : « Attendez-moi, je reviendrai après le Conseil. »

CHAPITRE II

LA FONTAINE ET LES CYNIQUES

Il était près de onze heures du soir quand je rentrai à l'hôtel du ministère. Le chef du personnel s'était endormi dans mon fauteuil, en m'attendant. Il avait à la main un papier couvert de son écriture. Je le secouai ; il s'éveilla et me dit, en se frottant les yeux : « Eh bien, Monsieur le Ministre ? — Eh bien, mon cher ami, je ne suis plus *Monsieur le Ministre*. Le Cabinet n'étant pas sûr de sa majorité, sur laquelle il croyait cependant pouvoir compter, a jugé, bien qu'il n'eût point posé formellement la question de confiance, qu'il n'était pas de sa dignité ni de l'intérêt du pays qu'il restât plus longtemps aux affaires, et il a donné sa démission, sur laquelle il est bien décidé à ne pas revenir. J'ai fortement opiné dans ce sens, comme vous devez le penser, car je n'aime pas les replâtrages. Je ne regrette pas le pouvoir, mais je regrette de ne pas avoir eu le temps de lancer ma circulaire. Je vous la laisse, et je vous prie de la mettre sous les yeux de mon successeur en temps opportun. Peut-être jugera-t-il l'idée digne de son attention, quoique, en général, les ministres, comme tous les hommes du reste, aient plus de tendance à se défier des idées des autres que des leurs. »

J'allais me retirer, lorsque le chef du personnel me tendit son papier, en poussant un gros soupir.

« Qu'est-ce que c'est?

— Monsieur le Ministre, c'est une liste des récompenses honorifiques et des avancements exceptionnels que je crois devoir vous proposer d'accorder avant votre départ. »

Je fis un mouvement dont il comprit la signification, car il ajouta bien vite :

« C'est l'usage : un ministre qui s'en va, ne fut-il resté, comme vous, que vingt-quatre heures au pouvoir, trouve toujours quelqu'un à récompenser. »

Je pris le papier.

« Votre liste me paraît bien longue......

— Il faut autant qu'on peut obliger ses amis.

— Vous vous êtes mis en tête de la liste?....

— Si j'étais à la queue, on m'oublierait peut-être.

— Je crois me rappeler que vous avez obtenu depuis peu de l'avancement.

— Quand on prend du galon, on n'en saurait trop prendre.

— Vous êtes jeune, vous avez la croix, vous me demandez la rosette d'officier pour *services extraordinaires*. Quels sont donc ces services?

— Mais comptez-vous pour rien *mon républicanisme?*

— Halte-là! mon cher camarade, je vois quel est votre cas : vous étiez un bon jeune homme, laborieux, intelligent, désireux de faire honnêtement votre chemin; mais, malheureusement pour vous, vous avez fréquenté les Cyniques; ils vous ont corrompu, et vous vous êtes

dit en les voyant réussir : « Pourquoi ne ferais-je pas
» comme eux? Pourquoi n'exploiterais-je pas comme
» eux les circonstances politiques? Pourquoi n'intrigue-
» rais-je pas comme eux? Il n'y a pas de mal à cela. »
Vous êtes sur une mauvaise pente, mon ami, je vous en
avertis, et je vais vous démontrer qu'il est temps que
vous rebroussiez chemin. Seulement, comme je parle
longuement, ainsi que le vieux Nestor, prenez une
chaise, asseyez-vous, et écoutez-moi :

« En 1800, la France était désorganisée et l'anarchie
était un peu partout; aussi Napoléon, tout couvert de
gloire, n'eut-il pas de peine à s'en emparer au nom du
principe d'autorité et de salut public. Avec l'aide des
hommes de la Révolution, il la réorganisa sur des principes nouveaux, et fonda l'Université et les grandes administrations publiques. La meilleure preuve que son
œuvre était bonne, c'est qu'elle dure encore et qu'elle a
rendu d'immenses services au pays. Ce n'est pas que
Napoléon eût donné aux agents, grands et petits, qui
composent l'Université et les grandes administrations,
de gros émoluments, des titres et des droits en échange
des services qu'il exigeait d'eux. Loin de là. Voici quelle
a toujours été légalement, et quelle est encore aujour-
d'hui, d'après la jurisprudence admise par le Conseil
d'État, la situation des fonctionnaires :

« Quelle que soit l'ancienneté de leurs services, à la
» veille même du jour où ils rempliraient les conditions
» voulues pour avoir droit à la retraite, ils peuvent se
» voir enlever leur emploi et perdre ainsi le bénéfice en
» vue duquel ils ont, pendant de longues années, sup-
» porté des retenues sur des traitements généralement

» modiques. Les fonctions publiques sont donc essen-
» tiellement précaires, et il est incontestable qu'avec
» les fluctuations de la politique elles offrent moins de
» sécurité que jamais. Quand on sert son pays dans un
» emploi de l'État, on est, à tout moment, exposé à la
» révocation, et il faut bien avouer que l'incertitude
» qui pèse ainsi sur l'avenir n'est pas de nature à ac-
» croître le zèle d'un grand nombre d'agents de l'Ad-
» ministration ni à grandir leur autorité auprès des
» administrés [1]. »

« Il semble que logiquement, sous un gouvernement républicain, fondé sur la liberté et le droit, on aurait dû mettre fin à cette situation précaire des fonctionnaires civils et les assimiler aux officiers de l'armée qui sont propriétaires de leurs grades, qu'on ne peut leur enlever que dans les cas déterminés par la loi et les règlements militaires. C'est tout le contraire qui est arrivé. Une doctrine nouvelle s'est introduite : elle consiste à s'emparer des places, grandes et petites, pour soi, pour ses parents, pour ses amis et pour les amis de ses amis. Cette doctrine nous vient de l'autre côté de l'Atlantique, où elle a été inaugurée par le président Jackson. Voulez-vous savoir comment elle est jugée chez nous par un professeur au Collège de France, par un député républicain ? Écoutez :

« Le système inauguré par Jackson a porté la plus
» grave atteinte aux mœurs de la nation américaine.
» Avant lui, le Gouvernement avait à son service l'élite

---

[1] Rapport au Conseil d'État. *Affaire Lacombe.* Décision du 27 Novembre 1885.

» du pays. Après lui, les fonctions publiques, n'offrant
» plus aux hommes capables ni sécurité, ni indépen-
» dance, sont devenues la proie des politiciens purs qui
» en font le prix de leurs services électoraux. Chaque
» élection se transforme en combat, non pour des prin-
» cipes ni des intérêts généraux, mais pour des posi-
» tions lucratives à conserver ou à conquérir.

« Depuis la présidence de Jackson, les États-Unis
» souffrent de ce mal, sans pouvoir s'en guérir. L'in-
» capacité et la corruption des fonctionnaires provo-
» quent les plaintes les plus vives, mais les plus inca-
» pables et les plus corrompus trouvent des défenseurs
» dans le parti politique dont ils forment la clientèle
» électorale[1]. »

« C'est aujourd'hui un fait bien reconnu que *la moralité et la probité administratives* n'existent plus dans cette grande république des États-Unis, et que les fonctionnaires publics sont tenus en mépris.

« Je vous vois ouvrir la bouche, mon cher ami, pour me demander ce que veulent dire ces grands mots de *moralité* et de *probité administratives*, et peut-être vous êtes vous déjà dit dans votre esprit que je ne suis qu'un vieux radoteur. Écoutez encore cependant :

« Je tiens d'un homme qui a occupé en fait pendant longtemps, sans en toucher les émoluments, une situation administrative plus élevée que l'emploi dont il était titulaire, d'un homme qui a rendu de très grands services sans en recevoir la récompense, d'un homme qui a donné pendant sa longue carrière l'exemple du travail

---

[1] M. Mézières. *De la démocratie autoritaire aux États-Unis.*

et du désintéressement, cette belle définition *de la moralité et la probité administratives*.

« Je considère, me disait-il, une administration publique comme une sorte de société en participation de bénéfices qui aurait pris pour devise cette belle formule des Saints-Simoniens : *A chacun suivant sa capacité, à chaque capacité suivant ses œuvres*. Le fonctionnaire, quel qu'il soit, petit ou grand, doit à l'État dont il est le salarié et au public dont il est le serviteur, tout son temps, toute son intelligence, toute son activité, et il doit recevoir, en échange, la part proportionnelle et légitime qui lui revient dans la répartition de la somme inscrite au budget, pour payer les services publics, et aussi dans la répartition des récompenses honorifiques qui, pour avoir quelque prix, ne doivent être accordées qu'au mérite bien constaté.

« Cette répartition doit s'opérer d'après des règles tracées d'avance et d'après les appréciations des chefs hiérarchiques. Tout fonctionnaire qui, par ruse, par intrigue, par des influences politiques ou autres, réussit à se soustraire à ces règles et à s'emparer, soit en appointements, soit en récompenses honorifiques, d'une part supérieure à celle qui lui revient légitimement, est un fonctionnaire malhonnête que tous les autres fonctionnaires ont le droit de mépriser... Oui, je dis *mépriser*, et je ne dis pas un mot trop fort, car le manque de moralité administrative, quand il a pris certaines proportions, conduit fatalement à la corruption administrative, laquelle est une plaie hideuse pour les États qui en sont atteints.

« La probité administrative consiste à respecter les
» deniers publics, à les considérer comme sacrés. Son-
» gez donc ! les deniers publics sont, en très grande par-
» tie, le produit du travail, des sueurs du peuple, de
» ce bon peuple qu'on aime tant, qu'on caresse tant,
» et qu'on flatte tant, hélas !... les jours d'élection. En
» conséquence, quiconque disposant des deniers publics
» en dépense une parcelle, *en dehors d'une nécessité*
» *bien reconnue*, soit pour lui, soit pour ses parents,
» soit pour ses amis ou les amis de ses amis, manque
» de probité administrative. Or, le manque de probité
» administrative conduit fatalement au désordre fi-
» nancier, qui est aussi une plaie hideuse pour les
» États qui en sont atteints. »

« Tels étaient les principes que professait l'homme dont je vous ai parlé. Ces principes ne sont pas nouveaux ; tous les ministres intègres les ont suivis. Necker termine ainsi le beau rapport qu'il adressa, en 1781, au malheureux Louis XVI sur la situation des finances.

« Je ne sais si l'on trouvera que j'ai suivi la bonne
» route ; mais certainement je l'ai cherchée, et ma vie
» entière, sans aucun mélange de distraction, a été
» consacrée à l'exercice des importantes fonctions que
» Votre Majesté m'a confiées. Je n'ai sacrifié ni au cré-
» dit, ni à la puissance, et j'ai dédaigné les jouissances
» de la vanité. J'ai renoncé même à la plus douce des
» satisfactions privées, celle de servir mes amis ou d'ob-
» tenir la reconnaissance de ceux qui m'entourent. Si
» quelqu'un doit à ma simple faveur une pension, une
» place, un emploi, qu'on le nomme ! Je n'ai vu que
» mon devoir et l'espoir de mériter l'approbation d'un

» maître nouveau pour moi. »

« C'est là un beau langage. Qu'ils sont rares ceux qui pourraient le tenir de nos jours !

« On traite volontiers de niais et de puritains ceux qui veulent ne rien devoir qu'à leur travail et à leurs services, et il s'est formé une école de Cyniques qui va grandissant tous les jours.

« Le Cynique professe qu'il faut savoir profiter des circonstances et jouer des coudes pour faire son chemin, pour obtenir, quand on le peut, des avancements scandaleux, des récompenses scandaleuses, même aux dépens des camarades.

« C'est surtout en temps *d'épuration* que les Cyniques donnent carrière à leurs appétits.

« *Épuration* : « action de rendre plus pur. » Voilà un euphémisme bien trouvé pour dissimuler la curée des places !

« Il y a dans la Déclaration des Droits de l'homme et du citoyen, que nos pères ont gravée en style lapidaire, un article 6 qui dit : Tous les citoyens étant égaux devant la loi sont également admissibles à toutes dignités, places et emplois publics, selon leur capacité et sans autre distinction que celle de leurs vertus et de leurs talents.

« Mais allez donc parler de la Déclaration des Droits de l'homme et du citoyen à un Cynique, il vous répondra comme le *milan* au *rossignol* :

Ventre affamé n'a pas d'oreilles [1].

« L'épuration est le monstre chargé de dévorer les fonctionnaires dont on convoite les places. On allègue,

---

[1] Liv. IX. — Fable xviii. *Le Milan et le Rossignol.*

pour excuse, le salut de la République; mais j'en connais beaucoup, hélas! de ces victimes du monstre, et je vous assure, mon cher ami, qu'elles sont pour la plupart aussi innocentes que les sept jeunes garçons et les sept jeunes filles qu'on donnait chaque année à dévorer au *Minotaure* de Crète.

D'ailleurs, n'opère-t-on pas *l'épuration préventive*, en fermant l'accès des fonctions publiques aux jeunes gens dont les familles sont soupçonnées de *monarchisme* ou de *cléricalisme*? Ces jeunes gens ne pourraient-ils pas répondre comme l'agneau au loup:

> Comment l'aurois-je fait si je n'étois pas né[1]?

« Si vous voulez assurer le salut de la République, apprenez à respecter les droits de tous, même les droits des vaincus.

« Car voici, nous dit Platon, ce qui est arrivé une
» infinité de fois dans plusieurs États.

« Que l'autorité y étant disputée, les vainqueurs se
» sont tellement emparés de toutes les places, qu'ils
» n'ont laissé aucune part dans le gouvernement aux
» vaincus ni à leurs descendants, et qu'ils ont passé leur
» vie dans une défiance continuelle, appréhendant tou-
» jours que si quelqu'un du parti vaincu venait à domi-
» ner à son tour, le ressentiment de ses maux passés ne
» le portât à quelque acte de vengeance. Or, on peut
» affirmer que de pareils gouvernements sont indignes
» de ce nom, et qu'il n'y a de gouvernements véritables
» que ceux qui tendent au bien universel de l'État; que
» les gouvernements dont le seul but est l'avantage de

---

[1] Liv. I. — Fable x, *Le Loup et l'Agneau*.

» quelques-uns sont des gouvernements de partis, et que
» ce qu'on y appelle justice n'est qu'un mot[1]. »

« Je vous connais, mon cher ami, mieux que vous ne vous connaissez vous-même. Vous êtes honnête au fond. Si je vous accordais la distinction que vous me demandez et que vous ne méritez pas, vous seriez rangé pour toujours dans la mauvaise compagnie des Cyniques, et vous verriez s'éloigner de vous l'estime et l'amitié de vos camarades. C'est pourquoi je vous la refuse.

« De tout temps les Cyniques ont excité la colère des poètes. En 1830, Barbier les a flétris dans une pièce restée célèbre, et qui fit du jour au lendemain sa réputation de poète satirique.

« Après avoir dépeint la bataille des trois jours, où

>   La grande populace et la sainte canaille
>   Se ruaient à l'immortalité,

il s'écrie avec indignation :

>   Mais, ô honte ! Paris, si beau dans sa colère,
>   Paris, si plein de majesté,
>   Dans ce jour de tempête où le vent populaire
>   Déracina la royauté ;
>   . . . .
>   Paris n'est maintenant qu'une sentine impure,
>   Un égout sordide et boueux,
>   Où mille noirs courants de limon et d'ordure
>   Viennent traîner leurs flots honteux ;
>   Un taudis regorgeant de faquins sans courage,
>   D'effrontés coureurs de salons,
>   Qui vont de porte en porte, et d'étage en étage,
>   Gueusant quelques bouts de galons ;
>   Une halle cynique aux clameurs insolentes,
>   Où chacun cherche à déchirer
>   Un misérable coin des guenilles sanglantes

---

[1] Platon. *Les Lois*, liv. IV.

> Du pouvoir qui vient d'expirer.
> Ainsi, quand dans sa bauge aride et solitaire,
> Le sanglier, frappé de mort,
> Est là, tout palpitant, étendu sur la terre,
> Et sous le soleil qui le mord ;
> Lorsque, blanchi de bave et la langue tirée,
> Ne bougeant plus en ses liens,
> Il meurt, et que la trompe a sonné la curée
> A toute la meute des chiens,
> Toute la meute, alors, comme une vague immense,
> Bondit ; alors chaque mâtin
> Hurle en signe de joie, et prépare d'avance
> Ses larges crocs pour le festin ;
> . . . .
> Car il faut au chenil que chacun d'eux revienne
> Avec un os demi rongé,
> Et que, trouvant au seuil son orgueilleuse chienne,
> Jalouse et le poil allongé,
> Il lui montre sa gueule encor rouge, et qui grogne,
> Son os dans la dent arrêté,
> Et lui crie en jetant son quartier de charogne :
> « Voici ma part de royauté [1] ! »

« C'est là, mon cher ami, une satire à la Juvénal, toute bouillante d'indignation. Écoutez à présent La Fontaine. Son indignation est aussi grande, mais il sait la rendre amusante et pleine d'ironie dans cette admirable fable du *Chien qui porte à son cou le dîner de son maître*. Écoutez, et pâmez-vous d'aise, vous qui aimez les choses fines et délicates.

> Nous n'avons pas les yeux à l'épreuve des belles,
> Ni les mains à l'épreuve de l'or.
> Peu de gens gardent un trésor
> Avec des soins assez fidèles.

« Le chien s'en va, portant à son cou le dîner de son maître, sans avoir même la pensée d'y toucher, et le

---

[1] *La Curée.* Août 1830.

fabuliste fait cette profonde réflexion, qui n'est pas à l'honneur de notre espèce :

> Il étoit tempérant, plus qu'il n'eût voulu l'être,
>   Quand il voyoit un mets exquis;
> Mais enfin il l'étoit; et tous tant que nous sommes,
> Nous nous laissons tenter à l'approche des biens.
> Chose étrange : on apprend la tempérance aux chiens,
>   Et l'on ne peut l'apprendre aux hommes.

« Vous savez la suite : un autre chien arrive, le chien fidèle veut défendre courageusement le dîner du maître, mais il est assailli par la *racaille des chiens qui vivent sur le commun et craignent peu les coups.* Aussi

> Notre Chien se voyant trop faible contre eux tous,
> Et que la chair couroit un danger manifeste,
> Voulut avoir sa part; et, lui sage, il leur dit :
> « Point de courroux, Messieurs, mon lopin me suffit;
>   Faites votre profit du reste. »
> A ces mots, le premier, il vous happe un morceau;
> Et chacun de tirer, le mâtin, la canaille,
>   A qui mieux mieux. Ils firent tous ripaille,
>   Chacun d'eux eut part au gâteau.

« Et le moraliste ajoute :

> Je crois voir en ceci l'image d'une ville
> Où l'on met les deniers à la merci des gens.
>   Echevins, prévôt des marchands,
>   Tout fait sa main; le plus habile
> Donne aux autres l'exemple, et c'est un passe-temps
> De leur voir nettoyer un monceau de pistoles.
> Si quelque scrupuleux, pour des raisons frivoles,
> Veut défendre l'argent, et dit le moindre mot,
>   On lui fait voir qu'il n'est qu'un sot.
>   Il n'a pas de peine à se rendre :
>   C'est bientôt le premier à prendre[1].

« Le maître, mon cher ami, c'est le peuple souverain.

---

[1] Liv. VIII. — Fable VII.

« Le dîner, c'est le budget.

> Le budget, monstre énorme, admirable poisson
> A qui de toutes parts on jette l'hameçon[1].

« Les chiens dévorants, je n'ai pas besoin de vous le dire, ce sont les Cyniques.

« N'oubliez pas, mon cher ami, que La Fontaine était fonctionnaire public lorsqu'il écrivait ses fines et mordantes satires. Or, il ne vint à l'esprit ni de Louis XIV ni de Colbert de lui retirer sa charge de maître des eaux et forêts. Si notre fabuliste vivait aujourd'hui, on l'*épurerait* certainement au profit de quelque Cynique.

« En général, les Cyniques sont de très mauvais administrateurs, et il y a un sage qui a dit : Les choses ne veulent pas longtemps être mal administrées. *Nolunt res Diu malo administrari.* Le règne des Cyniques ne peut donc pas durer.

« Gardez-vous bien de vous mêler à la société de ces gens-là : vous y perdriez l'estime de vous-même. Vous n'êtes pas riche, je le sais; tant mieux, la richesse corrompt les hommes. Les millionnaires ne sont quelque chose que parce qu'on fait attention à eux et à leurs millions. On n'est pas dupe de soi-même quand on sait vivre dans la médiocrité.

« Mais, comme le vieux Nestor, je ne finis pas de discourir; il est temps de conclure :

> Hercule, fatigué de sa tâche éternelle,
> S'assit un jour, dit-on, entre un double chemin.
> Il vit la Volupté qui lui tendait la main :
> Il suivit la Vertu qui lui sembla plus belle[2].

. . . .

---

[1] Victor Hugo. *Les Chants du Crépuscule.* IV. Noces et Festins.

[2] A. de Musset. — *Rolla.*

« Mon cher, vous ne vous doutiez

> . . . . guère
> De voir *Hercule* en cette affaire [1].

« Réfléchissez pourtant. Je vous ai montré un exemple à éviter et un exemple à suivre. C'est à vous de choisir. Croyez-moi, faites comme Hercule. C'est un brave homme de dieu qui vient au secours des gens dans l'embarras. Rappelez-vous la fable du *Chartier embourbé*; ne vous embourbez pas dans le vice, ne devenez pas Cynique. Là-dessus adieu, et sans rancune. »

Je voulus prendre ma canne et mon chapeau et sortir du ministère, mais je m'aperçus alors que j'avais ma canne à la main et mon chapeau sur la tête, et que j'étais en pleins champs. Je n'avais été ministre qu'en rêve, heureux ministre ! et dans ma joie je me dis comme La Fontaine :

> Quel esprit ne bat la campagne ?
> Qui ne fait châteaux en Espagne ?
> Picrochole, Pyrrhus, la Laitière, enfin tous,
> Autant les sages que les fous.
> Chacun songe en veillant; il n'est rien de plus doux;
> Une flatteuse erreur emporte alors nos âmes;
> Tout le bien du monde est à nous,
> Tous les honneurs, toutes les femmes.
> Quand je suis seul, je fais au plus brave un défi;
> Je m'écarte, je vais détrôner le Sophi;
> On m'élit roi, mon peuple m'aime,
> Les diadèmes vont sur ma tête pleuvant :
> Quelque accident fait-il que je rentre en moi-même,
> Je suis gros Jean comme devant [2].

---

[1] Liv. X. — Fable II. *La Tortue et les deux Canards*.
[2] Liv. VII. — Fable IX. *La Laitière et le Pot au lait*.

CHAPITRE III

PHILÉMON ET BAUCIS

Quand on n'est qu'un obscur citoyen, sans appui, sans protection, et qu'on est bien résolu à ne rien devoir qu'à son travail, ce n'est pas chose facile, dans une grande administration publique, composée d'un nombreux personnel, de gravir un à un les nombreux degrés de l'échelle hiérarchique, d'arriver au sommet, et là d'imposer, sans contestation possible, pendant de longues années, son autorité absolue à cette foule d'agents de tous grades. Il faut pour cela être un homme tout à fait supérieur, doué d'une grande force de volonté, de beaucoup de bon sens, d'un jugement sain, d'un grand esprit de justice, d'une grande puissance de travail et d'une connaissance approfondie des hommes et des choses qu'on est appelé à diriger.

Necker a caractérisé un véritable administrateur dans son rapport au Roi, cité au chapitre précédent : « A mes yeux, dit-il, les hommes capables de diriger une grande administration sont très rares. C'est avec peine qu'en cherchant partout on est assez heureux pour démêler et saisir des hommes qui joignent à un très grand amour du travail de la justesse d'esprit, de la sagacité, de l'activité et de la mesure. »

J'ai eu la bonne fortune d'avoir eu un tel homme

pour chef immédiat d'abord, pour ami ensuite, et je crois rendre service à mes anciens camarades en le leur faisant connaître complètement [1].

Cette peinture nous rafraîchira de celle des Cyniques.

Il était né le 27 mars 1796, dans une petite ville de la Lorraine, au bruit des canons et des tambours, et son cœur était celui d'un chaud patriote. La fée Alcine, la plus aimable et la plus gracieuse des fées, ne fut point convoquée à son baptême; aussi ne fut-il jamais ni enguirlandeur de phrases, ni donneur d'eau bénite de cour, ni doreur de pilules. Bien loin de poser pour l'amabilité et pour la grâce, il affectait, au contraire, un ton bourru, mais c'était le bourru bienfaisant.

Son père, petit imprimeur sans fortune, l'envoya à l'école primaire qui, en ce temps-là, était bien loin de valoir l'école primaire d'aujourd'hui. Quand il sut l'orthographe et les quatre règles de l'arithmétique, son père lui dit : « Si avec cela, mon garçon, tu ne sais pas te tirer d'affaire, c'est que tu es un imbécile, » (c'est de lui que je tiens ce propos) et il le retira de l'école pour le faire travailler à son imprimerie. Tel était son bagage scientifique et littéraire au sortir des bancs. Tout ce qu'il savait en plus, et il savait beaucoup de choses, il l'avait appris lui-même.

Il était d'une taille élevée, le dos un peu voûté par le travail. Il avait porté le bonnet à poil des grenadiers dans la garde nationale de 1830, et marché plusieurs fois contre les émeutiers, qu'il détestait. Il était très myope et portait d'épaisses lunettes. Il portait aussi une calotte noire qu'il repoussait en arrière sur la nuque ou qu'il

---

[1] C'est de lui qu'il est question pages 310-312.

abaissait sur son front selon qu'il était de bonne ou de mauvaise humeur. Le degré d'inclinaison de sa calotte était pour nous le thermomètre de son humeur. Il avait le visage ovale et sans barbe, et les narines fortement relevées; il en plaisantait lui-même quand il était dans ses bons moments, et qu'il avait relevé quelque hérésie dans notre correspondance. « J'ai le nez creux, j'ai le » nez creux, » disait-il en riant, et son petit nez se trémoussait de joie!

Sa jeunesse avait été laborieuse et chaste ; il avait lu et médité les bons auteurs, car il en faisait des citations toujours fort à propos. Son auteur de prédilection était Corneille. « C'est mon homme, il me va, » disait-il souvent. Corneille raccommodant ses souliers de la main qui avait écrit *Le Cid*, *Cinna*, *Polyeucte*, lui paraissait sublime. Corneille n'était pas seulement son homme en littérature dramatique, c'était son homme en politique; il n'aimait ni la liberté, ni les parlements, ni les avocats. « Ce qui convient le mieux pour le gouvernement des » hommes, disait-il, c'est un despotisme honnête, intel- » ligent et modéré. » Quand je lui objectais que les despotes honnêtes, intelligents et modérés sont rares, il me répondait brusquement que les parlements honnêtes, intelligents et modérés, ne le sont pas moins, et il croyait par là m'avoir réduit au silence; mais il avait affaire à un libéral entêté, et je lui répliquais fièrement : « La » liberté est comme la lance d'Achille, elle guérit les » maux qu'elle fait. » Il haussait les épaules en souriant et me congédiait, car il n'aimait pas perdre son temps à causer politique.

En finances, Colbert était son homme, et l'épargne,

aujourd'hui le Trésor, était pour lui chose sacrée. Comme La Fontaine, qu'il connaissait bien, car il citait souvent ses fables, il détestait les Cyniques, les mangeurs de gens, les voleurs, les volereaux, et il parlait d'eux avec un souverain mépris. Il tenait les cordons de la bourse, et pour les lui faire délier il fallait chaque fois livrer une bataille et lui démontrer par A + B que la dépense était indispensable.

Il avait horreur de la mode, et il ne portait jamais que d'amples redingotes. C'était pour lui une corvée que de mettre son habit et d'aller chez le ministre. On ne le vit jamais dans les salons ni dans les antichambres. Il se maria sur le tard, car il était pauvre et n'avait que de modiques appointements. Il jeta son dévolu sur la fille d'un petit employé qui n'avait pas un sou de dot, mais qui passait avec raison pour très sage, très laborieuse et très bonne ménagère. Il fut lent à prendre sa détermination, car il ne faisait rien à la légère. Pourtant, un beau dimanche de printemps, il donna rendez-vous à son futur beau-père et à sa future femme dans une allée du jardin du Luxembourg ; il fut un peu en retard ; le cœur commençait à battre fort à sa future ; songez donc ! elle allait atteindre sa trente-huitième année. Il surgit enfin au bout de l'allée convenue ; il avait revêtu pour la circonstance un pantalon blanc et une redingote neuve. Sa future le trouva si beau qu'elle eut beaucoup de peine à ne pas lui sauter au cou. C'est elle-même qui me l'a avoué. L'explication qu'il désirait eut lieu, et le *oui* décisif fut prononcé. Ce fut un couple heureux : ils vécurent dans la plus étroite union et se tinrent l'un et l'autre tout ce qu'ils s'étaient promis. Nous les appelions *Philémon et Baucis*.

> Ni le temps, ni l'hymen n'éteignirent leur flamme;
> Cloton prenait plaisir à filer cette trame [1].

Son grand bonheur était le travail, et il est rare de rencontrer une organisation aussi bien douée que la sienne. Il avait véritablement le génie administratif. C'est lui seul qui a dirigé, en fait, pendant les dix-huit années qu'elle a été réunie à l'administration des douanes la grande administration des Contributions indirectes. Nous avons appelé ce temps-là notre *captivité de Babylone*, et si nous n'en sommes pas morts, si nous en sommes sortis, au contraire, bien portants, c'est grâce à lui.

Il eut d'autant plus de mérite à se dévouer à cette tâche qu'il allait être nommé directeur général au moment où la réunion des deux administrations s'effectua. Voici ce qu'il m'a raconté à ce sujet :

« Vous vous rappelez, mon cher ami, qu'à la fin de l'année 1849, alors que l'Assemblée constituante allait se séparer, deux de vos fameux républicains [2] firent voter par surprise, car l'assemblée était peu nombreuse et n'était pas prévenue, un amendement portant la suppression de l'impôt des boissons, c'est-à-dire la suppression, dans les revenus du budget qui était en déficit, d'une somme de plus de cent millions. Cet amendement fut voté sans discussion. C'était in-

---

[1] *Philémon et Baucis*.

[2] Ces deux républicains étaient Charras et Latrade : l'un était militaire, l'autre ingénieur ; ils étaient en finances aussi ignorants l'un que l'autre.

» sensé et malhonnête; et puis, venez me vanter après
» cela vos parlements ! Bref, l'Assemblée législative fut
» obligée de rétablir l'impôt supprimé, mais elle ouvrit
» auparavant une vaste enquête pour s'éclairer sur la
» valeur des réclamations qu'on avait élevées contre
» l'impôt. M. Thiers, comme vous le savez, présida à
» cette enquête, et M. Bocher[1] en fut le rapporteur.
» Ces messieurs voulurent bien recourir à mon expé-
» rience pour toutes les question techniques, et j'assis-
» tai à presque toutes les séances de la Commission.
» Dans les derniers jours du mois de novembre 1851,
» M. Thiers m'invita par un petit mot à passer chez lui.
» Je me rendis à son hôtel à l'heure indiquée. On m'in-
» troduisit immédiatement dans son beau cabinet. Il
» était en train d'écrire quelque chose qui devait l'inté-
» resser, car il ne se dérangea point, et j'eus le temps
» de remarquer l'agilité avec laquelle il faisait courir,
» de sa petite main grassouillette, sa plume d'oie qui
» grinçait sur le papier. Enfin, il leva vivement la tête
» et me dit à brûle-pourpoint : « Voulez-vous être di-
» recteur général? » Il me prenait sans vert. Je balbu-
» tiai quelques mots qui ne voulaient dire ni oui, ni
» non. Il m'interrompit en me disant : « Vous acceptez,
» n'est-ce pas? Vous allez être nommé, c'est entendu
» avec Passy[2]. » Je le saluai en le remerciant, et je me
» retirai gauchement comme à mon ordinaire. Moins

---

[1] M. Bocher a beaucoup connu *Philémon*, et il faisait le plus grand cas de son caractère et de ses services ; il lui a consacré quelques lignes de remerciement dans son remarquable rapport sur l'enquête en question.

[2] M. Passy était alors ministre des finances.

» de quinze jours après cet entretien le coup d'État écla-
» tait, et ma direction générale s'en allait à vau-l'eau. Je
» ne la regrettai point, car il m'eut fallu sortir de mes
» habitudes, et je me remis au travail plus que jamais.

» Tout ce que j'avais entendu dans les délibérations
» de la Commission d'enquête me trottait par la tête.
» Il était évident pour moi que notre nombreux per-
» sonnel était encore animé de ce vieil esprit fiscal
» qui nous était venu des anciennes Aides et Gabelles.
» Je résolus de l'extirper définitivement et de faire pé-
» nétrer chez tous nos agents, grands et petits, par des
» circulaires nettes et précises, par une correspondance
» incessante, par un examen attentif de toutes les af-
» faires, un esprit nouveau, plus équitable, plus en rap-
» port avec nos idées de justice et avec nos mœurs dé-
» mocratiques. Voilà, mon cher ami, la tâche que je me
» suis donnée, et je crois l'avoir remplie, car les plaintes
» contre l'impôt, de très nombreuses qu'elles étaient
» autrefois, sont devenues fort rares. »

C'était donc un travailleur intrépide ; on l'accusait, avec raison, d'accaparer toute la besogne, d'être un glouton de travail. L'espèce en est devenue bien rare ! Il voyait tout, faisait tout, et on le laissait tout faire parce qu'on était sûr qu'il ferait tout bien et qu'il ne demanderait aucune récompense. C'était véritablement curieux de voir ce grand abatteur de besogne un jour de bataille, lorsque le ministre demandait, dans les vingt-quatre heures, un rapport qui eût exigé de tout autre huit jours de travail. Il ne prenait plus le temps de respirer, il écrivait avec une rapidité inouïe, en se servant d'une plume d'oie, sur un gros papier de grand format.

Il remplissait en moins de dix minutes les quatre pages d'une feuille, la jetait par terre tout humide, après l'avoir numérotée, en prenait une autre, la couvrait de ses hiéroglyphes, et ainsi de suite jusqu'à ce que le rapport fût terminé. L'un de nous ramassait les feuilles éparses, les portait au seul expéditionnaire capable de les lire et tâchait de les déchiffrer avec lui. Le rapport partait toujours avant le moment fixé par le ministre.

Il a laissé en héritage à un de ses chefs[1], qu'il affectionnait tout particulièrement et qui méritait bien son affection, cinquante énormes cahiers de son affreuse écriture contenant des lettres, des décisions de principe, que l'on consulte toujours quand on est embarrassé par quelque affaire épineuse.

Cet homme rare était d'une équité parfaite, d'une impartialité scrupuleuse. Quand il s'agissait de procéder à la répartition des avancements et des récompenses honorifiques, — tout en faisant la part de ceux qui se distinguent, il savait faire la part de tous, et ses décisions étaient toujours acceptées avec respect.

Ayant constamment été très sobre, n'usant d'aucun excitant, il avait une santé robuste et un excellent appétit. Aussi n'interrompait-il jamais son service pour aller aux eaux ou pour se reposer. Il ne prit jamais de congé, sauf dans les derniers temps, à cause du mauvais état de santé de Baucis. A dix heures du matin il était à son cabinet, et il en partait à six heures du soir avec la ré-

---

[1] Ce chef n'est plus dans l'Administration, qu'il aimait pourtant beaucoup, et où il a laissé des traces nombreuses de sa capacité et de sa belle intelligence. Il était d'une honnêteté parfaite, et se faisait remarquer par son excellente éducation et son amabilité.

gularité d'une horloge. Il ne perdait jamais son temps en conversations inutiles. Il avait le don d'exprimer sa pensée en quelques mots et de se débarrasser promptement des solliciteurs et encore plus vite des solliciteuses. Aussi passait-il généralement pour un Ogre.

Un jour, l'Ogre me fit venir à son cabinet et me dit brusquement : « Je viens de vous nommer sous-chef, je
» vous prends à l'épreuve et sur l'étiquette du sac ; si
» vous faites bien, nous verrons ; si vous faites mal, je
» serai obligé de vous renvoyer en province. Mainte-
» nant, allez votre train. »

Il faut croire que je ne fis pas trop mal, car au bout d'un an d'épreuve l'Ogre me confia, sans m'en donner le traitement, les fonctions de chef dans le bureau le plus chargé, qu'il surchargea encore à mon intention comme don de joyeux avénement.

A partir de ce moment je conférai directement, tous les jours, avec l'Ogre, et je devins au bout de quelque temps « son homme et son confident. » Pendant huit années nous avons travaillé ensemble, nous voyant tous les jours, et ce sont les huit meilleures années de ma vie administrative. L'Ogre avait fini par m'appeler : « Mon cher camarade, » puis tout à fait à la fin : « Mon cher ami. » C'est un titre qu'il ne prodiguait pas.

Grâce à l'amitié de l'Ogre, je fus admis dans l'intimité d'un de ses collègues qui avait rempli d'une façon tout à fait supérieure, pendant de longues années, les fonctions de chef du personnel dans notre grande administration, où il a laissé la réputation d'un homme aussi intègre que distingué. C'était un des meilleurs violons de Paris, et on entendait chez lui des concerts de chambre exécutés par des membres de la société des concerts du conservatoire, et où se pâmaient d'aise les virtuoses.

En 1869, on prononça notre séparation d'avec la douane. La captivité de Babylone prenait fin. On nomma alors comme directeur général un ami, un protégé du ministre[1]. Il était de ces gens qui parlent de tout et se croient propres à tout.

> De telles gens il est beaucoup
> Qui prendroient Vaugirard pour Rome,
> Et qui caquetants au plus dru,
> Parlent de tout, et n'ont rien vu [2].

Ce directeur général[3] demanda son concours à l'Ogre,

---

[1] On a publié, en 1870, un recueil de *Papiers et Correspondances de la famille impériale* trouvés au château des Tuileries. Ce recueil renferme une note extrêmement curieuse et parfaitement écrite de M. Rouher à l'Empereur (15 Octobre 1867). Dans cette note le vice-empereur passe en revue tous les personnages qui pourraient être désignés pour diriger le Ministère de l'Intérieur, et il trace leur portrait de main de maitre. Voici comment se termine le portrait de M. Magne, à qui M. Thiers avait reproché à la tribune son manque de *férocité*. « On lui reprochera peut-être un peu de faiblesse de carac-
» tère et un peu de népotisme. Je ne redouterais le premier reproche
» que si nous étions en face d'une émeute; mais alors la question de-
» viendrait militaire. Quant aux tendances à un népotisme un peu exa-
» géré, je crois la matière épuisée, et par conséquent les occasions
» rares pour l'avenir. »

M. Rouher se trompait. M. Magne ne sut jamais résister au plaisir d'obliger ses parents et ses amis. Mais les actes de népotisme de M. Magne n'étaient rien comparativement à ceux qu'on s'est permis depuis.

[2] Liv. IV. — Fable VII. *Le Singe et le Dauphin.*

[3] Un incident regrettable vint nous donner bientôt la mesure de son indépendance. Il s'obstina à vouloir donner de l'avancement à un employé qui ne le méritait pas, mais qui lui était vivement recommandé

mais celui-ci venait d'atteindre sa 71ᵉ année, il se sentait fatigué, et ne jugea pas qu'il fut de sa dignité de rester plus longtemps en fonctions. Il quitta donc, pour ne plus y remettre les pieds, ce Ministère où il avait occupé une si grande place et rendu tant de services. Il était depuis fort longtemps officier de la Légion d'honneur. On aurait dû, en bonne justice, lui donner le collier de commandeur ; on n'y pensa même pas. Son ancien directeur général, un fort bel homme, qui passait pour la première fourchette de Paris, avait épuisé son crédit à obtenir pour lui-même la croix de grand-officier et un fauteuil au Sénat pour y digérer en sommeillant. Quant à l'Ogre, il avait, pour vivre, sa pension de retraite de 6,000 francs et un titre de rente de 1,500 francs provenant des petites économies qu'il avait pu faire sur son traitement ; il estimait que c'était assez pour lui et pour Baucis, car il n'avait pas d'enfants. C'était un regret pour Baucis qui aurait bien voulu avoir un fils.

L'Ogre possédait dans sa ville natale une petite maison provenant de l'héritage paternel ; il alla s'y installer au printemps de l'année terrible. L'invasion allemande vint l'en chasser. Ce fut pour lui un coup bien douloureux, car, je l'ai déjà dit, il avait l'âme d'un grand patriote. Il se réfugia dans Paris, mais Paris allait

par des personnages politiques. Son chef du personnel, qui était un caractère, s'obstina à le refuser et préféra se retirer, bien qu'il fût encore dans la force de l'âge, plutôt que de s'associer à un acte qu'il considérait comme une injustice. Ce chef du personnel, qui est mort depuis, a laissé parmi nous une mémoire honorée et de profonds regrets. Quant au directeur général, il s'est éteint paisiblement dans les bras de la Cour des Comptes.

être investi. J'étais alors directeur dans le département du Calvados ; j'appris qu'il était malade et découragé ; je m'empressai de lui offrir un asile. Il me répondit, comme La Fontaine à M. d'Hervart : « Merci, mon cher ami, j'y allais. » Je fus le recevoir à la gare, et je vis bien tout de suite que le pauvre Ogre n'irait pas loin ; il me le dit lui-même en m'embrassant. Je l'installai du mieux que je pus dans une chambre bien ensoleillée, donnant sur mon petit jardin, où il faisait tous les jours quelques pas à l'aide de mon bras et de celui de Baucis. Il y reprit un peu de forces. J'essayais de le ranimer en lui parlant d'administration et de politique. Toute sa lucidité, toute sa vigueur d'esprit lui revenaient alors, et il portait sur les hommes et sur les choses des jugements d'une sûreté admirable. Pour en donner une preuve, je puis citer ce fait : Metz était assiégé, mais tout le monde en France comptait sur Bazaine ; tout le monde, à l'imitation de Jules Favre, ne parlait que du *glorieux* Bazaine, et j'en parlais comme tout le monde. Un jour, il interrompit mon dithyrambe et me dit brusquement : « Votre monsieur Bazaine ne me va point, il a trahi » Maximilien, il trahira la France. » Quelques jours après, monsieur Bazaine capitulait.

L'Ogre était devenu d'une douceur touchante. Il passait ses journées sur un canapé. Ma plus jeune fille, qui avait alors quatre ans, grimpait vingt fois par jour sur ce canapé pour l'embrasser sur les deux joues et le caresser. Ces caresses de l'enfance le faisaient sourire. Il ne souffrait pas, il s'éteignait. Baucis entourait son cher Philémon (rendons-leur ces doux noms si bien faits pour eux) des soins les plus tendres ; mais tous ces soins ne pouvaient ranimer la flamme près de s'évanouir. Dans la nuit du 10 au 11 janvier 1871, Philémon expira dans les bras de Baucis et dans les miens. Un prêtre était venu lui donner les derniers sacrements de l'Église.

Le froid était très rigoureux ; il était tombé beaucoup de neige. Je convoquai quelques amis à moi, mes collègues des administrations financières, un inspecteur général des finances, et le surlendemain nous conduisions Philémon au cimetière ; un peloton de mobiles lui rendit les honneurs militaires. Je me gardai bien de prononcer son éloge funèbre, il me l'aurait reproché.

Quelques mois plus tard, je fis exhumer son cercueil, et je l'accompagnai jusqu'à Paris. Ses fidèles seuls assistèrent à cette suprême cérémonie.

Baucis a survécu pendant dix années à Philémon. Les mêmes fidèles n'ont jamais manqué d'aller la voir fréquemment. Le vieux Bon (son nom était bien mérité), qui avait été pendant vingt ans le garçon de bureau de l'Ogre, et qui prit sa retraite en même temps que lui, accompagnait habituellement Baucis à la promenade. Il était très fier de lui donner son bras. Le vieux Bon était légitimiste, et il avait porté sous la Restauration la décoration du Lys. Il tendait si bien le jarret qu'on l'aurait pris pour un chevalier de Saint-Louis.

Le plus fidèle d'entre les fidèles, le chef de bureau dont j'ai parlé plus haut, s'était chargé du soin des petits intérêts de Baucis. Elle l'appelait son fils. C'est dans ses bras qu'elle est morte.

CHAPITRE IV

LA FONTAINE ET LES FINANCIERS

C'est une opération douloureuse à subir pour les patients, et j'entends par là tous les contribuables de France, grands, moyens et petits, que l'opération qui consiste à se laisser extraire annuellement de leur bourse la somme de *quatre milliards*, qui est nécessaire pour subvenir aux services publics de l'État, des départements et des communes, ainsi qu'au paiement des arrérages de leurs dettes. Il en est parmi ces patients qui préféreraient parfois se laisser extraire une dent. Mais si cette opération est douloureuse pour les contribuables, elle est laborieuse et difficile pour les agents chargés de la pratiquer, et généralement le public n'est pas assez juste envers eux, assez reconnaissant des services qu'ils rendent.

Les Romains, qui étaient d'habiles administrateurs et des vainqueurs avares et rapaces, avaient imaginé un moyen très simple et très efficace pour assurer la perception des impôts.

« Au commencement du v⁰ siècle, nous dit M. Guizot,
» dans sa belle étude sur le *régime municipal dans*
» *l'empire romain*, les sujets de l'empire étaient divisés

» en trois classes qui formaient trois conditions sociales
» bien distinctes : 1° les privilégiés, 2° les curiales,
» 3° le menu peuple.

» La classe des privilégiés comprenait : 1° les séna-
» teurs et tous ceux qui avaient le droit de porter le
» titre de clarissimes, 2° les officiers du palais, 3° le
» clergé, 4° la milice. (Ceux-là étaient exempts de tout
» impôt.)

» La classe des curiales comprenait tous les habi-
» tants des villes, soit qu'ils y fussent nés (*municipes*),
» soit qu'ils fussent venus s'y établir (*incolæ*), possé-
» dant une propriété foncière de plus de vingt-cinq
» arpents (*jugera*), et n'appartenant pas à la classe
» des privilégiés.

» Les curiales étaient enfermés de gré ou de force
» dans la curie. Voici quelles étaient leurs fonctions et
» leurs charges :

» 1° Administrer les affaires du municipe et pour-
» voir eux-mêmes à tous ses besoins, en cas d'insuffi-
» sance des revenus ;

» 2° Percevoir les impôts publics sous la responsa-
» bilité de leurs biens propres en cas de non recouvre-
» ment.

» ... L'impôt connu sous le nom d'*aurum corona-*
» *rium*, et qui consistait en une somme à payer au
» prince, pesait sur les curiales seuls.

« Il est bien constaté, ajoute M. Guizot, que la condi-
» tion des curiales comme citoyens et dans l'État était
» une condition onéreuse et dépourvue de liberté. Il est
» clair que l'administration municipale était un service

» pesant auquel les curiales étaient voués et non un
» droit dont ils fussent investis. »

Voilà un régime que je voudrais bien voir établir dans nos villes ; il opposerait un frein salutaire aux ambitieux qui briguent les fonctions municipales.

Pour subvenir aux besoins du municipe, les curiales établissaient des impôts, et principalement des impôts de consommation à peu près semblables à ceux que l'on perçoit de nos jours [1]. Ces impôts étaient affermés à des Publicains qui les faisaient recouvrer par des agents à eux qu'on nommait Péagers. Publicains et Péagers étaient tenus en mépris par les Pharisiens, nous apprennent les Évangiles, ce qui n'empêcha pas Jésus-Christ de les fréquenter. Il choisit même parmi eux saint Mathieu, qui devint son disciple et son évangéliste. C'est un glorieux ancêtre que les agents des finances devraient révérer, comme les charpentiers révèrent saint Joseph. Malheureusement, le culte des ancêtres tombe en désuétude.

Rien n'est plus difficile à détruire que les privilèges : les puissants et les forts sont toujours disposés à se considérer comme des êtres privilégiés. Aussi, sous l'ancien régime comme sous la domination romaine, y avait-

---

[1] Comme de nos jours, c'étaient les impôts de consommation qui formaient la principale ressource des villes. Ces impôts, appelés *Vectigalia rerum venalium*, furent établis, pour la première fois, en 577 par Servius Tullius. Mais ce fut en 595, au dire de Tite-Live, que les consuls Cornelius Dolabella et Fulvius nobilior généralisèrent ce système d'impôt. *Portoria quoque et multa vectigalia instituerunt.* Les services qu'on en retirait étaient fort appréciés, car Cicéron *in oratione pro lege agragiá contra Rullum* les appelle *subsidia belli et ornamenta pacis.*

il de nombreux privilèges qui engendraient les injustices les plus criantes. Jacques Bonhomme seul était taillable et corvéable à merci. Tous les privilégiés s'entendaient pour le voler et le piller comme à plaisir.

Mazarin, qui fut un grand ministre, mais aussi un grand pillard, car il laissa une fortune de plus de deux cents millions, avait coutume de dire le peuple *cante, il paguera*; mais le peuple ne *cante et ne pague* pas toujours. Sous Louis XIV, il y eut contre la perception des impôts, de nombreuses et sanglantes révoltes [1], qui furent impitoyablement réprimées, mais qui ne montrèrent pas moins que l'esprit de résistance contre les privilégiés et les privilèges commençait à se faire sentir de toutes parts.

Fouquet aussi fut un grand pillard, mais cela lui coûta cher.

Enfin Colbert vint, qui fit des efforts surhumains pour essayer de guérir ce qu'il appelait la *plaie des finances*. Ce fut un ministre selon le cœur de M. Thiers : un ministre féroce. Ses contemporains l'appelaient *l'homme de marbre*. Il institua une Chambre de Justice qui obligea les financiers et les traitants à rendre gorge. Ils remboursèrent cent dix millions de livres.

Il fit, en outre, exercer des poursuites contre tous ceux qui avaient usurpé des titres de noblesse en vue de se soustraire à la taille. Hélas! notre pauvre poète

---

[1] Il y eut des révoltes dans le Boulonais, en 1662; dans les Landes, en 1664; dans le Bordelais, dans les Pyrénées, à Nantes, et dans toute la Bretagne, en 1675; dans la Normandie, à Caen et à Lyon, en 1713, 1714 et 1715. Des milliers d'hommes furent fusillés, pendus ou envoyés aux galères.

fut de ce nombre. On le condamna à une forte amende, et il ne se tira des griffes de Colbert que grâce à la protection du duc et de la duchesse de Bouillon. L'épître qu'il adressa au duc contient un éloge du Roi et de Colbert. Elle est de 1662.

> Louis ce sage et juste souverain !
> Que ne sait-il qu'un arrêt inhumain
> M'a condamné, moi qui n'ai point fait faute !
> A quelle amende ? Elle est, Seigneur, si haute,
> Qu'en la payant je ne ferai point mal
> De stipuler qu'au moins dans l'hôpital,
> Puisqu'il ne faut espérer nulles graces,
> Pour mon argent j'obtiendrai quatre places :
> Une pour moi, pour ma femme une aussi,
> Pour mon frère une, encor que de ceci
> Il soit injuste après tout qu'il pâtisse,
> Bref pour mon fils, y compris sa nourrice.
> Sans point d'abus les voilà justement,
> Comptant pour un la nourrice et l'enfant ;
> Il est petit, et la chose est bien juste ;
> Si toutefois notre monarque auguste
> Cassoit l'arrêt, cela seroit, Seigneur,
> Selon mon sens, bien plus à son honneur.
> De lui parler je n'en vaux pas la peine.
> S'il s'agissoit de quelque grand domaine,
> De quelque chose importante à l'État,
> Si c'étoit, dis-je, une affaire d'éclat,
> Je vous prierois d'implorer sa justice :
> A ce défaut il est bon que j'agisse
> Près de celui qui dispose de tout,
> Qui par ses soins peut seul venir à bout
> De réformer, de rétablir la France,
> Chasser le luxe, amener l'abondance,
> Rendre le prince et les sujets contents,
> Mais il lui faut encore un peu de temps,
> Et le mal est que je ne puis attendre ;
> Moi mort de faim, on aura beau m'apprendre
> L'heureux état où seront ces climats,
> Pour en jouir je ne reviendrai pas.
> Demandez donc à ce ministre rare

> Que par pitié du reste il me sépare :
> Il le fera, n'en doutez point, Seigneur.
> Si votre épouse étoit même d'humeur
> A dire encore un mot sur cette affaire,
> Comme elle sait persuader et plaire,
> Inspire un charme à tout ce qu'elle dit,
> Touche toujours le cœur quant et l'esprit,
> Je suis certain qu'une double entremise
> De cette amende obtiendroit la remise.

Il est impossible de mieux plaider sa cause ; aussi La Fontaine, qui avait le titre d'avocat au Parlement de Paris, la gagna-t-il.

Lorsque Colbert fut nommé Contrôleur général des finances, en 1661, les impôts produisaient environ 84 millions de livres, dont 32 millions seulement entraient dans les caisses de l'Épargne. C'est ainsi qu'en ce temps-là on désignait le trésor public, par métonymie sans doute. Les dépenses s'élevaient à 53 millions de livres. En 1667, le revenu net s'élevait à 63 millions, et les dépenses n'étaient plus que de 33 millions.

Colbert poursuivait la double pensée d'unifier l'impôt dans tout le royaume et de faire disparaître peu à peu les nombreux privilèges des particuliers, des provinces et des villes. Mais son plan ne fut pas compris, et il rencontra de tous côtés des résistances. La folie des bâtiments et des grandes guerres apportait d'ailleurs un obstacle toujours renaissant à la réalisation de ses projets d'économies et de réformes.

En 1680, il essaya pourtant de faire passer ses idées dans le domaine de la pratique, et il fit rendre une série d'ordonnances *sur le fait des gabelles ; des entrées, aydes et autres droits ; sur plusieurs droits des fermes royales et sur tous en général ; sur le fait des cinq grosses fermes.*

Il fit suivre ces ordonnances de divers arrêts établissant des tarifs de droits à l'entrée et à la sortie des marchandises, à la frontière du royaume et de chaque province, car le pays était alors couvert de barrières pour la perception.

Le préambule de ces ordonnances mérite d'être cité ; il en fait clairement connaître la portée et le but, en signalant le mal et le remède.

« Louis, par la grace de Dieu, Roy de France et de
» Navarre, à tous présents et à venir, salut. Entre les
» soins qui Nous ont occupé depuis que nous avons
» pris en main la conduite de nos affaires, celui de la
» conduite, régie et administration de nos finances
» Nous a paru mériter une application d'autant plus
» grande qu'elle regarde également le soulagement de
» nos peuples, la gloire et les avantages de notre État;
» Et, quoique par le bon ordre que Nous y avons apporté,
» Nous ayons vu avec une grande satisfaction
» que nos finances ont fourni abondamment à toutes les
» dépenses que Nous avons été obligé de faire pour soutenir
» la grande et glorieuse guerre que Nous venons
» de finir par une paix encore plus glorieuse et également
» avantageuse à tous nos peuples, Nous n'avons
» pas laissé de remarquer la confusion qui se trouve
» entre tous les Édits, Déclarations, Arrêts d'enregistrement,
» Règlements de nos Cours et Arrêts de notre
» Conseil sur le sujet de l'établissement, levée et perception
» des droits de nos fermes et la multiplicité des
» droits qui les composent, ce qui remet toujours nos
» Peuples, par la difficulté de sçavoir la diversité de
» tous ces noms différents et l'effet qu'ils doivent pro-

» duire, à la discrétion des Commis et Employés à la
» levée de nos droits, et pour les différentes dispositions
» ou explications des dits Édits, Déclarations, Règle-
» ments et Arrêts, dans une jurisprudence incertaine
» qui leur cause, en toutes occasions, des frais immenses
» et les laisse toujours dans le doute ou de pouvoir
» obtenir ou d'avoir obtenu la justice que Nous voulons
» leur être rendue. C'est ce qui nous a porté à faire re-
» cueillir, etc... »

Ces belles ordonnances forment les fondements de nos lois en matière de douanes et de contributions indirectes. Mais l'homme de marbre eut à la fin tout le monde contre lui, les fermiers généraux, les traitants, les magistrats, les courtisans, les bourgeois, et même le peuple. Abandonné par le Roi, dont il contrariait les goûts de dépense, il allait être disgracié lorsqu'il mourut (1683).

Colbert fut remplacé par Le Pelletier. On dit au Roi qu'il ne convenait pas à la place de Contrôleur général des finances parce qu'il n'était pas assez dur. « C'est pour cela que je le choisis, » répondit Louis XIV. Cette réponse devait rassurer les *mangeurs de gens*. Elle les rassura en effet. En 1689, Le Pelletier, succombant sous le fardeau, fut remplacé par Pontchartrain, qui se fit aimer, disent ses biographes, pour sa vertu et pour *sa douceur*. En 1699, Chamillard succéda à Pontchartrain; ses biographes disent aussi qu'il fut estimé de tout le monde pour son intégrité et pour *la douceur* de son caractère. Toujours la douceur! C'est la note dominante; aussi les choses allèrent-elles de mal en pis.

Vauban essaya d'apporter un remède au mal; il publia dans ce but un petit livre, *La dîme royale*, pour la suppression des privilèges ; mais son livre, déféré au Conseil du Roi, fut condamné en 1707 au pilori. L'illustre maréchal en mourut de douleur quelques semaines après. Un livre intéressant de Boisguilbert, *Le factum de la France*, publié sur le même sujet, valut à son auteur d'être exilé en Auvergne. Ce n'était pas encourageant pour les réformateurs : aussi prirent-ils le parti de se taire.

A la mort de Louis XIV, la France était menacée d'une banqueroute. Le fameux Law vint offrir son merveilleux *système* au Régent. Il éblouit tout le monde par ses miroitantes promesses, obtint un privilège pour sa banque qui fut déclarée *banque royale*, et prêta à l'État 1500 millions nécessaires au paiement de la dette publique. On sait ce qu'il advint du *système* et du célèbre aventurier, et comment la dette fut réduite de moitié au prix d'une véritable banqueroute.

On sait aussi comment les finances furent administrées sous Louis XV. « Après moi le déluge, » répétait-il souvent à ses maîtresses.

Le déluge fondit en effet sur son successeur, le malheureux Louis XVI, qui eut pourtant la bonne fortune d'avoir pour ministres Necker et Turgot, mais qui n'eut pas la force de les défendre contre les cabales de la Cour et des privilégiés. Sa faiblesse, hélas ! lui coûta la tête.

Necker nous a laissé quelques bonnes réflexions en matière de finances dans le beau rapport qu'il adressa au Roi en 1781. Les ministres du temps présent feront bien de les méditer. Car Necker n'était devenu bon financier que parce qu'il était fortement imbu des principes et des idées de Colbert, dont il fit un éloge qui eut le prix en 1773 à l'Académie française [1].

« Le crédit, dit-il, est un moyen de force dont l'introduction n'est pas très ancienne ; et il eût été à désirer peut-être, pour le bien de l'humanité, qu'on ne l'eût jamais connu. C'est ainsi qu'on a pu rassembler dans un instant les efforts de plusieurs générations, et c'est ainsi qu'en accumulant les dépenses on a porté les armées aux extrémités du monde et qu'on a su joindre la dévastation rapide des climats brûlants à tous les maux anciens et multipliés de la guerre. »

Il ajoute :

« Les dépenses ayant constamment excédé le montant des revenus, il a fallu y suppléer par des emprunts et des circulations immodérées dont le poids a fini par entraîner toutes les suspensions de paiement et toutes les réductions d'intérêts arrivées en 1771. Aussi, le crédit public s'en est-il fortement ressenti. »

Aujourd'hui on ne fait plus de réductions d'intérêts, mais on fait des conversions, ce qui revient au même pour le prêteur.

« On ne peut se dissimuler, dit encore Necker, que dans tout ce qui tient au crédit, le génie de la nation consiste principalement dans la sagesse, l'ordre et la bonne foi. Ainsi donc, économiser, réformer les abus,

---

[1] Necker était aussi un grand admirateur de La Fontaine, et c'est lui qui ajouta, sous le voile de l'anonyme, 2,000 francs au prix que l'Académie de Marseille décerna en 1773 à l'auteur du meilleur éloge de notre poète. Ce prix fut attribué à Chamfort, qui l'emporta sur La Harpe.

» perfectionner les revenus, et assurer de cette manière
» le gage des emprunts sans violence et sans nouvelles
» charges pour les peuples : voilà ce qui fait à la fois la
» sûreté des prêteurs et leur confiance. »

C'est parler d'or, mais allez donc dire ces choses à nos politiciens du jour qui se croient la science infuse et qui parlent, au pied levé, de réformer notre système financier, système le plus beau, le plus profond, le plus juste et le plus solide qu'on puisse imaginer. Ce n'est pas moi qui le dis, c'est l'expérience, car avec ce système savant et ingénieux nous avons pu, dans ce siècle, réparer rapidement les désastres de deux invasions, payer d'énormes rançons, donner aux émigrés dépossédés de leurs biens une indemnité d'un milliard, satisfaire aux dépenses de plusieurs grandes guerres et d'expéditions lointaines, et suffire à des prodigalités inouies en matière de travaux publics, d'enseignement, etc. Et tout cela, sans exciter ni trouble, ni révolte, ni mécontentement sérieux dans la nation. On peut apporter à ce système quelques améliorations, mais qu'on prenne garde de toucher aux fondations de l'édifice et de renouveler les fautes commises par l'Assemblée constituante !

La Fontaine a fait allusion aux événements financiers de son temps dans les fables intitulées *La Belette entrée dans un grenier* et *Le Corbeau voulant imiter l'Aigle*.

La Belette, c'est le traitant qui s'est enrichi aux dépens des contribuables et du Roi, et que la Chambre de Justice oblige à rendre gorge.

La Belette, à manger du lard tout son soûl, est devenue

Grasse, maflue et rebondie.

Le Rat, qui représente la Chambre de Justice, lui dit :

> « Vous êtes maigre entrée ; il faut maigre-sortir.
> Ce que je vous dis là, l'on le dit à bien d'autres ;
> Mais ne confondons point, par trop approfondir,
> Leurs affaires avec les vôtres[1]. »

Dans la fable *Le Corbeau voulant imiter l'Aigle*, notre poète nous représente un petit voleur qui, tenté par l'exemple des grands voleurs, veut marcher sur leurs traces.

Maître Corbeau est un sot et un glouton.

> Il tourne à l'entour du troupeau,
> Marque entre cent moutons le plus gras, le plus beau.
> Un vrai mouton de sacrifice :
> On l'avoit réservé pour la bouche des Dieux.
> Gaillard Corbeau disoit, en le couvant des yeux :
> « Je ne sais qui fut ta nourrice ;
> Mais ton corps me paroît en merveilleux état :
> Tu me serviras de pâture. »
> Sur l'animal bêlant à ces mots il s'abat.

Mais le malheureux et maladroit voleur est pris par le berger, et le moraliste nous donne cette leçon :

> Il faut se mesurer ; la conséquence est nette :
> Mal prend aux volereaux de faire les voleurs.
> L'exemple est un dangereux leurre :
> Tous les mangeurs de gens ne sont pas grands seigneurs ;
> Où la Guêpe a passé le Moucheron demeure[2].

Dans la fable ayant pour titre *Le Savetier et le Financier*, La Fontaine nous montre que le sort du joyeux savetier est préférable à celui de l'homme de finance, car le savetier vit sans soucis, dort toute la nuit, et travaille

---

[1] Liv. III. — Fable XVII.
[2] Liv. II. — Fable XVI.

tout le jour en chantant: Voilà encore une fable démocratique, bien gaie, bien jolie, et surtout bien vraie. Je dis *bien vraie*, parce que j'ai eu l'occasion d'en faire moi-même l'expérience.

Tous les Parisiens du boulevard et tous les étrangers parisinants connaissent le manège de la rue Duphot, qui est à quelques pas du boulevard de la Madeleine. Ce manège est au fond d'une grande cour dans laquelle on pénètre librement jour et nuit par une large baie ouverte sur la rue. A droite de cette baie il y a une échoppe de marchand de volailles; à gauche est une échoppe de savetier. Un peu plus avant dans la cour s'élèvent deux pavillons. Dans celui de gauche est établie une caisse publique. J'ai été, pour mes péchés, le gardien de cette caisse pendant deux années seulement, et je n'ai jamais eu, durant ma longue carrière administrative, plus de soucis et d'ennuis, à ce point que j'en avais perdu l'appétit et le sommeil.

L'échoppe de savetier est occupée par un honnête ouvrier que j'estime beaucoup, parce qu'il est sobre, économe, laborieux, fort poli avec le bourgeois, et qu'il ressemelle très proprement les chaussures, à des prix doux. Je n'ai jamais passé devant cette échoppe sans échanger avec *maître Grégoire* un coup de mon chapeau contre un coup de son bonnet.

Le *gaillard savetier* était de très grand matin au travail et battait allègrement ses semelles en fumant sa pipe, car la pipe a aujourd'hui détrôné la chanson, tandis que je me retournais tristement dans mon lit, appelant vainement le sommeil qui m'eût rafraîchi le sang.

— Je ne sais pas si *sire Grégoire* a envié mon sort en se disant : « Ce financier fait la grasse matinée, est-il heureux ! » mais je sais bien que j'ai plus d'une fois envié le sien.

Donc, j'ai raison de dire que la fable de notre poète est vraie, et que le savetier n'eut pas tort de dire au financier,

>............ qu'il ne réveilloit plus :
> « Rendez-moi..... mes chansons et mon somme,
>   Et reprenez vos cent écus. »

Le maître Grégoire de la fable se plaignait des jours de fêtes où il lui fallait forcément chômer :

>............ Le mal est que toujours
> (Et sans cela nos gains seroient assez honnêtes),
> Le mal est que dans l'an s'entremêlent des jours
>   Qu'il faut chômer ; on nous ruine en fêtes,
> L'une fait tort à l'autre ; et monsieur le curé
> De quelque nouveau saint charge toujours son prône[1]. »

Aujourd'hui l'ouvrier, devenu incrédule, se fait souvent une espèce de point d'honneur de travailler le dimanche, pour se reposer le lundi et les jours suivants. En chôme-t-il moins ? En est-il plus riche et plus heureux ? Tel n'est pas le cas de l'honnête ouvrier auquel j'ai fait allusion : il se repose le dimanche et travaille régulièrement le reste de la semaine. C'est plus sain et plus profitable.

---

[1] Liv. VIII. — Fable II.

CHAPITRE V

LA FONTAINE ET LES MAGISTRATS

Si le dédale des lois de finances était sombre sous la monarchie de Louis XIV, le dédale des lois civiles était obscur, et cette obscurité contribuait à multiplier les procès.

Racine, dans sa charmante comédie, s'est moqué des plaideurs et des juges. Molière, dans *le Misanthrope*, a montré combien les magistrats étaient accessibles aux influences extérieures.

PHILINTE.
Contre votre partie éclatez un peu moins,
Et donnez au procès une part de vos soins.

ALCESTE.
Je n'en donnerai point, c'est une chose dite.

PHILINTE.
Mais qui voulez-vous donc qui pour vous sollicite?

ALCESTE.
Qui je veux? La raison, mon bon droit, l'équité.

PHILINTE.
Aucun juge par vous ne sera visité?

ALCESTE.
Non. Est-ce que ma cause est injuste, ou douteuse?

PHILINTE.

J'en demeure d'accord ; mais la brigue est fâcheuse,
Et...

ALCESTE.

Non : j'ai résolu de n'en pas faire un pas.
J'ai tort ou j'ai raison.

PHILINTE.

Ne vous y fiez pas.

ALCESTE.

Je ne remuerai point.

PHILINTE.

Votre partie est forte,
Et peut, par sa cabale, entraîner....

ALCESTE.

Il n'importe.

PHILINTE.

Vous vous tromperez.

ALCESTE.

Soit, j'en veux voir le succès.

PHILINTE.

Mais....

ALCESTE.

J'aurai le plaisir de perdre mon procès.

PHILINTE.

Mais enfin....

ALCESTE.

Je verrai, dans cette plaiderie,
Si les hommes auront assez d'effronterie,
Seront assez méchants, scélérats et pervers,
Pour me faire injustice aux yeux de l'univers[1].

La Fontaine va plus loin que Molière. Il n'hésite pas à ranger les magistrats parmi les *mangeurs de gens*.

---

[1] *Le Misanthrope.* Acte I, scène I.

Nous ne trouvons que trop de mangeurs ici-bas :
Ceux-ci sont courtisans, ceux-là sont magistrats[1].

Il leur reproche de ne pas se connaître et de se laisser corrompre par la flatterie [2], de gruger les plaideurs,

> Mettez ce qu'il en coûte à plaider aujourd'hui ;
> Comptez ce qu'il en reste à beaucoup de familles,
> Vous verrez que Perrin tire l'argent à lui,
> Et ne laisse aux plaideurs que le sac et les quilles[3].

de rendre des jugements iniques,

> Selon que vous serez puissant ou misérable,
> Les jugements de Cour vous rendront blanc ou noir[4].

Il trouve la justice française si défectueuse qu'il lui préfère la justice des Turcs.

> Plût à Dieu qu'on réglât ainsi tous les procès !
> Que des Turcs en cela l'on suivit la méthode !
> Le simple sens commun nous tiendroit lieu de code.
> Il ne faudroit point tant de frais ;
> Au lieu qu'on nous mange, on nous gruge,
> On nous mine par des longueurs ;
> On fait tant, à la fin, que l'huître est pour le juge,
> Les écailles pour les plaideurs[5].

Dans le *Conte du Juge de Mesle*, La Fontaine nous montre un juge qui rend ses jugements à la courte-paille.

> Deux avocats qui ne s'accordoient point,
> Rendoient perplexe un juge de province :

---

[1] Liv. XII. — Fable XIII. *Le Renard, les Mouches et le Hérisson.*

[2] Liv. XII. — Fable XXV. *Le Juge arbitre, l'Hospitalier et le Solitaire.*

[3] Liv. IX. — Fable IX. — *L'Huître et les Plaideurs.*

[4] Liv. VII. Fable I. — *Les Animaux malades de la peste.*

[5] Liv. I. — Fable XXI. *Les Frelons et les Mouches à miel.*

Si ne pût onc découvrir le vrai point,
Tant lui sembloit que fût obscur et mince.
Deux pailles prend d'inégale grandeur :
Du doigt les serre; il avoit bonne pince.
La longue échet sans faute au défendeur,
Dont renvoyé s'en va gai comme un prince.
La Cour s'en plaint, et le Juge repart :
« Ne me blâmez, Messieurs, pour cet égard :
De nouveauté dans mon fait il n'est maille.
Maint d'entre vous souvent juge au hasard,
Sans que pour ce tire la courte-paille[1].

Aujourd'hui, si les magistrats sont plus scrupuleux que sous Louis XIV, les procès n'en sont pas moins ruineux pour les plaideurs en raison des lenteurs, des incidents et des frais de procédure, et je ne voudrais pas jurer que le récit de Chicaneau à la Comtesse, dans *les Plaideurs*, ne renfermât encore maintenant une bonne part de vérité.

CHICANEAU.

Voici le fait. Depuis quinze ou vingt ans en çà,
Au travers d'un mien pré certain Anon passa,
S'y vautra, non sans faire un notable dommage
Dont je formai ma plainte au juge du village.
Je fais saisir l'Anon. Un expert est nommé.
A deux bottes de foin le dégât estimé :
Enfin, au bout d'un an, sentence par laquelle
Nous sommes renvoyés hors de Cour. J'en appelle.
Pendant qu'à l'audience on poursuit un arrêt,
Remarquez bien ceci, Madame, s'il vous plaît,
Notre ami Drolichon, qui n'est pas une bête,
Obtient, pour quelque argent, un arrêt sur requête,
Et je gagne ma cause. A cela que fait-on ?
Mon chicaneur s'oppose à l'exécution.
Autre incident : tandis qu'au procès on travaille,
Ma partie en mon pré laisse aller sa volaille.

---

[1] Première partie. — Conte x.

Ordonné qu'il sera fait rapport à la Cour
Du foin que peut manger une poule en un jour.
Le tout joint au procès enfin, et toute chose
Demeurant en état, on appointe la cause.
Le cinquième ou sixième avril cinquante-six,
J'écris sur nouveau frais. Je produis, je fournis
De Dits, de Contre-Dits, Enquêtes, Compulsoires,
Rapports d'expertz, transports, trois interlocutoires,
Griefs et faits nouveaux, Baux, et Procès-verbaux.
J'obtiens Lettres Royaux, et je m'inscris en faux.
Quatorze appointements, trente exploits, six instances,
Six-vingts Productions, vingt Arrêts de Défenses,
Arrêt enfin. Je perds ma cause avec dépens
Estimés environ cinq à six mille francs [1].

Chicaneau est bien heureux de s'en tirer à ce prix. De nos jours il en coûterait davantage pour toutes les formalités qu'il a si complaisamment énumérées.

Dans son épître au duc de Bouillon, La Fontaine raconte comment il a été condamné par défaut, et cela par la négligence de son procureur et aussi par la sienne.

> Avec cela je me vois condamné :
> Mais par défaut ; j'étois lors en Champagne
> Mon procureur dessus quelque autre point,
> Et ne songeant à moi ni peu ni point,
> Tant il croyait que l'affaire était bonne :
> On l'a surpris, que Dieu le lui pardonne :
> Il est bon homme, habile, et mon ami.
> Sait tous les tours : mais il s'est endormi.
> Thomas Bousseau [2] n'en a pas fait de même :
> Sa vigilance en tel cas est extrême ;
> Il prend son temps, et fait tout ce qu'il faut
> Pour obtenir un arrêt par défaut.

---

[1] Racine. *Les Plaideurs*. Acte I, scène VII.

[2] Mᵉ Bousseau, procureur au parlement de Paris, occupait pour les traitants qui, ayant affermé les tailles, avaient droit aux amendes prononcées contre ceux qui cherchaient à se soustraire au paiement de cet impôt.

On parle beaucoup d'étendre les attributions des juges de paix et de réformer le Code de procédure. On ferait mieux de moins en parler et de se mettre résolûment à l'œuvre.

La bonne justice et la bonne administration, voilà ce dont les peuples ont le plus grand besoin. Jésus-Christ a dit dans le sermon sur la Montagne : « Bienheureux ceux qui ont faim et soif de justice, car ils seront rassasiés ! » Eh bien, nous avons tous faim et soif de justice. Voici ce qu'il faut que les républicains se disent au lieu de songer à conquérir des places et à faire la guerre aux réactionnaires. Il est aujourd'hui bien démontré à tous les esprits calmes et réfléchis que les décrets contre les congrégations, que l'épuration de la magistrature, l'épuration des fonctionnaires, la laïcisation des hôpitaux, sont autant de fautes aussi impolitiques qu'inutiles, qui ont irrité les cœurs au lieu de les adoucir, et fait reculer l'idée républicaine qui s'imposait à tous. Le mal fait à la justice et à l'administration par ces fâcheuses mesures n'est pas irrémédiable, mais il n'est que temps de s'arrêter dans cette voie funeste. Autrement, il faudrait, comme La Fontaine, demander à être jugé et administré à la Turque.

Un de mes vieux amis, qui fut un très habile ingénieur, et qui a vécu un certain temps en Turquie, où il a exécuté de grands travaux, pense que nous nous en trouverions mieux, et il m'a raconté à ce sujet l'anecdote suivante :

« La première fois que j'allai à Constantinople, il y a quarante ans de cela, j'emportai un rouleau de mille francs en or et quelques bijoux que je plaçai au fond de ma valise. A mon arrivée, je m'aperçus qu'on avait ouvert ma valise sur le bateau et que l'or et les bijoux avaient disparu. Je courus porter ma plainte au cadi : c'était un vieux Turc à longue barbe, avec un grand nez orné d'énormes lunettes. Il reçut ma plainte par la bouche d'un drogman, sans mot dire, l'inscrivit, au moyen d'un style qu'il trempait dans une encre très noire, sur un petit carré de parchemin, qu'il remit à un agent auquel il donna des ordres et qui disparut aussitôt. Le cadi me renvoya par un geste et un signe de tête.

« J'avais déjà fait mon deuil de mon or et de mes bijoux, quand, le lendemain, de bonne heure, je reçus la visite de l'agent du cadi, lequel me remit, à ma grande surprise et à ma grande satisfaction, mes mille francs et mes bijoux en me demandant, par geste, d'apposer ma signature au bas du parchemin. J'étais stupéfait. Je me rendis aussitôt au bureau du cadi pour savoir comment les choses s'étaient passées. « Voici l'histoire, me dit le drogman :

« L'agent s'est rendu à bord du bateau qui vous a
» amené, il a interrogé les hommes de l'équipage, et
» ses soupçons se sont portés tout de suite sur un jeune
» garçon de 15 à 16 ans qui sert d'aide au cuisinier. Il
» a accusé le marmiton, qui a commencé par nier éner-
» giquement. Il lui a fait appliquer trois coups de bâton
» sur la plante des pieds. Le marmiton est entré dans la
» voie des aveux, et il a rendu la moitié de la somme en
» prenant Allah à témoin qu'il n'avait rien de plus.
» Nouveaux coups de bâton, nouveaux aveux, et resti-
» tution complète de vos mille francs et de vos bijoux. »

« J'écoutai ce récit, bouche béante, émerveillé de

cette justice expéditive. Je voulus donner une gratification à l'agent, il la refusa. Je sortis du bureau, de plus en plus émerveillé. »

Notre police est très habile, mais elle n'est pas toujours aussi expéditive ni aussi heureuse. Il est vrai que nous avons pour les malfaiteurs, qui ne sont, au dire de certaines gens, que des cerveaux détraqués, une indulgence qui va parfois trop loin.

CHAPITRE VI

LA FONTAINE ET LES PAYSANS

La Bruyère, qui passa sa vie dans la maison des Condé, nous a fait des paysans et des laboureurs, qu'il n'avait vus que de son cabinet, une peinture hideuse.

« L'on voit certains animaux farouches, des mâles et
» des femelles répandus par la campagne, noirs, livides
» et tout brûlés du soleil, attachés à la terre qu'ils fouil-
» lent, et qu'ils remuent avec une opiniâtreté invincible;
» ils ont comme une voix articulée, et quand ils se lèvent
» sur leurs pieds, ils montrent une face humaine, et en
» effet ils sont des hommes ; ils se retirent la nuit dans
» des tanières où ils vivent de pain noir, d'eau et de
» racines : ils épargnent aux autres hommes la peine de
» semer, de labourer et recueillir pour vivre, et mé-
» ritent ainsi de ne pas manquer de ce pain qu'ils ont
» semé[1]. »

Taine, dans son histoire des *Origines de la France contemporaine*, nous dit que cette peinture est au-dessous de la réalité, et il s'est chargé d'en assombrir encore les

---

[1] *Les Caractères ou les Mœurs de ce siècle.* — De l'homme.

couleurs[1]. Les journaux l'ont reproduite avec complaisance pour les besoins de leur polémique. Aussi qu'arrive-t-il? Il n'est pas rare d'entendre des politiciens de cabaret donner lecture, dans nos campagnes, de ce fameux portrait de La Bruyère, et s'écrier avec indignation devant de braves paysans venus pour les écouter : « Voilà ce qu'étaient vos pères dans le passé ! Des animaux farouches vivant dans des tanières ! ! Si vous votez pour les candidats de la réaction, vous redeviendrez des animaux farouches[2]. »

En traçant d'un pinceau aussi noir son portrait des paysans et des laboureurs, La Bruyère, qui pourtant avait beaucoup d'esprit, ne se doutait guère qu'il fournirait une arme aux radicaux du xixe siècle. O rhétorique ! voilà de tes tours.

Certes, Jacques Bonhomme, le vieux Gaulois, vaincu par les Romains, vaincu par les Germains, et qui a défendu pied à pied pendant cent ans son sol contre l'Anglais, a enduré de cruelles souffrances, mais il n'a jamais cessé d'être un homme, et de penser, sinon d'agir librement.

La Fontaine nous a montré un « certain paysan[3] »

---

[1] Tome Ier. — Livre v. *Le peuple.*

[2] En lisant dans le *Gagne-Petit* un article signé de Francisque Sarcey, j'ai été surpris d'y trouver une allusion au fameux portrait tracé par La Bruyère. Sarcey est un écrivain d'un grand bon sens et de beaucoup de jugement. C'est, en outre, un universitaire très compétent sur les questions d'enseignement; c'est, enfin, un Gaulois. Il doit aimer La Fontaine et sa morale. J'espère qu'il sera avec moi pour demander que les Fables soient enseignées avec soin dans nos écoles primaires.

[3] La Fontaine s'est évidemment trompé sur l'origine de ce paysan. Il ne venait pas des rives du Danube; il venait des rives de la Seine. Vercingétorix n'était pas un Germain, c'était un Gaulois.

comparaissant devant le Sénat romain.

> Son menton nourrissoit une barbe touffue ;
> Toute sa personne velue
> Représentoit un ours, mais un ours mal léché :
> Sous un sourcil épais il avoit l'œil caché,
> Le regard de travers, nez tortu, grosse lèvre,
> Portoit sayon de poil de chèvre,
> Et ceinture de joncs marins.

Extérieurement ce « certain paysan » ressemble, en effet, à un animal farouche, mais écoutez-le, parlant à ses oppresseurs ce fier et noble langage :

> « Craignez, Romains, craignez que le Ciel quelque jour
> Ne transporte chez vous les pleurs et la misère ;
> Et mettant en nos mains, par un juste retour,
> Les armes dont se sert sa vengeance sévère,
> Il ne vous fasse, en sa colère,
> Nos esclaves à votre tour.
> Et pourquoi sommes-nous les vôtres ? Qu'on me die
> En quoi vous valez mieux que cent peuples divers.
> Quel droit vous a rendus maîtres de l'univers ?
> Pourquoi venir troubler une innocente vie ?
> Nous cultivions en paix d'heureux champs ; et nos mains
> Etoient propres aux arts, ainsi qu'au labourage.
> . . . .
> Retirez-les (*vos préteurs*) : ils ne nous apprendront
> Que la mollesse et que le vice ;
> Les *Germains* comme eux deviendront
> Gens de rapine et d'avarice.
> . . . .
> . . . . Ce discours un peu fort
> Doit commencer à vous déplaire.
> Je finis. Punissez de mort
> Une plainte un peu trop sincère. »

On a toujours dit que les Gaulois sont éloquents, bons avocats, et qu'ils savent gagner leur cause. C'est ce qui arriva au « certain paysan. »

> A ces mots, il se couche; et chacun étonné
> Admire le grand cœur, le bon sens, l'éloquence
> Du sauvage ainsi prosterné.
> On le créa patrice; et ce fut la vengeance
> Qu'on crut qu'un tel discours méritoit. On choisit
> D'autres prêteurs[1]. . . . .

Le Gaulois avait reproché amèrement aux Romains leur avarice. Il l'a reprochée plus d'une fois, et non moins amèrement, aux Germains, ses nouveaux conquérants.

Jacques Bonhomme, qui arrose la terre de ses sueurs, sait combien l'argent est dur à gagner; aussi a-t-il toujours aimé l'économie et défendu avec acharnement sa bourse contre les exactions des seigneurs, contre les exactions des abbés, et même contre les exactions du Roi, en mettant à profit (les chroniques locales en font foi) les divisions qui existaient entre ses maîtres. Il défendrait encore aujourd'hui sa bourse contre la République, si elle lui rendait le fardeau trop accablant.

Augustin Thierry nous a fait, en quelques pages, *l'histoire véritable de Jacques Bonhomme, d'après les documents authentiques.* Mais nous vivons si vite et nous sommes tellement absorbés par la politique, que nous n'avons plus le temps de lire autre chose que les journaux qui nous inondent.

Permets-moi, ami lecteur, pour t'éviter de lire en entier cette courte histoire, de t'en mettre seulement sous les yeux une page, que je livre à tes méditations.

« La lutte de Jacques Bonhomme contre la force fut
» longtemps sourde et silencieuse; longtemps son esprit

---

[1] Liv. XI. — Fable vii. *Le Paysan du Danube.*

» médita cette grande idée qu'en droit naturel il était
» libre et maître chez lui, avant qu'il fît aucune tentative
» pour la réaliser. Un jour enfin qu'un grand embarras
» d'argent contraignit le pouvoir que Jacques nourris-
» sait de ses deniers à l'appeler en Conseil, pour obtenir
» de lui un subside qu'il n'osait exiger, Jacques se
» leva, prit un ton fier, et déclara nettement son droit
» absolu et imprescriptible de propriété et de liberté.

« Le pouvoir capitula, puis il se rétracta; il y eut
» guerre, et Jacques fut vainqueur. Il fut cruel dans sa
» victoire parce qu'une longue lutte l'avait aigri. Il ne
» sut pas se conduire, étant libre, parce qu'il avait
» encore les mœurs de la servitude. Ceux qu'il prit pour
» intendants l'asservirent de nouveau en proclamant sa
» souveraineté absolue. Hélas ! disait Jacques, j'ai subi
» deux conquêtes; on m'a appelé serf, tributaire, rotu-
» rier, sujet; jamais on ne m'a fait l'affront de me dire
» que c'était en vertu de mes droits que j'étais esclave
» et dépouillé. »

« Un de ses officiers, grand homme de guerre, l'en-
» tendit se plaindre et murmurer. « Je vois ce qu'il
» vous faut, lui dit-il, et je prends sur moi de vous le
» donner. Je mélangerai les traditions des deux con-
» quêtes que vous regrettez à si juste titre; je vous ren-
» drai les guerriers Franks dans la personne de mes
» soldats; ils seront, comme eux, barons et nobles.
» Quant à moi, je vous reproduirai le grand César, votre
» premier maître; je m'appellerai *Imperator*; vous au-
» rez place dans mes légions; je vous y promets de
» l'avancement. »

« Jacques ouvrait la bouche pour répondre, quand,

» tout à coup, les trompettes sonnèrent, les tambours
» battirent, les aigles furent déployées. Jacques s'était
» battu autrefois sous les aigles ; sa première jeunesse
» s'était passée à les suivre ; dès qu'il les revit, il ne
» pensa plus, il marcha.

« Il y a vingt siècles que les pas de la conquête se
» sont empreints sur notre sol ; les traces n'en ont pas
» disparu ; les générations les ont foulées sans les dé-
» truire ; le sang des hommes les a lavées sans les effa-
» cer. Est-ce donc pour un destin semblable que la
» Nature forma ce beau pays que tant de verdure colore,
» que tant de moissons enrichissent, et qu'enveloppe
» un ciel si doux ? »

Si cette belle page d'histoire ne te donnait pas à réfléchir, ami lecteur, je désespérerais de ta sagesse.

Je me suis un peu écarté du titre de mon chapitre : en cela j'ai suivi l'exemple de notre poète, qui se plaisait à battre les buissons, mais comme lui je reviens à mes moutons.

La Fontaine, qui aimait les champs et les bois, et qui a rempli tant bien que mal, pendant vingt ans, sa charge de maître des eaux et forêts, nous a peint dans ses fables et dans ses contes les champs et les paysans de son temps, tels qu'ils étaient, et non pas tels que nous les ont peints d'une façon bien différente La Bruyère et Boucher ; l'un en a fait des animaux farouches, l'autre d'aimables Arcadiens en casaque de satin. Lisez les fables intitulées *L'Œil du Maître*, — *Le Laboureur et ses Enfants*, — *Le Berger et son Troupeau*, — *Le Chartier embourbé*, — *Le Fermier, le Chien et le Renard*, — *Le Loup, la Mère et l'Enfant*, — *Le Gland et la Citrouille*,

— *Le Vieillard et les trois jeunes Hommes,* — *L'Ivrogne et sa Femme,* — *La Laitière et le Pot au lait,* — *L'Alouette et ses Petits avec le Maître d'un champ,* — *Le Berger et la Mer,* — *Le Vieillard et l'Ane.* Lisez les contes ayant pour titres : *Les Troqueurs,* — *Un Paysan qui avait offensé son Seigneur,* — *Le Villageois qui cherche son Veau,* — *Mazet de Lamporechio,* — *Le Baiser rendu,* — *Le Cuvier.* Cette lecture vous rafraîchira de la peinture des animaux farouches et vous montrera Jacques Bonhomme allant et venant dans son champ, dans sa ferme, dans son écurie, dans son étable, veillant à tout, travaillant activement, causant, riant et se gaussant, au besoin, de son seigneur et de lui-même.

C'est bien là le vrai Gaulois, le vrai Jacques Bonhomme dans ses moments de bonne humeur, qui sont les plus fréquents, car la colère ne lui vient que rarement et ne lui tient pas longtemps au cœur.

Les lieux où Jacques Bonhomme déployait son activité ont été décrits par La Fontaine avec tant de fidélité, que Sainte-Beuve, qui s'y connaissait, a pu dire : « Ces
» plaines immenses de blé où se promène de grand
» matin le maître et où l'alouette cache son nid, ces
» bruyères, ces buissons où fourmille un petit monde,
» ces jolies garennes dont les hôtes étourdis font la
» cour à l'aurore dans la rosée et parfument de thym
» leur banquet, c'est la Beauce, la Sologne, la Cham-
» pagne, la Picardie : j'en reconnais les fermes avec leurs
» mares, avec les basses-cours et les colombiers[1]. »

Voilà un coin du tableau ; en voici un autre.

---

[1] *Les Causeries du Lundi.*

Le Vert-Galant, qui n'engendrait pas la mélancolie, a décrit, dans une lettre à sa maîtresse du moment, la duchesse de Grammont, l'aspect d'une petite île qu'il venait de visiter, l'île de Marans, située à l'embouchure de la Sèvre-Niortaise.

« J'arrivai hier soir de Marans. Ah! que je vous y
» souhaitai! C'est le lieu le plus selon votre humeur
» que j'aie vu. C'est une île renfermée de marais boca-
» geux, où de cent en cent pas il y a des canaux pour
» aller chercher le bois par bateau. L'eau claire peu
» courante, les canaux de toute largeur, les bateaux
» de toute grandeur. Parmi ces déserts mille jardins.
» Peu de maisons qui n'entre de sa porte dans son petit
» bateau. Il n'y a que deux lieues jusqu'à la mer.
» Infinis moulins et métairies. Tant de sortes d'oiseaux
» qui chantent; de toute sorte, de ceux de mer. Des
» poissons c'est une monstruosité que la quantité, la
» grandeur et le prix. Une grande carpe, trois sous, et
» cinq sous un brochet. C'est un lieu de grand trafic,
» et tout par bateau. La terre très pleine de blés et très
» beaux. L'on y peut être plaisamment en paix et
» sûrement en guerre. L'on s'y peut réjouir avec ce que
» l'on aime, et plaindre une absence.

« Ah! qu'il y fait bon chanter!»

En peignant l'île de Marans à sa maîtresse, Henri IV s'est peint lui-même sans le vouloir; il a mis en relief ses brillantes qualités : la promptitude de son coup d'œil, la justesse de son jugement, la vivacité de son esprit, le tour pittoresque de son langage et, par dessus tout, cette joyeuse humeur qui, dans sa vie d'épreuves, soutint ses compagnons, le soutint lui-même, qui lui conquit le cœur de la France, et au travers de laquelle nous voyons encore aujourd'hui sa souriante figure. Voilà un vrai Gaulois avec lequel La Fontaine se serait parfaitement entendu ! Ce n'est pas le Roi de la *poule au pot* qui regardait les paysans comme des animaux farouches !

Si La Bruyère n'a pas flatté les laboureurs et les paysans, il a moins flatté encore les nobles de province.

« *Don Fernand* dans sa province est oisif, ignorant,
» médisant, querelleux, fourbe, intempérant, imperti-
» nent ; mais il tire l'épée contre ses voisins, et pour
» un rien il expose sa vie ; il a tué des hommes, il sera
» tué.

« Le noble de province inutile à sa patrie, à sa famille
» et à lui-même ; souvent sans toit, sans habits, et sans
» aucun mérite, répète dix fois le jour qu'il est gen-
» tilhomme, traite les fourrures et les mortiers de bour-
» geoisie, occupé toute sa vie de ses parchemins et de
» ses titres qu'il ne changeroit pas contre les masses
» d'un Chancelier[1]. »

Je crois que ce portrait est aussi chargé que celui des paysans et des laboureurs. Dans une fable charmante de bonhomie et de gaîté, *Le Jardinier et son Seigneur*, La Fontaine nous a peint le hobereau de village et ses façons d'agir avec le roturier.

Ce malheureux jardinier, *demi-bourgeois, demi-manant*, serait heureux si sa *félicité* n'était troublée par un méchant lièvre qui lui dévore ses choux et son serpolet ; il croit que ce lièvre est *sorcier*, car il a beau

---

[1] *Les Caractères ou les Mœurs de ce siècle.* — De l'homme.

le chasser à coups de pierres et de bâton, l'animal revient toujours, et, comme il n'a pas le droit de le tuer, il invoque l'aide de son seigneur, lequel lui promet de l'en débarrasser.

— Et quand? — Et dès demain, sans tarder plus longtemps.»
La partie ainsi faite, il vient avec ses gens.
« Ça, déjeunons, dit-il : vos poulets sont-ils tendres?
La fille du logis, qu'on vous voie, approchez :
Quand la marierons-nous? Quand aurons-nous des gendres?
Bon homme, c'est ce coup qu'il faut, vous m'entendez,
  Qu'il faut fouiller à l'escarcelle.»
Disant ces mots, il fait connoissance avec elle,
  Auprès de lui la fait asseoir,
Prend une main, un bras, lève un coin du mouchoir,
  Toutes sottises dont la belle
  Se défend avec grand respect :
Tant qu'au père à la fin cela devient suspect.
Cependant on fricasse, on se rue en cuisine.
« De quand sont vos jambons? ils ont fort bonne mine.
— Monsieur, ils sont à vous. — Vraiment, dit le Seigneur,
  Je les reçois et de bon cœur.»
Il déjeune très bien ; aussi fait sa famille,
Chiens, chevaux et valets, tous gens bien endentés :
Il commande chez l'hôte, y prend des libertés,
  Boit son vin, caresse sa fille.
L'embarras des chasseurs succède au déjeuné.
  Chacun s'anime et se prépare :
Les trompes et les cors font un tel tintamarre
  Que le bon homme est étonné.
Le pis fut que l'on mit en piteux équipage
Le pauvre potager : Adieu planches, carreaux;
  Adieu chicorée et porreaux;
  Adieu de quoi mettre au potage.
Le lièvre étoit gîté dessous un maître chou.
On le quête ; on le lance : il s'enfuit par un trou,
Non pas trou, mais troué, horrible et large plaie
  Que l'on fit à la pauvre haie
Par ordre du Seigneur; car il eût été mal
Qu'on n'eût pu du jardin sortir tout à cheval.
Le bon homme disoit : « Ce sont là jeux de prince.»

> Mais on le laissoit dire ; et les chiens et les gens
> Firent plus de dégât en une heure de temps
> Que n'en auroient fait en cent ans
> Tous les lièvres de la province [1].

Les temps ont bien changé. Jacques Bonhomme est maître chez lui ; il a le droit de tuer avec son fusil les lièvres et les lapins qui viennent broûter ses choux et son serpolet, et il ne permettrait pas au hobereau du village de venir chasser sur ses terres et de prendre des libertés avec sa fille et ses jambons. Il sait parfaitement qu'il a sa part de souveraineté, et il tient à son bulletin de vote. Tout semble donc pour le mieux.

Dans une page charmante et gaie, comme il en a beaucoup écrit, Michelet, qui avait plutôt l'âme d'un poète que l'âme d'un historien, nous a montré le paysan de nos jours s'en allant le dimanche avec ses beaux habits visiter sa maîtresse..... Sa maîtresse, c'est la terre, et il a eu assez de peine à en faire la conquête pour tenir à la conserver. Aussi les partageux seraient-ils mal venus à chercher à la lui disputer. Je les en avertis. Jacques Bonhomme est aujourd'hui à peu près content de son sort, quoiqu'il ait toujours beaucoup à peiner, que depuis quelques années il vende mal son blé et soit obligé de boire plus de piquette que de vin. Il trouve bien que les impôts sont un peu lourds, mais il les paie ; il demande seulement que les agents du fisc ne le tracassent pas trop, que le percepteur l'attende un peu, s'il est en retard, et que la Régie ne lui fasse pas payer de trop fortes amendes s'il commet, volontairement ou involontairement, quelque

---

[1] Liv. IV. — Fable IV.

contravention. Il veut aussi qu'on ne tracasse pas son curé, surtout quand le curé est un brave homme. Il tient d'ailleurs à ce que ses enfants soient baptisés, aillent au catéchisme, fassent leur première communion, à ce que sa femme aille à la messe, au sermon et même, de temps en temps, à confesse ; il tient aussi à y aller lui-même si cela lui plaît. Il aime son église autant que sa mairie et son école ; il aime surtout son clocher et ses cloches. Il ne croit plus au diable, ni à l'enfer, ni même aux sorciers, mais il croit encore en Dieu, et il ne faudrait pas lui dire qu'il n'a pas une âme différente de celle de son bœuf ou de son cochon ; il prendrait cela pour une offense.

Millet, qui était né paysan et qui vécut toujours parmi les paysans, en a été le vrai peintre. Il fut méconnu de son vivant et mourut pauvre. Ses meilleures toiles lui ont rapporté à peine quelques louis ; aujourd'hui, elles se couvrent d'or. Il nous a laissé, entre autres, un tableau admirable, *l'Angelus*, que la gravure et la photographie ont popularisé. J'ai vu ce tableau pour la première fois à l'exposition universelle de 1855, et je ne l'ai jamais oublié. Il représente un jeune paysan et une jeune paysanne, revêtus de leurs pauvres habits, qui interrompent leur travail, inclinent légèrement la tête et disent mentalement l'Angelus à l'heure où le soleil disparaît à l'horizon. Dans le fond du tableau on devine le clocher, et il semble qu'on entend les tintements de de la cloche. C'est tout, mais c'est un chef-d'œuvre. Pourquoi ? Parce que le peintre a mis une parcelle de son âme dans cette petite toile, qu'il vendit quelques écus et qui vaut aujourd'hui une grosse fortune ; parce qu'il a su trouver avec son génie le point d'intersection de l'idéalité et de la réalité, comme Raphaël a trouvé avec le sien, dans sa Vierge à la Chaise, le point d'intersection de la maternité et de la virginité. Faites disparaître, ô réalistes, le sentiment religieux du cœur de l'homme, du cœur de l'artiste, et vous aurez porté à l'art une atteinte mortelle!

CHAPITRE VII

LA FONTAINE ET LA POLITIQUE CONTEMPORAINE

Il y a dans la comédie humaine une scène fort courte, d'un comique parfait et d'une moralité profonde : c'est la scène entre *le Renard et le Bouc*.

> Capitaine Renard alloit de compagnie
> Avec son ami Bouc des plus haut encornés :
> Celui-ci ne voyoit pas plus loin que son nez ;
> L'autre étoit passé maître en fait de tromperie.
> La soif les obligea de descendre en un puits :
>   Là chacun d'eux se désaltère.
> Après qu'abondamment tous deux en eurent pris,
> Le Renard dit au Bouc : « Que ferons-nous, compère ?
> Ce n'est pas tout de boire, il faut sortir d'ici.
> Lève tes pieds en haut, et tes cornes aussi ;
> Mets-les contre le mur : le long de ton échine
>   Je grimperai premièrement ;
>   Puis sur tes cornes m'élevant,
>   A l'aide de cette machine,
>   De ce lieu-ci je sortirai,
>   Après quoi je t'en tirerai.
> — Par ma barbe, dit l'autre, il est bon ; et je loue
>   Les gens bien sensés comme toi.
>   Je n'aurois jamais, quant à moi,
>   Trouvé ce secret, je l'avoue. »

Il est impossible d'être plus naïf et confiant que le Bouc. Comment le Renard répond-il à cette confiance candide qui aurait dû le toucher ?

>   Le Renard sort du puits, laisse son compagnon,
>   Et vous lui fait un beau sermon
>   Pour l'exhorter à la patience.
>   « Si le Ciel t'eût, dit-il, donné par excellence
>   Autant de jugement que de barbe au menton,
>   Tu n'aurois pas, à la légère,
>   Descendu dans ce puits. Or, adieu : j'en suis hors ;
>   Tâche de t'en tirer, et fais tous tes efforts ;
>   Car pour moi j'ai certaine affaire
>   Qui ne me permet pas d'arrêter en chemin. »

Le Renard agit comme un franc et impudent coquin. Après s'être raillé impitoyablement de son trop confiant compagnon, qu'il laisse au fond du puits, exposé à y mourir de faim, il lui tourne le dos, s'avance vers le public, et lui lance, comme une flèche acérée, cette profonde moralité :

> En toute chose il faut considérer la fin[1].

A propos de cette scène de sa grande comédie, La Fontaine a écrit dans la préface de son livre : « Dites à
» un enfant que Crassus, allant contre les Parthes,
» s'engagea dans leur pays sans considérer comment il
» en sortiroit ; que cela le fit périr, lui et son armée,
» quelque effort qu'il fît pour se retirer. Dites au même
» enfant que le Renard et le Bouc descendirent au fond
» d'un puits pour y éteindre leur soif ; que le Renard
» en sortit s'étant servi des épaules et des cornes de son
» camarade comme d'une échelle ; au contraire, le Bouc
» y demeure pour n'avoir pas eu tant de prévoyance ;
» et par conséquent il faut considérer en toute chose
» la fin. Je demande lequel de ces deux exemples fera
» le plus d'impression sur cet enfant. »

[1] Liv. III. — Fable v.

En mettant en parallèle l'expédition de Crassus contre les Parthes et la scène du Renard et du Bouc, La Fontaine a voulu nous montrer combien est profonde la moralité de sa fable.

Il y a longtemps qu'on a dit : « gouverner, c'est prévoir. » Or, qu'est-ce que prévoir? C'est considérer la fin avant de rien entreprendre. Appliquons cette moralité aux grands événements de notre temps, de même que La Fontaine l'a appliquée à la fatale expédition de Crassus.

Il est bien évident :

Que si Napoléon Ier avait considéré la fin, il n'aurait pas entrepris la fatale campagne de Russie ;

Que si Charles X avait considéré la fin, il n'aurait pas rendu les fatales ordonnances que le pays réprouvait ;

Que si Louis Philippe avait considéré la fin, il aurait prévenu la fatale révolution du 24 février par de sages concessions que l'opinion publique réclamait ;

Que si Napoléon III avait considéré la fin, il n'aurait point entrepris la fatale expédition du Mexique et encore moins la fatale expédition contre la Prusse ayant avec elle toute l'Allemagne ;

Que si enfin le maréchal de Mac-Mahon avait considéré la fin, il n'aurait point fait son fatal coup de tête du 16 mai, qui a désorganisé le parti conservateur qu'il prétendait servir.

Je ferai remarquer que si je me suis servi de l'adjectif *fatal*, c'est à dessein, car je suis bien convaincu que ni Crassus, ni Napoléon Ier, ni Charles X, ni Louis Philippe, ni Napoléon III, ni le maréchal de Mac-Mahon, n'ont accusé leur imprévoyance. Les uns ont accusé leur étoile, car les grands hommes, qui manquent généralement de modestie, s'imaginent volontiers qu'ils ont une étoile au ciel, et que cette étoile se charge de conduire leurs affaires. La Fontaine leur a dit dans un langage énergique

>C'est erreur, ou plutôt c'est crime de le croire[1].

mais ils l'ont cru quand même.

Les autres, plus modestes, ont accusé la Fortune, mais La Fontaine leur a dit aussi :

>Il n'arrive rien dans le monde
>Qu'il ne faille qu'elle en réponde :
>Nous la faisons de tous écots ;
>Elle est prise à garant de toutes aventures.
>Est-on sot, étourdi, prend-on mal ses mesures ;
>On pense en être quitte en accusant son sort :
>Bref, la Fortune a toujours tort[2].

Que faut-il conclure de cette revue rétrospective ? Que, dans ce siècle, la France n'a pas eu de grands politiques. Aussi nos bons amis les Allemands ne se font-ils pas faute de nous dire que nous sommes un peuple en décadence, que nous ne produisons plus de grands hommes, que nous ne comptons plus pour rien en Europe, et que nous n'avons plus qu'à nous tenir tranquilles dans notre coin.

Que les Allemands tiennent ce langage, il n'y a rien là qui doive nous surprendre, mais il se rencontre des Français qui, par esprit de parti, font chorus avec eux, et c'est ce qui me fâche.

Non, le peuple français n'est pas en décadence parce

---

[1] Liv. II. — Fable XIII. *L'Astrologue qui se laisse tomber dans un puits.*

[2] Liv. V. — Fable XI. *La Fortune et le jeune Enfant.*

qu'il a été vaincu sur les champs de bataille par l'impéritie de ses gouvernants. Jacques Bonhomme est aujourd'hui aussi valeureux, aussi laborieux, aussi intelligent, aussi économe, aussi honnête et aussi sage qu'autrefois. Il n'est point ami des révolutions et des changements comme on se plaît à le dire ; si plusieurs gouvernements se sont écroulés depuis le commencement du siècle, c'est non point par sa faute à lui, mais par la leur. Ce n'est pas lui qui les a renversés ; ce sont eux qui se sont effondrés : voilà ce qu'il faut se dire si on veut ne pas méconnaître l'histoire.

Jacques Bonhomme est aujourd'hui très perplexe. Il ne demande pas mieux que de rester en République, si la République peut lui fournir un gouvernement prudent et sage. Il s'est donné dans ce but un certain nombre d'intendants, en les chargeant du soin de ses affaires. Malheureusement l'esprit de discorde s'est glissé parmi eux, et c'est là ce qui cause la perplexité de Jacques.

Cet esprit de discorde est entretenu par une puissance nouvelle qu'on appelle la *presse politique*, et qui joue dans le gouvernement le rôle du *Borée* de la fable.

> . . . . Notre souffleur à gage
> Se gorge de vapeurs, s'enfle comme un ballon,
>   Fait un vacarme de démon,
> Siffle, souffle, tempête, et brise, en son passage,
> Maint toit qui n'en peut mais, fait périr maint bateau,
>   Le tout au sujet d'un manteau [1].

La Fontaine nous a mis en garde contre l'esprit de discorde dans deux fables que les intendants de Jacques

---

[1] Liv. VI. — Fable III. *Phébus et Borée.*

feront bien de méditer. Dans l'une, *La Discorde*, il nous dit :

> La déesse Discorde ayant brouillé les Dieux,
> Et fait un grand procès là-haut pour une pomme,
> On la fit déloger des Cieux.
> Chez l'animal qu'on appelle homme
> On la reçut à bras ouverts,
> Elle et Que-si-Que-non, son frère,
> Avecque Tien-et-Mien, son père [1].

La Fontaine a logé la déesse et son intéressante famille dans l'auberge de l'hyménée. Si le fabuliste vivait de nos jours, ne logerait-il pas ces hôtes malencontreux au palais Bourbon ?

Dans l'autre fable, *La Querelle des Chiens et des Chats et celle des Chats et des Souris*, La Fontaine nous dit encore :

> La Discorde a toujours régné dans l'Univers [2] :
> Notre monde en fournit mille exemples divers.
> Chez nous cette déesse a plus d'un tributaire.
>
> Combien d'êtres de tous états
> Se font une guerre éternelle !
> Autrefois un logis plein de Chiens et de Chats
> Par cent arrêts rendus en forme solennelle
> Vit terminer tous leurs débats.

Après avoir conté sa fable, et montré la ruine du peuple souriquois qui commit l'imprudence de ronger les arrêts solennels, notre poète la termine par cette moralité :

---

[1] Liv. VI. — Fable xx.

[2] Le monde est livré à la dispute. *Mundum tradidit disputioni eorum.* (Ecclesiaste. Chap. III, verset ii.)

> Ce que je sais, c'est qu'aux grosses paroles
> On en vient sur un rien, plus des trois quarts du temps.
> Humains, il vous faudroit encore à soixante ans
> Renvoyer chez les barbacoles [1].

La situation du peuple français, je demande pardon de la comparaison, n'est-elle pas celle du peuple souriquois ? Il a une constitution qui permet à tous les partis de vivre en paix tout en luttant loyalement pour l'exercice du pouvoir. Mais les partis, au lieu de rester sur le terrain d'une lutte loyale, cherchent à détruire l'arrêt solennel qui consacre leurs droits. Qu'ils y prennent garde ! et si la morale de La Fontaine n'a pas assez d'autorité à leurs yeux, qu'ils consultent la morale de l'Évangile qui leur dit :

> Tout royaume divisé contre lui-même périra [2].

---

[1] Liv. XII. — Fable VIII.
[2] *Omne regum divisum contra se desolabitur.* (St-Mathieu.)

CHAPITRE VIII

LA FONTAINE SOCIALISTE

Le socialiste, dans la bonne, dans la vraie acception du mot, est celui qui cherche à réaliser, par des *voies pacifiques*, le bonheur de l'humanité, celui qui, voyant le mal en ce monde, ne veut pas en prendre son parti, ne veut pas se résigner à croire qu'il existera toujours. Le socialiste est donc :

Le contraire du sceptique qui voit le bien et le mal se livrer un combat, qui sourit en les regardant faire, et ne se préoccupe que d'éviter les coups ;

Le contraire de l'idéaliste qui, voyant le mal en ce monde et croyant qu'il y existera toujours, le quitte, en esprit, pour se réfugier dans le monde des abstractions, où il rêve à un monde meilleur.

Le contraire du croyant qui voit le mal, l'accepte avec résignation et même avec joie, et s'en fait un mérite pour obtenir ailleurs une vie de béatitude.

Quelques-uns ont voulu faire de Jésus-Christ un socialiste ; ils ont eu tort. Jésus-Christ a dit : « Il y aura
» toujours parmi vous des pauvres, des malheureux,
» des affligés ; qu'ils s'en réjouissent : ce sont eux qui

» ont la meilleure part, parce que le royaume des cieux
» leur est réservé. »

Jésus-Christ a donc pris son parti du mal qui existe en ce monde ; mais le merveilleux, et je dirai même le divin de sa doctrine, c'est qu'en enseignant aux hommes la résignation, le renoncement, l'aspiration au ciel, elle a produit en ce monde la plus grande, la plus belle, la plus pure, la plus bienfaisante des révolutions sociales.

Dans le conflit des idées et des intérêts le socialiste a donc à jouer un rôle, et un rôle important. Mais il y a socialistes et socialistes, comme il y a fagots et fagots. En général, tous les grands philosophes, tous les grands penseurs, tous les grands savants, tous les grands moralistes, tous les grands politiques, qui cherchent à améliorer l'humanité moralement et matériellement, sont des socialistes chacun à sa manière. Il y en a beaucoup parmi eux qui font du socialisme sans le savoir, comme M. Jourdain faisait de la prose.

Il faut ranger dans une classe à part les philosophes pessimistes, qui, désespérant de l'humanité, rêvent son anéantissement, et conseillent en fait d'amélioration sociale un suicide général. On est tenté de leur faire une réponse analogue à celle adressée par Alphonse Karr aux partisans de l'abolition de la peine de mort : « Que messieurs les *philosophes* commencent ! »

Platon est le père de tous les socialistes passés, présents et futurs, et il nous a montré, dans un fort beau livre, la République de ses rêves, une République gouvernée par des philosophes, mais il a eu soin de nous dire qu'il en a pris le modèle au Ciel et que le sage ne consentira jamais à en gouverner d'autre que celle-là,

La Fontaine, qui lisait sans cesse Platon, rêvait souvent à sa République, qu'il trouvait pourtant inférieure à celle des Castors.

> La République de Platon
> Ne seroit rien que l'apprentie
> De cette famille amphibie [1].

Néanmoins il aurait voulu voir s'établir la République des philosophes, la République des sages, car comment expliquer autrement les vers de l'abbé Verger où il peint notre poète

> *Formant* d'un vain projet le plan imaginaire
> *Changeant* en cent façons l'ordre de l'Univers [2]?

N'est-ce pas là le propre du socialiste ?

De tous les systèmes socialistes de notre temps, celui qui se rapproche le plus de la République de Platon, c'est le système phalanstérien, qui est basé sur l'harmonie universelle et la puissance des nombres.

L'auteur de ce système, Fourier, fut une sorte de mystagogue, de magicien. Il nous a laissé des livres qu'on ne lit plus aujourd'hui, et je crois qu'on a tort, où se révèlent une puissance d'imagination, une force de conception, une sagacité de critique, qu'on ne rencontre que bien rarement réunies dans le même cerveau : la folie et le bon sens, le chimérique et le réel s'y donnent la main. Le cœur humain y est fouillé jusque dans ses plus petits replis, car Fourier était un spéculatif, et en même temps l'extravagance y est poussée jusqu'à ses dernières limites. Mais ce qui domine dans ses livres, c'est un amour profond de la vie et de l'universalité des êtres, une foi inébranlable dans leurs destinées

---

[1] Liv. IX. — *Discours à madame de la Sablière.*
[2] Lettre de l'abbé Verger à madame d'Hervart. Voir page 36.

heureuses, une horreur invincible pour le mal, une passion sans bornes pour le bien. Fourier avait de nombreux traits de ressemblance avec La Fontaine : comme lui, il aimait passionnément la paix et abhorrait la guerre ; comme lui, il était simple et doux ; comme lui, il était sans intrigue et sans ambition ; comme lui, il s'enivrait de poésie, car ses ouvrages, bien qu'écrits en prose, sont pleins de rêveries poétiques ; comme lui, il vécut et mourut pauvre.

Dans le livre X de la République, Platon nous a exposé sa doctrine sur la migration des âmes. Elle est bien séduisante cette doctrine ; aussi la pensée m'est-elle venue que l'âme de La Fontaine, après 150 ans de séjour aux Champs-Elyséens, est passée dans le corps de Fourier et lui a communiqué ses plans pour *changer l'ordre de l'Univers*. La chose me paraît d'autant plus vraisemblable que je ne puis m'expliquer que par cette hypothèse comment il s'est fait qu'un beau jour, moi, qui fus toute ma vie un disciple de La Fontaine, je suis devenu un disciple de Fourier.

Ce fut en 1842. J'avais vingt-deux ans. J'étais petit employé dans une ville du midi, je touchais mensuellement de l'État pour mes services, que je ne lui ai jamais marchandés, la somme de 87 fr. 07 cent. J'ai de bonnes raisons de me souvenir du chiffre de mon traitement qui constituait mon unique ressource, car je l'ai conservé, toujours le même, pendant six années. Ma bonne fortune voulut qu'à cette époque il me vint pour commensal un lieutenant du génie ; il était aussi pauvre que moi, mais son traitement me paraissait colossal à côté du mien ; il touchait, le Crésus, 150 francs par mois !! Mais comme il était obligé d'acheter des épaulettes et des boutons dorés, cela rétablissait à peu près l'équilibre entre nos deux situations.

La munificence du gouvernement à notre égard avait cela de bon qu'elle nous forçait à nous replier sur nous-mêmes et à rechercher les plaisirs qui ne coûtent rien. J'ai pu me convaincre, depuis, que ce sont les meilleurs, les plus doux, et je bénis encore ce temps de ma jeunesse et de ma pauvreté.

Après notre repas, nous partions tous les deux, de notre pied léger, faire une longue promenade hygiénique à travers champs. Là, nous entamions des discussions à perte de vue sur la nature, sur l'homme, sur l'histoire, sur l'art, sur la science, etc. Ces discussions remplaçaient avantageusement la fine champagne et le londrès. Mon lieutenant qui était plus fort que moi sur une foule de choses, puisqu'il sortait de l'école polytechnique et de l'école d'application de Metz, avait un grand plaisir à me pousser des *colles* ; mais j'avais de la verve, de l'imagination, et il ne sortait pas toujours vainqueur de nos savantes et profondes discussions.

Un jour, et ce jour a marqué dans ma vie, nous faisions, après le déjeuner, notre promenade quotidienne sur les bords du Gardon chanté par Florian, je vois encore l'endroit. Mon lieutenant, qui était rêveur et gardait le silence depuis un moment, s'arrêta tout à coup, et me dit d'un ton grave et solennel : « Mon cher ami, la » société couche l'homme sur le lit de Procuste[1] ; il y a

---

[1] Brigand de l'Attique tué par Thésée. Il faisait étendre ses victimes sur un lit de fer, et leur coupait les pieds ou leur étirait les jambes pour les mettre à la mesure du lit.

» six mille ans qu'il en est ainsi, il est temps que cela
» finisse ! » Je le regardai, bouche béante. « Oui, mon
» cher ami, vous et moi, comme tant d'autres, nous
» sommes couchés, depuis notre naissance, sur le lit de
» Procuste ; il est temps de nous relever ! J'ai reconnu,
» dans nos discussions, qu'il y avait en vous l'étoffe d'un
» philosophe socialiste ; faites-vous socialiste, devenez
» Phalanstérien. Nous avons trouvé la formule du bon-
» heur universel, il ne s'agit plus que de l'appliquer, et
» pour cela de la faire comprendre à tous les hommes.
» J'ai déjà fait deux prosélytes, vous serez le troisième,
» et, pour commencer votre instruction, tenez, piochez-
» moi ce bouquin. » Et il me tendit un petit livre, qu'il
sortit de sa poche. Je lus le titre : *La Théorie des quatre
mouvements*. « Diable ! lui dis-je, c'est du Fourier, et vous
» savez que je ne suis pas fort sur l'algèbre. — Piochez
» toujours, je vous expliquerai ce que vous ne compren-
» drez pas. » Je pris le livre, et je le piochai en conscience. Mon lieutenant, dans nos promenades, éclairait
mes doutes et levait mes objections. Ce livre me séduisait,
me magnétisait, me fascinait, m'amenait peu à peu
à cet état où l'âme s'ouvre à la foi. J'aspirais à
l'acquérir tout entière. Il y avait surtout dans ce livre
un petit passage, plein de promesses, et que je n'ai
jamais oublié :

« Lorsqu'un univers est en vibration descendante,
» les âmes de ses astres vont en déclinant sur l'échelle
» des grades ; mais notre univers est en vibration ascen-
» dante, état de jeunesse, et nos âmes croîtront en
» développement pendant plusieurs milliards d'années. »
Quelle belle perspective de bonheur pour l'humanité !

Jamais on n'en rêva de pareille.

Après trois mois d'étude de *la Théorie des quatre mouvements*, mon lieutenant me fit subir très consciencieusement un examen général ; il me poussa nombre de *colles*, auxquelles je répondis victorieusement. Il me déclara alors digne d'être socialiste et phalanstérien, et me donna l'accolade fraternelle.

A partir de ce jour, je crus fermement :

1° *Que nos destinées sont proportionnelles à nos attractions ;*

2° *Que la série distribue l'harmonie ;*

3° *Que l'homme est un clavier passionnel à douze touches : quatre animiques, cinq sensitives et trois distributives.*

Et comme le premier devoir du socialiste ainsi que du philosophe est de se connaître soi-même, je reconnus solennellement, devant mon lieutenant, que la *papillonne*, l'une des touches distributives, était ma *dominante*.

N'était-ce pas aussi la *dominante* de La Fontaine ? Ne nous en a-t-il pas fait l'aveu d'une façon charmante ?

> Papillon du Parnasse, et semblable aux abeilles,
> A qui le bon Platon compare nos merveilles,
> Je suis chose légère, et vole à tout sujet.
> Je vais de fleur en fleur, et d'objet en objet[1].

Tu vois, ami lecteur, que j'ai eu raison de faire de La Fontaine un phalanstérien[2] ; il l'était jusqu'aux moelles,

---

[1] *Discours à madame de la Sablière* (Poésies diverses).

[2] Je ne suis pas le seul et le premier à le dire. Dans une étude très bien faite et très bien écrite, *La Fontaine expliqué aux enfants*, qui

ce qui ne l'a pas empêché d'être un bon moraliste, au contraire.

Tous les jours, mon lieutenant me donnait à lire *la Démocratie pacifique*, mais ma *dominante* me portait à préférer aux articles de fonds du savant Victor Considérant[1] les feuilletons de l'aimable et spirituel Toussenel.

Je poursuivais avec acharnement mes études socialistes, sans négliger en rien les occupations *lucratives* de mon emploi. Après *la Théorie des quatre mouvements*, je lus les *Armées industrielles* et la *Cosmogonie*. J'attrap-

---

fait partie des classiques populaires publiés par Lecène et Oudin, M. Émile Faguet, professeur au Lycée Charlemagne, nous dit en forme de conclusion : « *La Fontaine rêvait* un monde où les petits sont heureux
» parce qu'ils sont devenus sages, prudents, laborieux, économes, chari-
» tables, et se soutenant les uns les autres ; un monde où l'on travaille
» librement et volontairement, par goût du travail lui-même et de la
» dignité qu'il comporte ; etc.» (Page 156).

Le travail attrayant était aussi le rêve de Fourier et le pivot de son système.

[1] Comme les Saints-Simoniens, les Phalanstériens comptèrent dans leurs rangs beaucoup d'anciens élèves de l'école polytechnique. Victor Considérant, qui fonda *la Démocratie pacifique*, fut de ce nombre. C'était un vaillant lutteur, un vigoureux polémiste. Il s'est depuis longtemps retiré de l'arène.

Toussenel, l'étincelant Toussenel, est mort dernièrement. Il habitait à l'extrémité de la rue de Vaugirard, *au numéro de la misère*, me dit un jour M. Paul Bert, qui sut le découvrir, et qui, pendant son court passage au ministère, le fit inscrire sur le budget de l'Instruction publique pour une allocation annuelle de 3,000 francs. Ce jour-là, M. Paul Bert fit une bonne action. Toussenel a laissé plusieurs ouvrages qu'on lit avec plaisir, entre autres un volume plein de verve et d'emportement, qui a pour titre *Les Juifs rois de l'époque*, et pour épigraphe ce mot de Montesquieu : « Les financiers soutiennent l'État comme la corde soutient le pendu. » Toussenel n'aimait pas les financiers. Avait-il tort ?

pais, par ci, par là, quelques idées justes ou qui me paraissaient telles, comme celle-ci par exemple :

La nature est composée de trois principes éternels et indestructibles :

1º Dieu, ou l'esprit, principe actif et moteur ;

2º La matière, principe passif et mu ;

3º La justice ou les mathématiques, principe régulateur du mouvement.

J'accueillais avec enthousiasme les promesses du Maître, et j'espérais avec lui que le siècle ne se fermerait pas sans que l'humanité pût voir :

« L'Omniarque siégeant à Constantinople sur un
» trône d'or et gouvernant, avec un sceptre d'or, toutes
» les nations heureuses, pacifiées, se livrant avec joie
» au travail attrayant, et entonnant, chaque matin, aux
» sons d'une musique religieuse, le cantique d'actions
» de grâces. »

En attendant que ce cantique, qui ne pouvait manquer d'être d'une poésie magnifique, fût composé et mis en musique par un croyant comme Félicien David[1], je chantais tous les matins, de ma voix la plus fausse, sur l'air : *Ce magistrat irréprochable*, ce couplet de Béranger, en brossant comme lui mon vieil habit :

> Fourier nous dit : sors de la fange,
> Peuple en proie aux déceptions.
> Travaille, groupé par phalange,
> Dans un cercle d'attractions.
> La Terre, après tant de désastres,
> Forme avec le Ciel un hymen,
> Et la loi qui régit les astres
> Donne la paix au genre humain[2].

---

[1] Félicien David a été Saint-Simonien.
[2] *Les Fous.*

Pourquoi ce doux rêve de paix, d'harmonie universelle, ne s'est-il pas réalisé? Pourquoi *l'Omniarque* n'est-il pas encore installé à Constantinople sur son trône d'or, ce qui serait le meilleur moyen de résoudre, une fois pour toutes, la question d'Orient? Pourquoi la Terre n'a-t-elle pas encore formé avec le Ciel un hymen? A qui la faute, si tout cela n'est pas arrivé aux temps prédits par Fourier?... A qui la faute? Je vais vous le dire.

La faute est à M. de Bismarck :

A M. de Bismarck, qui a remis en honneur dans notre vieille Europe, qui l'a laissé faire, en se croisant les bras, la politique du fer, du feu et du sang!

A M. de Bismarck, qui a inscrit dans le code international cette abominable maxime : *La force prime le droit!*

A M. de Bismarck, qui oblige toutes les nations de l'Europe à s'épuiser jusqu'au sang pour forger des armes défensives et pour entretenir sur pied d'innombrables armées!

A M. de Bismarck, qui a pris au pauvre petit Danemark ses deux belles provinces de terre ferme!

A M. de Bismarck, qui a dépouillé le roi de Hanovre, un vieux roi aveugle, de son petit royaume et de ses biens héréditaires!

A M. de Bismarck, qui nous a pris à nous l'Alsace et la Lorraine, qui se débattent sous son joug de fer!

A M. de Bismarck, qui persécute les catholiques et exile leurs évêques et leurs prêtres!

A M. de Bismarck, qui a fait reculer la civilisation jusqu'au temps de la barbarie!

Et tout cela pour la plus grande gloire de la maison

de Hohenzollern, comme si la gloire de la maison de Hohenzollern importait au bonheur de l'humanité [1]!

M. de Bismarck est un aigle, je le reconnais, mais j'ai déjà dit que les aigles n'apparaissent pas toujours en ce monde pour le bonheur de l'humanité. Aussi je ne puis m'empêcher d'avoir contre M. de Bismarck une forte dent, la meilleure de celles qui me restent, et je le préviens qu'elle est fortement enracinée et que je la conserverai jusqu'à mon dernier soupir. Cependant comme mon cœur est sans fiel et que j'aime la paix par dessus toutes choses, je consentirais à me faire arracher immédiatement cette dent si M. de Bismarck voulait nous rendre l'Alsace et la Lorraine. Quel bon et honnête moyen de faire de la France et de l'Allemagne deux nations unies et prospères! Mais ce moyen est trop simple et trop honnête. Vous verrez qu'on ne l'emploiera pas, et que je conserverai ma dent jusque par delà le tombeau.

Il y a des moments où le philosophe, où le penseur, en voyant le triomphe de la force, doute de la loi du progrès qui est la boussole de l'humanité et se demande si c'est bien la peine de vivre. Mais il suffit de jeter les

---

[1] On dit que M. de Bismarck est un pessimiste et un misanthrope. M. Busche rapporte l'avoir entendu un soir à Varzin, en 1877, se plaindre amèrement de sa destinée : « Sans moi, aurait-il dit, trois grandes guerres » n'auraient pas eu lieu; quatre-vingt mille hommes n'auraient pas péri; » des pères, des mères, des frères, des sœurs, des veuves ne seraient » pas dans le deuil...... J'ai réglé tout cela avec mon créateur, mais je » n'ai récolté que peu ou pas de joie de tous mes exploits, rien que des » ennuis et des chagrins. » Si ce récit est exact, il est d'une haute moralité.

yeux sur la boussole et d'interroger l'histoire pour se convaincre que cette loi est inéluctable, et qu'à travers de nombreuses défaillances l'humanité poursuit toujours sa marche en avant.

Ainsi, il est bien certain qu'il y a actuellement en France et en Europe plus de justice, plus de liberté, plus d'instruction, plus de moralité, plus de richesse et par conséquent moins de misère, de vice et d'ignorance qu'au temps de Louis XIV. Pour quelle part La Fontaine, ce grand moraliste, qui a fait la satire de la société de son temps, a-t-il contribué à ce progrès? Cette part est plus considérable qu'on ne le croit. Notre poète a donc été un socialiste dans la vraie acception du mot, un socialiste sans le savoir et sans le vouloir. Ce sont les seuls qui fassent de la bonne besogne. Aussi a-t-il plus fait avec son livre de Fables pour l'avancement de l'humanité que tous les socialistes de profession.

CHAPITRE IX

LA FONTAINE JOURNALISTE

La Fontaine a écrit une fable contre laquelle, à mon grand regret, j'éprouve le besoin de protester énergiquement. C'est la fable intitulée *Le vieux Chat et la jeune Souris.*

>   Une jeune Souris, de peu d'expérience,
>   Crut fléchir un vieux Chat, implorant sa clémence,
>   Et payant de raisons le Raminagrobis.
>   « Laissez-moi vivre : une souris
>   De ma taille et de ma dépense
>   Est-elle à charge en ce logis?
>   Affamerois-je, à votre avis,
>   L'hôte et l'hôtesse, et tout leur monde?
>   D'un grain de blé je me nourris :
>   Une noix me rend toute ronde.
>   A présent je suis maigre; attendez quelque temps.
>   Réservez ce repas à Messieurs vos enfants. »
>   Ainsi parloit au Chat la Souris attrappée;
>   L'autre lui dit : « Tu t'es trompée :
>   Est-ce à moi que l'on tient de semblables discours?
>   Tu gagnerois autant de parler à des sourds.
>   Chat, et vieux, pardonner! Cela n'arrive guères.
>   Selon ces lois, descends là-bas,
>   Meurs, et va-t-en, tout de ce pas,
>   Haranguer les Sœurs filandières.
>   Mes enfants trouveront assez d'autres repas. »
>   Il tint parole.

> Et pour ma fable
> Voici le sens moral qui peut y convenir :
> La jeunesse se flatte, et croit tout obtenir;
> La vieillesse est impitoyable [1].

Notre poète ayant rangé le Chat parmi les animaux à *l'esprit scélérat* [2] a-t-il voulu dire que le méchant devient plus méchant en vieillissant, comme l'avare devient plus avare? C'est probable, mais en ce cas sa moralité serait mal exprimée.

A propos de cette fable, l'abbé Guillon fait très justement observer : « Comment La Fontaine a-t-il pu oublier sa fable du *Vieillard et des trois jeunes Hommes*? » Il aurait pu ajouter : Comment a-t-il pu oublier ce que Platon dit de la vieillesse : « Avec des mœurs douces et
» commodes on trouve la vieillesse supportable; avec
» un caractère opposé la vieillesse et la jeunesse même
» n'ont rien d'agréable. Le vieillard, ajoute-t-il, qui
» n'a rien à se reprocher, a sans cesse auprès de lui une
» douce espérance qui lui sert de nourrice. »

Pindare nous dit aussi :

« L'espérance qui gouverne à son gré l'esprit flottant
» des hommes sert de nourrice à la vieillesse de ceux
» qui ont mené une vie pure et exempte de crime. »

Que montre-t-elle aux vieillards, cette espérance qui leur sert de nourrice? Elle leur montre l'immortalité dont ils approchent. Il se rencontre pourtant des hommes, jeunes pour la plupart, qui voudraient sevrer les vieillards et leur enlever leur nourrice. Ce sont ceux-là qui sont impitoyables.

---

[1] Liv. XII. — Fable v.

[2] Liv. VIII. — Fable xxii. *Le Chat et le Rat.*

Parmi les grands vieillards de notre temps, je ne vois guère que *le Chancelier de fer* à qui l'on pourrait appliquer la fable *Le vieux Chat et la jeune Souris*. Assurément, ni M. Thiers, ni M. Dufaure, ni le maréchal de Mac-Mahon, ni M. Grévy, ne peuvent passer pour avoir été ou pour être impitoyables.

Mais laissons-là les grands vieillards et occupons-nous des petits.

Peut-être, ami lecteur, as-tu pris quelque intérêt à mon lieutenant et à moi-même, et ne serais-tu point fâché de savoir ce qu'il est advenu de l'un et de l'autre, et si nous sommes toujours étendus sur le lit de Procuste.

Mon lieutenant qui était honnête, travailleur et intelligent, s'est marié avec une aimable femme qui ne lui a point apporté le Pérou en dot, mais qui lui a donné trois enfants bien portants, qu'ils ont parfaitement élevés. Il est devenu, à la longue, colonel et commandeur de la Légion d'honneur. Il a été mis à la retraite à la limite d'âge, mais il fait encore partie de l'armée de réserve. Il continue donc à servir son pays, à sa grande satisfaction. N'ayant jamais nourri une grande ambition, ayant toujours su borner ses besoins, il est content de son sort, et il trouve que *sa destinée a été proportionnelle à ses attractions*. Il n'a pas cessé de croire en Fourier, mais il ne dit plus qu'il est étendu sur le lit de Procuste.

J'ai été presque aussi heureux que mon lieutenant. Je me suis marié, comme lui, à une femme honnête, bonne et sensée (il n'est défendu par aucune loi à un mari de faire l'éloge de sa femme), qui ne m'a pas non plus apporté le Pérou en dot et qui m'a donné aussi trois enfants que nous avons élevés de notre mieux.

Après avoir fait mon petit bonhomme de chemin, j'ai été nommé, sans avoir été consulté, à l'emploi d'administrateur, emploi que je n'avais jamais ambitionné, mais que j'ai occupé d'une façon honorable, car ayant été élevé à l'école de Philémon [1], j'ai toujours été un grand travailleur et j'ai la prétention de n'être point un sot. J'ai été fait officier de la Légion d'honneur au moment où je m'y attendais le moins, en témoignage de mes bons services, a dit le *Journal Officiel*. Jusque-là, je n'avais rien à envier à mon colonel, mais un jour j'ai été brusquement et malhonnêtement mis à la porte par un petit médecin barbu venant en droite ligne du pays de M. de Pourceaugnac et que les hasards de la politique avaient improvisé sous-secrétaire d'État aux finances. On aura beau faire des révolutions pour détruire les abus, ce diable de Figaro aura toujours raison : *Il fallait un calculateur, ce fut un danseur qui l'obtint* [2].

Ce petit incident désagréable n'a point altéré ma bonne humeur. Comme mon colonel, je trouve que *ma destinée a été proportionnelle à mes attractions* et que Fourier m'a tenu ce qu'il m'avait promis.

Mon colonel et moi, nous sommes les deux derniers Phalanstériens. Quand nous serons morts, ce qui ne peut tarder beaucoup, l'espèce en sera éteinte, car nous ne cherchons plus à faire de prosélytes. C'est ainsi que finissent les dogmes des écoles socialistes.

En effet, il ne reste plus de Saints-Simoniens, plus d'Icariens, plus de Proudhoniens, mais ils sont rem-

---

[1] Voir le chapitre III. — *Philémon et Baucis*.
[2] Beaumarchais. — *Le Mariage de Figaro*. Acte V, scène III.

placés, peu avantageusement, par les Anarchistes, les Collectivistes, les Autonomistes, les Guesdistes, les Blanquistes, les Nihilistes, les Possibilistes et surtout les Impossibilistes. Le socialisme n'est donc pas près de finir. Seulement, de spirituel et pacifique qu'il était autrefois, il est devenu bête et violent.

Mon colonel et moi nous habitons la même ville; nous continuons à discuter comme au temps de notre jeunesse, et nous avons pris pour notre Portique la principale promenade, où l'on peut nous voir tous les jours. L'expérience de la vie nous a rendus bons philosophes, et notre philosophie consiste à prendre les choses du bon côté, comme La Fontaine qui écrivait à sa femme en partant pour le Limousin : « J'ai tout à
» fait bonne opinion de notre voyage, nous avons déjà
» fait trois lieues sans aucun mauvais accident, sinon
» que l'épée de M. Jannart s'est rompue; mais comme
» nous sommes gens à profiter de tous nos malheurs,
» nous avons trouvé qu'aussi bien elle étoit trop longue
» et l'embarrassoit [1]. »

C'est en se plaçant à ce point de vue qu'on trouve des compensations à tous les petits désagréments dont on est affligé. Ainsi nous constatons tous les jours que notre vue s'est affaiblie, mais ce qui nous console c'est que nous apercevons aujourd'hui certaines choses plus distinctement qu'au temps de notre jeunesse, où nous avions une vue excellente. Cela peut paraître étrange, mais Platon nous en donne la raison dans un des beaux dialogues de *l'Athénien* et de *Clinias*.

---

[1] *Lettre à madame de La Fontaine.* 25 août 1663.

L'ATHÉNIEN. — « Dieu est le commencement, le milieu et la fin de tous les êtres; il marche toujours en ligne droite, conformément à sa nature, en même temps qu'il embrasse le monde; la justice le suit, toujours prête à punir les infracteurs de la loi divine. — Quiconque veut être heureux doit s'attacher à la justice, marchant humblement et modestement sur ses pas.— Mais pour celui qui se laisse enfler par l'orgueil, les richesses, les honneurs, les avantages du corps; celui dont le cœur jeune et insensé est dévoré de désirs ambitieux au point de croire qu'il n'a besoin ni de maître ni de guide, et qu'il est en état de conduire les autres, Dieu l'abandonne à lui-même. Ainsi délaissé, il se joint à d'autres présomptueux comme lui, il secoue toute dépendance et met le trouble partout. Pendant quelque temps il paraît quelque chose aux yeux du vulgaire, mais la justice ne tarde pas à tirer de lui une vengeance éclatante; il finit par se perdre, lui, sa famille et sa patrie. »

CLINIAS. — « Étranger, rien n'est plus vrai; et tu as la vue perçante comme il convient à ton âge. »

L'ATHÉNIEN. — « L'œil des jeunes gens perçoit avec peine des objets de cette nature, au lieu que celui des vieillards les voit très distinctement. »

CLINIAS. — « Tu as raison[1]. »

Non seulement nous sommes de bons philosophes, mais nous sommes aussi de bons démocrates, car n'ayant pas d'ambition personnelle, nous aimons le peuple pour

---

[1] *Les Lois.* Liv. IV.

lui-même, et non pour nous en servir comme d'un marchepied pour arriver aux honneurs et aux profits.

Aujourd'hui, quand on se dit ami du peuple, on croit le lui prouver en fondant un journal où on lui débite force flagorneries.

N'ayant pas une idée par jour, comme feu Émile de Girardin, et n'aimant pas à écrire pour ne rien dire ou pour dire des sottises, nous nous garderons bien de fonder un journal quotidien; mais pour prouver au peuple que nous sommes de bons démocrates, nous avons résolu de publier une Revue bi-mensuelle destinée à propager la politique de La Fontaine, car, à notre avis, il n'y a pas de meilleure politique que la sienne.

La politique de La Fontaine peut, comme sa morale, se résumer par ces deux mots : *Rien de trop*. Notre Revue aura donc pour titre en grosses lettres :

RIEN DE TROP

Le frontispice sera orné du portrait de notre poète.

Dans nos articles nous ne dirons d'injures à personne ; nous nous efforcerons au contraire d'être aimables et polis pour tout le monde.

> Plus fait douceur que violence [1].

Nous nous permettrons seulement de petites malices à l'adresse des ministres quand ils nous paraîtront avoir commis quelque sottise, ce qui n'arrivera que rarement.

> Tout faiseur de journaux doit tribut au malin [2].

---

[1] Liv. VI. — Fable III. *Phœbus et Borée*.
[2] *Lettre à M. Simon de Troyes*.

Nous ne promettrons pas au peuple ce qu'on ne peut pas lui tenir. On lui promet

> . . . . beaucoup : mais qu'en sort-il souvent ?
> Du vent[1].

Nous l'engagerons à se défier de ceux qui lui disent qu'il est le maître, le souverain absolu, et qu'il peut tout ce qu'il veut, car ceux-là ne sont que de vils flatteurs qui ne cherchent qu'à vivre à ses dépens.

> Apprenez que tout flatteur
> Vit aux dépens de celui qui l'écoute[2].

Nous lui conseillerons le travail comme étant le meilleur moyen d'améliorer son sort.

> Travaillez, prenez de la peine :
> C'est le fonds qui manque le moins[3].

Nous l'engagerons à perdre le moins de temps possible à la lecture d'une foule de journaux et dans les discussions de clubs, qui ne font que lui troubler la cervelle.

> Le sage est ménager du temps et des paroles[4].

Nous tâcherons de lui persuader de ne point nier Dieu et d'avoir confiance en lui, car il protège aussi bien les faibles et les humbles que les forts et les puissants.

> Les petits et les grands sont égaux à *ses* yeux[5].

Au lieu d'exciter son envie et sa convoitise, nous

---

[1] Liv. V. — Fable x. *La Montagne qui accouche.*
[2] Livre I. — Fable ii. *Le Corbeau et le Renard.*
[3] Liv. V. — Fable ix. *Le Laboureur et ses Enfants.*
[4] Liv. VIII. — Fable xxvi. *Démocrite et les Abdéritains.*
[5] Liv. XII. — Fable xxi. *L'Éléphant et le Singe de Jupiter.*

nous efforcerons de lui *adoucir le cœur* en lui démontrant que pour le travailleur

1°   Chaque jour amène son pain[1].

2°   Il ne faut point tant d'art pour conserver ses jours ;
      Et, grâce aux dons de la nature,
  La main est le plus sûr et le plus prompt secours[2].

3°   Il se faut contenter de sa condition[3].

    Notre condition jamais ne nous contente,
      La pire est toujours la présente[4].

Nous défendrons la République pourvu qu'elle soit sagement gouvernée, car, tout bien pesé, nous ne voyons pas quel avantage le peuple aurait à la changer pour la Royauté.

    Comme vous êtes roi, vous ne considérez
  Qui ni quoi : rois et dieux mettent, quoiqu'on leur die,
      Tout en même catégorie[5].

La République que nous défendrons est celle des hommes rassis, sages et prudents, la République de M. Thiers, de M. Dufaure, de M. Grévy. Nous ne ferons point pour cela la guerre aux jeunes. Nous nous bornerons à les contenir, pour les empêcher de nous conduire trop vite et trop loin.

    La jeunesse se flatte et croit tout obtenir[6].

---

[1] Liv. VIII. — Fable II. *Le Savetier et le Financier.*

[2] Liv. X. — Fable XV. *Le Marchand, le Gentilhomme, le Pâtre et le Fils de Roi.*

[3] Liv. IV. — Fable II. *Le Berger et la Mer.*

[4] Liv. VI. — Fable XI. *L'Ane et ses Maîtres.*

[5] Liv. V. — Fable XVIII. *L'Aigle et le Hibou.*

[6] Liv. XII. — Fable V. *Le vieux Chat et la jeune Souris.*

Nous demanderons la paix, qui est le premier des biens.

> O paix, source de tout bien,
> Viens enrichir cette terre,
> Et fais qu'il n'y reste rien
> Des images de la guerre[1].

Nous engagerons tous les travailleurs à s'aider les uns les autres, en fondant des syndicats, des caisses de retraites, des sociétés de secours mutuels.

> Il se faut entr'aider, c'est la loi de nature[2].

Nous défendrons toutes les lois qui auront pour but de propager l'instruction du peuple, et surtout l'instruction professionnelle.

> Laissez dire les sots: le savoir a son prix[3].

Nous défendrons aussi, au nom de la liberté, les ordres religieux et plus particulièrement ceux qui pratiquent la charité, et nous combattrons la laïcisation des hôpitaux.

> . . . . Le soin de soulager les maux
> Est une charité que je préfère aux autres[4].

Parmi les établissements d'éducation publique nous rangerons les églises et les temples où l'on enseigne comment il faut pratiquer la vertu, le respect de soi-même et des autres, la charité, et les devoirs envers

---

[1] *Ode pour la paix.*

[2] Liv. VIII. — Fable xvii. *L'Ane et le Chien.*

[3] Liv. VIII. — Fable xix. *L'avantage de la Science.*

[4] Liv. XII. — Fable xxv. *Le Juge arbitre, l'Hospitalier, et le Solitaire.*

Dieu et envers le prochain. Écoutons ce que là-dessus La Fontaine a dit à l'homme :

> Voudrois-tu que la Providence
> Eût réglé l'univers au gré de tes souhaits,
> Et qu'en te comblant de bienfaits,
> Dieu t'eût encor soustrait à son obéissance ?
> Quelle étrange société
> Formeroit entre nous l'erreur et l'injustice,
> Si l'homme indépendant n'avoit que son caprice
> Pour conduire sa volonté[1] !

Voilà, ami lecteur, le programme de notre Revue.

Le colonel traitera les questions militaires et commentera Horace, qu'il pioche avec la même ardeur qu'il piochait autrefois la théorie des quatre mouvements.

Je continuerai mes commentaires sur les fables de La Fontaine en les adaptant à la politique du jour, et je traiterai les questions financières que j'ai étudiées pendant quarante-six ans de ma vie.

Au lieu du roman-feuilleton qui tombe dans la platitude, nous aurons une partie anecdotique qui sera instructive et amusante. Les anecdotes que nous rapporterons seront généralement tirées de la Morale en actions, comme celle-ci par exemple :

Anecdote anglaise

« Un candidat démocrate à la Chambre des Communes se présente chez un cordonnier qui passait pour être influent dans son bourg parce qu'il était joyeux compère et homme de bon conseil. Il lui expose son programme plein de belles promesses. Le cordonnier l'écoute, tout en battant sa semelle, puis il lui dit : « Votre Seigneurie

---

[1] *Sur la soumission que l'on doit à Dieu.*

» prendra bien avec moi un verre de wisky. — Très
» volontiers, » dit l'autre. On sert le wisky, on choque
les verres : le candidat avale le sien en faisant la grimace, et continue à dérouler son programme de réformes. Le cordonnier reprend : « Votre excellence fu-
» mera bien une pipe avec moi. — Très volontiers, »
réplique le candidat. On bourre les deux pipes avec un
tabac démocratique, et le faux démocrate fume la sienne
en faisant une nouvelle grimace. « Pardon ! dit le cordonnier, » passez-moi donc ma poix qui est derrière
vous. » Le candidat passe la poix, et se lève en disant à
son électeur : « Eh bien, mon brave homme, c'est con-
» venu : je compte sur votre voix. — Non pas, dit l'autre,
» vous avez été trop complaisant avec moi pour ne pas
» l'être avec les ministres de la Reine, et vous promettez
» trop de choses pour pouvoir les tenir[1]. »

> Ce n'est pas d'huy que ce proverbe court,
> On ne l'a fait de mon temps ni du vôtre ;
> Trop bien savez qu'en langage de Cour,
> Promettre est un, et tenir est un autre[2].

Notre Revue, comme les lettres de La Fontaine, sera écrite moitié en prose, moitié en vers, et publiée à un prix fabuleux de bon marché. Voici notre annonce :

> *Ce phénix de Revue, étrange phénomène,*
> *Est offert au public une fois par quinzaine ;*
> *Le prix d'abonnement est, pour les douze mois,*
> *Quatorze sous, huit sous pour six, quatre pour trois.*
> *On a, pour deux liards, chacun des exemplaires ;*
> *Ayez soin d'affranchir les plis épistolaires.*
> *Que ceux qui sont pressés s'abonnent au bureau*
> *Dont l'adresse est au bas de chaque numéro.*

---

[1] *La Morale en actions*, page 46.
[2] *Ballade à Fouquet* (Octobre 1669).

Maitenant La Fontaine n'attend plus, pour que sa publication puisse commencer, que des capitalistes dévoués à la bonne cause. Quant aux rédacteurs de Rien de Trop, ils sont prêts, et comme leur plume n'est point vénale, ils l'offrent gratuitement. « Il se rencontrera *sans
» doute, ami lecteur, dans notre Revue*, des matières peu
» convenables à *ton* goût, *ce sera à nous* de les assai-
» sonner, *si nous le pouvons*, en telle sorte qu'elles *te*
» plaisent ; et *ce sera à toi* de louer *notre* intention,
» quand elle ne serait pas suivie du succès[1]. »

---

[1] *Lettre à madame de La Fontaine.* 25 août 1663.

CINQUIÈME PARTIE

Cosmogonie — Spiritisme
Entretiens du Maître et du Disciple.

L'ACADÉMIE DES AMES

PREMIER ENTRETIEN

Réceptions de Voltaire, d'André Chénier, de Béranger, de Musset et de Lamartine.

Quoi qu'en disent les pessimistes, je suis convaincu que le XIXe siècle sera considéré par la postérité comme un grand siècle. Deux noms l'ont rempli. Comment l'appellera-t-on? Le siècle de Napoléon ou le siècle de Victor Hugo? ou simplement le XIXe siècle? Je me demandais quelle serait sur ce point l'opinion de La Fontaine s'il vivait parmi nous, et ce qu'il penserait des hommes et des choses de notre temps.

L'idée d'évoquer La Fontaine me poursuivait. J'essayai tour à tour de l'élixir de Cagliostro, du baquet de Mesmer, des tables tournantes, du magnétisme, du spiritisme, de l'hypnotisme; tous ces moyens échouèrent. Je manquais de fluide. Je commençais à désespérer quand, l'autre jour, faisant ma promenade habituelle en pleins champs, j'aperçus dans un bouquet d'arbres l'ombre de mon Maître, de mon ami. J'avançai vers lui, mais en hésitant; je croyais à une vision, et j'avais peur de la voir s'évanouir. Mais je vis l'ombre me sourire; je m'approchai tout près d'elle, et, à ma grande joie, l'ombre me dit : « Vous avez désiré vous entretenir avec moi, me voilà; mais vous paraissez tout étonné de me voir !— Dites : ravi, mon cher Maître, et vous ne direz rien de trop. Mais comment cela se fait-il? D'où venez-vous? Venez-vous du pays des cigales?» L'ombre sourit de nouveau, et me dit : « Non, il n'y a pas de cigales dans l'infini, et je viens de l'infini. Vous allez peut-être me demander ce que c'est que l'infini; je pourrais vous le dire, mais vous ne me comprendriez pas. Ce lieu-ci me paraît fait tout exprès pour notre entretien. L'épaisseur du bois nous dérobe aux regards indiscrets, et on y jouit d'une agréable fraîcheur. Asseyons-nous, et causons. — Très volontiers, cher Maître, et je suis tout oreilles. » Nous nous assîmes côte à côte sur un petit tertre, et je m'aperçus alors que je n'avais auprès de moi qu'une apparence de corps, une ombre légère, une vapeur diaphane, qui pouvait s'évanouir au moindre souffle. Je retins mon haleine et j'écoutai. L'ombre reprit ainsi :

« Je ne passais pas sur la terre pour un grand philosophe, et pourtant je ne me suis pas trop égaré dans mes conjectures. Depuis que je suis dans l'infini, j'ai pu me convaincre qu'il y a un Dieu, et que

Les petits et les grands sont égaux à ses yeux.

« J'ai pu me convaincre aussi que l'homme a une âme d'une autre nature que l'âme des animaux, et je me suis approché de très près de la vérité quand j'ai dit :

> *L'homme possède une* âme, entre nous et les anges,
>   Commune en un certain degré ;
>   Et ce trésor à part créé
> *Suit à travers* les airs, les célestes phalanges,
> *Entre dedans* un point sans en être pressé,
> *Et ne finit* jamais, quoiqu'ayant commencé.

« J'ai dit encore comment je concevais la fonction de cette âme, et j'ai presque touché à la vérité, autant qu'on peut y toucher quand on n'est pas dans l'infini.

>   La volonté nous détermine,
> Non l'objet, ni l'instinct. Je parle, je chemine :
>   Je sens en moi certain agent ;
>   Tout obéit dans ma machine
>   A ce principe intelligent.
> Il est distinct du corps, se conçoit nettement,
>   Se conçoit mieux que le corps même :
> De tous nos mouvements c'est l'arbitre suprême.
>   Mais comment le corps l'entend-il ?
>   C'est là le point. Je vois l'outil
> Obéir à la main : mais la main, qui la guide ?
> Eh ! qui guide les cieux et leur course rapide ?
> Quelque ange est attaché peut-être à ces grands corps.
> Un esprit vit en nous, et meut tous nos ressorts ;
> L'impression se fait : le moyen, je l'ignore :
>   On ne l'apprend qu'au sein de la Divinité [1].

« Quand j'étais sur la terre, il y avait des *esprits forts*, en petit nombre, qui soutenaient que dans l'univers tout est matière et que c'est folie de croire qu'il y a un Dieu et que l'homme a une âme faite à son image. Nous autres, *esprits faibles*, nous appelions les esprits forts des *liber-*

---

[1] Liv. IX. — *Discours à madame de la Sablière.*

tins. Vous savez que je ne les ai jamais aimés et que je leur ai toujours donné la *palme du ridicule*[1]. La Bruyère les aimait encore moins que moi, et leur a démontré « qu'il n'y pas de plus grande foiblesse que d'être incertain quel est le principe de son être, de sa vie, de ses sens, de ses connoissances, et qu'elle en doit être la fin[2]. » Mais tout cela n'a pas empêché leur nombre de s'accroître. Aujourd'hui, les esprits forts se nomment, je le sais (car nous savons tout dans l'infini) *matérialistes.* Ils tiennent école et se font une arme des découvertes de la science, qu'ils interprètent à leur façon. La science, ou plutôt les savants, sont très divisés sur ce point.

« Un astronome[3], qui n'a pas découvert de planètes, mais qui avait la spécialité de manger des araignées pour prouver que l'homme ne doit pas avoir de préjugés, a cru prouver aux esprits forts qu'il n'y a pas de Dieu parce qu'il ne l'apercevait pas au bout de son télescope.

« Un autre astronome[4], qui a découvert des planètes, mais qui ne mangeait pas d'araignées, a soutenu qu'il y a un Dieu et que l'âme de l'homme est immortelle.

« Un grand savant[5], qui a beaucoup étudié les fonctions du cœur, a donné à entendre qu'il y a autre chose dans le cœur humain que des fibres, des nerfs et du sang.

---

[1] *Lettre à Saint-Évremond.* 18 décembre 1687.

[2] *Les Caractères ou les Mœurs de ce siècle.* Des esprits forts.

[3] Lalande.

[4] Leverrier.

[5] Claude Bernard.

« Un autre très grand savant[1], qui cultive les infiniment petits, a formellement déclaré, en pleine Académie, qu'il y a un Dieu et que l'homme a une âme distincte de son corps.

« Il est vrai qu'un autre académicien[2], très versé dans les langues sémitiques, lui a répondu : « En êtes-vous bien sûr ? » Cet académicien cultive l'art de distiller en abondance un miel exquis et doux, auquel il mêle un petit filet de vinaigre. Il cultive aussi l'art d'envelopper sa pensée dans un nuage de couleurs brillantes et changeantes.

« Voilà où en sont les savants. Auquel croire ? Naturellement, les matérialistes croient le mangeur d'araignées.

« Dans l'infini, au sein de notre Académie des Ames, nous jugeons que la doctrine des matérialistes ne fait aucun mal à Dieu qui n'a pas besoin des hommes, mais qu'elle fait du mal aux hommes, lesquels ont besoin de l'idée de Dieu et d'une autre vie où règneront la vérité et la justice, pour leur donner du courage dans la lutte qu'ils ont à soutenir contre le mal qui a toujours existé jusqu'ici sur votre planète, et qui continuera à y exister jusqu'à ce que l'homme ait trouvé le moyen de s'en affranchir par la pratique générale et absolue du bien.

Mais je m'aperçois que ce mot d'*Académie des Ames*, que je viens de prononcer, vous a fait ouvrir de grands yeux et a excité votre curiosité. Je vais la satisfaire.

« Oui, mon cher disciple, nous formons dans l'infini

---

[1] Pasteur.
[2] Renan.

une grande Académie des Ames. Elle se compose des âmes de tous les grands saints, de tous les grands philosophes, de tous les grands écrivains, de tous les grands savants, de tous les grands politiques, de tous les grands artistes, de tous les grands capitaines qui ont travaillé, lutté et souffert pour le bien de l'humanité. Et n'allez pas croire que le nombre des âmes académiques soit très considérable ; il ne dépasse guère deux cents, car nous avons pris pour règle absolue de n'admettre que des âmes vraiment pures, vraiment nobles, qui ont eu la passion du beau, du vrai, du bon et du juste, et dont les œuvres ou les exemples ne doivent point périr. Les âmes académiques sont non pas seulement des juges de fait qui peuvent errer, mais des juges d'intention, parce qu'elles ont la pleine connaissance de tous les mobiles qui ont fait agir les âmes qu'elles sont appelées à juger. Elles possèdent en outre la faculté de découvrir, à travers les faiblesses et les défaillances des œuvres, la part de vérité, de beauté et de justice qu'elles renferment avec la prescience du bien et du mal qu'elles peuvent causer à l'humanité.

« Notre Académie se divise en sections : il y a autant de sections qu'il y a de spécialités et de langues. Je vais vous indiquer quels sont, pour la langue française, les présidents des diverses sections. Vous jugerez par là de l'esprit qui les anime.

« La section des Saints est présidée par saint Vincent de Paul. On lui a donné la préférence sur saint Louis parce que sa charité fut plus profonde. Je n'ai pas besoin de vous dire qu'on n'attend pas, pour les admettre, que les Saints aient été canonisés par Rome. Ainsi Fénelon et Bossuet font partie de la section des Saints.

« La section des Philosophes est présidée par Descartes,

« Celle des Savants par Cuvier,

« Celle des Politiques par Henri IV, qui employa son règne glorieux et trop court à cicatriser les plaies de la guerre civile et à « adoucir les cœurs, »

« Celle des Écrivains et des Poètes par Corneille,

« Celle des Artistes par Poussin,

« Celle des grands Capitaines par Turenne.

« Les grands capitaines, en faisant choix de Turenne, ont voulu marquer que les âmes apprécient l'art de la guerre au point de vue de la sagesse, de la prudence et du patriotisme, plutôt qu'au point de vue de l'éclat du génie. Ainsi l'âme de Napoléon a été en ballotage, parce qu'on lui a reproché d'avoir entrepris des guerres agressives dans l'intérêt de sa gloire et de son ambition plutôt que par patriotisme.

« Par une exception unique, car les femmes sont exclues de notre Académie (je vous dirai une autre fois quelle est leur fonction dans l'infini), la section des grands Capitaines a admis dans son sein l'âme de Jeanne d'Arc, parce qu'elle a personnifié sur la terre la gloire militaire la plus noble et la plus pure.

« Chaque section a conservé sa langue, dont elle se sert dans les réunions particulières, mais nous avons une langue universelle dont nous nous servons dans les réunions solennelles de l'Académie. C'est un beau spectacle que celui de ces réunions ! J'ai l'ineffable bonheur de m'y rencontrer avec Platon, Virgile, Horace, Térence, et bien d'autres grands esprits, que j'ai tant aimés alors que j'étais sur la terre. J'y rencontre aussi de grands poètes que je puis lire et entendre dans leur langue : le Dante, le Tasse, Shakespeare, Schiller, Milton. J'y rencontre enfin de grands artistes, tels que Michel-Ange, Raphaël, Mozart, Beethoven, avec lesquels je peux converser de leur art. Je discute souvent avec Platon, sur sa République, et je l'ai amené à convenir qu'il avait eu tort d'en bannir Homère, et qu'il avait donné par là un fâcheux exemple dont les gouvernements abusent à l'envi les uns des autres.

« Ces réunions solennelles sont rares, car les âmes continuent à méditer, à lire et à composer. Ainsi, je continue à faire des fables et des petits vers, et je suis convaincu que vous les lirez avec plaisir quand vous serez venu me rejoindre dans l'infini.

« Il ne faut pas croire, d'ailleurs, que les ouvrages des âmes ne servent qu'à leur propre satisfaction. Par une volonté secrète de la Divinité, ces ouvrages inspirent les écrivains qui sont sur la terre, et leur communiquent l'étincelle qui entretient le feu sacré du beau, du vrai et du bien.

« Si les réunions générales et solennelles sont rares, les réunions particulières des sections sont très fréquentes. Souvent elles n'ont pas d'autre but que d'échanger d'agréables conversations qui se passent en menus propos et de faire quelques lectures des ouvrages qui se publient sur la terre et nous paraissent mériter l'attention des âmes. Après chaque lecture, nous prenons des notes pour former le dossier des écrivains qui ont composé ces ouvrages, afin de pouvoir les juger lorsque leurs âmes se présenteront un jour devant nous..

« La plus aimable, la plus franche cordialité règne dans ces réunions, et je ne manque jamais d'y assister. Vous savez combien les séances de l'Académie m'amusaient quand j'étais sur la terre ; elles continuent à m'amuser dans l'infini où nous voyons combien l'homme s'agite et se querelle pour peu de chose. Les réunions des sections, de même que les réunions solennelles, sont ouvertes, et toutes les âmes peuvent y assister. On se retrouve ainsi avec les âmes de tous ceux qu'on a aimés sur la terre. Je vous assure que rien n'est plus agréable [1].

« Ma section, qui est celle des écrivains et des poètes, je n'ai pas besoin de vous le dire, est la plus gaie et la plus intéressante. J'y ai trouvé les âmes de Rabelais, de Marot, de Montaigne, de Malherbe, de Corneille, de Molière. Les âmes de Racine, de Boileau, de Voltaire, d'André Chénier, sont venues nous rejoindre.

« L'âme de Boileau est souvent de méchante humeur, et quand nous avons à procéder à une élection, il est amusant de le voir en colère et faisant tout d'abord une opposition acharnée. Comme il a beaucoup de bon sens et de droiture, il finit par se rendre lorsqu'on a de solides arguments à lui opposer ; mais sur les questions de moralité et de sagesse il est intraitable, et ne manque jamais de mettre en avant les vers qu'il composa expressément pour me blâmer d'avoir écrit mes contes. Je reconnais aujourd'hui, comme je l'ai reconnu avant de quitter la terre, que j'ai eu tort en effet de les écrire, car j'ai man-

---

[1] Je n'ai pas voulu que La Fontaine, qui redoutait l'ennui et les ennuyeux, pût être considéré comme s'ennuyant dans l'infini.

qué, dans mes contes, à la première des deux conditions de l'art, *instruire et plaire.*

« La grande âme de Corneille, qui nous préside, reste toujours grave et pensive ; elle se mêle rarement à nos conversations, mais elle n'en a que plus d'autorité, et son avis, quand elle le donne, est toujours décisif.

« Les jours d'élection, les disputes sont quelquefois très vives, mais nos jugements sont pleins de sagesse et de prudence.

« Je vous étonnerai peut-être en vous disant que l'âme de Voltaire éprouva beaucoup de peine à se caser. Il y eut de sa faute, comme vous allez le voir.

« La section des Philosophes vient au second rang, après celle des Saints. Voltaire comprit qu'il n'avait aucun titre pour être admis dans la section des Saints, mais il ne voulut pas comprendre qu'il n'en avait pas davantage pour siéger dans la section des Philosophes, laquelle ne se compose que des âmes vraiment philosophiques, c'est-à-dire ayant enseigné et pratiqué la sagesse. Voltaire se présenta donc hardiment à la section des Philosophes, mais on lui répondit qu'au lieu d'avoir enseigné et pratiqué la philosophie, il s'était moqué et raillé des philosophes et de la philosophie, et son élection échoua. Il en fut très dépité, et comme le dépit n'inspire pas habituellement de sages résolutions, il eut l'idée de se présenter à la section des Savants.

« Cette section est aussi en renom dans l'infini, où l'on attache un très grand prix à la vraie science, qu'il ne faut pas confondre avec la fausse, qui fait beaucoup de mal à l'humanité parce qu'elle sert d'abri à une foule d'erreurs. La science a aussi ses superstitions et

ses superstitieux, et ce ne sont pas les moins intolérants. Voltaire se présenta donc à la section des Savants, mais on lui répondit : « Vous avez fait de la
» science en amateur, pour vous distraire et distraire
» une belle marquise de vos amies[1], mais la science est
» jalouse, elle veut qu'on se donne à elle tout entier et
» ne souffre pas de partage. Vous n'avez fait aucune
» découverte, vous n'avez trouvé au fond de vos cor-
» nues, vous et votre belle amie, que ce que vous y
» aviez mis. Vous ne fûtes point un grand savant, et nous
» avons le regret de ne point pouvoir vous admettre
» parmi nous. »

« Voltaire, tout à fait dépité de ce double échec que lui avait causé son amour-propre, finit par où il aurait dû commencer, et vint se présenter à la section des Écrivains et des Poètes ; il les trouva très divisés à son sujet.

« Boileau, selon sa coutume, commença par jeter feu et flamme ; il tonna surtout contre l'impiété de Voltaire, contre la licence de la plupart de ses écrits, contre sa liaison avec le grand Frédéric, qui fut un impie et un homme de mauvaises mœurs. Il lui reprocha amèrement, comme une très mauvaise action, d'avoir voulu ternir la gloire et le patriotisme de Jeanne d'Arc. Il allégua enfin que ses tragédies étaient faibles, que ses vers étaient flasques, que ses commentaires sur Corneille étaient longs et contradictoires, qu'il avait épilogué sur des mots, sur des riens. A cette occasion il répéta sa maxime favorite :

Qui ne *sut* se borner ne sut jamais écrire[2].

---

[1] La marquise du Châtelet.
[2] *L'Art poétique.* Chant premier.

Nous nous étions donné le mot, Racine, Molière, Rabelais et moi, pour soutenir la candidature de Voltaire.

« Racine lut quelques belles scènes de *La Mort de César*, de *Zaïre* et de *Mérope*, et tout le monde demeura d'accord que si ces tragédies sont faibles, les scènes dont nous venions d'entendre lecture sont vraiment belles. Le grand Corneille, toujours très réservé, opina dans ce sens.

« Molière soutint, en premier lieu, que Voltaire avait moins attaqué la religion en elle-même que l'intolérance et le fanatisme religieux ; qu'il avait été l'apôtre de la tolérance et que, grâce à lui, la tolérance en matière religieuse était entrée, pour n'en plus sortir, dans le cœur de tous les Français [1].

« Il exposa, en second lieu, que Voltaire avait défendu avec une ardeur sans égale la cause de la justice en portant appel devant le tribunal de l'opinion publique des jugements iniques rendus contre Calas, Sirven et Lally.

« Il montra, en troisième lieu, que Voltaire avait défendu avec la même ardeur, en la portant devant le même tribunal de l'opinion publique, la cause de la liberté d'écrire qui est, en fait, la liberté de penser.

« Il conclut enfin en disant que si par sa licence, sa raillerie et son scepticisme, Voltaire avait fait du mal, il avait fait encore plus de bien en employant son gé-

---

[1] Molière s'est trop avancé. L'intolérance est comme la mauvaise herbe : quand on l'a arrachée d'un côté, elle repousse de l'autre. Béranger a dit avec raison : « L'Intolérance est fille des faux dieux. » *Adieux à la campagne*.

nie, son art d'écrire, à la défense de la tolérance, de la justice et de la liberté.

« Molière fut très éloquent et très élevé dans son discours.

« Montaigne lut quelques lettres de Voltaire où il montre combien son scepticisme était aimable, gai et spirituel. Il lut aussi quelques vers à mon adresse :

> Toi, favori de la nature,
> Toi, La Fontaine, auteur charmant,
> Qui bravant et rime et mesure,
> Si négligé dans ta parure,
> N'en avais que plus d'agrément,
> Sur tes écrits inimitables
> Dis-nous quel est ton sentiment,
> Eclaire notre jugement
> Sur tes contes et sur tes fables [1].

« Mes contes ne sont que trop clairs ; quant à mes fables, elles renferment la morale que j'ai puisée dans mon divin maître Platon, et j'ai fait dialoguer les animaux comme il a fait dialoguer les sophistes.

« Rabelais nous lut quelques-unes des facéties de Voltaire ; elles parurent si drôles qu'elles firent venir le rire sur toutes les lèvres, même sur celles de notre grave président.

« A mon tour, je donnai lecture d'une foule de petits vers légers, pimpants, gracieux et battants de l'aile comme de gais oiseaux. Cette lecture finit par gagner toutes les âmes à Voltaire, qui fut élu à l'unanimité.

« Nous n'avons point à le regretter, car il anime nos séances par son esprit, sa verve et sa causticité.

---

[1] *Le Temple du Goût.*

« Peu de temps après la réception de Voltaire, j'aperçus l'âme errante et désolée de Rousseau, qui ne peut se consoler d'avoir eu pour admirateurs et pour disciples des sophistes, des sectaires, des hommes de sang, qui ont souillé ses écrits en les faisant servir à leurs théories politiques. Cette pauvre âme n'est pas encore guérie de ses blessures d'amour-propre et de misanthropie. Je voulus m'en approcher, mais elle s'éloigna de moi d'un air courroucé.

« Je rencontrai aussi l'âme affligée du bon abbé Delille, qui assiste parfois avec chagrin à nos réunions. Il ne peut pas comprendre que ses vers ayant été trouvés si beaux sur la terre ne soient pas reconnus aussi beaux dans l'infini, et qu'ayant pris tant de soins à tourner de belles périphrases, ces mêmes périphrases ne soient plus trouvées belles. Il voulut m'en faire juge en m'en récitant quelques-unes, que j'écoutai tranquillement. Comme je n'ai jamais causé de la peine à personne, je serrai la main au bon abbé, en lui disant : « Espérez,
» mon cher ami, la mode des belles périphrases re-
» viendra peut-être, et alors nous vous recevrons avec
» enthousiasme. »

« Lorsque l'âme d'André Chénier se présenta, elle fut accueillie avec empressement : la jeunesse de cet aimable poète, la beauté de quelques-unes de ses poésies, lui avaient concilié d'avance tous les suffrages. Pour la forme, Racine nous lut *la jeune Captive*. On allait voter, mais Boileau, pour bien marquer le caractère de son vote, tint à nous lire les vers suivants.

.... Inventer n'est pas, en un brusque abandon,
Blesser la vérité, le bon sens, la raison ;

Ce n'est pas entasser, sans dessein et sans forme,
Des membres ennemis en un colosse énorme;
Ce n'est pas, élevant des poissons dans les airs,
A l'aile des vautours ouvrir le sein des mers;
Ce n'est pas sur le front d'une nymphe brillante
Hérisser d'un lion la crinière sanglante :
Délires insensés! fantômes monstrueux!
Et d'un cerveau malsain rêves tumultueux!
Ces transports déréglés, vagabonde manie,
Sont l'accès de la fièvre et non pas du génie.
. . . .
Ainsi donc, dans les arts, l'inventeur est celui
Qui peint ce que chacun put sentir comme lui;
Qui, fouillant des objets les plus sombres retraites,
Étale et fais briller leurs richesses secrètes;
Qui, par des nœuds certains, imprévus et nouveaux,
Unissant des objets qui paraissaient rivaux,
Montre et fait adopter à la nature mère
Ce qu'elle n'a point fait, mais ce qu'elle a pu faire;
C'est le fécond pinceau qui, sûr dans ses regards,
Retrouve un seul visage en vingt belles épars,
Les fait renaître ensemble, et, par un art suprême,
Des traits de vingt beautés forme la beauté même.
La nature dicta vingt genres opposés
D'un fil léger entre eux chez les Grecs divisés.
. . . .
Allumons nos flambeaux à leurs feux poétiques;
Sur des pensers nouveaux faisons des vers antiques [1].

« Voilà, s'écria Boileau qui est aussi bien pensé que
bien écrit ! »

« Dans l'infini nous attachons beaucoup de prix à la gaieté, à la joie. Nous trouvons qu'elles sont absolument indispensables à l'homme pour adoucir ses misères, et que le poète ou l'écrivain qui lui communique cette vraie joie, cette franche gaieté, qui reposent l'esprit et inspirent d'agréables réflexions, mérite d'entrer dans l'Académie des Ames.

---

[1] *L'Invention*, poème.

« C'est pour cette raison que nous avons admis d'emblée l'âme de Béranger, qui fut un ami de la franche gaieté. Son élection était assurée d'avance. Aussi se présenta-t-il devant nous, au jour marqué, pour recevoir son petit triomphe. Il nous chanta, d'une voix émue et chevrotante :

> C'est à table, quand je m'enivre
> De gaîté, de vin et d'amour,
> Qu'incertain du temps qui va suivre,
> J'aime à prévoir mon dernier jour.
> Il semble alors que mon âme me quitte.
> Adieu ! lui dis-je, à ce banquet joyeux,
> Ah ! sans regret, mon âme, partez vite ;
> En souriant remontez dans les cieux.
> Remontez, remontez dans les cieux.
>
> Vous prendrez la forme d'un ange ;
> De l'air vous parcourrez les champs.
> Votre joie, enfin sans mélange,
> Vous dictera les plus doux chants.
> L'aimable paix, que la terre a proscrite,
> Ceindra de fleurs votre front radieux.
> Ah ! sans regret, mon âme, partez vite ;
> En souriant remontez dans les cieux.
> Remontez, remontez dans les cieux [1].

« Toutes les âmes applaudirent. Boileau essaya bien de faire quelques objections sur la moralité de certaines chansons, mais il ne fut pas écouté.

« L'élection d'Alfred de Musset, qui eut lieu vers le même temps, fut orageuse. Boileau nous lut *Mardoche* et la *Ballade à la lune* ; puis, jetant le volume sur son pupitre, il s'écria : « Est-ce là de la poésie, je vous le demande ? » Dans son indignation, il improvisa deux vers, ce qui ne lui était jamais arrivé jusqu'alors. « Est-il possible, dit-il,

---

[1] *Mon Ame.*

» De se moquer des gens d'une telle façon,
» Et faire hurler ainsi la rime et la raison ? »

« Sa chasteté se révoltait contre un poète qui avait autant aimé les femmes. « Elles l'ont perdu ! Elles l'ont
» perdu ! » répétait-il. « D'ailleurs, c'est un impie; il
» s'est moqué de sa religion et de toutes les religions.
» Écoutez plutôt :

> Vous me demanderez si je suis catholique.
> Oui ; — j'aime fort aussi les dieux Lath et Nésu ;
> Tartak et Pimpocau me semblent sans réplique ;
> Que dites-vous encor de Parabavastu ?
> J'aime Bidi, — Khoda me paraît un bon sire ;
> Et quant à Kichatan, je n'ai rien à lui dire.
> C'est un bon petit dieu que le dieu Michapous.
> Mais je hais les cagots, les robins et les cuistres,
> Qu'ils servent Pimpocau, Mahomet, ou Vishnou.
> Vous pouvez de ma part répondre à leurs ministres
> Que je ne sais comment je vais je ne sais où ¹...

« Cette lecture causa une impression fâcheuse, car elle pouvait donner à penser que Musset fut un libertin, un esprit fort, et je vous ai dit que nous ne les aimions point.

« Racine, qui faisait depuis longtemps ses délices de Musset, se chargea de le défendre contre les attaques impétueuses de Boileau. Il le fit avec beaucoup de tact et d'habileté.

« Il faut beaucoup pardonner à Musset parce qu'il a
» beaucoup aimé. Vous n'avez pas connu l'amour, ô
» mon cher Boileau : c'est une corde qui a manqué à
» votre lyre ; vous avez même dit beaucoup de mal des
» femmes au lieu de les aimer. Pourquoi ? Je l'ignore.

---

¹ *Un Spectacle dans un fauteuil*. 1832. — Dédicace.

» Mais j'ai connu l'amour, j'ai éprouvé les tourments
» qu'il fait endurer, et je les ai chantés. Ne trouvez donc
» pas étonnant que je prenne la défense de Musset.

« Ce fut un poète doué d'un beau et précoce génie;
» malheureusement il fut en proie, dès ses débuts, à
» une maladie étrange, que nous n'avons point connue
» et qui n'est pas d'origine française. Il nous a décrit
» lui-même le caractère de cette maladie, et comment
» elle lui fut inoculée :

« Ce fut, dit-il, comme une dénégation de toutes choses du
» ciel et de la terre, qu'on peut nommer désenchantement,
» ou, si l'on veut, *désespérance*; comme si l'humanité en lé-
» thargie avait été crue morte par ceux qui lui tâtaient le
» pouls..... Pareille à la peste asiatique exhalée des vapeurs
» du Gange, l'affreuse *désespérance* marchait à grands pas
» sur la terre..... Déjà, pleins d'une force désormais inutile,
» les enfants du siècle roidissaient leurs mains oisives et bu-
» vaient dans leur coupe stérile le breuvage empoisonné.

« Gœthe, le patriarche d'une littérature nouvelle, après
» avoir peint dans Werther la passion qui mène au suicide,
» avait tracé dans son Faust la plus sombre figure humaine
» qui eut jamais représenté le mal et le malheur. Ses écrits
» commencèrent alors à passer de l'Allemagne en France[1].

« Du fond de son cabinet d'étude, entouré de tableaux et
» de statues, riche, heureux et tranquille, il regardait venir à
» nous son œuvre de ténèbres avec un sourire paternel. By-
» ron lui répondit par un cri de douleur qui fit tressaillir la
» Grèce, et suspendit Manfred sur les abîmes, comme si le

---

[1] Gérard de Nerval, qui avait l'étoffe d'un poète, a traduit *Faust*; il est devenu fou et s'est suicidé. Quand comprendrons-nous que la littérature et la philosophie allemandes ne sont pas faites pour le génie gaulois?

» néant eût été le mot de l'énigme hideuse dont il s'envelop-
» pait. . . . .

« Pardonnez-moi, ô grands poètes !..... pardonnez-moi!
» vous êtes des demi-dieux,..... mais je ne puis m'empêcher
» de vous maudire. Que ne chantiez-vous le parfum des
» fleurs, les voix de la nature, l'espérance et l'amour, la
» vigne et le soleil, l'azur et la beauté [1]? »

« Heureusement le mal n'était pas incurable, et peu
» à peu Musset parvint à s'en affranchir, non complète-
» ment pourtant, car il en conserva toujours quelques
» traces, et le souvenir de ses souffrances lui arracha
» parfois des cris sublimes. Écoutons ce qu'il dit à sa
» Muse sur sa guérison :

>> Je suis si bien guéri de cette maladie,
>> Que j'en doute parfois lorsque j'y veux songer;
>> Et quand je pense aux lieux où j'ai risqué ma vie,
>> J'y crois voir à ma place un visage étranger.
>> Muse, sois donc sans crainte; au souffle qui t'inspire
>> Nous pouvons sans péril tous deux nous confier.
>> Il est doux de pleurer, il est doux de sourire,
>> Au souvenir des maux qu'on pourrait oublier.
>> . . . .

>> Et maintenant, blonde rêveuse,
>> Maintenant, Muse, à nos amours!
>> Dis-moi quelque chanson joyeuse,
>> Comme au premier temps des beaux jours;
>> Déjà la pelouse embaumée
>> Sent les approches du matin;
>> Viens éveiller ma bien-aimée
>> Et cueillir les fleurs du jardin.
>> Viens voir la nature immortelle
>> Sortir des voiles du sommeil;

[1] *La Confession d'un Enfant du siècle.* Première partie, chap. II.

> Nous allons renaître avec elle
> Au premier rayon du soleil[1].
>
> . . . .
>
> Quand j'ai traversé la vallée,
> Un oiseau chantait sur son nid.
> Ses petits, sa chère couvée,
> Venaient de mourir dans la nuit.
> Cependant il chantait l'aurore;
> O ma Muse! ne pleurez pas :
> A qui perd tout, Dieu reste encore,
> Dieu là-haut, l'espoir ici-bas[2].

« C'est alors que Musset écrivit cette belle poésie de
» *l'Espoir en Dieu*, où il montre que la prière soulage le
» cœur.

> Venez, rhéteurs païens, maîtres de la science,
> Chrétiens des temps passés, et rêveurs d'aujourd'hui;
> Croyez-moi, la prière est un cri d'espérance!
> Pour que Dieu nous réponde, adressons-nous à lui.
> Il est juste, il est bon; sans doute il vous pardonne.
> Tous vous avez souffert, le reste est oublié;
> Si le ciel est désert, nous n'offensons personne;
> Si quelqu'un nous entend, qu'il nous prenne en pitié[3]!

« Racine se tut. La cause de Musset était gagnée.
Molière pourtant se leva. « La Fontaine, dit-il, aurait pu
» prendre la parole : autant que Racine il aime et ad-
» mire Musset, mais il a gardé le silence dans la crainte
» qu'on pût suspecter son opinion, car Musset aimait
» et admirait l'art exquis de notre ami, un art bien
» difficile, sans qu'il y paraisse, vous pouvez me croire.
» Voici ce qu'il a répondu à une châtelaine qui lui de-
» mandait un roman pour l'aider à passer ses soirées
» d'hiver :

---

[1] *La Nuit d'Octobre*. 1837.
[2] *La Nuit d'Août*. 1836.
[3] *L'Espoir en Dieu*. 1838.

Un roman, dites-vous, pourrait vous égayer,
Triste chose à vous envoyer !
Que ne demandez-vous un conte à La Fontaine ?
C'est avec celui-là qu'il est bon de veiller ;
Ouvrez-le sur votre oreiller,
Vous verrez se lever l'aurore.
Molière l'a prédit, et j'en suis convaincu,
Bien des choses auront vécu
Quand nos enfants liront encore
Ce que le bonhomme a conté,
Fleur de sagesse et de gaîté.
Mais quoi ! la mode vient, et tue un vieil usage.
On n'en veut plus du sobre et franc langage
Dont il enseigna la douceur,
Le seul français, et qui vienne du cœur ;
Car, n'en déplaise à l'Italie,
La Fontaine, sachez-le bien,
En prenant tout n'imita rien ;
Il est sorti du sol de la patrie,
Le vert laurier qui couvre son tombeau [1].

« Cette lecture fit sourire tout le monde, même le grave Corneille, même l'atrabilaire Boileau, et l'âme de Musset fut reçue à l'unanimité.

« Elle est restée mélancolique, cette âme, mais elle est d'une délicatesse exquise, et nous échangeons souvent nos propos et nos réflexions. Je lui donne un peu de ma gaieté, elle me donne un peu de sa mélancolie. C'est un doux échange qui rétablit l'équilibre entre nos deux âmes.

« L'élection de Lamartine paraissait ne devoir souffrir aucune difficulté, car ce fut un grand poète plein de sentiments élevés et religieux. Elle donna lieu pourtant à un débat assez vif. Boileau, toujours sévère, nous dit :
« Il s'est trop occupé de politique ; il a laissé son dra-

---

[1] *Silvia*. 1839.

» peau flotter à tous les vents, et sa pensée inconstante
» et parfois obscure est suspendue entre le bien et le
» mal, entre le doute et la foi ; enfin, il s'est gâté l'es-
» prit en écrivant des histoires et des études littéraires
» qu'il ne prenait pas la peine d'approfondir. »

« Rabelais le trouvait trop triste, et il voulut nous lire, d'une voix larmoyante, une élégie où les larmes tombent à profusion.

> Tombez, larmes silencieuses,
> Sur une terre sans pitié,
> Non plus entre des mains pieuses,
> Ni sur le sein de l'amitié !
>
> Tombez comme une aride pluie,
> Qui rejaillit sur le rocher,
> Que nul rayon du ciel n'essuie,
> Que nul souffle ne vient sécher [1] !

« Racine, impatienté, l'interrompit, et se mit à plaider avec chaleur la cause de Lamartine.

« Comme Musset, nous dit-il, Lamartine a été atteint
» du mal du doute et de la désespérance, et, comme lui,
» il nous a révélé les causes de ce mal.

« J'entendis parler pour la première fois de Byron, nous a-
» t-il avoué, par un de mes anciens amis qui revenait d'An-
» gleterre en 1819. Le seul récit de quelques-uns de ses
» poèmes m'ébranla l'imagination.....

« Quelques jours après, je lus, dans un recueil périodique
» de Genève, quelques fragments traduits du *Corsaire*, de
» *Lara*, de *Manfred*. Je devins ivre de cette poésie. J'avais
» enfin trouvé la fibre sensible d'un poète à l'unisson de mes
» voix intérieures.....

« Je lus et relus depuis, avec une admiration toujours plus

---

[1] *Harmonies poétiques.* Liv. I. — IX. Une Larme, ou Consolation.

» passionnée, *les vers* de lord Byron. Ce fut un second Ossian
» pour moi, l'Ossian d'une société plus civilisée, et presque
» corrompue par l'excès même de sa civilisation : la poésie
» de la satiété, du désenchantement et de la caducité de
» l'âge. Cette poésie me charma, mais elle ne corrompit pas
» mon bon sens naturel. J'en compris une autre, celle de la
» vérité, de la raison, de l'adoration et du courage [1]. »

« Lamartine a été sincère dans ces lignes. Pourtant,
» sous l'influence de Byron, il s'est laissé aller, un jour,
» à désespérer et à blasphémer comme lui.

Lorsque du Créateur la parole féconde
Dans une heure fatale eut enfanté le monde
    Des germes du chaos,
De son œuvre imparfaite il détourna sa face,
Et, d'un pied dédaigneux le lançant dans l'espace,
    Rentra dans son repos.

« Va, dit-il, je te livre à ta propre misère ;
Trop indigne à mes yeux d'amour ou de colère,
    Tu n'es rien devant moi :
Roule au gré du hasard dans les déserts du vide ;
Qu'à jamais loin de moi le Destin soit ton guide,
    Et le Malheur ton roi ! »

. . . .
Le mal dès lors régna dans son immense empire ;
Dès lors tout ce qui pense et tout ce qui respire
    Commença de souffrir ;
Et la terre, et le ciel, et l'âme et la matière,
Tout gémit ; et la voix de la nature entière
    Ne fut qu'un long soupir.

Levez donc vos regards vers les célestes plaines,
Cherchez Dieu dans son œuvre, invoquez dans vos peines
    Ce grand consolateur !
Malheureux ! sa bonté de son œuvre est absente ;
Vous cherchez votre appui ? l'univers vous présente
    Votre persécuteur [2].

---

[1] *Premières Méditations.* — Commentaire sur l'Homme.
[2] *Premières Méditations.* — VII. Le Désespoir.

« Ce cri de désespoir arraché dans un moment de souffrance ne fit que traverser l'âme du poète, et peu de temps après elle s'exhala dans cette prière sublime :

> C'est peu de croire en toi, bonté, beauté suprême :
> Je te cherche partout, j'aspire à toi, je t'aime!
> Mon âme est un rayon de lumière et d'amour,
> Qui, du foyer divin détaché pour un jour,
> De désirs dévorants loin de toi consumée,
> Brûle de remonter à sa source enflammée.
> Je respire, je sens, je pense, j'aime en toi!
> Ce monde qui te cache est transparent pour moi;
> C'est toi que je découvre au fond de la nature,
> C'est toi que je bénis dans toute créature.
> Pour m'approcher de toi j'ai fui dans ces déserts;
> Là, quand l'aube, agitant son voile dans les airs,
> Entr'ouvre l'horizon qu'un jour naissant colore,
> Et sème sur les monts les perles de l'aurore,
> Pour moi, c'est ton regard qui, du divin séjour,
> S'entr'ouvre sur le monde et lui répand le jour;
> Quand l'astre à son midi, suspendant sa carrière,
> M'inonde de chaleur, de vie et de lumière,
> Dans ses puissants rayons, qui raniment mes sens,
> Seigneur, c'est ta vertu, ton souffle que je sens;
> Et quand la nuit, guidant son cortège d'étoiles,
> Sur le monde endormi jette ses sombres voiles,
> Seul, au sein du désert et de l'obscurité,
> Méditant de la nuit la douce majesté,
> Enveloppé de calme, et d'ombre et de silence,
> Mon âme de plus près adore ta présence;
> D'un jour intérieur je me sens éclairer,
> Et j'entends une voix qui me dit d'espérer [1].

« Racine s'était tu. Alfred de Musset se leva et nous montra sa taille élégante, ses traits nobles et pleins d'un charme mélancolique.

« Lamartine, nous dit-il, a exercé une grande influence

---

[1] *Premières Méditations*. — XVII. La Prière.

» sur mon âme et sur mon cœur. Je ne puis mieux vous
» le montrer qu'en vous disant les vers qu'il m'a ins-
» pirés.

   Eh bien ! bon ou mauvais, inflexible ou fragile,
Humble ou fier, triste ou gai, mais toujours gémissant,
Cet homme, tel qu'il est, cet être fait d'argile,
Tu l'as vu, Lamartine, et son sang est ton sang.
Son bonheur est le tien ; sa douleur est la tienne ;
Et des maux qu'ici-bas il lui faut endurer,
Pas un qui ne te touche et qui ne t'appartienne ;
Puisque tu sais chanter, ami, tu sais pleurer.
Dis-moi, qu'en penses-tu dans tes jours de tristesse ?
Que t'a dit le malheur, quand tu l'as consulté ?
Trompé par tes amis, trahi par ta maîtresse,
Du ciel et de toi-même as-tu jamais douté ?
Non, Alphonse, jamais. La triste expérience
Nous apporte la cendre et n'éteint pas le feu.
Tu respectes le mal fait par la Providence,
Tu le laisses passer et tu crois à ton Dieu.
Quel qu'il soit, c'est le mien ; il n'est pas deux croyances.
Je ne sais pas son nom ; j'ai regardé les cieux ;
Je sais qu'ils sont à lui, je sais qu'ils sont immenses,
Et que l'immensité ne peut pas être à deux.
J'ai connu, jeune encor, de sévères souffrances ;
J'ai vu verdir les bois, et j'ai tenté d'aimer.
Je sais ce que la terre engloutit d'espérances,
Et, pour y recueillir, ce qu'il y faut semer.
Mais ce que j'ai senti, ce que je veux t'écrire,
C'est ce que m'ont appris les anges de douleur ;
Je le sais mieux encore et puis mieux te le dire,
Car leur glaive, en entrant, l'a gravé dans mon cœur :

   Créature d'un jour qui t'agites une heure,
De quoi viens-tu te plaindre, et qui te fais gémir ?
Ton âme t'inquiète, et tu crois qu'elle pleure :
Ton âme est immortelle, et tes pleurs vont tarir.

   Tu te sens le cœur pris d'un caprice de femme,
Et tu dis qu'il se brise à force de souffrir.
Tu demandes à Dieu de soulager ton âme :
Ton âme est immortelle et ton cœur va guérir.

Le regret d'un instant te trouble et te dévore ;
Tu dis que le passé te voile l'avenir.
Ne te plains pas d'hier ; laisse venir l'aurore :
Ton âme est immortelle, et le temps va s'enfuir.

Ton corps est abattu du mal de ta pensée ;
Tu sens ton front peser et tes genoux fléchir.
Tombe, agenouille-toi, créature insensée :
Ton âme est immortelle, et la mort va venir [1].

« Musset s'était rassis. Je me levai à mon tour pour donner lecture de la pièce de vers intitulée *Le Coquillage au bord de la mer*. Ce coquillage renferme, à mon avis, une perle précieuse.

Quand tes beaux pieds distraits errent, ô jeune fille,
Sur ce sable mouillé, frange d'or de la mer,
Baisse-toi, mon amour, vers la blonde coquille
Que Vénus fait, dit-on, polir au flot amer.

L'écrin de l'Océan n'en a point de pareille ;
Les roses de ta joue ont peine à l'égaler ;
Et quand de sa volute en approche l'oreille,
On entend mille bruits qu'on ne peut démêler.

Tantôt c'est la tempête avec ses lourdes vagues
Qui viennent en tonnant se briser sur tes pas,
Tantôt c'est la forêt avec ses frissons vagues,
Tantôt ce sont des voix qui chuchotent tout bas.

Oh ! ne dirait-on pas, à ce confus murmure
Que rend le coquillage aux lèvres de carmin,
Un écho merveilleux où l'immense nature
Résume tous ses bruits dans le creux de ta main ?

Emporte-la, mon ange ! Et quand ton esprit joue
Avec lui-même, oisif, pour charmer tes ennuis,
Sur ce bijou des mers penche en riant ta joue,
Et, fermant tes beaux yeux, recueilles-en les bruits.

Si dans ces mille accents dont sa conque fourmille,
Il en est un plus doux qui vienne te frapper,

[1] *Lettre à Lamartine.* 1836.

Et qui s'élève à peine aux bords de la coquille,
Comme un aveu d'amour qui n'ose s'échapper ;

S'il a pour ta candeur des terreurs et des charmes ;
S'il renaît en mourant presque éternellement ;
S'il semble au fond d'un cœur rouler avec des larmes ;
S'il tient de l'espérance et du gémissement...

Ne te consume pas à chercher ce mystère !
Ce mélodieux souffle, ô mon ange, c'est moi !
Quel bruit plus éternel et plus doux sur la terre,
Qu'un écho de mon cœur qui m'entretient de toi [1] ?

« Ma lecture achevée, on procéda au vote, et Lamartine fut reçu à l'unanimité. C'est une âme d'une grande beauté, d'une grande noblesse. Et voyez ce que c'est que la prévention ! Lui qui, tout enfant, n'aimait pas mes fables et qui en a dit du mal [2], un peu légèrement, les trouve agréables et instructives maintenant qu'il est dans l'infini. Il regrette, m'a-t-il dit, de ne pas les avoir méditées pendant qu'il était sur la terre ; elles lui auraient appris à se mieux connaître et à se défier de l'amour de la vaine gloire, dont il a eu beaucoup à souffrir. »

J'avais écouté dans le plus profond silence, en retenant mon haleine. L'ombre s'était tue et paraissait sur le point de s'évanouir. Je tendis la main vers l'endroit où je la voyais, mais il n'y avait que le vide, et pourtant je voyais toujours mon maître. « N'essayez pas de me toucher, me dit-il, je n'ai conservé que l'apparence du corps qui enveloppait mon âme lorsqu'elle habitait la terre, mais vous pouvez m'interroger, je répondrai à vos questions.

---

[1] *Premières Méditations.*
[2] *Premières Méditations.* — Préface.

— Vous considérez donc, dans l'infini, comme funeste l'influence que Gœthe et Byron ont eue sur Lamartine et Musset?

— Il y a des fleurs qu'on arrose avec du poison pour leur donner un éclat plus vif et un parfum plus pénétrant. D'ordinaire, ces fleurs s'étiolent et meurent; mais Lamartine et Musset étaient des plantes vigoureuses qui ont conservé la sève et le parfum du sol natal. Si elles y joignent un parfum étranger, il ne faut pas trop le regretter.

— Victor Hugo, lui dis-je, n'a-t-il pas subi les mêmes influences?

— Il est trop tard pour parler de lui. Voyez

L'ombre et le jour luttant dans les champs azurés[1].

Je crains pour vous le serein. Revenez demain à la même heure qu'aujourd'hui, nous reprendrons cet entretien. »

L'ombre de mon maître s'évanouit, et je repris tout rêveur le chemin de ma demeure.

---

[1] *Les Filles de Minée.*

L'ACADÉMIE DES AMES

DEUXIÈME ENTRETIEN

Réception de Victor Hugo

Le lendemain, je fus exact au rendez-vous que mon cher maître m'avait donné. A peine avais-je mis le pied dans le petit bois, que son ombre parut sans que j'eusse pu voir d'où elle venait. Nous nous assîmes, côte à côte, comme la veille, et l'ombre reprit son récit.

« La réception de l'âme de Victor Hugo a causé une violente tempête au sein de notre Académie. Nous attendions depuis longtemps cette âme, qui ne paraissait pas pressée de venir à nous. Boileau s'était préparé de longue date et comptait nous écraser.

« Racine avait sur le cœur certains mots mal sonnants que le grand poète avait prononcés contre lui. Nous étions sûrs néanmoins de sa neutralité et de son vote, mais il ne fallait pas lui demander un concours actif.

« Voltaire avait aussi quelques raisons d'en vouloir à Victor Hugo. Il riait sardoniquement quand on lui en parlait, et préparait évidemment quelque malice. Il fallait s'en défier.

« Rabelais était un partisan fanatique du grand poète qui n'a reculé devant aucune hardiesse de langage, et qu'il considère comme un de ses descendants. Mais Rabelais était un allié dangereux, et nous devions craindre quelque incartade de sa part.

« Molière et moi nous étions bien résolus d'affronter fermement la tempête, et nous espérions que Corneille prononcerait le *quos ego*.

« Telle était l'impression des âmes académiques au jour de l'élection. Corneille monta au fauteuil. Il nous sembla plus grave et plus solennel que d'habitude; il ouvrit la séance, et Boileau demanda immédiatement la la parole. Il était très ému, et faisait des efforts visibles pour se contenir. Il commença l'attaque sur un ton cicéronien :

« Jusques à quand, s'écria-t-il, verrons-nous le
» triomphe de la *révolution* entreprise contre le bon
» goût et le bon sens?

« Jusques à quand la redondance, l'antithèse et l'em-
» phase triompheront-elles de la sobriété, de la préci-
» sion et de la simplicité du langage?

« Jusques à quand les lois du Parnasse seront-elles
» foulées aux pieds?

« Je vais vous les rappeler ces lois tutélaires, ces lois
» de l'antique sagesse,

> . . . . . ces leçons que ma Muse au Parnasse
> Rapporta, jeune encor, du commerce d'Horace[1].
> . . . .
> . . . .
> Le secret est d'abord de plaire et de toucher :

---

[1] *Art poétique.* Chant IV.

Inventez des ressorts qui puissent m'attacher.
Que dès les premiers vers l'action préparée,
Sans peine du sujet aplanisse l'entrée.
Je me ris d'un acteur qui, lent à s'exprimer,
De ce qu'il veut d'abord ne sait pas m'informer,
Et qui, débrouillant mal une pénible intrigue,
D'un divertissement me fait une fatigue.
J'aimerois mieux encor qu'il déclinât son nom,
Et dit : Je suis Oreste, ou bien Agamemnon :
Que d'aller par un tas de confuses merveilles,
Sans rien dire à l'esprit, étourdir les oreilles.
Le sujet n'est jamais assez tôt expliqué.
Que le lieu de la scène y soit fixe et marqué.
Un rimeur, sans péril, delà les Pyrénées,
Sur la scène en un jour renferme des années.
Là souvent le héros d'un spectacle grossier,
Enfant au premier acte, est barbon au dernier.
Mais nous, que la raison à ses règles engage,
Nous voulons qu'avec art l'action se ménage ;
Qu'en un lieu, qu'en un jour, un seul fait accompli
Tienne jusqu'à la fin le théâtre rempli.
Jamais au spectateur n'offrez rien d'incroyable.
Le vrai peut quelquefois n'être pas vraisemblable.
Une merveille absurde est pour moi sans appas.
L'esprit n'est point ému de ce qu'il ne croit pas[1].

« Voilà, en vingt-six vers, toute ma poétique sur l'art dramatique.

« Quant au choix des mots, voici ce que j'ai écrit dans mes réflexions sur le style :

Les mots bas sont comme autant de marques honteuses qui flétrissent l'expression.

« Cette remarque est vraie dans toutes les langues. Il n'y a rien qui avilisse davantage un discours que les mots bas. On souffrira plutôt, généralement parlant, une pensée basse exprimée en termes nobles que la pensée la plus noble

---

[1] *L'Art poétique.* Chant III.

» exprimée en termes bas [1]. »

« Telles sont, réduites à leur plus simple expression,
» toutes les règles que j'ai tracées. Avec ces règles, dans
» lesquelles vous ne vous êtes point trouvé à l'étroit,
» vous avez fait, ô grand Corneille, des tragédies qui
» ont atteint le sommet le plus élevé de l'art, et qui
» passeront à la postérité la plus reculée. Vous aussi,
» mon cher Racine, vous avez écrit, avec ces règles, des
» tragédies dans lesquelles la pureté du langage s'unit
» aux beautés de la conception. Et vous enfin, Molière,
» qui avez allié au génie gaulois le génie de Plaute et de
» Térence, vous avez fait, avec ces règles, des comédies
» que nul n'a égalées et n'égalera sans doute.

« N'étiez-vous pas des modèles à imiter, et parce
» qu'un servile troupeau avait fait décliner le grand art,
» fallait-il en briser violemment le moule?

« Écoutez comment ce *révolutionnaire*, qui vient
» frapper à la porte de ce sanctuaire, a traité ce grand
» art :

> J'ai, torche en main, ouvert les deux battants du drame;
> Pirates, nous avons, à la voile, à la rame,
> De la triple unité pris l'aride archipel;
> Sur l'Hélicon tremblant j'ai battu le rappel.
> Tout est perdu ! le vers vague sans muselière!
> A Racine effaré nous préférons Molière;
> O pédants! à Ducis nous préférons Rotrou.
> Lucrèce Borgia sort brusquement d'un trou,
> Et mêle des poisons hideux à vos guimauves;
> Le drame échevelé fait peur à vos fronts chauves;
> C'est horrible! Oui, brigand, jacobin, malandrin,
> J'ai disloqué ce grand niais d'Alexandrin;

---

[1] *Réflexions critiques sur Longin.* IX.

Les mots de qualité, les syllabes marquises,
Vivaient ensemble au fond de leurs grottes exquises,
Faisant la bouche en cœur et ne parlant qu'entre eux;
J'ai dit aux mots d'en bas : « Manchots, boiteux, goitreux,
Redressez-vous! planez, et mêlez-vous, sans règles,
Dans la caverne immense et farouche des aigles! »
J'ai déjà confessé ce tas de crimes-là;
Oui, je suis Papavoine, Érostrate, Attila [1].

« Écoutez encore :

. . . . Je montai sur la borne Aristote,
Et déclarai les mots égaux, libres, majeurs.
Tous les envahisseurs et tous les ravageurs,
Tous les tigres, les Huns, les Scythes et les Daces
N'étaient que des toutous auprès de mes audaces;
Je bondis hors du cercle et brisai le compas.
Je nommai le cochon par son nom; pourquoi pas?
Guichardin a nommé le Borgia! Tacite,
Le Vitellius! Fauve, implacable, explicite
J'ôtai du cou du chien stupéfait son collier
D'épithètes; dans l'herbe, à l'ombre du hallier,
Je fis fraterniser la vache et la génisse,
L'une étant Margoton et l'autre Bérénice.
Alors, l'ode, embrassant Rabelais, s'enivra;
Sur le sommet du Pinde on dansait Ça ira;
Les neuf Muses, seins nus, chantaient la Carmagnole;
L'emphase frissonna dans sa fraise espagnole;
Jean, l'Anier, épousa la bergère Myrtil.
On entendit un roi dire : « Quelle heure est-il [2]? »

« Le *révolutionnaire* ne s'est pas vanté; il a révolu-
» tionné l'art dramatique et l'art poétique, mais il a
» voulu révolutionner aussi l'art si difficile d'enseigner
» la jeunesse. Écoutez, sage Rollin qui avez écrit sur
» cet art un si beau traité,... et vous tous, écoutez :

---

[1] *Les Contemplations.* — *Autrefois.* Liv. I. Quelques mots à un autre.

[2] *Les Contemplations.* — *Autrefois.* Liv. I. Réponse à un acte d'accusation.

> Marchands de grec ! marchands de latin ! cuistres ! dogues !
> Philistins ! magisters ! Je vous hais, pédagogues !
> Car, dans votre aplomb grave, infaillible, hébété,
> Vous niez l'idéal, la grâce et la beauté !
> Car vos textes, vos lois, vos règles sont fossiles !
> Car, avec l'air profond, vous êtes imbéciles !
> Car vous enseignez tout, et vous ignorez tout !
> Car vous êtes mauvais et méchants ! — Mon sang bout
> Rien qu'à songer au temps où, rêveuse bourrique,
> Grand diable de seize ans j'étais en rhétorique !

« Pourquoi toute cette fureur? Pourquoi toutes ces
» injures contre des maîtres dévoués à leurs devoirs
» professionnels? Quel était donc l'idéal rêvé par la
» jeune bourrique que son professeur avait consignée
» un beau dimanche en lui donnant à copier

> Vingt fois l'ode à Plancus et l'épître aux Pisons.
> Or, j'avais justement, ce jour-là, — douce idée,
> Qui me faisait rêver d'Armide et d'Haydée ! —
> Un rendez-vous avec la fille du portier.
> Grand Dieu ! perdre un tel jour ! le perdre tout entier !
> Je devais, en parlant d'amour, extase pure !
> En l'enivrant avec le ciel et la nature,
> La mener, si le temps n'était pas trop mauvais,
> Manger de la galette aux buttes Saint-Gervais !
> Rêve heureux ! je voyais, dans ma colère bleue,
> Tout cet Éden, congé, les lilas, la banlieue,
> Et j'entendais, parmi le thym et le muguet,
> Les vagues violons de la mère Saguet.

« Ainsi, l'idéal de l'écolier indiscipliné et paresseux
» était d'aller boire du petit bleu chez la mère Saguet,
» et parce qu'on l'a mis en retenue, il écume de rage
» contre ses maîtres et leur lance à la tête des vers *épi-*
» *leptiques*[1], et il conseille à toute la jeunesse de les
» fouailler sans pitié.

---

[1] Le mot est de Taine.

>   . . . . Écoliers ! Écoliers !
> Accourez par essaims, par bandes, par milliers,
> Du gamin de Paris au græculus de Rome ;
> Et coupez du bois vert et fouaillez-moi cet homme !
> Jeunes bouches, mordez le metteur de baillons !
> Le mannequin sur qui l'on drape des haillons
> A tout autant d'esprit que ce cuistre en son antre,
> Et tout autant de cœur ; et l'un a dans le ventre
> Du latin et du grec comme l'autre a du foin [1].

« Voilà comment dans l'école révolutionnaire on
» enseigne aux enfants le respect des maîtres !

« La révolution entreprise avec tant de fracas, au nom
» de qui et au nom de quoi devait-elle être faite? Au nom
» de la liberté du poète ! Au nom de l'idéal de l'art !

« Singulière liberté ! singulier idéal !

« On décrétait d'une part que le poète aurait le droit
» de tout dire, même les choses les plus extravagantes,
» mais qu'on mettrait à la rime une lettre de plus afin
» de la faire hurler plus souvent avec la raison. On dé-
» crétait, d'autre part, que les mots bas et vils devien-
» draient des mots nobles et sublimes.

« C'est ainsi que les *révolutionnaires* entendent l'idéal
» et la liberté !

« L'idéal, c'est le laid dans la conception des sujets
» et dans le choix des mots ; la liberté, c'est l'esclavage
» de la rime. Ce n'est pas vous, Voltaire, qui contre-
» direz ce que j'avance ; ce n'est pas vous non plus,
» Musset, car vous avez l'un et l'autre protesté contre
» la tyrannie de la rime.

« Le *grand poète* a fait parfois de beaux vers, je ne
» le conteste point, mais ces beaux vers ont-ils été mis

---

[1] *Les Contemplations.* — *Autrefois.* Liv. I. A propos d'Horace.

» au service de la raison et du bon sens, qui sont les
» conditions indispensables du génie ? Examinons d'a-
» bord ses productions dramatiques.

« Ici, c'est un bandit qui croise le fer avec le grand
» Charles-Quint dont il est le rival heureux et qui cache
» Sa Majesté dans une armoire.

Croyez-vous donc qu'on soit à l'aise en cette armoire [1].

« Là, il prend pour héros un laquais; par une su-
» percherie enfantine, il l'affuble d'un manteau de grand
» seigneur; il le rend amoureux de la Reine, qui le fait
» premier ministre du royaume de Charles-Quint dont
» le déclin avait déjà commencé.

Lune aux trois quarts rongée et qui décroit encore [2].

« Ailleurs, il met en scène le roi François Ier auquel
» la postérité a décerné le beau titre de *Père des lettres*,
» qui aurait dû le rendre sacré pour un poète. Il nous
» le montre d'abord au milieu de sa brillante cour, car
» ce fut un souverain magnifique et un vaillant cheva-
» lier. Puis, de sa cour il le traîne dans un bouge af-
» freux où il courtise une bohémienne et choque son
» verre contre le sien.

Voilà ses mœurs. Ce roi par la grâce de Dieu
Se risque souvent seul dans plus d'un méchant lieu,
Et le vin qui le mieux le grise et le gouverne
Est celui que lui verse une Hébé de taverne [3]!

» Le héros du drame est le bouffon du Roi, un mé-

---

[1] *Hernani.* Acte I, scène II.
[2] *Ruy-Blas.* Acte III, scène II.
[3] *Le Roi s'amuse.* Acte IV, scène II.

» chant bossu et un bossu méchant, nous dit l'histoire,
» dont il fait le modèle des pères.

Quelque chose de saint, d'auguste et de sacré[1] !

« Dans un autre de ces drames fameux il donne
» comme le modèle des mères une princesse empoison-
» neuse et incestueuse.

« Dans un autre encore, c'est une courtisane éhontée,
» Marion de Lorme, qui s'éprend, tout d'un coup, de
» l'amour le plus tendre, le plus naïf et le plus pur,
» pour un jeune cadet venu on ne sait d'où.

Ton souffle a relevé mon âme,
Mon Didier! près de toi rien de moi n'est resté,
Et ton amour m'a fait une virginité[2] !

« N'est-ce pas là profaner l'amour ?

« Partout des scènes invraisemblables, violentes et
» contre nature, qui étonnent, qui oppressent les spec-
» tateurs et qui ont altéré le goût autrefois si pur des
» français.

« Dans un roman[3] qui commença la grande réputa-
» tion de son auteur, et qui est resté son œuvre capitale,
» le héros est encore un affreux bossu, borgne, bancal
» et sourd.

« Dans un autre roman en dix tomes[4], car le *révolu-*
» *tionnaire* ne sut jamais se borner, c'est un forçat
» évadé qu'il promène à travers des péripéties sans
» nombre et qu'il charge de faire la morale aux hon-
» nêtes gens.

[1] *Le Roi s'amuse.* Acte II, scène III.
[2] *Marion de Lorme.* Acte V, scène II. — Voir la note relative à cette scène.
[3] *Notre-Dame de Paris.*
[4] *Les Misérables.*

« Parlerai-je de ces poésies lyriques où le *grand poète* a, tour à tour, chanté tous les régimes politiques, encensé tous les autels, et où il a fini par brûler tout ce qu'il avait adoré. Les derniers poèmes qu'il a écrits, à un âge où d'ordinaire l'homme sent le besoin de se recueillir, dépassent en extravagance tout ce que l'imagination la plus délirante peut concevoir. Les religions, les gouvernements, les sciences, tout ce qui constitue l'humanité, la civilisation, n'est qu'un chaos à ses yeux. L'âne interpelle le philosophe et lui dit : J'ai tout étudié, je sais tout ce que l'on peut savoir; le résultat :

 Un peu d'allongement à mes oreilles tristes [1].

» En effet, arrivé à ce point, le *révolutionnaire* cesse d'y voir clair ; une profonde obscurité s'est faite autour de lui, et il nous en a dit lui-même la raison.

 Lugubre, j'ai passé des nuits à méditer,
 A regarder dans l'ombre informe ce qui rampe,
 Oubliant de moucher la mèche de ma lampe [2].

« J'ai fini, et pourtant j'aurais encore beaucoup à dire sur les poésies et le rôle politique du poète qui a embrassé la cause des révoltés, des incendiaires et des assassins, mais je m'arrête, car je sais me borner!

« La querelle que nous allons vider aujourd'hui est une vieille querelle ; elle dure depuis cinquante ans. C'est plus que n'a duré autrefois la querelle de l'Académie entre les anciens et les modernes. Vous étiez alors avec moi, La Fontaine, pour la défense de la

---

[1] *L'Ane*. Poème. 1880.
[2] *La Pitié suprême*. Poème. 1880.

» bonne cause. Aujourd'hui, vous êtes contre moi. En
» terminant, j'ai la douleur de vous dire que si l'âme du
» *grand révolutionnaire* entre dans ce sanctuaire, l'âme
» de Boileau en sortira. »

« Ce violent réquisitoire ne laissait pas que de m'embarrasser ; il avait été écouté avec une grande attention, et il avait produit de l'effet. Pendant que les âmes étaient livrées à leurs réflexions, je m'interrogeai pour savoir si dans ma réplique il valait mieux louvoyer que d'entrer à pleines voiles dans la discussion. Après quelques instants d'hésitation, je tendis ma voile et me confiai au vent.

« Je comprends votre courroux, mon cher Boileau,
» mais il m'est impossible de le partager sans me con-
» damner moi-même, car le premier et le plus grand
» coupable, ce n'est pas Victor Hugo, c'est moi.

» Avant lui, j'ai fait une grande comédie humaine
» aux cent actes divers.

« Avant lui, j'ai brisé le moule des trois unités.

» Avant lui, j'ai violé les enseignements de Longin
» sur le choix des mots, en appelant chaque chose par
» son nom.

« Avant lui, j'ai disloqué ce grand niais solennel
» d'alexandrin.

« Avant lui, j'ai pratiqué les enjambements les plus
» audacieux.

« Avant lui, je me suis affranchi de la césure et de
» toutes les règles poétiques.

« Avant lui, je me suis moqué des pédants et des
» barbacoles[1].

» Avant lui, je me suis raillé des faux savants et de la
» fausse science[2].

« Avant lui, j'ai été romantique.

« En un mot, j'ai été plus révolutionnaire et surtout
» plus libéral que Victor Hugo, car je me suis bien gar-
» dé d'ajouter à la rime une lettre de plus, j'en aurais
» plutôt retranché une. Sur ce point, je vous donne
» pleinement raison à vous, à Musset et à Voltaire.

« C'est sans doute pour me punir de mes audaces et
» de mes témérités que dans votre *Art poétique* vous
» avez passé sous silence l'apologue. La postérité en a
» jugé autrement que vous, car mon petit livre de fables
» vivra autant que votre sobre et beau poème. J'oserai
» même vous dire à vous, législateur du Parnasse, que
» vous avez fait au poète une prison trop étroite.

« Comme l'oiseau, pour s'élever, le poète a besoin
» d'air et de soleil : laissons-lui donc la liberté. Voyons
» seulement s'il sait chanter et s'il a des ailes.

« La liberté, Victor Hugo l'a réclamée dès ses débuts :

---

[1] Liv. I. — Fable XIX. *L'Enfant et le Maître d'école.* — Liv. IX. — Fable V. *L'Écolier, le Pédant, et le Maître d'un jardin.* — Épigramme contre un Pédant de collège.

[2] Liv. VI. — Fable XIX. *Le Charlatan.*

. . . . hélas, qui sait encor
Si la science à l'homme est un si grand trésor.
Épitre à Huet.

Je ne veux pour témoins de ces expériences
Que les peuples sans lois, sans art et sans sciences.
Le Quinquina. Poème. Chant I.

« Le domaine de la poésie, a-t-il dit, est illimité. Sous le
» monde réel, il existe un monde idéal qui se montre resplen-
» dissant à l'œil de ceux que des méditations graves ont ac-
» coutumés à voir dans les choses plus que les choses.... La
» poésie n'est pas dans la forme des idées, mais dans les idées
» elles-mêmes[1]. »

« Comme Homère et Virgile, comme Hésiode et Pin-
» dare, comme Sophocle et Euripide, Victor Hugo est
» un poète *religieux*, mais sa religion est celle du chris-
» tianisme, et il a écrit à ce sujet des paroles que je livre
» à vos méditations, ô mon cher Boileau.

« Remarquons, en passant, que, si la littérature du grand
» siècle de Louis-le-Grand eût invoqué le christianisme au
» lieu d'adorer les dieux païens, si ces poètes eussent été ce
» qu'étaient ceux des temps primitifs, des prêtres chantant
» les grandes choses de leur religion et de leur patrie, le
» triomphe des doctrines sophistiques du dernier siècle eût
» été beaucoup plus difficile, peut-être même impossible.
» .... Qui peut calculer ce qui fût arrivé de la *philosophie*, si la
» cause de Dieu, défendue en vain par la vertu, eût été aussi
» plaidée par le génie[2] ?

« Ramener les âmes du mal au bien, tendre toujours
» la main aux malheureux, aux déshérités de ce monde,
» à ceux que le monde méprise et repousse, telle est
» l'idée philosophique et chrétienne qui domine dans
» l'œuvre de Victor Hugo, tel est le souffle généreux
» qui l'anime et en fait la force et la gloire; tel est le
» secret de son immense popularité.

« Victor Hugo a défini lui-même son œuvre en mon-

---

[1] *Odes et Ballades*. — Préface. Décembre 1822.

[2] *Odes et Ballades*. Préface. Février 1824.

» trant ce que pourrait faire « un poète complet que le
» hasard ou sa volonté aurait mis à l'écart de tout contact
» immédiat avec les gouvernements et les partis.

« Dans ses drames, vers et prose, pièces et romans, il met-
» trait l'histoire et l'invention, la vie des peuples et la vie des
» individus, le haut enseignement des crimes royaux comme
» dans la tragédie antique, l'utile peinture des vices popu-
» laires comme dans la vieille comédie. Voilant à dessein les
» exceptions honteuses, il inspirerait la vénération pour la
» vieillesse, en montrant la vieillesse toujours grande ; la
» compassion pour la femme, en montrant la femme toujours
» faible ; le culte des affections naturelles, en montrant qu'il
» y a toujours, et dans tous les cas, quelque chose de sacré,
» de divin et de vertueux dans les deux grands sentiments
» sur lesquels le monde repose depuis Adam et Ève : la pa-
» ternité, la maternité. Enfin, il relèverait partout la dignité
» de la créature humaine en faisant voir qu'au fond de tout
» homme, si désespéré et si perdu qu'il soit, Dieu a mis une
» étincelle qu'un souffle d'en haut peut toujours raviver,
» que la cendre ne cache point, que la fange même n'éteint
» pas, — l'âme [1]. »

« En jugeant de haut, sans esprit de parti, sans pré-
» jugés d'écoles, l'œuvre du *grand poète*, on peut dire
» qu'à travers des défaillances inséparables de l'esprit
» humain, il est resté fidèle au noble rôle qu'il s'était
» tracé.

« Dans ce drame dont le héros est un laquais, quel
» est le sentiment qui relève le laquais de son indignité
» conditionnelle ? C'est l'amour pur et chaste. Le drame
» est invraisemblable, il se passe dans le domaine de la

---

[1] *Les Rayons et les Ombres.* — Préface. Mai 1840.

» fantaisie; mais en est-il moins beau, moins moral et
» moins émouvant? Ne renferme-t-il pas des scènes ad-
» mirables? Les personnages, si étranges qu'ils soient,
» ne sont-ils pas tous bien vivants? La Reine n'y est-
» elle pas peinte avec des nuances d'une délicatesse
» exquise?

« Ne peut-on pas en dire autant de ce drame dont
» l'héroïne est une courtisane? L'amour n'a-t-il pas le
» don d'épurer les cœurs? La courtisane, qui lava les
» pieds du Sauveur, ne fut-elle pas pardonnée?

« N'y a-t-il pas dans cet autre drame où le bandit,
» qui est un grand seigneur déchu, croise le fer contre
» Charles-Quint, et dans celui où le poète met sur le
» théâtre le roi François Ier et son bouffon, des scènes
» dignes du grand Corneille? Pour me servir de vos
» expressions, mon cher Boileau, ne faut-il pas mettre
» tous ces drames au nombre

> . . . . des ouvrages
> Où tout Paris en foule apporte ses suffrages;
> Et qui toujours plus beaux, plus ils sont regardés,
> Sont au bout de vingt ans encor redemandés[1]?

« Dans ce roman en dix tomes qui excite votre hu-
» meur, c'est un forçat, dites-vous, qui fait la morale
» aux honnêtes gens. Mais avant de prêcher la morale,
» ce forçat, par le seul effort de sa volonté, s'est relevé
» d'une première faute à laquelle la misère l'avait un
» jour poussé, et il est devenu un modèle d'honnêteté,
» de travail et de probité. N'est-ce pas là un grand
» exemple à donner à la foule? Et si le roman contient

---

[1] *L'Art poétique.* Chant III.

» des épisodes intéressants, des scènes dramatiques qui
» se passent dans les bas-fonds de la société, pourquoi
» lui reprocheriez-vous sa longueur? N'y a-t-il pas là
» des plaies douloureuses à sonder et à guérir? Est-ce
» les guérir que d'en détourner ses regards par une
» fausse délicatesse? Bien différent de ses imitateurs qui
» ne savent pas le comprendre, Victor Hugo a sondé
» les plaies de l'humanité sans jamais tomber dans les
» platitudes du réalisme et dans les obscénités d'un sen-
» sualisme grossier. Sa plume, en décrivant le vice
» comme en chantant l'amour, reste toujours chaste et
» pure, et donne de la noblesse même aux sujets les
» plus bas.

« Pouvez-vous oublier, d'ailleurs, que ce roman, des-
» tiné à la foule par son titre et par les sujets qui y sont
» traités, renferme cinq chapitres qui sont consacrés à
» la nécessité, à l'efficacité de la prière? Dans l'un de
» ces chapitres, l'auteur s'écrie en nous montrant une
» religieuse prosternée la face contre terre et les bras en
» croix : *Il faut bien ceux qui prient toujours pour ceux*
» *qui ne prient jamais.* Que dit-il au peuple, à propos
» des couvents et des ordres religieux :

« La grandeur de la démocratie, c'est de ne rien nier et
» de ne rien renier de l'humanité. Près du droit de l'homme,
» au moins à côté, il y a le droit de l'âme. »

« Comment conclut-il?

« Nous nous bornons à dire que nous ne comprenons ni
» l'homme comme point de départ, ni le progrès comme but,
» sans ces deux forces qui sont les deux moteurs : croire et
» aimer.

« Le progrès est le but, l'idéal est le type.

» Qu'est-ce que l'idéal? C'est Dieu.
» Nous saluons qui s'agenouille.
» Une foi; c'est là pour l'homme le nécessaire.
» Malheur à qui ne croit rien[1]! »

« Qu'a-t-il dit du crucifix qu'on chasse des écoles et
» des cimetières?

> Vous qui pleurez, venez à ce Dieu, car il pleure.
> Vous qui souffrez, venez à lui, car il guérit.
> Vous qui tremblez, venez à lui, car il sourit.
> Vous qui passez, venez à lui, car il demeure[2].

« Qu'a-t-il dit à l'enfant qu'on voudrait sevrer de la
» prière?

> Espère, enfant! demain! et puis demain encore!
> Et puis toujours demain! croyons dans l'avenir.
> Espère! et chaque fois que se lève l'aurore,
> Soyons là pour prier, comme Dieu pour bénir[3]!

« Qu'a-t-il dit de l'homme qui prie?

> Heureux l'homme occupé de l'éternel destin,
> Qui, tel qu'un voyageur qui part de grand matin,
> Se réveille, l'esprit rempli de rêverie,
> Et, dès l'aube du jour, se met à lire et prie!
> A mesure qu'il lit, le jour vient lentement
> Et se fait dans son âme ainsi qu'au firmament.
> Il voit distinctement, à cette clarté blême,
> Des choses dans sa chambre et d'autres en lui-même;
> Tout dort dans la maison; il est seul, il le croit;
> Et, cependant, fermant leur bouche de leur doigt,
> Derrière lui, tandis que l'extase l'enivre,
> Les anges souriants se penchent sur son livre[4].

---

[1] *Les Misérables*. Chap. IV.

[2] *Les Contemplations.* — *Autrefois*. Liv. III. Écrit au bas d'un Crucifix. 1842.

[3] *Les Chants du Crépuscule*. — Espoir en Dieu.

[4] *Les Contemplations.* — *Autrefois*. Liv. I. XXIV.

« Victor Hugo n'a pas écrit seulement pour les déli-
» cats et les lettrés; comme moi, il a écrit pour le
» peuple, et c'est là sa gloire, sa grande gloire.

« Pourtant les délicats trouvent leur part dans son
» œuvre immense, car nul n'a montré plus d'art et de
» délicatesse dans les nuances. Lisez et relisez, mon
» cher Boileau, le beau recueil des *Voix intérieures* et
» des *Rayons et des Ombres*, et dites-nous s'il est possi-
» ble de parler de Dieu, de la nature, de l'homme, de
» la femme, de l'enfant, de l'amour, de la charité, cette
» vertu divine et humaine, avec plus de grandeur, de
» respect et de grâce. Le poète avait alors près de qua-
» rante ans; il était dans tout l'épanouissement de son
» beau et précoce génie. Quelle est la mission qu'il s'est
» assignée ?

> Pierre à pierre, en songeant aux croyances éteintes,
> Sous la société qui tremble à tous les vents,
> Le penseur reconstruit ces deux colonnes saintes :
> Le respect des vieillards et l'amour des enfants[1].

« Tout le monde peut faire sa part dans l'œuvre du
» *grand poète*.

» Les mères et les enfants ont déjà fait la leur, et
» nul n'en a parlé avec plus de tendresse et de respect.

« Les jeunes filles et les jeunes femmes ont aussi la
» leur, et nul ne les a louées et conseillées avec plus de
» noblesse et de grâce.

« Les jeunes hommes et les vieillards, les monarques
» et les peuples, les riches et les pauvres, les heureux et
» les malheureux, les fous et les sages, les ignorants et
» les savants, trouvent dans cette œuvre des enseigne-

---

[1] *Les Rayons et les Ombres.* — Préface.

» ments. *Sursum corda!* voilà ce qu'il dit à tous.

« Vous accusez Victor Hugo d'avoir chanté tous les
» régimes et d'avoir brûlé ce qu'il avait adoré. Non,
» mon cher Boileau, le *grand poète* ne s'est pas abaissé
» à cette palinodie. Il a pu dire, au contraire, avec
» fierté :

>   . . . . Moi dont parfois le chant
>   Se refuse à l'aurore et jamais au couchant[1].

« C'est pour obéir à cette pensée qu'il a donné des
» pleurs éloquents à Charles X expirant sur la terre
» d'exil,

>   Et moi je ne veux pas, harpe qu'il a connue,
>   Qu'on mette mon roi mort dans cette tombe nue[1].

» et qu'il a chanté, on sait avec quelle grandeur, non
» pas Napoléon vainqueur et opprimant l'Europe, mais
» Napoléon vaincu et couché sous son saule à Sainte-
» Hélène au milieu de l'Océan, où on aurait dû le laisser
» pour servir de leçon aux conquérants.

>   Hélas, hélas! garde ta tombe!
>   Garde ton rocher écumant,
>   Où t'abattant comme la bombe,
>   Tu vins tomber, tiède et fumant!
>   Garde ton âpre Sainte-Hélène
>   Où de ta fortune hautaine
>   L'œil ébloui voit le revers;
>   Garde l'ombre où tu te recueilles,
>   Ton saule sacré dont les feuilles
>   S'éparpillent dans l'univers[2]!

« Vous accusez Victor Hugo, mon cher Boileau,

---

[1] *Les Voix intérieures.* — Sunt lacrymæ rerum.
[2] *Les Chants du Crépuscule.* — A la colonne.

» d'avoir courtisé la foule, et d'avoir tendu la main à
» des malheureux révoltés contre les lois de leur pays.
» Avez-vous donc oublié que ces malheureux étaient
» des proscrits, et que le *grand poète* a écrit :

> Proscription, nos fils broieront du pied ta tête[1].

« Est-ce sa faute si les proscrits sont devenus des
» proscripteurs ?

« Avez-vous oublié qu'il a écrit aussi :

> Des passions de tous isolé bien souvent,
> Je n'ai jamais cherché les baisers qu'on nous vend
> Et l'hymne dont nous berce avec sa voix flatteuse
> La popularité, cette grande menteuse[1].

« Ce n'est donc pas lui qui a cherché la popularité,
» c'est la popularité qui est allée le chercher, et ce sont
» les partis qui ont voulu s'abriter de ce grand nom, et
» qui l'auraient rapetissé, si c'eût été possible.

« Victor Hugo, je l'ai déjà dit, considérait le poète
» comme un apôtre qui a reçu de Dieu, avec son génie,
» la mission d'enseigner, et il a défini sa mission en ces
» termes magnifiques :

> Tandis que sur les bois, les prés et les charmilles,
> S'épanchent la lumière et la splendeur des cieux,
> Toi, poète serein, répands sur les familles,
> Répands sur les enfants et sur les jeunes filles,
> Répands sur les vieillards ton chant religieux.
> . . . .
> Montre du doigt la rive à tous ceux qu'une voile
> Traîne sur le flot noir par les vents agité :
> Aux vierges, l'innocence, heureuse et noble étoile ;
> A la foule, l'autel que l'impiété voile ;
> Aux jeunes, l'avenir ; aux vieux, l'éternité[2].

---

[1] *Les Voix intérieures.* — Sunt lacrymæ rerum.
[2] *Les Rayons et les Ombres.* — Regard jeté dans une mansarde.

« Je m'arrête, car il faudrait tout dire et tout citer
» pour montrer combien était noble et élevée la pensée
» de ce grand poète. Ses adorateurs, ses thuriféraires,
» en ont fait un soleil qui éclaire le monde, mais Victor
» Hugo l'a dit lui-même : *Il y a des taches au soleil*, et,
» plus modeste, il s'est comparé à un flambeau.

>   Tu vas t'user trop vite à brûler nuit et jour ;
>   Tu nous verses la paix, la clémence, l'amour,
>   La justice, le droit, la vérité sacrée,
>   Mais ta substance meurt pendant que ton feu crée.
>   Ne te consume pas ! Ami, songe au tombeau !
>   Calme il répond : « Je fais mon métier de flambeau[1]. »

« Victor Hugo était sincère en écrivant ces vers ; il
» jugeait des sentiments des autres par les siens. Mais
» est-il bien certain que les confréries d'un nouveau
» genre, qui assistaient bruyamment, bannières dé-
» ployées, à ses funérailles païennes, fussent animées de
» sentiments de paix, de clémence, d'amour, de justice,
» de droit, de vérité ? Hélas ! Victor Hugo n'avait pro-
» bablement jamais lu ma fable intitulée *Le Cierge*, ou,
» s'il l'avait lue, il ne l'avait pas suffisamment méditée.

>   Ce cierge ne savoit grain de philosophie[2].
>   Tout en tout est divers : ôtez-vous de l'esprit
>   Qu'aucun être ait été composé sur le vôtre.
>   L'Empédocle de cire au brasier se fondit :
>   Il n'étoit pas plus fou que l'autre[3].

« Je venais de m'asseoir, et les derniers sons de ma

---

[1] *L'Ane*. — Prologue. Octobre 1880.

[2] D'après M. Arsène Houssaye (*Mémoires*), Victor Hugo aurait dit de La Fontaine : « *C'est Don Quichotte à cheval sur La Palisse.* » Don Quichotte est un noble et généreux esprit hanté par des chimères. N'y a-t-il pas un peu de cela dans l'idéal philosophique et politique de Victor Hugo ?

[3] Liv. IX. — Fable XII.

voix vibraient encore, que Voltaire demanda la parole :
« La Fontaine, dit-il, vient de vous faire une belle cita-
« tion du grand poète qui nous occupe en ce moment
« et dont personne n'admire plus que moi le beau génie,
« mais je voudrais la compléter par deux strophes qui
« font partie de la même pièce. Elles s'adressent à une
» jeune grisette, très vertueuse, que le poète veut pré-
» server du danger des mauvaises lectures.

> Plein de ces chants honteux, dégoût de la mémoire,
> Un vieux livre est là-haut sur une vieille armoire,
> Par quelque vil passant dans cette ombre oublié,
> Roman du dernier siècle, œuvre d'ignominie.
> Voltaire alors régnait, ce singe de génie
> Chez l'homme en mission par le diable envoyé.
> . . . .
> . . . .
> Frêle barque assoupie à quelques pas d'un gouffre.
> Prends garde, enfant, cœur tendre où rien encor ne souffre,
> O pauvre fille d'Ève, ô pauvre jeune esprit,
> Voltaire, le serpent, le doute, l'ironie,
> Voltaire est dans un coin de ta chambre bénie !
> Avec son œil de flamme il t'espionne et rit[1].

« A cette lecture inattendue, il y eut un éclat de rire
général, suivi d'une certaine agitation. Quand le calme
fut rétabli, Voltaire reprit : « Je ne me croyais pas aussi
» *singe*, aussi *serpent* et aussi *diable*. Victor Hugo l'a
» reconnu lui-même depuis, car il m'a fait deux répa-
» rations, la première en écrivant :

« Leibnitz priant, cela est grand ! Voltaire adorant, cela
» est beau ! *Deo erexit Voltaire*[2]. »

» la seconde, en occupant la présidence et en pro-
» nonçant mon éloge aux fêtes de mon centenaire.

---

[1] *Les Rayons et les Ombres.* — Regard jeté dans une mansarde.
[2] *Les Misérables.* Tome V.

« Maintenant que Victor Hugo m'a tendu la main à
» travers l'infini et que je la lui ai serrée, nous sommes
» devenus bons amis, et je l'accueillerai à bras ouverts.

« La Fontaine a eu raison, d'ailleurs, de défendre
» Victor Hugo, car le grand poète lui a rendu justice en
» l'appelant *charmeur de serpents*, ce qui est vrai, puis-
» qu'il m'a charmé tout le premier.

> La Fontaine offrait ses fables ;
> Et, soudain, autour de lui,
> Les courtisans, presque affables,
> Les ducs au sinistre ennui,
>
> . . . .
>
> Les Louvois nés pour proscrire,
> Les vils Chamillards rampants,
> Gais, tournaient leur noir sourire
> Vers ce charmeur de serpents [1].

« Quand Voltaire eut achevé de parler, Molière se leva.

« Ce n'est pas l'auteur dramatique, dit-il, qui vient
» rendre hommage au grand poète, c'est l'ancien acteur. »

« Et, d'une voix vibrante et sonore, qui n'avait conservé aucune trace du hoquet qu'on lui reprochait quand il était sur la terre, il récita le beau monologue de Charles-Quint devant le tombeau de Charlemagne et la malédiction de Saint-Vallier, qu'il termina par ces vers :

> Oh ! monseigneur le Roi, puisqu'ainsi l'on vous nomme,
> Croyez-vous qu'un chrétien, un comte, un gentilhomme,
> Soit moins décapité, répondez, monseigneur,
> Quand au lieu de la tête il lui manque l'honneur ?
>
> . . . .
>
> Vous êtes roi, moi père, et l'âge vaut le trône.
> Nous avons tous les deux au front une couronne

---

[1] *Les Chansons des Rues et des Bois.* — Le Chêne du parc détruit.

> Où nul ne doit porter des regards insolents,
> Vous, de fleurs de lis d'or, et moi, de cheveux blancs.
> Roi, quand un sacrilège ose insulter la vôtre,
> C'est vous qui la vengez ; — c'est Dieu qui venge l'autre[1]!

« L'effet de ces beaux vers fut prodigieux.

« Corneille, qui avait écouté tout le débat avec recueillement, se leva et nous dit solennellement :

« Cette âme de poète fut vraiment grande, noble et
» généreuse, et nous devons lui faire un accueil digne
» d'elle et digne de nous. Quand elle se présentera dans
» notre sanctuaire, je descendrai de ce fauteuil pour
» qu'elle vous préside à ma place.»

« Ce fut le *quos ego* que nous attendions, et l'âme du grand poète fut reçue par acclamation. Boileau acclama aussi fort que moi[2].

« Victor Hugo, qui avait si bien compris Corneille, avait été compris par lui : leurs âmes étaient à l'unisson. En voulant lui céder le fauteuil, Corneille nous a donné une nouvelle preuve de sa modestie et de sa générosité d'âme, mais, je n'en doute pas, Victor Hugo refusera cet honneur et comprendra que la présidence de notre Académie ne doit appartenir qu'à celui qui reste toujours *le grand Corneille*, à celui qu'il a égalé quelquefois, mais qu'il n'a jamais surpassé. »

L'ombre de mon Maître se tut et parut se livrer à une profonde méditation, que je respectai. A la fin je me hasardai à lui dire :

---

[1] *Le Roi s'amuse.* Acte I, scène v.

[2] Ceci était écrit avant qu'on eût représenté 1802 au Théâtre-Français.

« De quel nom la postérité désignera-t-elle le XIXᵉ siècle? L'appellera-t-elle le siècle de Napoléon?

— Non, reprit-il, le grand poète a tranché lui-même la question quand il a dit à Napoléon :

> Dieu garde la durée et vous laisse l'espace ;
> Vous pouvez sur la terre avoir toute la place,
> Être aussi grand qu'un front peut l'être sous le ciel ;
> Sire, vous pouvez prendre, à votre fantaisie,
> L'Europe à Charlemagne, à Mahomet l'Asie ;
> Mais tu ne prendras pas demain à l'Éternel[1].

« L'homme ne dispose que du présent, et souvent, hélas ! il en use bien mal ; il ne peut rien ni sur le passé qui ne lui appartient plus, ni sur l'avenir qui n'appartient qu'à Dieu, et la gloire est éphémère. »

L'ombre se dissipa en murmurant faiblement : « A demain... »

---

[1] *Les Chants du Crépuscule.* — Napoléon II.

L'ACADÉMIE DES AMES

TROISIÈME ENTRETIEN

L'amour platonique, l'amour idéal, l'amour divin.
Les femmes dans l'Infini. — Un dernier discours de M. Thiers.

Le lendemain, dès le matin, je me sentis nerveux, agité, impatient de revoir mon Maître. Ne pouvant plus tenir en place, je partis avant l'heure indiquée, et, comme lui, je pris le chemin le plus long dans l'espoir de le rencontrer. Tout en hâtant le pas, je me disais : « Où vais-je ? N'ai-je point rêvé tout éveillé depuis deux jours ? La vie elle-même, tout ce que nous sentons, tout ce que nous voyons, tout ce que nous aimons, n'est-il pas un songe ? » Je me souvins alors de ce que La Fontaine avait écrit sur ce sujet à la duchesse de Bouillon. « Tous les jours je découvre quelque opinion de
» Descartes répandue de côté et d'autre dans les ouvrages
» des Anciens, comme celle-ci : qu'il n'y a point de
» couleurs au monde. Ce ne sont que de différents effets
» de la lumière sur différentes superficies. Adieu les lis,
» et les roses de nos Amintes. Il n'y a ni peau blanche
» ni cheveux noirs ; notre passion n'a pour fondement

» qu'un corps sans couleur : et, après cela, je ferai des
» vers pour la principale beauté des femmes [1] ! »

Mon Maître avait bien raison de ne plus vouloir faire de vers pour célébrer les roses et les lis, car s'ils ne sont pas le produit de la physique, comme il semble le dire à la duchesse de Bouillon, ils sont le plus souvent le produit de la chimie.

Je me souvins encore que Taine avait écrit cette belle page sur La Fontaine :

« L'illusion le prend, la raison s'en va, les choses se
» transfigurent, une lumière divine se répand sur le
» monde, le vieux moqueur atteint l'accent, le *ravisse-*
» *ment de Platon et de Virgile*. C'est parmi ces émotions
» qu'il faut le voir si on veut le connaître. Elles sont
» tout ce qu'il y a de beau et de bon dans l'homme.....

« Ni l'extérieur, ni le rang, ni la fortune, ni la con-
» duite ou le caractère visible ne font l'homme ; mais
» le sentiment intérieur et habituel. Il peut être pauvre,
» maladroit, négligent, sensuel. Il peut prêter à la mo-
» querie, être la risée des sages... ces apparences n'y
» font rien ; il a peut-être eu plus de bonheur ; il est
» peut-être plus digne d'admiration que le personnage
» le plus correct et le plus élégant. C'est par ce côté et
» dans ce fond intime qu'il faut regarder La Fontaine.
» C'est par là que la vie d'un poète vaut quelque chose.
» En ce moment on n'aperçoit plus *sa basse condition,*
» *ses mœurs irrégulières ;* bien des gens ne changeraient
» pas son cœur ni sa vie contre le cœur et la vie du
» grand roi. »

[1] Lettre de novembre 1687.

« A la bonne heure ! me disais-je, me voilà d'accord cette fois avec Taine. Comme lui, je donne sans hésiter la préférence à La Fontaine sur Louis XIV, et cela pour trois raisons :

« La première, parce qu'il avait reçu de Dieu le génie qui vaut mieux qu'une couronne. Victor Hugo n'a-t-il pas dit : « Il y aura toujours en Europe moins de » Poètes que de Rois [1] » ;

« La seconde, parce que ses mœurs, bien qu'il ne fût pas un parangon de vertu, étaient plus régulières que celles du Roi Soleil ;

« La troisième, parce qu'il avait une façon plus délicate d'aimer les femmes ; jamais il ne les sacrifia à son égoïsme, jamais il ne les délaissa, jamais il ne leur fit verser de larmes.

« Mon Maître, qui avait un cœur enthousiaste et tendre, et qui avait médité Platon, adorait les belles dames qu'il plaçait dans son Parnasse, et les moindres de leurs faveurs suffisaient pour le transporter d'aise et le retenir dans leurs *fers*. Ses plaintes à l'Amour n'étaient-elles pas touchantes dans leur naïveté ?

> Considère, cruel, quel nombre d'inhumaines
> Se vante de m'avoir appris toutes tes peines ;
> Car quant à tes plaisirs, on ne m'a jusqu'ici
> Fait connoître que ceux qui sont peines aussi.
> . . . .
> Si quelque autre faveur a payé mon martyre,
> Je ne suis point ingrat, Amour, je vais le dire :
> La sévère Diane, en l'espace d'un mois,
> Si je sais bien compter, m'a souri quatre fois ;
> Chloé pour mon trépas a fait semblant de craindre ;
> Amarante m'a plaint ; Doris m'a laissé plaindre ;

[1] Lettre à M. Adolphe Dumas.

> Clarice a d'un regard mon tourment couronné ;
> Je me suis vu languir dans les yeux de Daphné.
> Ce sont là tous les biens donnés à mes souffrances ;
> Les autres n'ont été que vaines espérances.
> . . . .
> Te souvient-il d'Aminte? il fallut soupirer,
> Gémir, verser des pleurs, souffrir sans murmurer,
> Devant que mon tourment occupât sa mémoire ;
> Y songeait-elle encore? hélas! l'osai-je croire?
> Caliste faisoit pis, et cherchant un détour,
> Répondoit d'amitié quand je parlois d'amour [1].

« Mais peut-être mon maître était-il comme Malherbe qui, au dire de Bayle, se faisait des maîtresses imaginaires pour avoir lieu de *débiter des pensées* [2]? Eh! qu'importe? Heureux ceux qui savent se contenter d'un amour platonique, d'un bonheur imaginaire! Ceux-là du moins ne connaissent pas la satiété.

> Tout est mystère dans l'Amour :
> Ses flèches, son carquois, son flambeau, son enfance.
> Ce n'est pas l'ouvrage d'un jour
> Que d'épuiser cette science [3].

« Pour le consoler, d'ailleurs, des peines que lui faisaient souffrir tant d'ingrates beautés, mon maître n'eut-il pas sa Muse, son aimable et tendre Muse? Celle-là du moins ne dédaignait pas ses caresses; elle accourait à son moindre appel, toujours jeune, toujours souriante ; aussi l'aima-t-il ardemment, passionnément, jusqu'à son dernier soupir. Voilà un amour! l'amour idéal de l'artiste pour son œuvre, que le grand Roi n'a pas éprouvé! »

---

[1] *Élégie première.* — A l'Amour. Plaintes sur ses rigueurs. 1671.
[2] *Dictionnaire historique et critique.*
[3] Liv. XII. — Fable XIV. *L'Amour et la Folie.*

Pygmalion devint amant
De la Vénus dont il fut père[1].

S'il est vrai que Schiller n'ait aimé qu'Amélie,
Gœthe que Marguerite, et Rousseau que Julie,
Que la terre leur soit légère, ils ont aimé[2] !

Ce nom de Marguerite réveilla en moi un touchant souvenir qui prit corps dans mon esprit, et se dressa subitement devant moi comme une vision.

Il y a quarante-cinq ans (il me semble que c'est hier), je vis passer au coin d'une rue étroite une adorable jeune fille blonde qui ressemblait à la Marguerite de *Faust*. Elle était au bras de sa mère, et se rendait à l'église. Comme Méphistophélès, je la suivis, j'entrai dans le lieu saint, et je me rangeai derrière un pilier pour la contempler à mon aise. Je fus ravi d'admiration. Ce petit manège se renouvela les jours suivants, et mon admiration se changea en une émotion profonde. Un jour qu'elle leva la tête, après avoir terminé son oraison, je crus m'apervoir, à l'éclat de ses yeux, que ma Marguerite partageait l'émotion qu'elle m'avait causée. J'étais enivré du parfum pur d'un chaste amour. Huit jours après, cette douce illusion se dissipait, et j'apprenais que Marguerite avait choisi un époux divin et qu'elle s'était faite Sœur de charité. L'éclair que j'avais remarqué dans ses yeux s'adressait à cet époux mystique.

J'assistai à sa prise d'habit : je la vis s'avancer vers l'autel, revêtue de la robe de mariée, la couronne sur la tête, la fleur au côté ; je l'entendis prononcer son

---

[1] Liv. IX. — Fable vi. *Le Statuaire et la Statue de Jupiter.*
[2] A. de Musset. *Un Spectacle dans un fauteuil.* Dédicace.

vœu de chasteté, d'humilité, d'obéissance, de pauvreté. Je la vis s'éloigner et revenir ensuite avec sa robe grise et sa cornette blanche. Une douce joie était répandue sur son beau visage. J'entendis le prêtre lui dire : « Vous
» êtes désormais l'épouse de Jésus-Christ ; soyez fidèle à
» votre divin époux, marchez dans sa voie, et devenez
» la consolatrice des affligés. »

Ce jour-là, je compris qu'il y avait un *amour divin*, mais qu'il n'était pas donné à toutes les âmes de le ressentir.

« Eh bien ! m'écriai-je, en redoublant mon pas, mon Maître, mon cher Maître a ressenti aussi, dans toute son ardeur, l'*amour divin* pendant les dernières années de sa vie. Lui aussi s'est adressé à Dieu dans un élan de cœur.

> L'illustre Pécheresse. . . . .
> Se fit remettre tout par son amour extrême.
> Le Larron te priant fut écouté de toi :
> *La prière et l'amour ont un charme suprême.*
> Tu m'as fait espérer même grace pour moi.
>
> Tu vois mon cœur contrit, et mon humble prière,
> Fais-moi persévérer dans ce juste remords :
> Je te laisse le soin de mon heure dernière ;
> Ne m'abandonne pas quand j'irai chez les Morts[1].

« *Le ravissement de Platon et de Virgile* auquel atteignit mon Maître est-il autre chose que l'amour, l'amour idéal ?

« N'est-ce pas dans un ces moments de *ravissement* que mon Maître a bâti le *Palais sacré de la déesse Iris ?*

« N'était-il pas *en ravissement* quand il adorait la déesse *sous son dais de lumière ?* (Page 84.)

---

[1] *Traduction paraphrasée de la prose* Dies iræ. 1694.

« Non, m'écriai-je, il n'est pas possible que l'amour chaste et pur de mon maître pour madame de la Sablière ne se continue pas dans l'infini, et qu'il n'ait pas contracté avec elle un *hymen de pensées*. Car ce sont les seuls hymens qui puissent exister dans l'infini.

— Vous ne vous trompez pas, en effet, mon cher disciple » me dit l'ombre de mon Maître, qui était à mes côtés depuis le commencement de ma promenade, sans que je l'eusse aperçue, absorbé que j'étais dans ma rêverie et mon soliloque.

« Les hymens de pensées sont les plus doux qu'on puisse imaginer. Victor Hugo, qui a toujours très noblement parlé des femmes et de l'amour, les a pressentis, car les poètes ont le don de pressentir l'au-delà.

> Hier, la nuit d'été, qui nous prêtait ses voiles,
> Etait digne de toi, tant elle avait d'étoiles!
> Tant son calme était frais, tant son souffle était doux!
> Tant elle éteignait bien ses rumeurs apaisées!
> Tant elle répandait d'amoureuses rosées
>   Sur les fleurs et sur nous!
>
> Moi, j'étais devant toi, plein de joie et de flamme,
> Car tu me regardais avec toute ton âme!
> J'admirais la beauté dont ton front se revêt;
> Et sans même qu'un mot révélât ta pensée,
> La tendre rêverie en ton cœur commencée
>   Dans mon cœur s'achevait!
>
> . . . .
> Ce qui remplit une âme, hélas! tu peux m'en croire,
> Ce n'est pas un peu d'or, ni même un peu de gloire,
> Poussière que l'orgueil rapporte des combats;
> Ni l'ambition folle, occupée aux chimères,
> Qui ronge tristement les écorces amères
>   Des choses d'ici-bas;

> Non, il lui faut, vois-tu, l'hymen de deux pensées[1].

« N'allons pas plus loin, arrêtons-nous à ce vers qui renferme la véritable pensée du poète ; le reste n'a rien à démêler avec l'âme.

« Madame de la Sablière, qui eut tant à souffrir d'un abandon cruel, trouva dans la pénitence et dans l'amour divin cette réhabilitation de l'âme qui la rend plus pure et plus forte. Aussi s'est-elle élevée jusqu'à la sainteté par l'effort de vertu qu'elle a dû faire, en abandonnant le monde où elle brillait d'un si vif éclat, pour se vouer aux soins des incurables. C'est elle qui préside la section des Saintes, car les femmes forment aussi dans l'infini, une sorte d'Académie ou Société d'encouragement à la vertu qui se compose de deux sections : la section des âmes saintes, et la section des âmes vertueuses. Les âmes saintes avaient voulu d'abord donner la présidence à mademoiselle de la Vallière, mais elle la refusa par modestie naturelle et par humilité chrétienne.

« La section des âmes vertueuses est présidée par madame de Sévigné[2], et jamais il ne s'est rencontré de présidente ayant plus d'esprit, de bonne humeur et de grâce que cette aimable veuve qui sut résister à toutes les séductions d'une Cour corrompue, et fut la plus tendre des mères et la plus constante des amies. Je ne manque jamais d'assister aux réunions de cette section

---

[1] *Les Chants du Crépuscule.* XXI.

[2] On sait que Madame de Sévigné avait un véritable enthousiasme pour La Fontaine. « Faites-vous envoyer promptement les *fables* de » La Fontaine, écrit-elle à sa fille, elles sont divines. On croit d'abord » en distinguer quelques-unes, et à force de les relire, on les trouve » toutes bonnes.» Lettre du 20 Juillet 1679. — Voir aussi la lettre du 14 mai 1686.

qui sont très fréquentes, et c'est un plaisir délicat que d'entendre ces belles âmes discourir sur la vertu et sur les belles actions qui se passent sur la terre et qui sont pour la plupart ignorées, car tandis que le vice se montre la vertu se cache. Je vous assure qu'il en reste encore sur la terre beaucoup plus qu'on ne pense, surtout parmi les humbles et les petits. Et, je dois vous le déclarer, quoique la femme soit sortie d'un *os surnuméraire*, selon l'expression de Bossuet, elle est plus capable de grande vertu que l'homme. La vertu a d'ailleurs chez la femme un charme, une douceur et une puissance qui lui viennent de sa foi en Dieu et de l'habitude de la prière, qui la ravit à la terre pour la mettre en contact avec l'idéal.

« Ce qui me fâche, c'est qu'à l'heure présente on songe en France à faire des femmes savantes et pédantes. Qu'elles aient des *clartés de tout*, comme le voulait mon ami Molière, j'y consens volontiers, mais qu'on leur apprenne surtout qu'elles sont faites pour servir leur mari et leurs enfants, pour les aimer et pour leur adoucir, par leur grâce et leur dévouement, les peines de la vie. Le rôle de la femme est aussi considérable que celui de l'homme, mais il est d'une autre nature. C'est surtout par la vertu et par l'amour que la femme voit grandir son rôle au foyer domestique qui est son véritable domaine.

« De mon temps on aimait les femmes autrement qu'on ne les aime aujourd'hui ; on les idéalisait, et mon ami Pellisson et mademoiselle de Scudéry brûlèrent, toute leur vie, d'un pur et tendre amour ; en furent-ils plus malheureux ? Vos romans du jour valent-ils mieux que

ceux de *l'Astrée* et du *grand Cyrus*, qui firent les délices de l'Europe pendant cent cinquante ans? Qu'avez-vous mis à la place? Sous le prétexte d'étudier le cœur de la femme, vous l'avez renversée de son piédestal et vous la traînez dans la boue. Non, vous ne comprenez plus l'amour. Musset me parlait l'autre jour « d'une littéra-
» ture cadavéreuse et infecte, qui n'avait que la forme,
» mais une forme hideuse, et qui arrosait d'un sang fé-
» tide tous les monstres de la nature[1]. » Je crains bien que vous n'en soyez encore là, et que même, pour flatter les instincts de la foule, vous ne soyez tombés dans la platitude du réalisme[2].

« Vous le savez, sur la terre j'aimais mieux la conversation des femmes que celle des hommes. Je leur trouvais plus d'esprit, et plus de bon sens. Les femmes de mon temps étaient des femmes supérieures ; un de vos philosophes a écrit plusieurs ouvrages à leur louange, et il en est devenu amoureux comme moi, tant elles lui ont paru adorables[3]. Aujourd'hui vous n'aimez plus la con-

---

[1] *La Confession d'un Enfant du siècle.* Chap. II.

[2] Dans la profession de foi fort curieuse qu'il a mise en forme de préface au recueil de petites nouvelles, qui a récemment paru sous le titre de *l'Amour moderne*, M. Louis Ulbach constate que « par abandon du caractère national, nous devenons tristes parce que nous deve-
» nons bêtes. » Dans nos romans, il n'y aurait plus, dit-il, un caractère gai, viril. « Les femmes sont des gueuses, et les hommes des Alphonses
» ou des ramollis..... Platitude et ennui général à tous les étages, voilà
» ce qui caractérise la société de nos jours. » Ce jugement est sévère. Est-il mérité? Je ne saurais le dire, car je lis peu les romans du jour.

[3] Voyez dans les œuvres de Victor Cousin : *Jacqueline Pascal, Madame de Chevreuse, Madame de Longueville, Madame de Sablé, Madame de Hautefort, La Société française au XVIIe siècle, d'après le grand Cyrus de Mademoiselle de Scudéry.*

versation des femmes, vous vous éloignez d'elles ; aussi manquez-vous de respect, de politesse, de finesse, de grâce et d'esprit. Les affaires, l'argent, la politique, vous ont rendus lourds et grossiers. Vous ne savez que vous quereller, vous injurier et vous ennuyer. »

. . . .
. . . .
. . . .

Mon Maître se tut et s'absorba dans ses pensées. Après quelques instants de silence, il releva la tête et parut m'interroger du regard. — « Que pensez-vous donc de notre politique ? » lui dis-je. Il eut un sourire plein de finesse et de restriction, et il reprit ainsi :

« L'autre jour, j'ai rencontré l'âme de M. Thiers. C'est toujours avec un grand plaisir que je l'écoute discourir, car elle a une éloquence facile et naturelle qui me plaît fort. — « Ah ! mon cher La Fontaine, me dit-
» elle, que je suis heureux de vous rencontrer ! Depuis
» que je suis dans l'infini, depuis que je suis rendu à
» *mes chères études*, ne souriez pas à ce mot, je médite
» beaucoup sur votre petit livre de Fables. Savez-vous
» qu'il m'apprend bien des choses, votre petit livre,
» savez-vous qu'il renferme une politique, une morale,
» une philosophie, que j'admire fort. *Rien de trop*[1],
» mais c'est le mot de la sagesse antique inscrit au
» temple de Delphes, c'est l'école du bon sens, et j'ai
» toujours été de cette école-là.

« Vous ne l'ignorez pas, les dernières années de ma vie

---

[1] Liv. IX. — Fable XI.

» terrestre ont été soumises à une grande et douloureuse
» épreuve. Je ne m'en plains pas, et je suis fier de l'avoir
» subie, car cette épreuve fera ma gloire devant la pos-
» térité. Comme vous, mon cher La Fontaine, je crois
» que la paix est le premier besoin des peuples, et j'ai
» toujours pensé qu'il y avait plus de patriotisme à obser-
» ver, en les détestant, les traités faits contre nous, que
» de vouloir les déchirer avec l'épée. J'avais tout fait
» devant le Parlement pour empêcher la guerre. Mes
» efforts furent vains, la guerre éclata, et nous fûmes
» vaincus, glorieusement on peut le dire, car nous
» avons résisté avec une ténacité dont nos ennemis ont
» été étonnés, et l'honneur a été sauf. Mais des tor-
» rents de sang furent répandus des deux côtés. Pour-
» quoi?..... Dieu qui fait bien les choses, nous le savons
» maintenant, fit couler un grand fleuve entre la Ger-
» manie et la Gaule. Les Germains et les Gaulois n'au-
» raient pas besoin d'un grand effort de raison et de sa-
» gesse pour se dire : « Prenons, afin de terminer tous nos
» différends, les deux rives de ce fleuve pour nos limites
» naturelles ; que l'une soit germaine, et l'autre gauloise.
» Engageons-nous solennellement à respecter ces limites;
» et, pour éviter la tentation de nous quereller et de
» nous battre, congédions nos armées qui nous ruinent,
» brûlons nos affûts, fondons nos canons pour élever
» sur les rives du Rhin une statue à la Paix, statue la
» plus grande, la plus colossale qu'on ait jamais vue ;
» formons entre nous et les autres États de l'Europe une
» union pour échanger pacifiquement nos produits; afin
» de nous mieux connaître les uns et les autres, assimi-
» lons-nous nos langues en les étudiant dans nos écoles;

» enfin, aimons-nous les uns et les autres au lieu de
» nous haïr et de nous mépriser. Ne sommes-nous pas
» tous les enfants du même père ! » ..... C'est ce qui arri-
» vera un jour, nous le savons ; mais ce jour est encore
» éloigné. Pendant longtemps les peuples continueront
» à s'entr'égorger. Pendant longtemps encore il faudra
» compter avec l'esprit de conquête. Vous l'avez dit,
» mon cher La Fontaine,

> ....Mais quoi? rien ne remplit
> Les vastes appétits d'un faiseur de conquêtes[1].

« Et pourtant l'histoire, l'histoire vengeresse, nous
» montre que les peuples qui s'abandonnent à l'esprit de
» conquête et aux conquérants n'échappent pas à la
» responsabilité historique[2] qu'ils encourent. Voyez
» ce qui est arrivé aux Romains et à César. Les Ro-
» mains, envahisseurs de la Gaule et de la Germanie,
» ont été envahis à leur tour ; leur civilisation et leurs
» dieux ont été foulés aux pieds, et César, à l'apogée de
» sa gloire, est mort sous le poignard de Brutus. Les
» Francs ont envahi les Germains, et ils ont été envahis

---

[1] Liv. VIII. — Fable xxvii. *Le Loup et le Chasseur.*

[2] « Cette justice de l'histoire n'est pas toujours celle de la raison, elle
» épargne parfois le coupable et saute des générations ; mais jamais les
» peuples n'y échappent........ Considérée ainsi, l'histoire devient le
» grand livre des expiations et des récompenses ; de sorte qu'en mon-
» trant aux peuples le lien étroit de solidarité qui unit le passé et l'ave-
» nir, elle peut leur rappeler la parole biblique : « *Faites le bien ou
» le mal, et vous serez récompensé ou puni dans votre postérité
» jusqu'à la septième génération.* » Victor Duruy. *Une dernière
page d'histoire romaine.*

» à leur tour, et Napoléon est allé expier à Sainte-Hé-
» lène les crimes que son génie et son ambition lui ont
» fait commettre. On me reprochera peut-être d'en
» avoir fait un héros digne d'admiration, et d'avoir
» méconnu l'enseignement de l'histoire en ramenant
» ses cendres sur les rives de la Seine. Pourtant, lors-
» que j'ai terminé le récit de la vie et des exploits de ce
» fier conquérant, j'ai dit à mon pays :

« Qui donc eût pu prévoir que le sage de 1800 serait
» l'insensé de 1812 et de 1813 ? Oui, on aurait pu le prévoir,
» en se rappelant que la toute-puissance porte en soi une
» folie incurable : la tentation de tout faire quand on peut
» tout faire, même le mal après le bien. Ainsi, dans cette
» grande vie où il y a tant à apprendre pour les militaires,
» les administrateurs et les politiques, que les citoyens vien-
» nent à leur tour apprendre une chose, c'est qu'il ne faut
» jamais livrer la patrie à un homme, n'importe l'homme,
» n'importent les circonstances ! En finissant cette longue
» histoire de nos triomphes et de nos revers, c'est le dernier
» cri qui s'échappe de mon cœur, cri sincère que je voudrais
» faire parvenir au cœur de tous les Français, afin de leur
» persuader à tous qu'il ne faut jamais aliéner sa liberté, et,
» pour n'être pas exposé à l'aliéner, n'en jamais abuser [1]. »

« Quand j'écrivais ces lignes, je ne pensais pas que
» les événements viendraient si vite me donner raison.

« Au lendemain de sa défaite, mon pays me confia le
» soin de relever l'auguste blessée, de panser, de cica-
» triser ses plaies, de lui rendre ses forces. Pour cela il
» fallait d'abord dompter la rébellion qui s'était déclarée

---

[1] *Histoire du Consulat et de l'Empire.* Tome XX, page 795.

» dans Paris, sous les yeux et sous la protection de l'en-
» nemi qui se raillait de nos discordes; il fallait contenir
» les partis qui étaient prêts à se livrer un combat acharné
» pour s'emparer du pouvoir; il fallait reconstituer
» l'armée du pays, rétablir ses finances, payer une
» énorme rançon pour libérer le territoire. J'ai fait
» toutes ces choses grâce au patriotisme de la France
» et à sa confiance en ma parole. La France a été sage,
» mais les partis ne l'ont pas été. Les uns m'ont de-
» mandé à moi, *petit bourgeois*, fils de la Révolution de
» de 1789, entêté de liberté et d'égalité, de rétablir sur
» le trône l'héritier de la monarchie du droit divin et
» d'abaisser le drapeau tricolore devant le drapeau blanc,
» et comme j'ai refusé de leur obéir, ils m'ont accablé
» d'injures, appelé *sinistre vieillard*, et ils m'ont retiré
» le Pouvoir. Les autres, qui me demandaient de livrer
» le pays à l'anarchie qu'engendrent une liberté sans
» limites et la tyrannie des comités sans responsabilité
» et sans mandat, m'ont appelé *cheval de renfort* et
» accablé de coups de fouet. Vous le voyez, mon cher
» La Fontaine, vous avez eu bien raison de dire

> Que le symbole des ingrats
> Ce n'est point le serpent, c'est l'homme[1]. . . . .

« Mais non, je suis injuste à mon tour : le peuple
» français n'a pas été ingrat, il a respecté et il respec-
» tera ma mémoire et mes écrits : c'est de lui seul, c'est
» de l'impassible histoire et non des partis que j'attends
» la justice. Le gouvernement de la République, que
» je n'ai pas fondée et que je n'avais pas le mandat de

[1] Liv. X. — Fable 1. *L'Homme et la Couleuvre.*

» détruire, appartiendra, comme je l'ai dit, *aux plus*
» *sages*, mais le parti des sages est encore une nébu-
» leuse en voie de formation. Quant au parti des fous,
» des exagérés, il est fort nombreux. Quoi d'étonnant?
» N'avez-vous pas dit :

> De tous les animaux, l'homme a le plus de pente
>   A se porter dedans l'excès.
>   Il faudrait faire le procès
> Aux petits comme aux grands : il n'est âme vivante
> Qui ne pèche en cela¹

« En attendant, la France s'oriente comme elle peut
» à travers les partis, et se gouverne en vertu des lois
» de l'équilibre ; c'est elle-même qui tient le balancier.
» Dieu veuille qu'il ne lui échappe pas des mains !

« Là-dessus, mon cher poète, je vous quitte pour
» aller entendre un discours de Guizot à la section des
» Politiques. Maintenant qu'il n'a plus qu'à parler, il
» est passé maître, et c'est un grand plaisir que de l'en-
» tendre discourir sur la philosophie de l'histoire. »

« Et moi aussi, mon cher disciple, je vous quitte, en
vous laissant méditer sur ce discours que je vous ai fidé-
lement rapporté. Adieu. Le soleil disparaît à l'horizon,
et je crains que vous ne vous enrhumiez. » Et l'ombre
ajouta, en souriant : « A bientôt, mais cette fois dans
l'infini.....

---

¹ Liv. IX. — Fable xi. *Rien de trop.*

Est modus in rebus, sunt certi denique fines
Quos ultra citraque nequit consistere rectum.

(HOR., liv. I, sat. I.)

En toutes choses il y a des limites fixes, au delà, en deçà desquelles
ne se peut rencontrer le bien.

— Oui, mon cher Maître, à bientôt,..... à bientôt. »

Et l'ombre, que j'essayai vainement de presser dans mes bras, s'évanouit.

. . . .

. . . .

En reprenant le chemin de ma demeure, le cœur content de l'espoir de revoir bientôt mon Maître dans l'infini, je fis partir sous mes pieds une alouette qui picorait dans un sillon nouvellement ouvert. Le vaillant petit oiseau s'élança dans les airs en faisant entendre son joyeux cri. Je m'arrêtai et le suivis des yeux. Il montait... montait toujours en chantant. Il atteignit un léger nuage qui passait et qui l'enveloppa. Je ne le voyais plus, mais j'entendais encore son cri joyeux..... Au bout d'un instant, il reparut, mais il ne chantait plus. Il descendait rapidement vers la terre, les ailes à moitié reployées, et je le vis s'abattre, épuisé de fatigue, près du sillon d'où il était parti.

..... Je hâtai le pas, en me disant : « Alouette gauloise ! vaillant petit oiseau, qui ne te lasses jamais, qui espères toujours, qui recommences sans cesse ta chanson, tu donnes au poète une leçon. Comme toi, il doit chanter gaiement jusqu'à son dernier soupir, en s'élevant vers le ciel. »

. . . .

C'est ainsi que La Fontaine a chanté !

PÉTITION AU SÉNAT

Messieurs les Sénateurs,

Shakespeare a appelé la France « *le Soldat de Dieu.* » La gloire des armes a séduit, en effet, la plupart des monarques qui ont régné sur notre beau pays, et le peuple français les a suivis avec empressement sur les champs de bataille où la victoire a souvent couronné son héroïsme.

Mais aujourd'hui le peuple français, sans renoncer pour cela à son rôle de grande puissance, paraît aspirer à une autre gloire que celle des armes qui est souvent décevante. Il aspire en effet à fonder, au sein de la vieille Europe monarchique, avec les principes consacrés par la Révolution de 1789, une République démocratique, libérale et pacifique, respectant les droits et les intérêts des autres nations, faisant respecter les siens, et se gouvernant avec fermeté et prudence.

Une telle entreprise, sans précédents dans l'histoire, est difficile à réaliser, car le gouvernement républicain est celui qui, au dire de Montesquieu, exige de la part de chaque citoyen le plus de *vertu,* et il définit la vertu *une préférence continuelle de l'intérêt public au sien propre.* Montesquieu nous dit aussi : « C'est dans le gouvernement républicain que » l'on a besoin de toute la puissance de l'éducation [1]. »

C'est sans doute pour obéir aux conseils de ce grand esprit, que la République a voulu que l'instruction primaire fût obligatoire, et qu'on enseignât dans nos écoles la morale qui comprend les devoirs envers Dieu, envers le pays, envers le prochain et envers soi-même.

---

[1] *L'esprit des lois,* Liv. IV, Chap. v.

M'étant convaincu, par une étude approfondie des fables de La Fontaine, qu'elles peuvent servir de texte pour l'enseignement d'une telle morale, j'ai écrit un livre dans le but de le démontrer, en indiquant la méthode à suivre afin de rendre cet enseignement facile et attrayant pour les instituteurs et pour leurs élèves.

La Fontaine, qui était non seulement un grand poète mais un homme de beaucoup d'esprit et de jugement, nous a dit : « Les fables sont une manière d'histoire où l'on ne flatte personne, et, par les conséquences qu'on en peut tirer, on se forme le jugement et les mœurs, on se rend capable de grandes choses. » La Fontaine ne s'est pas trompé, et La Bruyère, qui était un bon juge, a pu dire : « qu'il instruit en badinant, et qu'il persuade aux hommes *la vertu* par l'organe des bêtes[1]. »

C'est pourquoi j'ose me permettre d'adresser un exemplaire de mon livre au Sénat, en le priant d'examiner mon idée et ma méthode, et s'il trouve l'une juste, et l'autre pratique, d'en recommander l'application à M. le Ministre de l'Instruction publique.

Oserai-je, en terminant, appeler l'attention du Sénat sur le projet d'élever à notre grand fabuliste un monument digne de lui et du pays, projet actuellement en cours d'exécution. C'est là une œuvre nationale à laquelle la publication de mon livre a aussi pour but de concourir.

Veuillez agréer, Messieurs les Sénateurs, l'expression de mes sentiments respectueux.

GUINAT

Ancien Administrateur au Ministère des Finances

---

[1] *Discours de réception à l'Académie.*

LETTRE A L'ACADÉMIE

A Messieurs les Membres de l'Académie française.

Messieurs,

Le 2 mai 1684, l'Académie française a reçu La Fontaine dans son sein ; rien n'a donc manqué à sa gloire et il n'a point manqué à la vôtre. Ce fut d'ailleurs le modèle des académiciens et, jusqu'à sa mort, il prit le plus vif intérêt aux séances de l'Académie, auxquelles il ne manquait jamais d'assister.

Dans son discours de réception à l'Académie, La Bruyère a dit que La Fontaine « instruit en badinant ; qu'il persuade » aux hommes *la vertu* par l'organe des bêtes, et qu'il élève » les petits sujets jusqu'au sublime. »

Cette opinion a rencontré de nos jours des contradicteurs. Lamartine a écrit contre La Fontaine et ses œuvres une véritable diatribe. Il a prétendu que *le bon* La Fontaine ne méritait pas son surnom ; que c'était un *philosophe cynique*, que ses fables, *au lieu de lait, contenaient du fiel*, et qu'il fallait détourner son livre des lèvres et du cœur de la jeunesse.

M. Taine, qui siège parmi vous, a écrit un fort beau livre sur La Fontaine qu'il considère, en tant que poète, comme notre Homère ; mais il trouve que la morale de ses fables est une morale égoïste, sans élévation, *qu'il a enseigné la flatterie, la flatterie basse, la trahison politique, qu'il approuve la perfidie et conseille de la pratiquer.*

Une étude approfondie de la vie et des écrits de La Fontaine m'ayant convaincu que toutes ces accusations ne sont pas fondées, j'ai écrit un livre pour essayer de le démontrer, et bien que ce livre s'écarte de la forme académique, j'ose me permettre, Messieurs, de vous en adresser un exemplaire en vous priant de l'examiner.

J'ignore si l'Académie est dans l'usage de s'occuper de semblables questions. Celle-ci, cependant, me paraît exceptionnellement digne de son attention. La gloire de La Fontaine, comme poète et comme moraliste, n'est-elle pas un patrimoine national que nous devons défendre? Son livre de fables étant mis aujourd'hui entre les mains de tous les élèves de nos écoles, n'est-il pas nécessaire de savoir s'il renferme une morale bonne ou mauvaise, salutaire ou dangereuse? Il serait précieux pour tous les bons esprits de connaître sur ce point votre opinion.

Veuillez agréer, Messieurs, l'hommage de mon profond respect.

M. GUINAT.

Troyes, le 1er novembre 1886.

REMERCIMENTS

Lorsque j'ai commencé à écrire ce Livre, fruit de mes lectures et de mes réflexions, je ne pensais pas qu'il dût voir le jour ; je le destinais à mon petit-fils, et j'en voulais faire un livre de raison. Les conseils et les encouragements de mon ancien collaborateur et excellent ami, M. Alexandre Picard, en ont décidé autrement.

Bien ou mal, je le laisse à juger aux experts [1].

Il a bien voulu revoir et recopier en entier mon manuscrit, collationner avec les meilleures éditions tous les textes que j'ai cités, et s'entendre pour la publication avec son ami M. Lemerre. Qu'ils reçoivent ici, l'un et l'autre, tous mes remercîments.

L'idée m'étant venue de consacrer le produit de mon Livre à la souscription ouverte pour l'érection d'un monument à La Fontaine, j'en ai augmenté le tirage, et j'ai adressé directement un appel à mes amis, à mes anciens camarades de l'Administration. Il m'est bien agréable de constater ici qu'ils y ont répondu avec empressement. Qu'ils reçoivent aussi mes remercîments et l'expression de ma reconnaissance pour ce témoignage de sympathie.

J'espère que le public voudra bien, en faveur de l'intention, s'associer à cette sympathie, et je le remercie d'avance au nom de La Fontaine et au mien.

M. GUINAT.

---

[1] Liv. VI. — Fable 1. *Le Pâtre et le Lion.*

TABLE DES MATIÈRES

	Pages
DÉDICACE	I
AU LECTEUR	III
PRÉFACE	V

PREMIÈRE PARTIE

Comment l'auteur, qui n'est point un écrivain, a fait ce livre.

CHAP. I.	— Les fables à l'école primaire	1
CHAP. II.	— Une enquête sur la morale des fables	8
CHAP. III.	— Comment l'auteur est devenu dès son enfance un disciple fervent de La Fontaine	16

DEUXIÈME PARTIE

Biographie de La Fontaine par lui-même.

CHAP. I.	— Contrastes dans la vie et les écrits de La Fontaine	23
CHAP. II.	— La Fontaine peint par lui-même	30
CHAP. III.	— La Fontaine à Château-Thierry (1621-1656)	41
CHAP. IV.	— La Fontaine et Fouquet (1657-1661)	46
CHAP. V.	— La Fontaine, sa femme et son fils	56
CHAP. VI.	— La Fontaine, la duchesse de Bouillon et les Contes (1662-1663)	66
CHAP. VII.	— La Fontaine, la duchesse douairière d'Orléans et Mignon (1664-1672)	76

Chap. VIII.— La Fontaine et son Parnasse.
Mme de La Sablière, Mme d'Hervart, Mme de La Fayette, Mme de Sévigné, Mme d'Harvey (1673-1695).................................... 83
Chap. IX. — La Fontaine, la politique et la guerre.
La fronde, la paix des Pyrénées, Turenne, le grand Condé, le prince de Conti, le duc de Vendôme.................................... 106
Chap. X. — La Fontaine et ses amis. — Les lettres et les beaux-arts.................................... 126
Chap. XI. — La Fontaine et l'Académie (1684)................ 148
Chap. XII. — Conversion et mort de La Fontaine............. 160

TROISIÈME PARTIE

Les Fables et leur enseignement.

Chap. I. — La comédie humaine........................ 175
Chap. II. — Interprétation de la morale des fables........... 185
Chap. III. — La morale des fables.
    I. Comment faut-il vivre? Comment faut-il mourir?.................................... 204
    II. L'Homme et la Providence............... 216
    III. L'âme et la raison des bêtes............. 228
    IV. Les sept péchés capitaux................ 240
    V. La politique et la guerre................ 254
    VI. Les bons conseils...................... 272

QUATRIÈME PARTIE

A travers champs.

Chap. I. — Une circulaire ministérielle.................... 292
Chap. II. — La Fontaine et les Cyniques................... 306
Chap. III. — Philémon et Baucis......................... 320
Chap. IV. — La Fontaine et les Financiers................. 333
Chap. V. — La Fontaine et les Magistrats................. 347

TABLE DES MATIÈRES

Pages

Chap. VI. — La Fontaine et les Paysans.................... 355
Chap. VII. — La Fontaine et la politique contemporaine....... 368
Chap. VIII.— La Fontaine socialiste....................... 375
Chap. IX. — La Fontaine journaliste...................... 387

CINQUIÈME PARTIE

Cosmogonie. — Spiritisme. — Entretiens du maître et du disciple. L'Académie des Ames

Premier entretien. — Réceptions de Voltaire, d'André Chénier, de Béranger, de Musset et de Lamartine.............. 401
Deuxième entretien. — Réception de Victor Hugo....... 429
Troisième entretien. — L'Amour platonique, l'amour idéal, l'amour divin. — Les femmes dans l'infini. — Un dernier discours de M. Thiers............ 454

Pétition au Sénat................................. 471
Lettre a l'Académie française.................... 473

www.ingramcontent.com/pod-product-compliance
Lightning Source LLC
Chambersburg PA
CBHW071623230426
43669CB00012B/2052